中山大学哲学系复办60周年庆贺文集·宗教学、美学卷

经史之间的思想与信仰

JINGSHI ZHIJIAN DE SIXIANG YU XINYANG

张 伟　张清江　主编

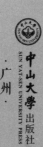

中山大学出版社

·广州·

版权所有　翻印必究

图书在版编目（CIP）数据

经史之间的思想与信仰．宗教学、美学卷/张伟，张清江主编．—广州：中山大学出版社，2020.11

（中山大学哲学系复办60周年庆贺文集）

ISBN 978-7-306-07056-2

Ⅰ.①宗…　Ⅱ.①张…②张…　Ⅲ.①宗教—文集②美学—文集　Ⅳ.①B-53

中国版本图书馆 CIP 数据核字（2020）第247850号

出 版 人：王天琪
策划编辑：嵇春霞
责任编辑：李海东
封面设计：曾　斌
责任校对：赵　婷
责任技编：何雅涛
出版发行：中山大学出版社
电　　话：编辑部 020-84110771，84110283，84111997，84110771
　　　　　发行部 020-84111998，84111981，84111160
地　　址：广州市新港西路135号
邮　　编：510275　传　真：020-84036565
网　　址：http://www.zsup.com.cn　E-mail：zdcbs@mail.sysu.edu.cn
印 刷 者：佛山家联印刷有限公司
规　　格：787mm×1092mm　1/16　21印张　400千字
版次印次：2020年11月第1版　2020年11月第1次印刷
定　　价：78.00元

如发现本书因印装质量影响阅读，请与出版社发行部联系调换

中山大学哲学系复办60周年庆贺文集

主　编　张　伟　张清江

编　委（按姓氏笔画排序）

马天俊　方向红　冯达文　朱　刚　吴重庆

陈少明　陈立胜　周春健　赵希顺　徐长福

黄　敏　龚　隽　鞠实儿

中山大学哲学系复办60周年庆贺文集

总　序

中山大学哲学系创办于 1924 年,是中山大学创建之初最早培植的学系之一。1952 年逢全国高校院系调整而撤销建制,1960 年复办至今。先后由黄希声、冯友兰、傅斯年、朱谦之、杨荣国、刘嵘、李锦全、胡景钊、林铭钧、章海山、黎红雷、鞠实儿、张伟等担任系主任。

早期的中山大学哲学系名家云集,奠立了极为深厚的学术根基。其中,冯友兰先生的中国哲学研究、吴康先生的西方哲学研究、朱谦之先生的比较哲学研究、李达先生与何思敬先生的马克思主义哲学研究、陈荣捷先生的朱子学研究、马采先生的美学研究等,均在学界产生了重要影响,也奠定了中山大学哲学系在全国的领先地位。

日月其迈,逝者如斯。迄于今岁,中山大学哲学系复办恰满一甲子。60 年来,哲学系同仁勠力同心、继往开来,各项事业蓬勃发展,取得了长足进步。目前,我系是教育部确定的全国哲学研究与人才培养基地之一,具有一级学科博士学位授予权,拥有国家重点学科 2 个、全国高校人文社会科学重点研究基地 2 个。2002 年教育部实行学科评估以来,稳居全国高校前列。2017 年,中山大学哲学学科成功入选国家"双一流"建设名单,我系迎来了跨越式发展的重要机遇。

近年来,中山大学哲学学科的人才队伍不断壮大,且越来越呈现出年轻化、国际化的特色。哲学系各位同仁研精覃思、深造自得,在各自的研究领域均取得了丰硕的成果，不少著述产生了国际性影响，中山大学哲学系已逐渐发展成为全国哲学研究的重镇之一。

为庆祝中山大学哲学系复办 60 周年，我系隆重推出"中山大学哲学系复办 60 周年庆贺文集"，主要收录哲学系在职教师（包括近年来加盟我系的充满活力的博士后和专职科研人员）的代表性学术论文。本文集共分五卷，依据不同学科各自定名如下：

逻辑、历史与现实（马克思主义哲学卷）

什么是经典世界（中国哲学卷）

面向事情本身之思（外国哲学、伦理学卷）

推古论今辩东西（逻辑学、科学哲学卷）

经史之间的思想与信仰（宗教学、美学卷）

文集的编撰与出版，也是我系教师学术成果的一个集中展示，代表了诸位学者近年来的学术思考，在此谨向学界同仁请益，敬希教正。

"中山大学哲学系复办 60 周年庆贺文集"的出版，得到中山大学出版社的鼎力支持，在此谨致以诚挚谢意！

中山大学哲学系

2020 年 6 月 20 日

目 录

试析亚兰文昂克罗斯圣经 翻译的诠释风格
　　——以《创世记》2章4节至3章24节为例 …………… 曹　坚 / 1
太虚大师佛教思想略论 ………………………………………… 冯焕珍 / 14
经史之间：印顺佛教经史研究与近代知识的转型 ……………… 龚　隽 / 83
陈永阳王师事智颛事之史实考证与史料考察
　　——兼论内外典互证的意义与方法 ………………… 洪绵绵 / 118
被质疑的哲学
　　——以清末民初四位学人的看法为例 ……………… 李兰芬 / 134
"《文心雕龙》学"介入古今之争的可能性
　　——从王国维《屈子文学之精神》说起 …………… 李智星 / 151
重审裴頠与贵无论之关系 ……………………………………… 林　凯 / 163
《道行般若经》和《大明度经》"自然"研究 ………………… 刘恭煌 / 182
中国琴学与美学 ………………………………………………… 罗筠筠 / 209
越南民间灶神信仰仪式初探 …………………… 阮玉凤　林鎏生 / 226
早期来华耶稣会士建立耶儒对话的尝试
　　——以罗明坚"十诫／祖传天主十诫"为例 ……… 王慧宇 / 233
"律分五部"与中古佛教对戒律史的知识史建构 ……………… 王　磊 / 246
"师法""家法"辨 …………………………… 杨青华　杨　权 / 263
理学生死论辩中的性、形与气
　　——以朱熹对张载"水冰"比喻的批评为中心 ……… 张清江 / 277
孟子"父子之间不责善"的古典学阐释 ………………………… 周春健 / 293

试析亚兰文昂克罗斯圣经翻译的诠释风格①

——以《创世记》2章4节至3章24节为例

曹 坚

  圣经研究在西方早已是显学，近30年在中国也已发展成为一个专门的研究领域。尤其是学者们在关注圣经文学、圣经历史和圣经神学等的同时，也越来越注意到圣经原典、圣经翻译和圣经诠释在这些讨论中的重要意义。②只是一些极为重要的译本，还没有得到应有的重视和研究。③即使一些学者意识到它们的重要性，也往往由于不熟悉圣经原文或译本的语言而无法从文本本身进行研究。

  本文所论亚兰文（亦称阿拉米语）昂克罗斯圣经译本（Targum Onkelos 或 Targum Onqelos，以下简称昂译）就是这样一个典型的例子。④在希伯来圣经首五卷（Pentateuch）或托拉（Torah）的亚兰文译本中，昂译是唯一经过犹太教拉比们统一修订的亚兰文译本。⑤作为法定的托拉译本，它被认为是最准确和最具权威的。巴比伦塔木德（Babylonian Talmud）早已明确规定，犹太人每周需两次用原文、一次用亚兰文温习托拉

---

  ① 本文在撰写过程中，耶路撒冷希伯来大学圣经学 Betsy Halpern-Amaru 教授和 Taria Nortarias 博士提供了宝贵意见，特此表示感谢。
  ② 例如，在2009年1月19—22日在伦敦召开的"中国圣经诠释"研讨会上，数篇提交的论文专门讨论到中文圣经翻译的问题。会议开幕词还特别强调了圣经文本和语言研究的重要性和紧迫性。有关会议详情，参见笔者在《圣经文学研究》第3辑（人民文学出版社2009年版）上的述评。
  ③ 中西方某些现代语言译本除外。应该指出，近年来，中西方学者就汉译本的研究取得了许多可喜成果，此不赘述。
  ④ 在希伯来语中，名词"targum"的含义为"翻译"。
  ⑤ *Judaica Encyclopedia*, New York: MacMillan, 1971, Vol 5, p. 843.

的周读章节，而亚兰文译文必须使用昂译。① 犹太教徒和拉比们自古恪守着这一规定，昂译对于犹太教的重要意义和在教徒心目中的地位由此可见一斑。自19世纪以来，西方学者就一直很重视对昂译的研究，但在我国却鲜有学者论及。

针对这一现状，本文将在西方昂译研究成果的基础上，运用吉萨·韦尔米斯（Gesa Vermes）的圣经诠释理论，比照希伯来原文，对昂译的翻译和诠释特征进行分析和归纳。本文出现的圣经引文，昂译亚兰文译文以 A. Sperber 的版本为准，希伯来原文以传统的马索拉本（Masoretic Text）为准，这也是昂译所从译出②；所附汉译基本上是笔者直译，为的是方便解释或避免现行中译本中的基督教色彩。

关于昂译的译者、语言、时间、翻译地点和修订等问题，学界一直存在争议。③ 一般认为，它是最早的亚兰文托拉译本，在公元2世纪初至中叶初步译成。相传"昂克罗斯"即为译者名。④ 翻译地点应为巴勒斯坦而非巴比伦，其基本依据有二：昂译译文中常出现希腊词汇，而这一时期的巴比伦地区未曾受希腊语的影响；同时，昂译与巴勒斯坦地区年代略早一点的死海古卷（the Dead Sea Scrolls）在语言特征上多有相似之处。⑤ 昂译的亚兰文属于中期亚兰文。多数学者认为，这一支亚兰文源于巴勒斯坦地区，从公元前3世纪一直使用至公元初的头几个世纪。⑥ 另外，在公元2

---

① 出处见 *Babylonian Talmud*, Berachod, 8a。巴比伦塔木德成书时间在公元3世纪初至5世纪末（*Judaica Encyclopedia*, Vol 15, p. 755）。

② A. Sperber 的昂译版本见 Moses Aberbach, Bernard Grossfeld, *Targum Onqelos to Genesis: A Critical Analysis Together with an English Translation of the Text*, based on A. Sperber's edition, Denver: Ktav, 1982。马索拉（Masorah）的希伯来词根为 מסר，本为"把……传下来"，进而引申出"传统"之意。希伯来圣经经文不晚于公元前2世纪即已确定。这一传统的经文，加上后来的正字表音法，即被称为马索拉本（参 Isidore Singer, *The Jewish Encyclopedia*, New York: Funk and Wagnalls, 1905, Vol 8, pp. 365 – 366）。

③ 关于这些问题的争论，参 Bernard Grossfeld, "Targum Onqelos, Halakha and the Halakhic Midrashim", in D. R. G. Beattie, M. J. McNamara, *The Aramaic Bible: Targums in their Historical Context*, Sheffield: Sheffield Academic Press, 1994, pp. 228 – 246，此为第241—242页。亦可参 Aberbach, Grossfeld, *Targum Onkelos to Genesis*, pp. 4 – 6, 30 – 34。

④ 关于昂译译者的经典研究著作，可参 Alec Silverstone, *Aquila and Onkelos*, Manchester: Manchester University Press, 1931。

⑤ Y. Komlosh, המקרא באור התרגום, Tel Aviv, 1973, p. 252.

⑥ 根据使用的时间等因素，亚兰文可分别为古亚兰文、官方亚兰文、中期亚兰文、晚期亚兰文和现代亚兰文。关于亚兰文，可参 *Judaica Encyclopedia*, Vol 3, pp. 259 – 289。

试析亚兰文昂克罗斯圣经翻译的诠释风格

世纪,虽然受过良好教育的犹太人仍然使用希伯来文,但口头亚兰文已取得标准化书面语的地位。①

公元 132—135 年的科赫巴起义（Bar Kohkba Revolt）失败导致犹太地区的犹太精神中心遭到破坏,这一亚兰文托拉译本随流散的犹太人传到巴比伦地区。在那里,犹太人顺应当地亚兰文的发音特点,采用其元音注音,以适用于当地犹太人。该译本同时受到密西拿（Mishnah）和塔木德（Talmud）的影响,得以进一步修订和发展,最后在公元 3 世纪中期形成终稿,成为法定的具有最高权威的亚兰文译本,并流传至今。托拉为书写律法（Written Law）,密西拿为口传律法（Oral Law）,而塔木德主要是对口传律法进行解释和引申。可以想象,经拉比们修订的昂译不应有悖于在公元 3 世纪初开始流传的密西拿和塔木德。

圣经翻译对于译者的要求一向是既要使圣经译本的内容尽可能忠实于圣经原文,又能使译本的文字为其读者易于和乐于接受。虽然翻译有字与字直接对应的"直译"和按文本实际含意的"意译"之分,② 但由于语言、文化和目的之间的差异,绝对意义上的所谓直译是不可能的,从而使诠释和意译对于每一部圣经译本来讲都是不可避免的。根据韦尔米斯的理论,圣经翻译的诠释过程又可分为"纯粹型诠释"和"应用型诠释"两种。前者往往针对圣经希伯来原文文字表述上前后不一、自相矛盾、意思含混或让人反感的地方,在译文中加以消除,求得读者对于圣经原义的忠实理解;而后者的兴趣不在于对圣经原文的忠实,其真实意图在于说教,方法是将译者希望灌输给读者的圣经原文之外的某些概念和思想添加到圣经译文当中,从而达到依托圣经经文这一权威媒体宣传或加强某种信仰和意识形态的目的。③

上面谈到,昂译被认为是最准确的亚兰文圣经译本。昂译对原文的忠实,主要体现在句法和语法结构方面④,因而译者基本上是逐字逐句地对

---

① M. H. Goshen-Gottstein, "The Language of Targum Onqelos and the Model of Literary Diglossia in Aramaic", *Journal Near Eastern Studies* 37, no. 2 (1978), pp. 169–179.

② Edward Greenstein, *Essays on Biblical Method and Translation*, Atlanta: Scholars Press, 1989, p. 86.

③ Gesa Vermes, "Bible and Midrash: Early Old Testament Exegesis", Gesa Vermes, *Post Biblical Jewish Studies*, Leiden: Brill, 1975, p. 62.

④ *Encyclopedia Judaica*, Jerusalem: Keter, 1996, Vol 4, p. 844.

原文进行直译（表1）。

表1 《创世纪》2章4节原文、译文对照

原文	昂译	汉译	原文	昂译	汉译
ושמי:	ושמי:	和天	-הבראם	איתבריאו	被创造
ארץ	אלהים	地	-ב	כד	当
אלהים	אלהים	神	והארץ	וארעא	和地
יהוה	יי	耶和华	השמים	שמיא	天
עשות	דעבד	造	תולדות	תולדות	来历
ביום	ביומא	在日子	אלה	אילן	这些是

但昂译译者的时代所真正需要的却不是这种简单直译的托拉。在这一时期，巴勒斯坦地区受到外来宗教、文化和政治势力的侵袭。为了使犹太教能应对挑战，这里的犹太人采用当时米德拉什（Midrash）中解释圣经的独特方法，重新回到至高无上的托拉中寻求指导，用以巩固和加强他们的信仰、尊严和勇气。"米德拉什"一词的词根 דרש 在圣经经文中原有"探究"和"检查"之意（参《利未纪》10章16节和《申命纪》13章15节），第二圣殿时期的犹太文献开始用它表达"教育"和"学习"之意，而在死海古卷中它有时用来指在犹太教教学中的特别的方法，即努力和严格地从圣经经文中探究和获取犹太教教义。这也是公元前1至公元1世纪死海爱色尼（Essenes）社区犹太人生活中的基本原则之一。① 通过将犹太教教义贯穿其中，米德拉什将圣经各部书视为有机的整体。米德拉什方法的承接作用体现在，一方面它帮助犹太人牢记过去，另一方面它又能根据现实需要更新对圣经的解释。② 这种更新的圣经解释又必然要求翻译符合阿迦达（Aggadah 或 Haggadah）中的犹太教教义。阿迦达最初由巴勒斯坦地区的犹太人所写，时间从公元前1世纪至5世纪末，多为对圣经中的故事、历史、伦理和先知言行的扩充叙述，与道德伦理教导有关，涉及信仰和生活方式问题，与哈拉卡（Halakhah，即犹太律法）相互联系，互

---

① 参 *Judaica Encyclopedia*，Vol 7，pp. 1507 – 1508。

② 参 Michael Fishbane，"Midrash and the Meaning of Scripture"，in Jože Krašovec，*The Interpretation of the Bible：The International Symposium in Slovenia*，Sheffield：Sheffield Academic Press，1998，pp. 549 – 563，此为第561、569页。

为表里。①

西方学者早已指出，不应简单地把昂译看成一部直译的托拉。② 的确，译文对原文的改动在字里行间并不少见；这些改动即使看似微小，也往往出于不同的目的，蕴含着丰富的内涵。本文拟通过对《创世纪》2章4节（以下简称"创2章4节"，余者类推）至3章24节发生在神、亚当、夏娃和蛇之间的故事的考察，论述译者对原文依照怎样的方法做了哪些改动，并分析其中原由。笔者认为，这些改动可依据其目的或功能归纳为四种类型，分别是：消除文本歧义，体现拉比神学，遵从社会伦理，糅合犹太经释（Aggadic midrashim）。从中可以发现，有些改动属于"纯粹型"诠释，有些则为"应用型"诠释，有些则兼而有之。

笔者之所以选择创2章4节至3章24节为例分析昂译译经和释经风格，是因为这一段经文不仅涉及一些宗教信仰普遍关注的根本问题，诸如人类的来源、生命、痛苦和死亡，而且其中有关神、诱惑、人类犯戒和神的惩罚等概念的叙述，与犹太教和基督教神学密切相关。③ 因此，对比这一段圣经译文与原文，更能体现在一个亚兰文作为大众语言，且犹太教受到多神教和基督教挑战的时代，犹太拉比们是如何利用圣经翻译作为教育和诠释手段来宣教和护教的。

在公元2世纪，大部分巴勒斯坦犹太人的日常用语是亚兰文，所以昂译原为供犹太会堂使用，以便在犹太民众中普及托拉，使没有受过教育的犹太人恰当地理解托拉的教训。④ 既然昂译不是针对当时那些懂希伯来文的学者，而是为说亚兰文的平民百姓准备的，所以它首先必须具备浅显易懂的特点，即文字平白，意思明了。而且，它在文本上不应夹杂疑难点，诸如一词多义、逻辑含混不清、行文脱漏和让人难于接受的语义等。拙文首先从这几个方面分析昂译是如何处理圣经文本（原文）上的疑难点，使译文更适应大众读者的理解水平的。

虽然昂译绝大多数译句都遵从了原文的词序，但也有例外。在创2章

---

① 参 *Judaica Encyclopedia*, Vol 2, pp. 354 – 356. 阿迦达、哈拉卡和米德拉什三者构成密西拿。

② 参 Geza Vermes, "Haggadah in the Onkelos Targum", *Journal of Semitic Studies* VIII (1963), pp. 159 – 169.

③ 关于《创世记》前几章的释经问题，可参 J. P. Fokkelman, "Genesis", in Robert Alter, Gerald Kermode, *The Literary Guide to the Bible*, Cambridge: Harvard University Press, 1987, p. 36。

④ Aberbach, Grossfeld, *Targum Onkelos to Genesis*, p. 10.

5 节，若依据 Sperber 的昂译版本，译文 לא אחית יי אלהים מטרא על ארעא 在词序上有意对原文的 על־הארץ לא המטיר יהוה אלהים 做了改动。其实，两者都意为"耶和华神没有降雨在地上"。但在希伯来文中，神的名 יהוה（耶和华）原本是在动词 המטיר（使雨……降下）之后出现；若按原来词序译为 לא אחית מטרא יי אלהים על הארץ 的话，מטרא（雨）可能被读者误认为是主语，而把神的名 יי（耶和华）当作宾语。

避免圣经文本歧义的一个例子是，在创 2 章 24 节，昂译对应于希伯来文的 ישבוק גבר בית משכבי אבוהי את־אביו יעזב־איש（人将离开他的父）的译文是（人将离开他父亲的居室）。译者添加 בית משכבי（居室）一词的目的就是消除歧义；因为不管是希伯来文的 יעזב 还是亚兰文的 ישבוק，除了"将离开"，也有"将遗弃"之义。对于拉比们来讲，人当然不是遗弃他的父亲，而只是离开他的居室。

除了消除歧义，昂译还常常努力彰显圣经原文中隐含的意思。在创 2 章 9 节，昂译的 ואילן דאכלי פירוהי חכמין בין טב לביש（和一种谁吃了它的果子便能分辨善恶的树）详细阐明了原文 ועץ הדעת טוב ורע（和知道善恶的树）多少有些含糊的表述。虽然译文在句子结构上比原文复杂些，但意思却变得明朗和清晰了。

有时，圣经中的比喻也可能使意思模糊不清。一般来讲，除非是在诗句中，昂译都除去了原文中的比喻意义。在创 3 章 8 节，昂译把原文的 לרוח היום（天有风的时候）译为 למנח יומא（一天该休息的时候）。由于避免了比喻用法，译文明确指出神在园中行走的时间，即接近晚上人类该休息的时候。

在创 3 章 15 节，原文 הוא ישופך ראש ואתה תשופנו עקב（它要弄伤你的头，你要弄伤它的脚跟）的昂译译文为 מה דעבדת ליה מלקדמין ואת תהי נטר ליה לסופא הוא יהא דכיר（它要记住你在古时对它所做的，你要保持［你］对它的［仇恨］到［时间］尽头）。笔者将此节中的代词 הוא 直译为"它"而非和合本的"他"，是因为该代词在希伯来原文和亚兰译文中的所指为 זרע（种子）。显然，和合本取其"后裔"的引申意义。但不管主语是"种子"还是"后裔"，谓语"弄伤"的含义总是有些晦涩和模糊。为此，昂译特意将希伯来语词根 שוף（弄伤）理解为词根 שיף（渴望）的变形，并分别将其翻译成相关的"记住"和"(在心中)保持"之意。①

同样，在创3章17节，昂译把原文的 שמעת לקול אשתך（你听见你妻子的声音）译为 קבילתא למימר אתתך（你接受你妻子的话）。译文不仅表达出原文 שמעת לקול（你听见声音）中的"听见"之义，更恰当地把它引申为"接受"某个建议和"听从"某人的话。显然，动词 קבילתא（你接受）和名词 מימר（话）在意思上都更接近圣经经文的原意，即亚当接受夏娃的建议，吃了善恶树上的果子。

为避免文义模糊，昂译还可能明确道出原文中某个词的实际含义。在创3章17节，昂译将希伯来文 עצבון（苦）这一抽象的单词替换为具体的亚兰文单词 עמל（劳累）。עמל 在亚兰文中意味着肉体上的困苦和折磨，因而与创3章18节的意思更为吻合，即男人为生计劳累，且饱受疾苦。接下来在创3章19节，原文为 ממנה לקחת（你取自泥土），昂译为 דמינה איתבריתא（你造自泥土）。昂译把原文中意思有些含糊的 איתבריתא（取）译为意思具体的 איתבריתא（造），使读者不至于将 לקחת 与创2章21至23节中的动词 לקח（取）混淆。在那几节，לקח 的意思是，神从男人身上"取"肋骨做成女人（创2章21节—22节），或女人"取"自男人（创2章23节）。最后在创3章24节，昂译将原文的 להט（火焰）换成 שנן（锋利），来描绘守护伊甸园东边通往生命树道路的转动之剑，也显然是为了避免"火焰"一词在读者心中产生某种神秘寓意的可能。②

在所有这些例证中，昂译都是通过解决原文中的疑难，以达到意思清晰的效果。个中涉及的种种技巧都属于纯粹型诠释。同时，昂译也经常运用应用型诠释来消除让读者难以接受的内容，并调和圣经译文与拉比的思想。

在应用型诠释方面，昂译对原文做得最多的改动就是避免（或至少能淡化）在关于神的字里行间出现拟人法，即用人的形象和性格特点解释和描绘神。实际上，在昂译的时代，犹太教圣经批判和诠释的一个主要特点，就是十分重视所有可能引起读者误解的对于神的描绘。③ 犹太教认为

---

① Aberbach, Grossfeld, *Targum Onkelos to Genesis*, p. 47, note 9.

② 关于对"火焰"的神秘解释，参 L. Ginzberg, *The Legends of the Jews*, Philadelphia: Jewish Publication Society of America, Vol 5, p. 104, notes 94, 95。

③ *Encyclopedia Judaica*, p. 842.

神是纯粹神圣的而非自然（界）的位格。换言之，解释神时，不能用描绘自然（界）生物的概念。然而，在原文创 2 章 4 节至 3 章 24 节一段中，神通常表现为具有人的自然属性和感情，而且神介入人类活动的诸多方式也往往同拉比犹太教中神的概念相抵触。①

其中，拟人色彩最明显和最令拉比们不安的就是那些易使读者联想到人类自然属性的表述。这些表述也就自然成为昂译首先要处理的地方。例如，在创 2 章 7 节，原文为 וייצר יהוה אלהים את־האדם עפר מן־האדמה（神耶和华用地上的尘土塑人），译文为 וברא יי אלהים ית אדם עפרא מן ארעא（神耶和华用地上的尘土造人）。יצר（塑）在昂译中改译为 ברא（造）。显然，昂译没有像原文作者那样对 יצר 和 ברא 加以区分。יצר 的义域比 ברא 的义域狭窄，易使人想象神如人一般凭自己的手指用泥土塑造出亚当的外形。而译文借 ברא 这一更为抽象的词，消除了 יצר 所带的拟人色彩。

拟人色彩也隐含在那些对神体现出人类心理或感情的表述中。这样，它们也成了昂译替换的对象。在创 3 章 5 节，原文 כי ידע אלהים（因为神知道）的拟人色彩在于"知道"表达人类的心理活动，因而在昂译中完全见不到对应的翻译。根据拉比思想，神的无限知识是不言自明的。昂译将原文的意思表述为 ארי גלי קדם יי（它现于神前），神由主动变为被动，也就不像原文那样违逆拉比的思想。此外，在同一节中，אלהים（神）一词也没有译出，而是被神的专有名 יי（耶和华，相当于希伯来文 יהוה）替代，因为这种替换强化了拉比的一神教概念。相比之下，אלהים 因其后缀为复数形式 ים-，很可能让人产生多神的误解。

弱化拟人法的一个非直接的方法就是避免神与人发生直接的关系或接触。在创 3 章 5 节，原文 והייתם כאלהים ידעי טוב ורע（你们将像神一样知道善恶）中的 כאלהים（像神）的昂译译文为 כרברביא（像尊贵的一类），避免使用 אלהים（神）一词，神人关系也因之变得没有原文传达的那样亲密。创 3 章 22 节，原文的 כאחד ממנו לדעת טוב ורע（像我们中的一个，能知道善恶）被译为 מיניה למידע טב וביש（他自己能分辨善恶）。单独来看，希伯来文的 ממנו（"在我们中间"或"他的"）可以是第一人称复数形式，也可以是表从属关系的介词 מן- 的阳性第三人称单数形式。昂译译者正是根据后一种解释的可能，把 ממנו 从 כאחד（像……的一个）分离，而使之与 לדעת（知道）相

---

① Aberbach, Grossfeld, *Targum Onkelos to Genesis*, p. 13.

联系，只叙述亚当自己能分辨善恶的这一结果，从而使原文明确表达的神人关系在亚兰文译文中不复存在。

一个引起早期亚兰文圣经学者特别关注和讨论的现象，是昂译在多处添加 מימרא（Memra，直译为"字"）一词，表示神同人的接触。例如在创3章8节，原文为 וישמעו את־קול יהוה אלהים（他们听见耶和华神的声音），译文则为 ושמעו ית קל מימרא דיי אלהים（他们听见耶和华神的密穆拉的声音）。① 添加 מימרא 的目的也无非是避免拟人法或神人间的直接接触，但 מימרא 的准确意思却耐人寻味。早在19世纪，迈鲍姆（S. Maybaum）首先对中世纪迈蒙尼德（Moses Maimonides，1135—1204）所倡"Memra 是神的中介"一说表示质疑，并认为此处的 Memra 是"命令"之意，因为其词根 ימר 在后圣经时代的希伯来文、亚兰文和阿拉伯文中都有"发令"之意。② 继而金斯伯格（M. Ginsburger）认为，Memra 的使用早先是为了避免将神人并列，折中的办法就是通过 Memra 将神人关系局限在神的精神成分与尘世的人之间，同时将神格与人格区分开来。到了后来，Memra 的使用主要是为了避免指涉神的形体存在。③ 20世纪初，阿伯森（J. Abelson）认为，除防止拟人化倾向之外，Memra 不是神人的中介，而是特指神的威力、良善、智慧和公义，是一种充斥宇宙的力量，是物质和精神世界的现实存在；Memra 体现神无处不在，万事万物无时无刻不在神的控制下。阿伯森还否认斐洛（Philo of Alexandria，前20—50）所倡的逻各斯（Logos）与 Memra 的联系，并解释道：逻各斯是个哲学概念，且与个人无关，但 Memra 不属于哲学范畴，且拉比们的神是与每个人紧密相关的。④ 海普（V. Hamp）最后总结道，"神的 Memra"和"神"没有实质区别，它从对神的精神特征的定名，发展为神的代称词，渐渐具备了专有名词的功能。⑤

---

① "密穆拉"为笔者对 מימרא 的音译。

② S. Maybaum, *Die Anthropomorphien unnd Anthropopathien bei Onkelos und den Spaetern Targumim*, Breslau, 1870。

③ M. Ginsburger, *Die Anthropomorphismen in den Targumim*, Braunschweig, 1891。

④ J. Abelson, *The Immanence of God in Rabbinic Literature: The Memra*, London, 1912, p. 158. 类似观点也见于 G. F. Moore, "Intermediaries in Jewish Theology", *Harvard Theological Review*, 15（1922）, p. 52。

⑤ V. Hamp, *Der Begriff "Wort" in den Aramaeischen Bibeluebersetzung*, Munich, 1938, p. 204。

由此可见，昂译通常避免圣经叙事中两种类型的拟人化描述：一种是反映人类心理与生理属性的描述，另一种是暗示神人密切关系的描述。在以上关于消除拟人法的例证中，原文并没有任何妨碍理解经文意思的疑难点。昂译所做的所有改动都是出于应用性诠释的原因，与圣经叙事问题没有关系。其目的在于使呈现给大众读者的译文与当时拉比们的旨趣相一致，所采取的方法主要是意译圣经原文中含有拟人色彩的内容，并重新调整词序。在昂译中，神通常不是人的某一动作的宾语或直接承受者。译者或将神的位格改为神的某一特性，或在动词与宾语间加插介词，或将神提升至人类活动的场景之上，或用被动替代主动，或将具体的动作改为抽象的动词，等等。总之，尽管在昂译中有关神的描述未完全摆脱拟人化，但在动作与心理活动方面，神高高在上，不具有人类的特征。①

昂译中的应用性诠释不只限于从神学角度消除或弱化拟人说，它也用于反映塔木德时期犹太人的主流社会规范和伦理。昂译在这方面对圣经叙事所做的改动可从神、亚当、夏娃和蛇的形象刻画中体现出来。上面已经讨论过，昂译中神的形象比原文中神的形象少了许多拟人色彩；同时，神与人的距离和关系也没有原文中那么近，而是一位在人类历史进程中全能的、无所不知的神。

在故事的四位当事者中，亚当的刻画是改变最大的。从字面看，创 2 章 7 节中希伯来文 נפש חיה（有生命的灵）并未明确亚当比动物更尊贵。昂译为 רוח ממללא（能说话的灵）用以强调亚当的言语本能，从这一角度显示出亚当的地位高于动物。应该指出，希伯来原文创 1 章 24 节 ויאמר אלהים תוצא הארץ נפש חיה（神说："地要生出有生命的灵"）中的 נפש חיה 指的仅仅是动物。另外，当时基督教的诠释也强调希伯来文的 נפש חיה 可指动物和人类。因此，无论考虑的是圣经文本本身，还是考虑到异教的挑战，昂译将创 2 章 7 节的 נפש חיה 诠释为"能说话的灵"都是为了刻意强调人与动物的区别。

另一个重要但更普遍的改动是，原文的 את־האדם（此人）在译文中一律明确为 ית אדם（亚当）。实际上，在整个亚当夏娃的故事中，每当希伯来原文 אדם（人）意指亚当，昂译都直接道出亚当的名。这一更换强调了亚当作为人类历史上第一次事件的参与者，也就强调了他作为神创造的第一

---

① Aberbach, Grossfeld, *Targum Onkelos to Genesis*, pp. 21 – 23.

个人的身份，凸现了他的特殊性。显而易见，这些意图都反映了当时犹太家庭的家长制理想。昂译中另一个影响亚当形象的改动与他的丈夫角色有关。在创 2 章 23 节，原文 מאיש（从一个男人身上）的昂译为 מבעלה（从她丈夫身上）。根据拉比对于道德适宜性（moral propriety）的严格解释，那个女人不是从任何一位男人身上而来，她只能是从她的配偶即丈夫身上而来。妻子从属于她的丈夫并与之合而为一。这正是译者谋求译文符合拉比伦理观念的明证。①

相对于作为丈夫的亚当，夏娃作为妻子的角色在昂译中得到强化。根据拉比思想，妇女的主要责任就是为人妻。在创 3 章 20 节，原文 אם כל־חי（众生之母）中的 חי（生灵）一词可能产生句法上的歧义，因为它也可指人类以外的生命体。为避免这种歧义，昂译译为 אימא דכל בני אינשא（男人的孩子的母亲），这样不仅排除了人类以外的生灵，而且强化了夏娃作为人类第一位母亲的角色。该例也很好地体现了昂译对纯粹性诠释和应用性诠释的结合使用。但总的来讲，在叙述伊甸园的故事时，亚当的形象在昂译中比较突出，而夏娃和蛇的形象改变不大。这是因为相比之下，犹太教更重视男人的角色，且不像基督教那样刻意将夏娃和蛇与"堕落"和"原罪"的命题联系在一起。

昂译针对社会伦理对原文所做的改动也体现在圣经的人物刻画之外。在上述讨论过的创 2 章 24 节，对昂译添加 בית משכבי（居室）的另一种解释是，它还可能是为了表明禁止乱伦的立场。但最可能的解释似乎应该为，根据塔木德时期的风俗，男人结婚后并不愿离开父母的家，而宁可在父母家中另外成家，所以只是离开他原先的 בית משכבי 而已。②

本文将讨论的最后一类应用性诠释反映的是昂译糅合了阿迦达圣经诠释。换言之，昂译偶尔也将拉比阿迦达圣经诠释补充和穿插到圣经翻译当中，从而使其译文与权威的拉比典籍的观点相吻合。这样做也是昂译使圣经犹太教与塔木德时期的传统相一致的重要途径。在创 3 章 15 节，原文 הוא ישופך ראש ואתה תשופנו עקב（它要伤你的头，你要伤它的脚跟）的昂译为 הוא יהא דכיר מה דעבדת ליה מלקדמין ואת תהי נטר ליה לסופא（它要记住你在古时对它所做的，你要保持［你］对它的［仇恨］到［时间］尽头）。ראש（头）

---

① 根据神取亚当肋骨造夏娃一节，认为女人"低于"男人的观点更符合基督教的解释。
② Aberbach, Grossfeld, *Targum Onkelos to Genesis*, p. 33.

在译文中被引申为抽象的"开端"或"古代"之意；עקב（脚跟）被理解为"尽头"，即到时间的尽头，与ראש呼应。① 根据当时拉比的引申，ראש比喻神创世不久，עקב比喻未来弥赛亚降临的时候。②另外，将שוף（伤）与"仇恨"相连则是根据米德拉什的诠释。③

昂译与米德拉什诠释相一致的处理，也可说明译者在翻译过程中对犹太诠释传统的遵循。如在创2章5节，昂译按复数含义理解原文的שיח（草木），并把它译成复数形式的אילני（树木）。这与米德拉什圣经诠释对שיח的解释一致。④

又如在创3章7节，原文和昂译都为：吃了智慧树上的果子之后，亚当和夏娃的眼睛都打开了。这似乎意味着两人此前是盲眼的。在创3章6节，原文为תאוה־הוא לעינים（它悦人眼目）。首先，תאוה（喜悦）与紧跟其后的ונחמד העץ להשכיל（且是可爱的）中的נחמד（可喜爱的）意思重复；而且，"悦人眼目"似与下一节的"眼睛打开"这一结果缺乏直接联系。昂译的处理为אסו הוא לעינין（它医人眼目），不仅避免了重复，且吃智慧树的果子就成了可以治愈"盲眼"的秘诀。这种对智慧树疗效的想象也见于米德拉什圣经诠释。⑤

在创3章21节，原文כתנות עור（皮衣服）在昂译为דיקר על משך בסרהון לבושין（遮皮肤的体面的衣服），意思有很大改变。在希伯来语中，עור（皮）与אור（光）发音近似。昂译依据"光"的意思把它译为"体面的"，完全符合犹太诠释传统。这一传统不仅体现在公元2世纪的梅厄拉比（Rabbi Meir）的解释中⑥，而且还见于《以斯帖纪》8章16节。

在上述内容中，笔者根据创2章4节至3章24节亚当夏娃的故事，讨论了昂译对圣经叙事所做的改动，把它们归纳为四种诠释类型，举例分析了各个类型的修改动机和特征。昂译对圣经叙事所做的改动，有些是为了解决文本上的疑难点，使意思明白、易于传播而做的纯粹性诠释；有些则是反映犹太教教义和伦理的应用性诠释。对于拉比们而言，真正重要的

---

① Aberbach, Grossfeld, *Targum Onkelos to Genesis*, p. 36.
② 参 M. Ginsburger, *Targum Jonathan ben Usiel zum Pentaeuch*, 1903。
③ 参 J. Theodor, Ch. Albeck, *Bereshith Rabba*, Jerusalem, 1965, XVI, 4。
④ 参 J. Theodor, Ch. Albeck, *Bereshith Rabba*, XIII, p. 2。
⑤ 参 J. Theodor, Ch. Albeck, *Bereshith Rabba*, XIX, p. 5。
⑥ 参 J. Theodor, Ch. Albeck, *Bereshith Rabba*, XX, p. 12。

不是圣经叙事的字面含义，而是如何与时俱进地诠释圣经叙事。鉴于昂译对原文所做的种种改变和诠释，我们显然不应视昂译为机械的直译。对昂译的文本研究可以更好地说明为什么在各处的犹太会堂，犹太人会同时使用昂译与阿迦达或米德拉什等犹太经典，用来研习和宣讲希伯来圣经。① 这种文本研究和文本外的历史、考古和神学等研究，对于犹太教和圣经研究都是不可或缺的。

（本文原载于梁工主编《圣经文学研究》第 4 辑，人民文学出版社 2010 年版）

---

① Avigdor Shinan, "The Aggadah of the Palestinian Targums of the Pentateuch and Rabbinic Aggadah: Some Methodological Considerations", in Beattie, McNamara, *The Aramaic Bible*, pp. 203 – 217, 此为第 217 页。

太虚大师佛教思想略论

冯焕珍

佛教是体用一如的宗教，体是佛陀彻悟的诸法实相，用是佛陀由此体悟当机开出的种种教法。佛陀圆寂后，佛弟子是否能够绍隆三宝、续佛慧命，端赖其是否对此实相有真切体悟，有真切体悟则能契理契机地开出新教法，否则只能口诵心惟地传承佛陀遗教。古今中外，能作佛陀法王心子、开出一宗教法者世不一出，古代印度有中观、唯识、如来藏三学的创辟者龙树（提婆）、无著（世亲）与马鸣菩萨，古代中国有天台、三论、唯识、华严、禅、净、密、律八宗的开山祖师，现代中国则有"人生佛教"鼻祖太虚大师。

太虚大师（1890—1947），俗姓吕，乳名淦森，学名沛林。籍贯浙江石门（民国改为崇德），生于浙江海宁长安。家世贫穷，生无异禀，体弱多病，两岁丧父，五岁母亲再适，与外祖母相依为命，尝尽人间甘苦。因外祖母信佛，早年即得亲近佛法。十六岁，于苏州浒墅乡一庵剃度出家，依临济法派取名唯心，又在韦陀菩萨像前占得表字太虚。

太虚大师所处的时代，正是中国急速从传统社会转向现代社会的时代，文明形态、文化思想、宗教信仰、道德意识、生活方式都与传统社会大异其趣。而当时的佛教，仍然是适应传统社会因缘形成的形态，面对现代中国机缘时有左支右绌之感，只有作出适当调整才能焕发生机。有见于此，太虚大师对自己期许很高，他不想成为一宗一派之徒裔，而要在深契佛陀本怀的基础上，建立适合时代因缘的新佛教。

太虚大师的工作，他晚年（1940年7月）有过简洁明了的总结："中国向来代表佛教的僧寺，应革除以前在帝制环境中所养成流传下来的染习，建设原本释迦佛遗教，且适合现时中国环境的新佛教！"① 依此我们

---

① 释太虚：《我的佛教改进运动略史》，载《太虚大师全书》编委会编集《太虚大师全书》第31卷，宗教文化出版社2015年第2版，第64页。

可说，太虚大师诚然具有国际眼光，对佛教的国际化作出过巨大贡献，但这是以他对佛教价值的持守、对中国佛教的继承与开新为根本基础的随缘发用，他的主要事业是在现代中国建设契理契机的新佛教。太虚大师的这一事业主要由三个方面组成：一是对诸法实相的真实体悟，二是对佛教价值的继承与传扬，三是建设适应时代机缘的新佛教——"人生佛教"。以树比喻，前者为树根，其次为树干，后者为花果。

太虚大师在这三个方面都花了大量心血，做了许多工作。关于这些工作的重要性，他本人曾说："我对于佛教三十多年来改进运动的经过，可从好几方面去观察，而以关于僧众寺院制度在理论上和事实上的改进为最重要。"① 其实，太虚大师的所有工作都是以开创"人生佛教"为归结的，只因寺院制度的改革对"人生佛教"的存在与发展至关重要，他才作出了这样的论断。太虚大师为什么能够创立"人生佛教"？他为什么要创立"人生佛教"？其"人生佛教"的主要内容是什么？"人生佛教"为何未能在太虚大师生前落地？如何才能继续太虚大师未竟的事业？凡此种种问题，对当代中国佛教界来说，无不具有非常重要的启示与借鉴意义。

一、深契诸法实相

（一）诸法实相与觉悟经验是否可说

佛教与世俗学问有一个根本的不同，世俗学问是迷者从各人执取的诸法实有（虚无也是实有的一种表现形式）建立的学问，佛教则是智者从无所取着的诸法实相开演的学问，即"从无住本立一切法"②。这个实相是宇宙诸法空（根本性质）有（缘起事相）不二的真相，是三世十方诸佛的法身，只有证得无分别智并生起后得智的菩萨才能少分或多分证悟，唯有三智圆满的佛陀才能圆满彻悟，如太虚大师说：

> 佛学所说明的宇宙万有之实事真理，本是无始无终普遍常住的，亦是十方世界中过去的现在的未来的一切佛陀所证明的。但在我们这渺小的地球上现今所流行的佛学，实源于二千数百年前印度的释迦牟

---

① 释太虚：《我的佛教改进运动略史》，载《太虚大师全书》第31卷，第63页。
② 〔东晋时期后秦〕鸠摩罗什译：《维摩诘所说经》卷中《观众生品》，载《大正藏》第14册，第547页下。

尼佛,在其大觉的心海中所流出来的。……然直溯释迦牟尼大觉心海的源头,我以为只是"圆明了无始终无边中的法界诸法实相——宇宙万有之实事真理——体现为以法界诸法为自身,以自身为法界诸法的法身;又完全的开显表示出来,以之教导无数世界中有成佛可能性的种种众生之类,使皆得成就无上大觉一样的圆明法界诸法实相,且体现为无尽无碍的法身"。①

这显示佛教是依智不依识的智慧之学,而不是依识不依智的世俗之学。对于佛教,如果仅仅基于分别识进行自圆其说的拟构,只能开展出以佛教为研究对象的世俗之学;要如理地理解佛法、做出学修一体的学问,起码要依信解力为基础通达佛教;要进一步如量地显明佛法真义乃至开宗立派,必须对其智慧有真切的体悟。太虚大师能如理如量地统摄佛法、开宗立派,根本原因正在于他对佛教的根本所依诸法实相有深刻的体悟。

佛陀明明教示云,"止止不须说,我法妙难思"②,我们如何能对觉悟诸法实相的经验妄加论说?佛陀的教示,主要基于两个理由:一是诸法实相与体悟此实相的智慧一体不二,无我我所,不可分别,故不可说;二是佛菩萨为断众生我法二执而说法,说对诸法实相的觉悟,易令众生陷入执着,故不可说。反过来,如果本身对诸法实相确有觉悟,说出悟境有利于众生,则亦可当机作方便说,智者大师、惠能大师、憨山大师、虚云禅

---

① 释太虚:《佛学源流及其新运动》,载《太虚大师全书》第2卷,第329—330页。
② 〔东晋时期后秦〕鸠摩罗什译:《妙法莲华经》卷一《方便品》,载《大正藏》第9册,第6页下。

师、太虚大师等佛门圣者①，都毫不讳言自己的悟境，原因在此。准此，我们也可参照佛陀相关教示，对太虚大师的悟境略加表彰。

（二）太虚大师对诸法空性的解悟

太虚大师十六岁即受具足戒，他受戒时的突出表现已获戒师、尊证②交口称叹：

> 因为我在戒堂中，对于课诵唱念早经听熟，要背诵的《毗尼日用》及《沙弥》《四分》《梵网》戒本，以及各种问答，我以强记力特别高，都背诵应答如流。有一次演习问答，答得完全的，只有我一人，所以戒和尚及教授、开堂与道阶尊证，都深切注意我为非常的法器。将出堂前去拜辞的时候，了余教授极加夸奖，而八指头陀尤以唐玄奘的资质许我，嘱奘老加意维护。③

"《毗尼日用》及《沙弥》《四分》《梵网》戒本"分别指《毗尼日用集》《沙弥戒本》《四分律比丘戒本》《梵网经菩萨戒本》等戒律著作，是汉传佛教出家男众受比丘戒前必须熟记的内容。太虚大师的表现，得到戒师八

---

① 南怀瑾先生明确肯定太虚大师是发深心、有修持的高僧："当时对太虚法师，虽然他盛名传遍世界，我们看到他却是不理的，觉得他只是讲讲佛学的，没有修持。一直到了后来，我才跟我的老师讲：'先生啊！我们看错他了，太虚法师是有修持的。'老师还把胡子一拉：'哦？真的啊？你有何所见？'事情是这样的，当时太虚法师坐火车回南京，南京火车站欢迎他的人真是人山人海，很多还是很有地位的人，是他的弟子。……话说太虚法师乘火车一到南京，他老先生下了车尿急了，不管前面的军民男女人等，转过身把袍子拉开就小便，状若无人，尿完了旁边跟着他的人就对他说：'师父，他们都来欢迎你的。'他说：'噢！好！阿弥陀佛！'我看到这一点，心想：哎哟！这位和尚不得了啊！他对这所谓的荣耀没有动过念头，他无所谓，管你那么多男的女的，袍子拉开来就屙尿了。有些老太太女居士都不敢看，他可自然得很。你不要说他得什么大定，就算是个昏沉定也不得了啊！目中无人，都空了。这是一，因此我就开始注意了，觉得过去多年对他的成见太深了。太虚法师的左右不用小和尚，也不摆威风，他一辈子那么多著作，全部精神都在佛经上，真是发起深心的。他旁边只用两个在家人，那时候叫茶房，现在叫服务生，他给人家薪水的。那么多人来皈依他、膜拜他，都要给供养，他一辈子持戒律不摸钱的，都是由茶房捧进去了，太虚法师绝不会到后面去问茶房收了多少钱，用出去的也问都不问，这都是我们所见到的。"（南怀瑾：《维摩诘的花雨满天》上册，东方出版社2010年版，第244—245页）

② 汉传佛教出家男众受比丘戒时，需要三师七证，三师即戒和尚、羯磨师、教授师，戒和尚指正授戒律的和尚，羯磨师即主持白四羯磨授戒仪式的阿阇黎，教授师即教授威仪作法、为众人引导开解的法师；七证师指为受戒者作证明的七位比丘。戒师通指三师，尊证包括七证。

③ 释太虚：《太虚自传》，载《太虚大师全书》第31卷，第168页。

指头陀①、教授师了余法师②和尊证道阶法师③等一时名宿的称赞，可见其宿智过人，他特别申明自己出生平凡④，主要是为了避免后人神化自己。

受戒后，太虚大师即依教观双运的正道修学佛法。教方面，他一开始主要研习《法华》《楞严》《指月录》《高僧传》等内典，"常能每日默诵《法华经》二三部"，"诵到极熟时，大约一点三刻钟便能将七卷《法华经》诵完"⑤，讲小座时能围绕《法华经》的"十如是"敷衍差不多两个小时。观方面，他主要依禅宗祖师语录默自参究话头，应答时深得当时尊宿赞许。据太虚大师说：

> 有一天黑夜，我闯入方丈室中，问八指和尚："什么是露地白牛？"和尚下座来扭住我的鼻孔大声斥问是谁？我摆脱了礼拜退出。又道阶法师有一次于讲小座前升座次，在法座上云："《法华经》本文没有带来，那一个把本文送上来看！"及有一人送上去时，便云："你这是注解，不是本文，下去。"我空手走到座前拜了一拜，法师云："你却将本文来。"即下座归寮。⑥

---

① 释敬安（1851—1912），俗姓黄，湖南湘潭人，法字寄禅，号八指头陀。幼丧父母。同治七年（1868）投湘阴法华寺出家，礼东林长老为师。同年冬至南岳祝圣寺，从贤楷律师受具足戒。中年行迹吴越，遍参海内尊宿。后回湘，师事麓山寺笠云，嗣其法。历住南岳上封寺、长沙上林寺、衡阳罗汉寺、沩山密印寺等。光绪二十八年（1902），任宁波天童寺住持，选贤任能，百废俱举。光绪三十四年（1908），任宁波僧教育会会长。1912年，上海成立中华佛教总会，被推为首任会长。同年，湖南等地发生寺产纠纷，应众请入京请愿，到京未达目的，即卒于法源寺。生平颇有诗名，为近代著名诗僧，有《八指头陀诗集》及《续集》行世。
② 释了余（1864—1924），浙江余姚人，名广导。光绪十四年（1888）于普陀山锡麟堂出家，次年于普陀山普济寺受戒。专至念佛，预知时至，为清末民初高僧。
③ 释道阶（1866—1932），湖南衡山人，俗姓许，俗名常践，号晓钟，别号八不头陀。年十九，依衡阳智胜寺真际出家。翌年，受具足戒于耒阳报恩寺碧崖，自此专意参禅，并于峡山二端寺掩关三年，又从默庵学教，遍览大藏，道誉日隆。讲经足迹遍及江南名刹，历住南岳祝圣寺等大刹。光绪三十二年（1906），南游星、马、缅、印等地，翌年返国，后主北京法源寺。敬安法师在上海创设中华佛教总会，于法源寺设机关部，师兼任部长并设法师养成所教育僧徒。后常赴国外弘化。民国二十一年（1932）春，游化槟榔屿、怡保、吉隆坡及新加坡等地，同年寂于怡保三宝洞。世寿六十六，僧腊四十七。
④ 参释太虚《太虚自传》，载《太虚大师全书》第31卷，第153页。
⑤ 释太虚：《太虚自传》，载《太虚大师全书》第31卷，第168页。
⑥ 释太虚：《太虚自传》，载《太虚大师全书》第31卷，第170页。

这虽如太虚大师说属于"依通似解"的闻慧功夫，但对任何人来说都是引发思、修二慧的必要资粮。

光绪三十三年（1907）秋，经圆瑛法师①介绍，太虚大师前往汶溪西方寺阅藏，并在此次阅藏期间解悟诸法实相之理。其开悟过程，太虚大师曾在两个地方述及，一是民国二十八年（1939）初草、民国三十四年（1945）修订的《太虚自传》，一是民国二十九年（1940）在印度舍卫国为佛教访问团团员讲的《我的宗教经验》。在《太虚自传》中，他说：

> 积月余，《大般若经》垂尽，身心渐渐凝定。一日，阅经次，忽然失却身心世界，泯然空寂中灵光湛湛，无数尘刹焕然炳现，如凌空影像，明照无边。座经数小时，如弹指顷；历好多日，身心犹在轻清安悦中。数日间，阅尽所余般若部，旋取阅《华严经》，恍然皆自心中现量境界。伸纸飞笔，以似歌非歌、似偈非偈的诗句随意抒发，日数十纸，累千万字。……从此，我以前禅录上的疑团一概冰释，心智透脱无滞，曾学过的台、贤、相宗以及世间文字，亦随心活用，悟解非凡。……此为我蜕脱尘俗而获得佛法新生命的开始。②

在《我的宗教经验》中，他具体谈到了此次触悟之处，可以与前文互参：

> 有一日，看到"一切法不可得，乃至有一法过于涅槃者，亦不可得"，身心世界忽然的顿空，但并没有失去知觉。在这一刹那空觉中，没有我和万物的世界对待。一转瞬间明见世界万物都在无边的大空觉

---

① 释圆瑛（1878—1953），福建古田人，俗姓吴，法名宏悟，号韬光，以字行。幼失怙恃，十九岁至鼓山出家，主修天台学。后至宁波天宁寺习禅。二十六岁参学于天童寺敬安和尚，并赴福建、浙江及南洋等地讲经，声誉极高。光绪三十二年，与太虚大师缔兄弟盟，订定"以心印心，白首如新，以善劝勉，疾病相扶，安危与共，事必相商，各自立志"等义规。其后致力于组织中国佛教会与寺产保护运动。民国二十年（1931）4月，在上海举行中国佛教会第三次全国代表大会时，与太虚意见相左，太虚等脱离该会，师则继续主持中国佛教会。抗战军兴，师赴南洋募集医药费用，并主持槟榔屿极乐寺。民国二十八年返上海，主持福建鼓山涌泉寺、宁波天童寺，并于上海玉佛寺、圆明讲堂等处讲经布教，尤以善《楞严经》独步当世。1953年9月于天童寺入灭，世寿七十六，有《圆瑛大师全集》行世。

② 释太虚：《太虚自传》，载《太虚大师全书》第31卷，第173—174页。

中，而都是没有实体的影子一般。①

这是什么样的境界呢？太虚大师本人判断是达到了"超俗入真的阶段"："至于阅藏经而有契乎般若、华严，已造于超俗入真的阶段，由是而精纯不已，殆可通神彻妙，由长养圣胎以优游圣域。"② 一般来说，俗即假，真乃空，所谓"超俗入真"即由假入空，依教门看是体悟诸法实相的初地境界，依宗门论则是明心见性的破初关境界，即《华严经》所谓"不动相应"③ 或《楞严经》所谓"空生大觉中，如海一沤发"④ 的境界。理由在于，无论登初地还是破初关，其根本标志都是破有证空、与空性相应，太虚大师自述的"忽然失却身心世界，泯然空寂中灵光湛湛""身心世界忽然的顿空，但并没有失去知觉""明见世界万物都在无边的大空觉中，而都是没有实体的影子一般"等境与此正相契合。按理说，太虚大师证得了菩萨初地圣果，但太虚大师在民国二十九年的自述中却不无遗憾地说："我现在想起来，当时如从这种定慧心继续下去，三乘的圣果是可以成就的。"⑤ 太虚大师所说的三乘，指声闻、缘觉与菩萨（佛）三乘，他的叙述分明显示他认为自己并未证得圣果。窃以为，太虚大师之说并非谦辞，他此次悟境确实属解悟诸法实相之理的思慧境，尚未进达体悟诸法实相的修慧境。⑥

太虚大师解悟之后，未能加功进证圣果，一大因缘是他此时遇到了对他走向菩萨道甚至创立"人生佛教"都至关重要的僧人——华山法师⑦。华山法师带他走进了他前所未闻的新学，促使他发起了以佛法救世的悲愿。他说：

---

① 释太虚：《我的宗教经验》，载《太虚大师全书》第22卷，第304页。
② 释太虚：《太虚自传》，载《太虚大师全书》第31卷，第175页。
③ 〔唐〕实叉难陀译：《大方广佛华严经》卷三十四《十地品》第二十六之一，载《大正藏》第10册，第181页上。
④ 〔唐〕般刺密谛译：《大佛顶如来密因修证了义诸菩萨万行首楞严经》卷六，载《大正藏》第19册，第130页上。
⑤ 释太虚：《我的宗教经验》，载《太虚大师全书》第22卷，第305页。
⑥ 据此可知，他民国十七年（1928）说自己"在读《般若经》的参禅心中，证得实相无相不立文字之正法眼藏"（释太虚：《我之学佛经过与宣传佛学》，载《太虚大师全书》第26卷，第216页），要么是笼统指其曾有的觉悟经验而言，要么是演讲时策励后进的方便谈。
⑦ 华山法师，浙江乐清人，俗姓陈，近世中国开办僧教育的先驱者之一，太虚大师有《华山法师辞世记》加以表彰（参《太虚大师全书》第31卷，第135—137页）。

> 他（按指华山法师）与我谈到科学的天文、地理，与物理、化学等常识；并携示《天演论》、康有为《大同书》、谭嗣同《仁学》、章太炎《文集》、梁启超《饮冰室》等书要我看。我起初不信，因为我读过的书，只是中国古来的经史诗文与佛教经籍。当时与他辩论了十几天，积数十万言。后来觉他颇有道理，对于谭嗣同的《仁学》，尤极为钦佩。由此转变生起了以佛法救世救人救国救民的悲愿心。①

此后不久，太虚大师就走上了除旧布新的"佛教革命"道路。

（三）太虚大师对诸法实相的证悟

民国三年（1914），第一次世界大战爆发，加上他本人从事的种种活动障碍重重、效果不大，太虚大师对西洋学说以及自己以佛法救世的能力产生了怀疑，深感不能这样抛掷光阴，于是又发心到普陀山闭关。

在这次闭关过程中，太虚大师真正契悟了诸法实相，对此他曾有详细的忆述：

> 是冬，每夜坐禅，专提昔在西方寺阅藏时悟境作体空观，渐能成片。一夜，在闻前寺开大静的一声钟下，忽然心断。心再觉，则音光明圆无际，从泯无内外能所中，渐现能所、内外、远近、久暂，回复根身座舍的原状，则心断后已坐过一长夜，心再觉系再闻前寺之晨钟矣。心空际断，心再觉而渐现身器，符《起信》《楞严》所说。乃从《楞严》提唐以后的中国佛学纲要，而《楞严摄论》即成于此时。从兹有一净裸明觉的重心为本，迥不同以前但是空明幻影矣。②

依太虚大师所述，他这次觉悟经验与前一次有两点差异：第一，前次是解悟诸法实相，这次则是证悟诸法实相，真正与"不动相应"；第二，前次只见到"空明幻影"，这次则亲见《楞严经》《起信论》的世界，即诸法实相（《楞严经》的妙明真心、《起信论》的心真如都是诸法实相异名）

---

① 释太虚：《我的宗教经验》，载《太虚大师全书》第 22 卷，第 305 页。
② 释太虚：《太虚自传》，载《太虚大师全书》第 31 卷，第 199 页。

与诸法相即不二的境界①。太虚大师后来论及佛学是诸佛菩萨从大觉心海中流出来的学问时说,"这是我们考之中国文的《华严》《法华》等大乘经,马鸣、龙树、无著、天亲的大乘论,尤其是直证佛心传佛心印的中国禅宗诸大师之语录,皆可为坚强之证据;而且太虚本人也曾于此有确切之经验的"②,应该就是指此次证悟经验而言。

(四) 太虚大师对诸法实相的深悟

太虚大师证悟诸法实相两年后,还有一次圆融空有的证悟经验。他说:

> 民四夏间起,则聚精会神于《楞伽》《深密》《瑜伽》《摄大乘》《成唯识》,尤以慈恩的《法苑义林章》与《唯识述记》用功最多,于此将及二年之久。民五,曾于阅《述记》至释"假智诠不得自相"一章,朗然玄悟,宴会诸法虽言自相,真觉无量情器、一一尘根识法,皆别别彻见始终条理,精微严密,森然秩然,有万非昔悟的空灵幻化,及从不觉而觉心渐现身器堪及者。从此后,真不离俗,俗皆彻真,就我所表现于理论的风格,为之一变,亦可按察。③

太虚大师这次现观的是什么境呢?他说是"宴会诸法虽言自相,真觉无量情器、一一尘根识法,皆别别彻见始终条理,精微严密,森然秩然"之境,实即无著、世亲等佛教瑜伽行觉悟者证悟的万法唯识境。④对此,太虚大师还有更明确的告白:"第三次现观唯识的因果法相。古人所谓不昧因果,实在一一皆有条理、秩然而不紊乱的因果。"⑤修学佛法者每以为,唯识家所示仅仅是众生轮回与还灭的过程,唯须超越,殊不知如此仅得其由假入真一边,而不知唯心所现万法性相因果也是修学者应当觉悟之境,纵有觉悟,也只悟得个凝然真如、离有但空,不能发起智慧妙用。太虚大

---

① 太虚大师在另一个地方也说:"自此,我对于《起信》《楞严》的意义,像是自己所见到的。"(释太虚:《我的宗教经验》,载《太虚大师全书》第22卷,第306页)
② 释太虚:《佛学源流及其新运动》,载《太虚大师全书》第2卷,第330页。
③ 释太虚:《太虚自传》,载《太虚大师全书》第31卷,第199—200页。
④ 当代佛学大德陈兵先生认为太虚大师这次证悟"相当于禅宗所谓破重关境界"(陈兵:《佛法真实论》,宗教文化出版社2007年版,第258页)。
⑤ 释太虚:《我的宗教经验》,载《太虚大师全书》第22卷,第307页。

师的开悟经验启示吾人，只有深信唯识学本是佛菩萨依大智慧对即空之有的如实显示，并依之修行而现观万法差别性相因果，才能够真正证入空有圆融、事事无碍之境。

太虚大师深契诸法实相后，整个生命因之焕然一新。他怀着对佛陀圣教的满分恭敬，对现代社会芸芸众生苦迫的无限悲悯，以及依佛教救度众生的智慧洞察，"于是迫乎不获已的大悲心，及阐扬吾所确见之真理的大智心，从事佛教原来直接佛乘之人乘法的宣传"[①] 了。这"直接佛乘之人乘法"，正是他创建的"人生佛教"的核心内容，其基础则是他对佛教价值的守护与对佛法真义的开显。

二、守护佛教价值

（一）坚持大乘是佛说

守护佛教价值是太虚大师佛教思想中非常重要的一面，与其开显佛法真义的另一面相辅相成。太虚大师对任何有意无意损害、毁谤佛教的言行都会及时作出旗帜鲜明、有时甚至辛辣难当的回击，他著作中的很多文字都是护法之作。他护持佛教的方方面面，本文限于篇幅不拟详说，只想谈谈他回应"大乘非佛说"和现代佛教研究这两方面的内容。

从历史、文献与考古角度看，只有"阿含类"圣典可被确定为释迦牟尼所说。大量"非阿含类"圣典在释迦牟尼圆寂几百年之后才传出世间，很难证明为释迦牟尼所说，我们到底应不应该相信这些经典是佛说呢？如果不相信这类经典是佛说，仅仅视之为佛陀圆寂后佛弟子为怀念佛陀而编纂的作品，就会直接动摇乃至否定大乘佛教的真实性、神圣性与可靠性。当时甚嚣尘上的"大乘非佛说"者正是这样做的，他们以这种立场观察佛陀一代时教，坚持只有"阿含类"圣典才是真佛教，由于"阿含类"圣典佛法一味，判释教法的大小实际上没有多少意义。在这些人心里，以大乘教法为核心的汉藏两系佛教绝非众生可赖以信仰、修学与成就的成佛之道，不过是佛弟子随顺佛陀教法开展的佛教文化。他们怀疑、否定大乘佛教，根本原因是他们内对佛陀果证境界没有真切体会，外受主导现代文明的分别识见（现代性的根子）所惑，甚至不能对此果证境界生起十分信

---

① 释太虚：《人生观的科学》，载《太虚大师全书》第25卷，第37页。

心，于是从趣识立场出发，偏信唯有释迦牟尼一佛及其所说"阿含类"圣典，既陷入"大乘非佛说"的恶见，又导致"阿含类"圣典的浅化和俗化。他们研究大乘佛教，与其说是心有所宗，无宁说是学术爱好。

太虚大师明确宣称，世人怀疑、否定佛陀圣典的真实性，乃是由于其思想太幼稚：

> 一般以历史眼光考证佛法的人，研究教理，往往生出很多的疑难。然而佛陀遗流的教法，非是平常人的言语文字心理思想所能推测的。因为佛法所建立，是以佛果与圣果为根据的。倘若没有佛果与圣果，则佛法无从建立，更无所谓佛法。倘若没有佛果与圣果的自证智力，而以普通的思想来观察判断，当然有很多疑难之处，这因为普通的思想太幼稚的缘故！①

"普通的思想"之所以幼稚，正在于这种思想持有者的根本立场是趣识立场②，他们从分别识认识佛教，看不到佛陀果证的无分别智境。

众所周知，佛法是由教、理、行、果四层内容构成的系统，学佛法的次第是依教入理、依理起行、因行证果，而太虚大师却说，"倘若没有佛果与圣果，则佛法无从建立，更无所谓佛法"，这是怎么回事呢？太虚大师说，"虽则理以教而显，果以行而收，而佛法之所以留存在世间的经律仪像，皆依证得了佛果之后，以自觉之心而去觉他，这才是教法产生的原始，所以教法乃是从果法而来的"③；圣果有声闻、缘觉、佛果三种，而以佛果为究竟圆满果证，佛法的教、理、行三者都建立在佛陀的究竟圆满果证上，如果没有究竟圆满的佛果为基础，则教、理、行三法与佛、缘觉、声闻三乘都无法施设，因此没有佛的果证就没有流布世间的一切佛法。换句话说，佛陀教法是佛陀彻悟诸法实相后当机施设的言教，由于众生遍及九界，佛陀施设的许多教法自然不被人理解，人要研究佛教教理，首先必须信仰佛教。

---

① 释太虚：《佛法建立在果证上》，载《太虚大师全书》第16卷，第308页。
② 趣识立场即以分别识为基础和归趣的立场，趣智立场即以无分别智为基础和归趣的立场（详参冯焕珍《论佛教本怀的佛陀圣教研究》，载冯焕珍《经藏游意》，上海古籍出版社2017年版，第65页）。
③ 释太虚：《佛法建立在果证上》，载《太虚大师全书》第16卷，第307页。

很明显，太虚大师所持立场是趣智立场。基于这一立场，太虚大师认为，尽管佛法有世间学术证据无法证明之处，但并不妨碍其真实性。佛果唯佛与佛乃能究竟自不必说，教、理、行诸方面亦然。教上，龙树菩萨从龙宫诵出《华严经》，千百亿释迦在千花台上受卢舍那佛传《梵网经》，无著菩萨上兜率天从弥勒菩萨听受《瑜伽师地论》，香巴拉国传来时轮金刚法；理上，佛教说依阿赖耶识有六道轮回与三乘果证；行上，菩萨不但能舍国财妻子，而且能舍头目脑髓……这些事实，"如果以普通的思想，或以人间的历史来推测，……便都不可靠，近乎神话，寻不到它的基础"，但凡此种种都"须证得了佛果之后，乃能判别他的真实与虚伪，或三乘圣人乃稍有这种能力与才干，因为六神通中的漏尽通，无学圣果方得；如证得了六神通，这种疑方可没有"。①

由此，他见到或明或暗的"大乘非佛说"论调，总要进行毫不留情的批判。印顺法师撰成《印度之佛教》，将其中一章寄呈太虚大师请序，大师见其书中主张，大乘佛法虽然显明了《阿含经》深义，而其经典却是由小乘发展而来，认为这是典型的"大乘非佛说"，遂不顾师生情面，两度提出严厉批评。他指出，印顺法师的著作"从《四含》《六足》，以至《大毗婆娑》《顺正理》等所曾辩涉各方，揭出虽译久晦之多种精义，及诸可为演生大乘之源泉者，益增教义内容之丰富。然亦因此陷近锡兰之大乘非佛说或大乘从小乘三藏紬绎而出之狭见"，

> 以阿含"佛皆出人间，终不在天上成佛也"片言，有将佛法割离余有情界、孤取人间为本之趋向，则落人本之狭隘。但求现实人间乐者，将谓佛法不如儒道之切要——梁漱溟、熊子真、马一浮、冯有（按"有"当作"友"）兰等；但求未来天上乐者，将谓佛法不如耶、回之简捷；而佛法恰须被弃于人间矣。②

怀疑"大乘是佛说"者，将矛头对准"非阿含类"佛陀圣典，这类圣典是否毫无历史、文献、考古线索可言呢？不是。对此，太虚大师从四个方面进行了论证：一是佛住世时已有文录。据《根本说一切有部毗奈耶

---

① 释太虚：《佛法建立在果证上》，载《太虚大师全书》第16卷，第312—313页。
② 释太虚：《再议印度之佛教》，《太虚大师全书》第28卷，第49—50页。

杂事》《根本说一切有部毗奈耶药事》等典籍记载，释迦牟尼佛住世时已有经、律、论。二是结集佛经但举证成仪式。依《大智度论》《大唐西域记》所述，大迦叶发起于千叶窟结集三藏而外，尚有其他佛经传诵与结集，文殊、弥勒菩萨集出了菩萨藏。三是语言文字诵录非一。经律记载，释尊游方说法，或用五天梵文雅语，或用巴利语等随方俗言，由此述录佛经语言多样，各种语言转述的佛经大小兼备，传布方域很广，既不可执定巴利、梵文为原语原典，也不可执定南传为小乘、北传为大乘。四是流布分别次第先后。大迦叶结集，因得阿难等上座支持，一时王臣缁素尊视为佛教正统，遂先流布出来，成为后人所谓原始三藏，但这不意味着窟外没有佛经同时流传。佛陀圆寂三四百年后，诸部分裂，正统权威失坠，弥勒等所集传与私人录承的佛经渐渐广布，遂促成马鸣、龙树、无著、世亲等大乘三藏出世。① 太虚大师由此得出结论：

> 佛世由私人或少数人各为录诵者，随其心智浅深通狭，各尊所闻，传记有殊；然皆禀佛，同一师学，尚无大小显然对峙。迦叶结集，则为小乘所依；弥勒结集，则为大乘所依；窟外结集，则通小大之邮；然亦相摄而未相拒，或广于小、含大于小，或广于大、含小于大而已。……至龙猛师造论，广明一切空义，大破萨婆多等诸部论执，由是诸部论师斥非佛说及为空华外道，并据《阿含》等三藏以拒之。乃亦为龙猛等大乘师斥执此等三藏学者为小乘，另集大乘三藏，龙宫之《华严》、铁塔之《大日》等亦次第传出，且公然言非出阿难结集。然此亦非漫然无根据者，盖据之佛世私人所录藏更广演耳。故小大乘教之显然分别，起于龙猛，龙猛为大乘建立人，亦为大小分裂人也。②

关于"大乘是佛说"，无著菩萨在《大乘庄严经论》中曾提出八大证据予以证明：第一，不记。佛是一切智人，却未授记大乘经佛非佛说。第二，同行。有大乘经与声闻经同时传出，但大乘经比声闻经更全面、更深广，非声闻行者能见能行，声闻行者没能力判断它是否佛说。第三，不

---

① 详见释太虚《真现实论·宗依论》，载《太虚大师全书》第21卷，第115—117页。
② 释太虚：《真现实论·宗依论》，载《太虚大师全书》第21卷，第117—118页。

行。大乘经非声闻所行境,声闻自然不知是否佛说。第四,成就。得菩提者即是佛,大乘经即使是其他佛说,也是佛经。第五,法体。大乘法体是诸佛之体,声闻法体是大乘法体在声闻位上的显现,虽不圆满,根本上与之无二无别。第六,非体。诸佛证得大乘体才说声闻经,不可能不说大乘经而独说声闻经。第七,能治。大乘能断所知障得智慧,声闻行者善根微少、智慧浅劣,不闻不信大乘经很正常,但不能诽谤非毁大乘经,否则会更加愚痴。第八,文异。声闻行者师心自用、依文解义,自然不懂大乘经,但因此应当心生惭愧,而不能妄加诽谤、轻慢妙法,否则必受大苦报。①

无著菩萨的论证说明,大乘教法是三乘教法的根本,没有大乘教法不可能有三乘教法,因此维护大乘教法也能更好地维护小乘教法。太虚大师守护佛教价值时,在承续无著菩萨根本理证(无大乘则无佛法)的同时,还针对学术佛教重历史考据的特点增加了三条(二、三、四)史证,成为当时佛教界特标趣智立场的清流,可与无著菩萨遥相呼应而为护法两大干城。

(二)守护佛教义学

从修学佛法维度看,佛教可分为闻、思、修三慧,闻慧是听闻佛法而掌握的真理,思慧是依闻慧如理思维、躬亲实践得到的正确思想与实践经验,修慧是依六度万行破除我法二执后照见诸法性相的真实智慧。无闻慧则无思慧,无思慧则无修慧,而思慧的重要内容就是研习佛陀圣教的教观系统,否则不能真正如理思维、依理起行;如果要度化众生,还必须研究佛陀圣教在世间流布的情况以及自己所处时代众生的种种心识、思想与社会的习俗、制度等内容。

太虚大师对诸法实相有深切的证悟经验,他不会像痴禅暗证者那样拒斥佛教研究,相反他认为,丰富灿烂的中国佛教到明清之后日见衰落,其原因除了"一般对于戒律不十分明了,信徒各自执着,于佛学不能活泼应用以适应潮流"外,正是"对佛学不肯认真研究"。因此他认为,今天"对于佛学须加研究,于巴利文、梵文及藏文的佛理,均须作一系统的研究,将佛法所有的精彩处采集起来,把他发扬起来,贯彻起来,并加理智

---

① 详见无著造,〔唐〕波罗颇蜜多罗译《大乘庄严经论》卷一《成宗品》,载《大正藏》第31册,第591页上—593页上。

的批评,而将其应用于实生活上"。① 太虚大师还进一步指出了佛学研究的具体内容:

> 一、教的研究:教即文物,此有关梵文、巴利文、藏文、汉文数十种的文物。甲、法物之搜集,乙、史材之编考,丙、经典之校订,丁、图书之纂译。二、理的研究:即依教所成之思想。甲、印度二十小乘学派,乙、印度三种大乘学派,丙、中华综合学派,丁、欧美新研究派。三、行,即实行:甲、戒律,通菩萨戒,别七众戒;乙、大小乘各种禅观;丙、真言,一印一明或无量印无量明,明即是咒;丁、净土,极乐净土或知足天的弥勒净土等。四、果:甲、信果,由明教理而生信,由信而皈依佛法僧;乙、德果,由受持戒律,有德为众所归;丙、定果,由修习禅观而得;丁、慧果,亦修习禅观所得之果。此四果,第一属信众,第二属僧众,第三属三乘的贤众,第四属三乘圣众及佛。由教理而起行,由行而证佛果,佛学研究修习次第,略说如是。②

一看即知,这是依佛教的教、理、行、果为阐述佛学研究对象,囊括了佛教的全体。③

但是,我们不能因此认为太虚大师认同任何立场的佛教研究。这从其佛教思想的整体取向与特征不难了知,而他本人对此也曾有立场鲜明的申明:

> 有人见本人有许多著述,以为是于佛学有专门研究之学者。其实从事考稽佛学书籍而研究其义理,以造成一专门之学者,亦殊非易易!所以用字比句栉、勾古证今之功夫,将佛书当学问来研究者,并世虽不乏其人,而本人则读书每观大略,不事记诵,不求甚解,但资为自修化他之具。故在吾之志愿趣向上,不在成为学者;其所有著

---

① 释太虚:《中国佛学与青年》,载《太虚大师全书》第27卷,第71—72页。
② 释太虚:《佛学概论》,载《太虚大师全书》第1卷,第58—59页。
③ 又见释太虚《甚么是佛学》,载《太虚大师全书》第2卷,第215—218页。

作，亦皆为振兴佛教弘济人群之方便耳。①

世俗佛教学术研究诚然不易，但这是以趣识为根本立场的研究。这种研究对佛教"亦往往能探究佛藏"，却从分别识出发，不信佛陀果证境界，不知佛教特性，"度以劣意，测以狭情，不曰寓言，即云理想；或独喜其广大圆融之说，猖狂而妄行之，自诩成佛，强勉支撑，诬己欺人，亦终成顺世外道，附入杀害为正法之朋党耳"！② 太虚大师主张的佛教研究，实际上是以趣智为根本立场的研究，亦即学修一体、自化化他的佛教义学研究。正因此，太虚大师才要求研究佛教者首先应该了解佛教的独特性。

太虚大师说，佛教与世间学问有两大差异。首先是学问来源与施设的差异。就来源看，佛教来源于无分别智，世间学问来源于分别识：

> 西洋文化，偏重客观之经验，其所自诩为西方人独得之科学，亦不过借宇宙万有现象为经验之基本，使前五识对于万有之作用起感觉，意识更从而加以归纳及演绎之工作，使成为有系统有部分之知识。此西方人研究学问之通义，故其学说皆由五官感觉而发明者。故虽有哲学，亦皆近于科学之哲学。东洋学说，皆发源于超出常人之心境；故东洋可名为圣人之学，西洋可名为凡夫之学。而佛之教法，不惟超出西洋之学说，即与东洋之孔、老诸子，其证明之心境尤有深浅粗细之不同。③

太虚大师的"西洋文化"与"东洋文化"不是地理而是思想概念，分别指圣人之学与凡夫之学。从施设说，东洋文化是应机施设的学问，西洋文化是随情偏执的学问："东洋文化是应机而施者，西洋文化是随执而设者，此为二方大致不同点。而佛学在东西洋文化中又独有特殊之性质。盖东洋文化虽同为应机而施设，但佛学所容纳之知识，又为佛当时证明宇宙万有之真理所产生者，故其所言皆为正智。"④

---

① 释太虚：《优婆塞戒经讲录》，载《太虚大师全书》第17卷，第25页。
② 释太虚：《救世军序言》，载《太虚大师全书》第31卷，第374页。
③ 释太虚：《佛法救世主义》，载《太虚大师全书》第25卷，第112—113页。
④ 释太虚：《佛法救世主义》，载《太虚大师全书》第25卷，第114页。

其次是有漏无漏、执言离言的差异。在西洋文化中，佛教是离言、无漏（无烦恼）的学问，包括孔、老诸子在内的东洋文化则仍是执言、有漏的学问。从是否无漏看：

> 佛学为修养内心之无漏善法。东洋孔、老诸子，虽有高出常人之内心修养学，若依佛法观察，则其修养尚未臻圆满之境，其知识亦有不完全之处，只可名之曰有漏学。习此学者，能实行人群之道德，亦可以不失人天之福报；虽非究竟圆满之真理，但所证入之心境，则亦非西方学者所能企及也。①

从是否离言看，西洋文化固不能离言、不是真理，即使孔、老两家，还是在言说文字上显示离言，依然是意识分别边事：

> 西洋人研究学说，虽藉宇宙有为感觉之经验之对象，而又须赖前人由经验所产生之言说，以为推论之基本：若离言说文字，则无所谓学说。故西洋文化所言，皆非真理之表示。何以故？凡近于真理者，皆含有离言性故。……孔、老二家虽说离言，仍在言说文字上而显示离言，尽文字言说形容之能事。以表示离言之境界，非文字言说所能言，犹是意识分别边事。……惟佛智而无分别，无分别而智；无分别而智，为一切言说分别所不能入。盖佛之所证者皆超出言说之上，虽超出言说而不离言说，如因指见月，指固非月，但见月亦须待指；法本离言，然闻法亦须因言。②

这种信念与体察，是趣识立场的佛教研究者所不能有、不须有的条件，却是趣智立场的佛教研究所当有、必须有的条件。

在这种信念指导下，太虚大师认为佛教研究要把握好考据与信仰、教义与宗趣两对关系。就考据与信仰的关系，由于佛说法时本无文字，佛经为佛灭度后佛弟子各依当时亲闻、记忆诵出，传入震旦的佛经还经过了翻译者之手，因此佛教经典确实有历史可说，学佛者须从佛教史考据佛经教

---

① 释太虚：《佛法救世主义》，载《太虚大师全书》第 25 卷，第 115 页。
② 释太虚：《佛法救世主义》，载《太虚大师全书》第 25 卷，第 115—116 页。

理的真伪，考据等方法确实有其必要。但是，如果不在尊重、信仰佛陀果证基础上运用考据学研究方法，不知此方法的有限性，则足以伤害乃至否定佛教：

> 惟不知历史之考据，在佛法中只可应用于相当之事实。而必泥执史学研究之法，对于佛说种种事相乃多否认，如近之学者每犯此病。故此后学佛，应有第二段尊重果觉之信仰，即信从得证佛果者有超人之智识，其所证知之境界有非人类之常智所能征验者。故研究佛学，于圣言量应有尊重之态度。若依常人之智识，以研究史学之眼光而应用于佛学，则考据必不相当，且必因此而根本否认佛所成之学理。故学佛无尊重果觉之仰信，则修行学佛必无所标准。①

其实不光是考据方法，其他学术方法也只有在趣智立场的统摄下，才能发挥其应有的作用。

就教义与宗趣的关系，佛教绝非空谈教义（理论），从修学维度说，其教义是宗趣的指南，宗趣则是教义显明的宗旨与趣向，不学教义无以言宗趣，不归宗趣则徒劳学教义。同时，佛教教义虽有多般，而其宗趣不二，所谓"归元性无二，方便有多门"。太虚大师由此认为，研究者

> 必具有冷静之态度与深沉之观察，不应执一经、一论、一宗、一派之言论，以攻击他宗为不合佛法；应有平等普遍之研究与平等普遍之观察，又不宜参以一己之感情作用与研究他种学说之凡俗见解，以为研究之标准。否则，决不能明白佛学之圆满真理。②

他所谓"佛学之圆满真理"，即佛陀圆满现证诸法实相而言说的真理。因此太虚大师强调，只有"先广探大藏之教义，求其于思想得一贯之系统，方有安心立命之处，方能起行趣证，故修行适当之态度：一、须明白大藏之教理；二、须寻得修行之宗趣"③。

---

① 释太虚：《佛法救世主义》，载《太虚大师全书》第25卷，第118—119页。
② 释太虚：《佛法救世主义》，载《太虚大师全书》第25卷，第120页。
③ 释太虚：《佛法救世主义》，载《太虚大师全书》第25卷，第121页。

三、开显佛法真义

（一）佛教判教的缘起与太虚大师判教思想的分期

一方面，佛陀演说的一切教法都从离言的诸法实相而来，无非诸法实相的如实显现，可以说所有教法都是平等一味的教法；另一方面，听闻、修学佛陀教法的众生根机有利有钝、层次有高有低，佛陀有能力、也有必要针对其具体机缘演说教法，对根器利、层次高者必说圆满成佛教法，对根器钝、层次低者必说方便接引教法，平等一味的教法因此在教理上又有浅深、偏圆等差别。

佛陀圆寂后，面对同样层次的教法，不同佛弟子有不同体会，有能力、愿心的佛弟子还会为摄受机缘相投的弟子开出不同的宗派，这些宗派间也存在安立见地、阶位、行门等方面的差异。这样，问题就来了：到底哪些是圆满成佛教法，哪些是方便接引教法？佛弟子依哪个法门修学可靠？融通佛陀一代时教的研究因此不可避免，这种研究就是众所周知的判教。

判教的历史源远流长，"非阿含类"佛陀圣典传出后，佛陀称依深广教法修行者为大乘，而称依浅显教法修行者为小乘，这就是佛教史上第一次判教，由此引发一些依"阿含类"佛陀圣典修行者提出"大乘非佛说"的论诤①；瑜伽行派兴起后，有研习者自称为了义大乘，而判中观宗为非了义大乘，由此又出现了空有之争；佛教传到中国后，在中国形成了大小十数派，小乘诸家力量弱小，可置勿论，大乘佛教空前繁荣，各家皆自称圆教，而将其余诸家统摄在自家门下。这样，问题又来了：他们怎么得出这种结论的？

出现这些问题，根本上是判教者不太善于体会佛法中的真实与方便这对关系。佛陀说法，有方便有真实，方便是进入真实的门径，真实是方便达到的目的。如果从人道起修观察，佛陀教法有人、天、声闻、缘觉、菩

---

① 佛陀在《阿含经》中已指出大小乘的区别，如《增壹阿含经》卷一《序品》说："契经一藏律二藏，阿毗昙经为三藏；方等大乘义玄邃，及诸契经为杂藏。"（《大正藏》第2册，第550页下）同经卷十《劝请品》说："善逝有此智，质直无瑕秽，勇猛有所伏，求于大乘行。"（《大正藏》第2册，第595页中）又卷十八《四意断品》说："舍利弗当知，如来有四不可思议事，非小乘所能知。云何为四？世界不可思议，众生不可思议，龙不可思议，佛土境界不可思议。"（《大正藏》第2册，第640页上）

萨（或佛）乘等深浅不同的五乘，真实与方便相应地也会有深浅不同的五重差别：以转生天道为真实，则人乘教法是方便；以求声闻果为真实，则天乘教法是方便；以求缘觉果为真实，则声闻乘教法为方便；以求菩萨（佛）果为真实，则缘觉乘教法为方便；以佛陀果证为真实，则五乘教法无非方便（详下文）。佛陀出世的本怀，究竟是为众生开示并令众生悟入佛知见——佛陀的圆满果证。有些人不明白此义，不依佛陀的圆满果证为究竟真实、言教为方便施设，遂自觉不自觉地堕入对种种方便教法的执着，以自己相应或喜欢的教法为究竟真实、不相应或不喜欢的教法为方便甚至谬见，由此非但无法平实对待诸家，反倒会陷入入主出奴甚至是己非他的宗派偏见。

这个问题，在太虚大师手里得到了相当圆满的解决。据太虚大师自述，他对佛教的判释经历了三个阶段：第一个阶段是对佛教最初形成系统看法时期，时在光绪三十四年至民国三年（1908—1914）间，亦即他阅藏并契悟诸法实相期间。此时，他认为佛教不过宗与教二法，以离语言文字、离心意识相、离一切境界分别而自悟自证者称宗，以诉诸语言文字、可讲解行持者为教。第二个阶段介于民国四年至民国十二年（1915—1923）间。① 此时，他兼判大小，认为佛教有大乘和小乘，小乘是大乘的阶梯与方便，大乘是佛教的根本宗旨，大乘天台、贤首、三论、唯识、禅、净、密、律八宗行门虽有差异，而境与果都以成佛为究竟，因此都是平等的教法。这两个阶段，太虚大师主要是基于他对佛陀教法的把握来对传统大乘各宗进行判释，属于解释性判教。第三个时期从民国十二年开始直至民国二十九年（1923—1940）。此时，他从教、理、行三个角度出发，既判教法（理）的大小，又判教相（教）的流布与机缘（行）的差异，而且开出了法性空慧、法相唯识与法界圆觉三宗，属于创新性判教，可视为其判教思想的定说。

他认为，从教证二法看，有究竟真实与方便施设之分。佛教的究竟真实是佛陀果证诸法实相，此究竟真实言语道断、心行处灭，唯佛与佛乃能究竟；方便施设则指契入此究竟真实的教法，共有三级三宗，三级即五乘共法、三乘共法与大乘不共法（他也称为大乘特法），三宗即大乘法性空

---

① 太虚大师的《大乘宗地图释》民国二十年（1930）才讲于柏林寺，但所讲之图却制于民国十二年（1923），时间上与其第二期判教思想有交叉。

慧宗、法相唯识宗与法界圆觉宗。

从教相流布看,有佛本与三期三系之别。佛应世时,依佛为本,法皆一味;佛灭度后,初五百年是小行大隐(小乘教法盛行、大乘教法隐伏)时期,流布到今日成为以锡兰(斯里兰卡)为中心的巴利语系佛教;次五百年是大主小从(大乘教法主导、小乘教法附从)时期,流布到今天成为以中国汉传佛教为中心的汉语系佛教;再五百年是大行小隐、密主显从(大乘教法盛行、小乘教法隐伏,大乘密宗主导、显宗附从)时期,流布到今天成为以中国西藏为中心的藏语系佛教。

从机缘差异看,有三依三趣之异。从释迦牟尼应世到佛灭度后的第一个千年,是依声闻乘果趣发起大乘行的正法时期;佛灭度后的第二个千年,是依天乘行果趣获得大乘果的像法时期;佛灭度后的第三个千年以后①,是依人乘行果趣进修大乘行的末法时期。②

虽然太虚大师的判教过程历时很长,但其基本思想是一贯的,我们可以归纳为如下几个方面:第一,以大乘为真实教法、小乘为方便教法判释佛陀圣教(佛陀所说教法),坚持以菩萨(佛)乘为佛陀根本教法;第二,以诸法实相为究竟真实、诸宗教法为殊胜方便判释大乘八宗,指出大乘诸宗安立见地和观行的角度、阶位各有差异,而其归趣无二无别,楷定八宗平等;第三,主张佛陀应世时佛法一味,佛陀灭度后大小、显密同时并存,而有隐显主伴之别;第四,现时代应依人乘行果进修菩萨乘教法。其中前两方面是体、后两方面是用,它们共同构成了太虚大师建设其"人生佛教"的基础。

(二)以大乘为真实教法、小乘为方便教法判释佛陀圣教

诸佛所说五乘教法中,人天二乘是人天两道众生修行成就人天圣贤的基础,不是人天两道众生追求的目的,其追求的目标是出世间的声闻、缘觉与菩萨三乘教法契入的境界。

出世间三乘教法中,以大乘为真实教法、小乘为方便教法,可从佛陀垂教与众生成佛两方面看:从诸佛垂教先后看,佛陀成道后,先为上根众

---

① 太虚大师依巴利语系佛教传说,主张释迦牟尼降诞于公元前623年,灭度于公元前543年(参释太虚《佛教纪元论》,载《太虚大师全书》第31卷,第23—27页),这也是世界佛教徒联谊会1950年规定的释迦牟尼生卒年。

② 参释太虚《我怎样判释一切佛法》,载《太虚大师全书》第1卷,第433—451页。

生说菩萨乘教法，令其直下成佛；次为中根众生说缘觉乘教法，令渐成熟；再次为劣根众生说声闻教法，令渐成熟。如《华严经》云，如来"成就无边法界智轮，常放无碍智慧光明，先照菩萨摩诃萨等诸大山王，次照缘觉，次照声闻，次照决定善根众生，随其心器示广大智，然后普照一切众生，乃至邪定亦皆普及，为作未来利益因缘令成熟故"①。从众生修学成佛看，则声闻、缘觉乘教法是转入菩萨乘教法的方便教法，菩萨乘教法则是声闻、缘觉乘教法要进修的真实教法。这一法义，佛陀在许多圣典中都有明确开示，而以《胜鬘》《楞伽》《法华》《涅盘》等经尤为代表。如《胜鬘经》云，"如是一切声闻、缘觉、世间、出世间善法，依于大乘而得增长"②；《妙法莲华经》云，"世尊法久后，要当说真实"③，"十方佛土中，唯有一乘法，无二亦无三，除佛方便说"④；《大般涅盘经》云，如来"常行一乘，众生见三"⑤。中国大乘佛教的大师们判释佛陀教法时，一般依此教示进行判释，太虚大师亦然。

太虚大师曾用大小乘、三乘等不同概念概括佛陀圣教，而以五乘之说最具代表性，也最为世人所知悉。所谓五乘佛法，如他说：

> 以佛之说法，应闻法者根机而说，大致分为五类：一、人乘，人乘中之圣即是圣人。二、超出人类之天乘，佛说之天与别种宗教所崇天神不同，乃三界中一种胜过人间之超人世界。此为世间二乘。更有一种人，以生天犹有限量穷尽，欲求永离流转，于是有出世三乘法，出世三乘法者，目的在解脱生死得永久安宁。一、声闻乘，以依佛说法音声，始发心觉悟得解脱故。二、辟支佛乘，辟支佛译言独觉，亦曰缘觉。声闻乘闻佛说四谛，从苦谛上悟入，而辟支佛乘由集谛上悟

---

① 〔唐〕实叉难陀译，《大方广佛华严经》卷五十《如来出现品》，载《大正藏》第10册，第266页中。
② 〔南朝宋〕求那跋陀罗译：《胜鬘师子吼一乘大方便方广经》，载《大正藏》第12册，第219页中。
③ 〔东晋时期后秦〕鸠摩罗什译：《妙法莲华经》卷一《方便品》，载《大正藏》第9册，第6页上。
④ 〔东晋时期后秦〕鸠摩罗什译：《妙法莲华经》卷一《方便品》，载《大正藏》第9册，第8页上。
⑤ 〔东晋时期北凉〕昙无谶译：《大般涅盘经》卷三《金刚身品》，载《大正藏》第12册，第383页上。

入,故较声闻乘为深。以由苦之缘起悟入,故曰缘觉,以无须听法亦得悟了,故亦曰独觉。然以独觉而不遍觉有情,故下于佛乘。三、由此以上有佛乘、菩萨乘,故曰五乘。①

人乘即成为人道众生应修的教法,天乘即成为天道众生应修的教法,依之修学,成就再高,也不免于轮回;声闻乘教法是出世间初级教法,依之修学,能断除多分我执,出离轮回,证得声闻四果;缘觉乘教法是出世间中级教法,依之修学,能断除更微细我执,证得辟支佛果②;佛乘与菩萨乘实际上只是一乘,太虚大师有时用佛乘,有时用菩萨乘,有时两者并用,依之修学,能彻底断除我法二执,证得佛果。

值得注意的是,太虚大师还有一个重要思想,他不同意人们仅仅将人天两乘教法称为世间法的见解。他说:

> 佛所说五乘中的人天乘法,依一般人的思想观之,总以为定是世间教法,其实何尝如此?如佛在鹿苑以前所说的《提谓经》,虽被判人天乘法,而其经中亦有说及发阿耨菩提心者,故虽是人天乘法,而亦通于出世三乘或无上大乘法,且依以展转增上,皆通达大乘。所以佛所说的人天乘法,是不能固定其是世间教法的,只可称它为"五乘共法"。因为这些教法,皆是明众缘所生法,显正因果而破邪因果,可通于圣凡法界的。③

太虚大师的见地当然不是自出机枢,而有佛陀圣教量为准。佛陀在宣说十善业道时即说:"譬如一切城邑、聚落皆依大地而得安住,一切药草、卉木、丛林亦皆依地而得生长。此十善道亦复如是,一切人、天依之而立;一切声闻、独觉菩提、诸菩萨行、一切佛法,咸共依此十善大地而得成就。"④ 他这种将佛陀教法融为一体的思想,不但消除了开分世间、出世间法可能导致的定性执着,而且为他建设"人生佛教"找到了重要的圣教

---

① 释太虚:《佛学概论》,载《太虚大师全书》第1卷,第21页。
② 缘觉断烦恼虽较声闻深,但与声闻一样未断俱生我法二执,故可合称小乘。
③ 释太虚:《佛教的教史教法和今后的建设》,载《太虚大师全书》第1卷,第396页。
④ 〔唐〕实叉难陀译:《十善业道经》,载《大正藏》第15册,第159页上。

量依据。

　　太虚大师进而提挈五乘佛法的基本内容与相互关系。从教理上观察，佛法由浅到深有五乘共法、三乘共法与大乘不共法的差异。五乘共法指人、天、声闻、缘觉、菩萨五乘共同具有的教法，其根本内容是诸法因缘生的世界观与五戒十善行法，这些教法之所以是"五乘共通最低限度所明"①，因为没有这样的内容就不能称为佛法。三乘共法指声闻、缘觉与菩萨三乘共有的教法，亦即声闻、缘觉二乘教法，其根本内容，太虚大师有时说是三法印②，有时说是断三界烦恼、证阿罗汉果的教法。两者内容基本一致，而以后者更为准确，原因是三法印的"诸法无我、涅盘寂静"两印有深有浅，浅则局限于声闻、缘觉二乘，深则同于大乘。③ 断三界烦恼、证阿罗汉果的教法之所以是出世间三乘共法，乃是"因为三乘虽有区别，而断三界烦恼生死以证无生阿罗汉果则皆同"④。大乘不共法指菩萨乘特有的教法，因其性相（诸法实相）与行、果（无上菩提、大般涅盘）非声闻、缘觉二乘可望其项背，故称为大乘不共法。从人乘到菩萨乘，教法越来越深广，与前前诸乘共有的教法越来越少，成就的果证也越来越圆满。

　　在此系统中，人天乘与小乘教法都是大乘教法的方便。太虚大师说，人道修习大乘的初阶是皈依三宝、修行五戒十善，而这正是人天乘教法的主要内容，小乘的宗要可以通向大乘，依了生死而进破无明即证菩提心，依离贪爱而不依我见、舍离法执即起大悲心，灭尽障碍而得神通自在即渐渐具足方便，故小乘教法为大乘教法的方便。⑤ 这如他说：

> 初级的五乘共法，不论是人乘、天乘乃至佛乘，谁也不能离了因果法而言。第二级的三乘共法，也是不能离了初级去凌空施设；即大乘不共法，也不能离了前二级而独立，所以说三级是互相依靠的。人天果、二乘果都是趋佛乘过程中的一个阶梯，非是究竟的目的地，究

---

① 释太虚：《佛学概论》，载《太虚大师全书》第1卷，第25页。
② 参释太虚《佛学概论》，载《太虚大师全书》第1卷，第41—45页。
③ 这一点太虚大师亦曾道及（参释太虚《佛学概论》，载《太虚大师全书》第1卷，第45—46页）。
④ 释太虚：《佛教的教史教法和今后的建设》，载《太虚大师全书》第1卷，第397页。
⑤ 参释太虚《佛学概论》，载《太虚大师全书》第1卷，第157—158页。

竟的目的地是至高无上的一乘佛果。①

这样，佛陀圣教就体现为一个由实（大乘）垂权（其余诸乘）、由权归实的有机整体。

（三）以诸法实相为究竟真实、各宗教法为殊胜方便判释大乘八宗

太虚大师本着大乘为真实教法的立场，考察了佛陀灭度后佛教流布的情况，发现世界佛教有锡兰、中国汉地与西藏三大中心。三大中心中，中国佛教大小三藏皆悉完备，大乘先后开出了涅盘、地论、摄论、天台、三论、禅宗、律宗、净土、唯识等十一宗，教法最为丰富；因地论、摄论、涅盘可分别归入华严、唯识、天台，实际上只有天台、三论、华严、唯识、禅、净、密、律八宗。②只要对这八宗作出公允判释，就能真正把握和开显大乘佛教的价值，并为建设"人生佛教"提供基本教理资源。

太虚大师发现，中国佛教史上开宗立派的古德们，从各自对佛法的体悟出发，为了摄受、度化当机弟子，多以自宗见地为最高准量判释诸家教法，结果在成功建立佛教系统、摄受当机弟子的同时，每每陷入扬己抑他甚至是己非他的宗派主义境地。有鉴于此，他判释大乘教法时，唯以离言实相为究竟真实为最高准量，在此标准衡量下，诸家都成为依此究竟真实建立而又回归此究竟真实的殊胜方便。

这一思想，太虚大师在民国四年（1915）已经形成，他那时明确说："此之八宗，皆实非权，皆圆非偏，皆妙非粗；皆究竟菩提故，皆同一佛乘故。"③ 民国十一年（1922），他批评欧阳竟无偏执唯识教理评破《大乘起信论》与如来藏思想时，依持的也是这种思想："比年游目佛法藏者日多，往往因智起愚，自生颠倒分别以蔽其明！盖其心习侧重于是，即落窠臼，执此为是，斥余为非，不能焘然四解，说法无碍！得吾说以通之，庶

---

① 参释太虚《我怎样判释一切佛法》，载《太虚大师全书》第1卷，第447页。
② 参释太虚《中国佛教各宗派源流》，载《太虚大师全书》第2卷，第263页。1915年，太虚大师在《整理僧伽制度论》中曾对各宗进行正名，只保留了天台、律两宗的传统名称，三论、华严、唯识、禅、净、密宗分别被改称为嘉祥宗、清凉宗、慈恩宗、少室宗、庐山宗、开元宗（参《太虚大师全书》第18卷，第27—29页）。他1922年编写《中国佛教各宗派源流》时仍用新名，但在后来的著述中并未一直使用新名，所以我们仍然用传统的宗名。
③ 释太虚：《整理僧伽制度论》，载《太虚大师全书》第18卷，第34页。

几裂疑网于重重。"① 到民国二十年（1931），他还是说："虽此各宗及各宗派各有其所尊尚之点，然以皆对大乘佛法为统摄故，各据其宗点亦各能综括一切大乘佛法，是故各依所宗以标举其特点，则各宗各有其殊胜义；若观各宗所依所摄同为大乘教法，则各宗又皆是平等一味，实无差别者也。"② 直到民国二十九年（1940），他依然一如既往：

> 这样来判摄一切佛法，与古德的判教完全不同了，比方天台判释迦如来一代时教，则有藏、通、别、圆等差别，判自己所宗的为最圆教理。我则认为诸宗的根本原理及究竟的极果，都是平等无有高下的，只是行上所施设的不同罢了。八宗既是平等，亦各有其殊胜点，不能偏废，更不能说此优彼劣，彼高此下。③

其实，只要我们超出宗派见地，太虚大师的判教思想并不难理解。他所说的境、行、果分别指一宗的根本见地、主要行法与最后归趣，如果某宗的根本见地与最后归趣独异他宗，则不可能进入大乘佛教八宗之列；如果某宗的行法全同他宗，则无法成为大乘教法中相对独立的一宗。

太虚大师的判教观虽然前后一贯，但如前文已经指出，他对大乘教法的具体判释却有前后两期之分，前期主要是顺着八宗进行解释性判教。他主要从如下四个方面判释、融会诸宗：

第一，依大乘教法所依心地彰显各宗各有差别而平等殊胜。心地指阿赖耶识、末那识和意识，阿赖耶识为初能变识，末那识为二能变识，意识为三能变识，众生依此三能变识有烦恼、业与生三种杂染，轮回于六道之中；佛菩萨为令众生转染还净而施设教法，其法要自然是彻底清净三个能变识，故可以从各宗教法对治所重观察其异同。太虚大师据此显明了各宗所宗之心地：以异熟报主（异熟识）为本位，由此识直向一真法界观行，便是性宗（他又称之为三论宗或空慧宗）；

第二，以阿赖耶识为本位，由此识直向庵摩罗识观行，便是相宗（他又称之为法相唯识宗）；以一切种识为本位，由此识直向密严实报佛观行，

---

① 释太虚：《佛法总抉择谈》，载《太虚大师全书》第10卷，第384页。
② 释太虚：《大乘宗地图释》，载《太虚大师全书》第5卷，第359页。
③ 释太虚：《我怎样判释一切佛法》，载《太虚大师全书》第1卷，第436页。

则为律宗；以第六识心为本位，由此直向清净心参究，则为禅宗；以一真法界回合异熟识为本位，从一真法界异熟报主再观到一真法界，便为天台宗；以庵摩罗识回合阿赖耶识为本位，从庵摩罗、阿赖耶识再观到庵摩罗识，则为贤首宗；以密严实报佛回合一切种识为本位，从密严实报佛一切种识再观至密严实报佛，则为真言宗；以清净土回合第六识心为本位，由清净土与意识心再观至清净土，便为净土宗。以此解释为基础，太虚大师从"八对四类""四单四复""相夺互成""平等殊胜"四个方面，证成八宗各有殊胜、究竟平等的结论：八宗的宗义、成宗与趣行各有殊胜，而其教法、发心与证果平等如一。①

第三，依大乘佛法观行阶位证明八宗各有偏胜而究竟平等。他说，从立教阶位（包括摄机）看，三论（中观）是依初地所证遍行真如立宗，唯识是依三地所发大光明定立宗，华严是依法云地含藏一切三摩地门的普贤位立宗，天台是依佛智及二乘回心的劫前菩萨位立宗，净土依佛智及诸乘初心的易退有情立宗，真言（密）是依法云地含藏一切陀罗尼门的金刚立宗，禅是依佛智及二乘回心的入劫菩萨立宗，律是依佛智及诸乘的新进有情立宗。从境、行、果看，三论、唯识两宗多明性相门（境），位在第二、第一大劫；律、禅多明观行门（行），法华、华严兼明之，位在初心及第一、第三大劫，密、净土多明加持门（果），华严、法华两宗兼明之，位在第三大劫及初心的第一大劫。结论是："各宗唯是大乘中一偏胜之相，皆大乘故无有高下，因乘果乘皆通因果。此是因乘，因之所向为果；彼是果乘，果之所由为因；故因果互通，平等平等。"②

第四，依大乘教观七对义门论定八宗交彻无碍。七对义门即基（戒学）道（定慧二学）、证（证法）教（教法）、显（显教）密（密教）、信（信行）法（法行）、性（法性）相（法相）、智（后得智）慧（根本智）、始（后得智之始）终（后得智之终），囊括了佛教的教、理、行、果等一切法义。他认为，从七对义门看，律宗立教于戒学，其余七宗立教于定慧二学；禅宗立教于离言证法，其余六宗立教于依言教法；密宗立教于秘密教法，其余五宗立教于显了教法；净土宗立教于信行人行法，其余四宗立教于法行人行法；唯识宗立教于诸法法相，其余三宗立教于诸法法

---

① 详参释太虚《大乘宗地图释》，载《太虚大师全书》第 5 卷，第 355—465 页。
② 释太虚：《大乘位与大乘各宗》，载《太虚大师全书》第 5 卷，第 341—342 页。

性；三论宗立教于根本智，其余两宗立教于后得智；华严宗立教于后得智圆满之始，天台宗立教于后得智圆满之终。各宗立教点虽有差别，但"全基是道，全道即基，乃至全始贯终，全终彻始，无不一具一切，一切摄一者也"①。

后期，太虚大师将八宗总摄为三宗，形成了自己独具特色的判教系统。太虚大师以三宗总摄大乘教法的思想，滥觞于他民国十一年（1922）撰写的《佛法总抉择谈》，那时他称大乘三宗为般若宗、唯识宗与真如宗，并从唯识三性的角度进行了判释；后来迭经变化，最终以法性空慧宗、法相唯识宗与法界圆觉宗三名为他本人所多用，也更为后世所尊崇。法性空慧宗是"以法空般若为宗"的教法，宗依的经典为《般若》等经、《中观》等论及三论宗典籍；法相唯识宗指"其所宗者即是唯识"的教法，宗依的经典是《解深密》等经、《瑜伽》《摄大乘》等论及唯识宗典籍；法界圆觉宗指以"无一刹那不是圆满周遍觉知一切诸法性相的""圆觉智"为宗的教法，宗依的经典是《华严》《法华》《涅盘》等经及天台、华严、禅、净、密各家典籍。② 太虚大师不循古辙而另唱新调，是因为"宗诸大乘经论的古来各宗派皆各有所偏据"，而从他本佛宗经建立的三宗"来看一切大乘佛法，没有解不通，亦没有不圆融"。③ 换句话说，他另立三宗的根本目的是将佛教引出宗派佛教的等差之见。

那么，这三宗能够成立吗？太虚大师认为完全没问题。不过他认为，要正确理解这个问题，得先知道大乘教法有从因与果两位立教的区别：

> 大乘分为因果二位，在因位为菩萨乘；在果位为佛乘，又名如来乘。依此因果位，即作二层：一者行因趣果的大乘，二者彰果化因的大乘。行因趣果的大乘，即菩萨乘；彰果化因的大乘，即如来乘。彰果化因的如来乘，是由所证佛果之境界而开示众生，使众生依此法门以悟入佛之知见，达到佛之究竟地位。由因至果的菩萨乘，就是众生从无始以来之佛性，与过现之一切正闻熏习，发心修行，经四十一因

---

① 释太虚：《中国佛教各宗派源流》，载《太虚大师全书》第2卷，第267页。
② 参释太虚《我怎样判释一切佛法》，载《太虚大师全书》第1卷，第445—447页；释太虚《世苑图书馆之修学方针》，载《太虚大师全书》第1卷，第429—431页。
③ 参释太虚《我怎样判释一切佛法》，载《太虚大师全书》第1卷，第445—447页；释太虚《世苑图书馆之修学方针》，载《太虚大师全书》第1卷，第429—431页。

位,而至圆满果海也。①

他说,从此角度可知,法性空慧宗与法相唯识宗都是从因位立宗的大乘教法,前一宗位在"由加行入根本",后一宗位在"由根本起后得"。②

其中,法性空慧宗的经论"所诠教义皆显离分别之法性。修此宗者若能依此教义如法修持,起法空观,经暖、顶、忍、世第一之四加行,而证无相法性之真如;此无相法性之真如,即是根本智(又名无分别智)之所证"③。四加行是菩萨初地见道位前的四个阶位,有大小乘之分,大乘属于唯识宗五位中的加行位,相当于《华严经》三贤位即将圆满的阶段,先后须经历暖、顶、忍、世第一法四步加功修行功夫,故称为四加行。如《成唯识论》说:"菩萨先于初无数劫善备福德智慧资粮顺解脱分既圆满已,为入见道住唯识性,复修加行伏除二取,谓暖、顶、忍、世第一法,此四总名顺决择分。顺趣真实决择分故,近见道故,立加行名。"④ 大乘修行者在四加行位由四种寻思生起四种如实智,破除我法二执现行,进入菩萨欢喜地,现证我法皆空的空性。这是从法性空慧宗唯破不立的特点,判加行入见道位为其立教阶位。

法相唯识宗的经论则依无分别智所起后得智而成立。所谓无分别智,即菩萨进入初地时实证我法二空获得的空性智慧,因此智为一切智根本,故称为根本智;所谓后得智,则是菩萨现证根本无分别智后渐渐生起、增长的洞察诸法性相因果的差别智慧。太虚大师说:

> 属于法相唯识宗者,凡为思量分别想象所能及之一切诸法,皆为法相;而此法相依分别起,离分别外实无一法可得,亦无一相可见,故曰唯识。然能了此天地人物以至佛身净土种种诸法,皆唯识所现,非得根本智后所起之后得智,不能如实了知。何者?盖未得无分别智,则法执未亡,不能了为唯识之幻相故也。⑤

---

① 释太虚:《佛法大系》,载《太虚大师全书》第1卷,第278—279页。
② 释太虚:《佛法大系》,载《太虚大师全书》第1卷,第278—279页。
③ 释太虚:《佛法大系》,载《太虚大师全书》第1卷,第279页。
④ 护法等造,〔唐〕释玄奘译:《成唯识论》卷九,载《大正藏》第31册,第49页上。
⑤ 释太虚:《佛法大系》,载《太虚大师全书》第1卷,第279页。

这是以法相唯识宗广显诸法性相因果为菩萨差别智所观境而判菩萨地为其立教阶位。

法界圆觉宗则是依佛果位立宗的如来乘,其教相与菩萨乘有所不同:"如来既圆满根本后得二智而成正遍知海,理量同时,性相不二,无一刹那心不遍知诸法";"唯有大圆镜智能如实亲证此境,故曰法界圆觉宗";"菩萨不然,必须一刹那证性,一刹那证相,前后刹那乃能观性相不二"。① 这是依佛果所显法界一即一切、一切即一、事事无碍、重重无尽的殊胜,判佛果为其立教阶位。

如此看来,三宗似乎定有偏圆之别? 太虚大师不这么看,相反他认为三宗同样圆满:"圆满乘者,菩萨乘、如来乘也。菩萨乃如来之因,如来是菩萨之果,因该果海,果彻因源,谓之一乘常住因果,即佛之大智、大慧、大慈、大悲也,亦即吾人圆常成就真实之觉性也。"② 这里的"乘"与宗同义,太虚大师的意思是,因依菩萨因位立宗者因该果海、依如来果位立宗者果彻因源,三宗实为一宗,所谓阶位不过是施设教法的方便建立而已。③

依此教判,太虚大师进而揭示了台、贤、禅、净、密、律诸家的偏执者扬己抑他的原因。依佛法看去,天台以佛知见为宗,贤首以佛法界为宗,净土以弥陀智境为宗,真言以大日中台为宗,律宗以实践制恶行善为宗,禅宗以不立文字见性成佛为宗,都属于彰果化因的法界圆觉宗,倘若

---

① 详见释太虚《佛法大系》,载《太虚大师全书》第 1 卷,第 278—281 页。
② 释太虚:《觉社意趣之概要》,载《太虚大师全书》第 33 卷,第 17 页。
③ 其实,这种大乘平等观,大师早在民国十一年(1922)创发三宗说时就从唯识三性角度进行了阐明:"依此三性以抉择佛法藏,其略说依他起之浅相而未遣遍计执者,则人乘天乘之罪福因果教也,亦世出世五乘之共佛法也。其依据遍计之法我执,以破除遍计之人我执而弃舍依他起者,则声闻乘之苦、集、灭、道教也;亦出世三乘之共佛法也。至于不共之大乘佛法,则皆圆说三性而无不周尽也。但其施设言教所依托、所宗尚之点,则不无偏胜于三性之一者,析之即成三类:一者,偏依托遍计执自性而施设言教者,唯破无立,以遣荡一切遍计执尽,即得证圆成实而了依他起故。此以《十二门》《中》《百》论为其代表,所宗尚则在一切法智都无得,即此宗所云无得正观,亦即摩诃般若,而其教以能起行趣证为最胜用。二者,偏依托依他起自性而施设言教者,有破有立,以若能将一切依他起法如实明了者,则遍计执自遣而圆成实自证故。此以《成唯识论》等为其代表,所宗尚则在一切法唯识变,而其教以能建理发行为最胜用。三者,偏依托圆成实自性而施设言教者,唯立无破,以开示果地证得之圆成实令起信,策发因地信及之圆成实使求证,则遍计执自然远离而依他起自然了达故。此以《华严》《法华》等经,《起信》《宝性》等论为其代表,所宗尚则在一切法皆即真如,而其教以能起信求证为最胜用。"(释太虚:《佛法总抉择谈》,载《太虚大师全书》第 10 卷,第 375—376 页)

执着教法为真实，便难以超越自宗知见，容易尊己卑他：

> 在天台宗言，以《法华》为实，其余为权，纵《华严》亦兼别故。在贤首宗言，以《华严》为本教，其余为末教；虽法华属一乘法，亦乃会三归一，不如《华严》唯照诸大山王。在净土宗言，唯往生法为易行道，横出三界，一生补处；其余法门钻仰维艰，非如净土之至简至易，故抹杀余法为难行道。在真言宗言，天地人物、六道众生，皆大日如来法身，其一一法悉为总持，修其法者，即身等同毗卢；其余各宗落于诠解，非究竟法，唯真言宗独得如来秘密奥妙之藏，而抹杀余法为浅显教。在禅宗言，众生本心即遮那如来，但须回光返照即能见性成佛，无须假诸言教，寻枝摘叶，枉费精神；故自称宗下，余为教下。在律宗言，佛教其余一切法门悉皆以教诠理而已，未能亲行实践；唯有遵循佛制，庶几大道不远。①

反之，如果以诸法实相为究竟真实，就不会互相轩轾："禅宗直证圆觉，兼用空慧；律宗教遵唯识，亦兼天台；而天台、贤首、净土、真言，宗在法界圆觉，各标其胜。而此性相与法界三宗，又统属佛教之大乘法。凡大乘法皆以诸法实相为根本，以无上菩提为究竟，夫何轩轾之有？"②

太虚大师的后期判教观，与其前期判教观相较，根本思想并没有改变，都是依诸法实相为究竟真实、佛陀圣典为最高圣教量、自己亲证经验为真实现量，从大乘佛法的教证二法作出的判释，而分宗更加简要、说理更见圆融，如理如量地开显了传统大乘佛法的思想与价值。他对自己以大乘教法为真实、诸乘教法为方便的五乘一体观很自信，认为足可作为今后编纂大藏经的准则：

> 把可别为经律论的归纳于三藏中；不可区别的都归纳于杂藏中。每藏又依教义为平允、适宜、妥当而周到的分配，就是有若干部分编归于第一"五乘共法"中，有若干部分编归于第二"三乘共法"中，有若干部分编归于第三"大乘不共法"中。如此，以此三法去贯摄四

---

① 释太虚：《佛法大系》，载《太虚大师全书》第1卷，第281—282页。
② 释太虚：《佛法大系》，载《太虚大师全书》第1卷，第282页。

藏，亦以四藏来分配三法，那实在是很周妥的；同时亦极适合于阅藏的程序。①

同时，他对自己以诸法实相为究竟真实、各宗教法为殊胜方便的八宗平等观也很满意，认为传统各宗"宗义之成立，有其时代性、地域性、人根性等之不同，由此种种差别因缘，所宗教义亦成派别。今于此差别之各宗宗义，应安置于佛教史中以研究之，时地人等既异，不应再拘于宗派之义矣"②，中国佛教此后只有在"非宗派"佛教基础上才能得到发展。

总之，太虚大师判释佛陀圣教，并不仅仅是为了理解与融会佛陀一代时教的思想，更重要的是偏蔽的佛教与新特的时代要求他抉择全部佛法精要，并在此基础上开创出新佛教。

四、开出"人生佛教"

（一）"人生佛教"还是"人间佛教"

佛学界谈到太虚大师创立的新佛教时，有人称之为"人生佛教"，有人称之为"人间佛教"，到底哪个名称更合适呢？对于太虚大师本人来说，这两个概念是同义词，可以互换，但笔者倾向于使用"人生佛教"，这倒不仅仅是为了统一用语，还有如下考虑：

在太虚大师的著作中，他虽然曾用"人生佛学""人生的佛学""人生的佛教""人间佛教"等同义词指称自己创立的新佛教③，但他最早用的是"人生佛教"这个概念，晚期用的也是这个概念。民国十七年（1928），在题为《对于中国佛教革命僧的训词》的讲演中，太虚大师说要顺应时代"建设由人而菩萨而佛的人生佛教"④，不仅明确提出"人生

---

① 释太虚：《佛教的教史教法和今后的建设》，载《太虚大师全书》第1卷，第398页。
② 释太虚：《大乘宗地图释》，载《太虚大师全书》第5卷，第462页。
③ 参释太虚《人生佛学的说明》，载《太虚大师全书》第3卷，第183—184页；释太虚《佛学之源流及其新运动》，载《太虚大师全书》第1卷，第337页；释太虚《人生之佛教》，载《太虚大师全书》第3卷，第207—210页；释太虚《怎样来建设人间佛教》，载《太虚大师全书》第25卷，第354—376页。
④ 此文宗教文化出版社版《太虚大师全书》未收，此处引文见释印顺主编《太虚大师全书》精第17册，台北善导寺电子版，第597页。

佛教"概念，而且指出纵贯其一生思想的"人生佛教"建设任务①；至于"人间佛教"概念，他则是在1932年的《论时事新报所谓经咒救国》一文中首次使用②。民国三十三年（1944），他在汉藏教理院分别做了《人生佛教开题》与《人生佛教与层创进化论》两个重要讲演，标题都署"人生佛教"之名；特别是在1945年（太虚大师圆寂前两年），他委托弟子编纂一部总括其佛教思想的著作，书名也叫《人生佛教》。因此，笔者以"人生佛教"作为太虚大师所创新佛教的名字并不过分。

就"人生"与"人间"两个概念的含义看，在太虚大师的语境中，"人生就是人的一生"③，"人生之宇宙曰人间"④，前者侧重指正报，后者侧重指依报。依佛教"三界唯心，万法唯识"的根本真理观之，"人间"随人转现，无人则无所谓"人间"；同时，人造恶业则"人间"污秽，人造善业则"人间"清净。因此，以"人生佛教"称呼太虚大师的新佛教，能更好地体察太虚大师从"人"这种有情众生立教的深意。

最重要的一点是，太虚大师一方面为对治中国传统佛教偏重鬼神、忽视活人的弊病，另一方面为适应现时代的机缘，才基于自己的觉悟经验、依循"纯正的佛法"提出"人生佛教"或"人间佛教"的教法，因此他所谓"人生"是作为十界凡圣枢纽而非拨无九界凡圣的人类⑤，其所谓

---

① 文中，太虚大师将中国佛教革命的宗旨分为要革除、要改革和要建设三方面，"要建设的方面"有四："甲、中国从前儒化的地位，今三民主义者若能提取中国民族五千年文化及现世界科学文化的精华建立三民主义的文化，则将取而代之；故佛教亦当依此，而连接以大乘十信位的菩萨行，而建设由人而菩萨而佛的人生佛教。乙、以大乘的人生佛教精神，整理原来的僧寺，而建设适应现时中国环境的佛教僧伽制。丙、宣传大乘的人生佛教以吸收新的信佛民众，及开化旧的信佛民众，团结组织起来，而建设适应现时中国环境的佛教信众制。丁、昌明大乘的人生佛教于中国的全民众，使农工商学军政教艺各群众皆融洽于佛教的十善风化，养成中华国族为十善文化的国俗；扩充至全人世成为十善文化的人世。"（《太虚大师全书》精第17册，第597—598页）
② 详见《太虚大师全书》第15卷，第436页。
③ 释太虚：《人生进善之阶段》，载《太虚大师全书》第3卷，第135页。
④ 释太虚：《真现实论·宗用论》，载《太虚大师全书》第24卷，第14页。
⑤ 太虚大师说："依佛典说，一切众生都是佛陀说法教化的对象。一切众生，是包括了一切的动物，动物中有人类及更上等的和其他低等的动物，故佛所教化的对象是很复杂的，有知识程度比人类下几等的，亦有知识程度超越人类以上的。虽然如此，但以人类为一切众生上下升沉的总枢纽。因为在人类中不努力行善而堕落了，就成为很愚蠢的知识程度不及人类的低等动物；若在人类中更求精进修养的向上，则就成为思想和智慧等都超越人类的动物了；可知上升下沉的枢纽，完全操诸人类。那末，我们应怎样注意人类才好呢！"（释太虚：《佛学之人生道德》，载《太虚大师全书》第4卷，第141页）

"人间"也是作为十法界之一界而非抛弃其余九法界的人类世界。如果因他强调佛在人间成佛、佛为人说法，遂误认为他说的"人生"是拨无九界凡圣的人类、"人间"是撇开其余九界的人类世界，进而将他提倡的新佛教浅化、狭化为"人本主义"佛教，那简直是对他的莫大冤枉！

其实，他1938年就对人们这类误解作过廓清：

> 佛法诚以众生为对象，然中国佛徒旧习，济救鬼畜，漠视人群罪苦之化度，于佛出人间，佛身同人，佛说人身难得，古德云"端心虑趋菩提者唯人为能"等义，致成偏失。佛教于人群失其重要性，重人事者亦轻佛教，为近世佛教衰落之要因。乃证明佛对一切众生，尤以度众生中之人类为先务，世出世善法之进修以人乘为初步，因为对治。激而过者，起佛法以人为本位倾向，甚而唱言人本主义，陷佛法于世教俗学之浅狭，忘佛法对一切众生之深广立场，亦成偏失。正两端之偏失，彰一贯之中德，已发其机于门弟子所集之《人生佛教》。①

无奈，这不仅是一般佛教信徒的误解，连其弟子印顺法师也步入了这样的歧路。印顺法师沿着太虚大师佛教现代化的道路，借用他的"人间佛教"概念，撇开他的精神内涵，开出一种太虚大师呵斥为"人本主义"的"人间佛教"②，并且已越来越成为汉传佛教的流行色。我想，如果太虚大师见此情景，也会选择"人生佛教"这个概念吧。

（二）现代社会的需要与"人生佛教"的体相

太虚大师通过判释佛陀一代圣教抉择出大乘真实、小乘方便的佛陀圣教系统，又通过判释大乘各宗教法抉择出平等一味的法性空慧、法相唯识与法界圆觉三宗，为他建设"人生佛教"提供了"纯正的佛法"③。但是，

---

① 释太虚：《复朱铎民居士书》，载《太虚大师全书》第29卷，第281页。
② 民国三十二年（1943），太虚大师见印顺法师提出这种思想，就作出如下严厉批评："若佛法应于一切众生中特重人生，本为余所力倡，如人生佛教，人间佛教，建设人间净土，人乘直接大乘，由人生发达向上渐进以至圆满即为成佛等。然佛法究应以'十方器界一切众生业果相续的世间'为第一基层，而世间中的人间则为特胜之第二阶层，方需有业续解脱之三乘及普度有情之大乘。"（释太虚：《再议印度之佛教》，载《太虚大师全书》第28卷，第50页）
③ "纯正的佛法"是太虚大师《佛乘宗要论》的一部分，他在这部分简明扼要地阐述了自己的判教思想（参《太虚大师全书》第1卷，第117—160页）。

能否将这纯粹的佛法直接用于度化现代社会的众生呢？不能。尽管佛教是无价之宝，但当时流布于世间的传统佛教都是因应传统社会因缘而形成的佛教形态。传统社会的因缘与现代社会具有很大差异，如果照搬传统佛教，则有契理不契机之弊，只有因应现代社会机缘开出新的佛教形态，才能够达成这一目标。太虚大师因此对现代社会中的个人与社会的特点进行了深入考察研究，并在此基础上判定传统佛教的地位，确定"人生佛教"的教观体系与开展方式。

依太虚大师观察，佛教遭遇的现代因缘尽管有各种差异，但都逐渐融入世界文化的整体之中，表现出人生化、科学化、群众化三大特点："现代的人间之思想生活，虽各民族各有其特殊之处，然以世界交通之故，已成为普遍之世界文化者，则为三事：一、现实的人生化，二、证据的科学化，三、组织的群众化。"① 他进一步对这三个特点作出解释说：

> 以人生为起点，以生存为准则，一切学术思想、社会行为因之成就也。生存无限进变，自中山先生所谓民生进以至人类生存，以至一切众生之生存，至于超生存，至于妙微，皆以人生为起点，所以今世思想，曰"人生的"是也。又今世之人类生活观，亦非昔比，今世为群众的、组织的而非个体的。从前，自己作自己之行为，发明自己之道理；今世之思想行为，则非扩大言之与社会群众息息相关弗可，故曰今世之潮流为"群众的"是也。又今世之科学，皆取五官之感觉的可见可闻信而有征者为根据，推论发明，步步研究累积而成，感觉之所不到者弗确，非经积累而成者不真，惟真确的、步骤的于是乎取，故今世之潮流，曰"科学的"是也。然则欲顺今世之潮流而契时机以行教，则其必含"人生的"、"群众的"与"科学的"意味矣。故居今而欲契时机以行真理，造成现代之佛学者，则佛学中之人生的佛学最宜。②

第三方面是现代人生活的社会组织形式，关联的是"人生佛教"的开展形式，待下文"'人生佛教'的制度建设"部分再说；第一、二两方面

---

① 释太虚：《人生佛学的说明》，载《太虚大师全书》第3卷，第183页。
② 崔参：《崔参笔记》，载《太虚大师全书》第3卷，第188页。

是现代人具有的主要思想条件，涉及"人生佛教"对教法的选择与传统佛教在"人生佛教"中的地位问题，须先行处理。

在太虚大师的思想中，"现实"一词的内涵根本上是从大乘不共法出发进行把握的，包括现变实事、现事实性、现性实觉、现觉实变四现实轮：现变实事指现起变动的缘起诸事，即诸法事相；现事实性指现变实事中的真实性，即诸法实性；现性实觉指能觉悟现事实性的觉知，即能证知诸法实性的智慧；现觉实变指现性实觉中的实际变化，即智慧所观诸法实性的真实变化。①因此，所谓"现实的人生化"是指现代人不像古人那么容易理解、相信后三种现实，其能理解和相信者主要是第一重现实"现变实事"，即凡夫肉眼所见现实。什么是"证据的科学化"？在佛教中，"证据"有三种：一是现量，即觉悟者如实现观诸法实相的真现量（不包括迷执者相似觉知诸法假相的似现量）；二是圣教量，即从真现量中涌现出来的佛教圣典（不包括依分别识造作的似教量）；三是比量，即觉悟者如理证成道理的真比量（不包括迷执者非如理证成道理的似比量）。三量中，真现量最重要。一方面，没有真现量就没有圣教量与真比量；另一方面，真比量和圣教量又以真现量为归趣。②科学所重的证据只相当于三量中的似现量与似比量，根本未触及真现量、圣教量与真比量。因此，所谓"证据的科学化"，指现代人难以触及佛教意义上的三量，其能信者主要是分别识见到的种种似现量与似比量。太虚大师确实抓住了主导现代人与现代文明的两个主要特点：特重分别识能够见闻觉知的证据与现世人生的利益。

基于这两个条件，结合佛陀对正、像、末三期佛法的授记，太虚大师说，通过小乘佛法而转进大乘的修学之道已不合时宜，基于天乘佛法修学大乘之路也不当机：

> 末法的开始，依天乘行果修净密勉强的虽还有人做到，然而就最近的趋势上观察，修天乘行果这一着也不适时代机宜了。因此，也就失了能趣大乘的功效。但前一二期的根机，并非完全没有，不过毕竟是很少数的了。而且依声闻行果是要被诟为消极逃世的，依天乘行果

---

① 详参释太虚《真现实论·宗体论》，载《太虚大师全书》第21卷，第208—417页。
② 详参释太虚《真现实论·宗体论》，载《太虚大师全书》第21卷，第315—324页。

是要被谤为迷信神权的,不惟不是方便而反成为障碍了。所以在今日的情形,所向的应在进趣大乘行,而所依的,既非初期的声闻行果,亦非二期的天乘行果。①

"依声闻行果"即先依小乘教法证得圣果,再回小向大修习大乘佛法的成佛之道。太虚大师认为这是正法时期佛陀度化众生的方便,不适用于现代。佛陀应世时,印度修行者大多热衷于修习解脱道,难以直接从大乘教法起修。佛陀为摄受他们进入佛道,便主要施设了小乘教法:

> 当时求解脱的太多,并不知道人生世界当体是无始无终、无限量、无生死可解脱的;所以佛法不得不迂回曲折,适合当时群众求解脱的心理,说无我解脱。把个人看空,我且无有,尚有何生死流转可得?但从无我上否认自我,非佛法真正意义,不过适合当时群众心理。所以所说小乘解脱法,是迂回曲折使由小乘达到大乘的,像大乘《妙法莲华经》中所说。小乘是一时的方便,不如此群众不生信心,不能到佛法中来。②

施设小乘教法不是佛陀的本怀,佛陀的本怀始终是宣畅大乘佛法:

> 如来出世的本怀,是欲说出自悟自证的实相法门,但因为此土众生的根机未熟,乃方便先说适合当时机宜的,先说声闻乘法,令当机者起行证果。到法华会上才把这本怀说出来:"为欲开示悟入佛之知见,出现于世。"前所说者,都是令入佛乘,《法华经》云:"汝等所行是菩萨道。"从这点意义上说:由佛世时乃至正法的千年,是在依修证成的声闻行果,而向于发起大乘心——即菩萨行果或佛的行果。③

这是说,在佛陀时代,由小入大确实是许多人的修行之路。今天的机缘已非如此,现代人特重现世人生利益,如果以小乘佛法引其入道,人们不但

---

① 释太虚:《我怎样判释一切佛法》,载《太虚大师全书》第1卷,第449—450页。
② 释太虚:《佛陀学纲》,载《太虚大师全书》第1卷,第202—203页。
③ 释太虚:《我怎样判释一切佛法》,载《太虚大师全书》第1卷,第448页。

体会不到佛教的智慧与慈悲,反而会将佛教误会为不愿承担众生痛苦的消极避世宗教。

进入大乘教法,虽然同样是在人道中修行大乘佛果,而有依天乘行果与人乘行果趣向大乘佛果的不同。修天乘行果又有两种,一种是先修得天乘行果再进一步修大乘佛果,一种是以天乘行果为基础修行大乘佛果,前者是净土宗,后者是密宗。太虚大师说,这两宗主要是像法时期的方便教法:

> 像法时期足为代表的是密宗、净土宗,是依天乘行果的道理。如密宗在先修成天色身的幻身成化身佛,净土宗如兜率净土,即天国之一。西方等摄受凡夫净土亦等于天国。依这天色身、天国土,直趣于所欲获得的大乘佛果。这是密净的特点,与前期有所不同。以初期能先证声闻行果的根机,到这像法时候是很少有的了。因为像法时期的众生,理解力虽比较强,但持比丘戒者不可多得,故证声闻行果颇不容易! 是以先成天幻身,或上生天净土,依密净的天乘行果以期速达成佛的目的。所以像法期间,是依天乘行果而趣佛果——趣于大乘行果的。①

今天的人特重科学证据,如果弘扬由人道转生极乐净土而进修佛果的净土宗,或直接从天乘行果进修佛果的密宗,会被人们贬斥为封建迷信或怪力乱神。

太虚大师以此为参照,进一步对传统中国佛教进行观察,发现佛教在传统中国社会遇到的最大因缘是儒家专化的人伦社会。由于人伦道德秩序已为儒家安顿,传统佛教不需要特别弘扬人乘教法,只需依此基础重点弘扬佛教的不共法,或超俗开演天台、华严和禅等顿圆大乘诸宗,或顺俗开出简便易行的净土与密等诸门。久而久之,这两流都出现偏蔽,要么令人高不可攀,要么流于鬼神迷信:

> 佛教之来中国,以先有轨范人生之儒教,与祭天、祀鬼、求神仙之道教。故承受发挥者虽在大乘思想,然以人生社会已为儒化所专

---

① 释太虚:《我怎样判释一切佛法》,载《太虚大师全书》第1卷,第449页。

有，故佛法应乎少数儒道之玄学者，则为禅宗与天台、贤首，游方之外；应乎一般民众之习俗者，则由净土、密宗而流为专度亡灵及鬼神祸福之迷信。①

换句话说，太虚大师认为，对现代人来说，传统中国佛教要么是难望项背的圆顿大乘，要么是格格不入的神道迷信，皆不适合现代社会机宜：

> 在以前中国之知识界，皆读孔孟之书，而无知识的愚夫愚妇等，则崇信神道；佛教于此，亦分两种施设：在知识界方面，施与简捷超妙的禅宗；其不读书之多数人，则施与神道设教之教化。然非佛教之本质如此，实因当时之潮流不同，为应民群之心理，故其施设如此。而现今之情形，适得其反，人人皆有担当国事之思想，至国家所提倡之教育，乃国民教育，使一般民众皆得有国民常识，若于此时再施与禅宗顿超法及神道迷信，绝不相宜。②

经过一番稽考，太虚大师认为，末法时期最当中国之机的佛教是"圆渐大乘"：

> 大乘佛法，虽为令一切有情普皆成佛之究竟圆满法，然大乘法有圆渐、圆顿之别，今以适应重征验、重秩序、重证据之现代科学化故，当以圆渐的大乘法为中心而施设契时机之佛学，……故"人生佛学"者，当暂置"天"、"鬼"等于不论。且从"人生"求其完成以至于发达为超人生、超超人生，洗除一切近于"天教"、"鬼教"等迷信；依现代的人生化、群众化、科学化为基，于此基础上建设趋向无上正遍觉之圆渐的大乘佛学。③

"圆"是圆满义，旨在强调，无论世间因缘如何变化，佛法"令一切有情普皆成佛"这个根本理体不会变化，这是"人生佛教"必须守持的根本

---

① 释太虚：《人生佛学的说明》（1928），载《太虚大师全书》第3卷，第182—183页。
② 释太虚：《改善人心的大乘渐教》（1930），载《太虚大师全书》第18卷，第175页。
③ 释太虚：《人生佛学的说明》，载《太虚大师全书》第3卷，第185页。

理体;"渐"是渐次义,旨在显明,佛法的圆满理体在现代社会因缘下必须采取立基"人乘正法"的圆渐大乘,这是"人生佛教"应有的身相:

> 在今日的情形,所向的应在进趣大乘行。而所依的,既非初期的声闻行果,亦非二期的天乘行果;而确定是在人乘行果,以实行我所说的人生佛教的原理。依着人乘正法,先修成完善的人格,保持人乘的业报,方是时代的所需,尤为我国的情形所宜。由此向上增进,乃可进趣大乘行——即菩萨行大弘佛教。在业果上,使世界人类的人性不失,且成为完善美满的人间。有了完善的人生为所依,进一步的使人们去修佛法所重的大乘菩萨行果。①

以大乘教法为基础与归宿,依人乘正法渐次修行成佛,这就是太虚大师"人生佛教"的体相。他依据"人生佛教"这个体相,进一步广开摄化执着世间各种道法的方便法门,构成了一个几乎包罗万象的佛教体系。

依前文,我们可将太虚大师开出的"人生佛教",视为他为救拔道德教化边缘化、利益竞争中心化的人类(不仅是中国人)提出的佛教解决方案。②

(三)"人生佛教"的如理性

这种教法契理吗?太虚大师建设"人生佛教"时,大儒梁漱溟(1893—1988)曾表示强烈反对:"似乎记得太虚和尚在《海潮音》一文中,要藉着'人天乘'的一句话为题目,替佛教扩张他的范围到现世生活里来。……其实这个改造是作不到的事,如果作到也必非复佛教。"③ 如下文所说,太虚大师"人生佛教"的立足点确实是"人乘正法",但并不包括"天乘佛法",在现时代弘扬"天乘佛法"恰恰是太虚大师竭力避免的做法,梁漱溟的说法不太准确。虽然如此,梁漱溟的观点还是很清楚:第一,太虚大师这样改造佛教是为佛教扩张地盘;第二,太虚大师不能实

---

① 释太虚:《我怎样判释一切法》,载《太虚大师全书》第1卷,第450页。
② 太虚大师本人也说:"此人乘法其本源出于如来乘,故曰佛教人乘正法。然此非以穷幽体玄,造微证真者也,乃以现今人伦之习惯风俗性情为质地,以佛教人乘正法为准绳,使咸纳乎人道之正轨耳。"(释太虚:《佛教人乘正法论》,载《太虚大师全书》第3卷,第115—116页)
③ 梁漱溟:《东西文化及其哲学》,载中国文化书院学术委员会编《梁漱溟全集》第1卷,山东人民出版社1989年版,第536页。

现这样的改造；第三，即使做到了，也不是佛教。

对梁漱溟的反对意见，太虚大师回应说，直接大乘佛法的"人乘正法"为佛教本有，只因受印度与中国传统因缘所限而未能发扬光大，他将此教法弘扬出来，并不是为佛教扩张地盘，而是为了让更多的众生领受佛法利益：

> 我发生此愿望之动机，全不是替佛教扩张他的范围，以此原为佛教范围内事，用不着我来扩张他。然以现在的人世生活已困苦危乱之极，非将佛教原来直接佛乘的人乘法，发挥到现时的人世生活里以救济之，终为头痛医头、脚痛医脚，暂图苟安，转增烦苦之局。复以此佛教原来直接佛乘之人乘法，实为佛教适应人世最精要处，向来阻于印度外道及余宗教玄学或国家之礼俗，未能发挥光大，昌明于世，致人世于佛法仅少数人稍获其益，未能普得佛法之大利益。①

为了强调"人生佛教"的独特性，太虚大师将佛教的成佛之道归纳为人间改善、后世胜进、生死解脱、法界圆明四个阶段，并以图直观地显示了两者的差异（图1）。

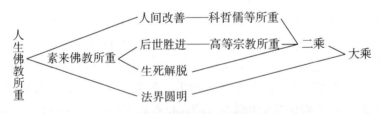

图1 人生佛教与素来佛教的区别

资料来源：太虚大师：《人生佛教之目的》，载《太虚大师全书》第3卷，第206页。

从图示可知，"人生佛教"只是隐摄后世胜进与生死解脱两重教法，所重则是人间改善与法界圆明两重教法，其成佛之道始终不离人间。总之，

---

① 释太虚：《人生观的科学》，载《太虚大师全书》第25卷，第36—37页。

一、普遍融摄前说诸义为资源而为中国亦即世界佛教的重新创建，二、不是依任何一古代宗义或一异地教派而来改建，而是探本于佛的行果、境智、依正、主伴而重重无尽的一切佛法。其要点乃在（甲）阐明佛教发达人生的理论，（乙）推行佛教利益人生的事业。如是，即为依人乘趣大乘行果的现代佛学。①

"人乘正法"是否"探本于佛"、为佛教本有？这涉及"人生佛教"是否如理的问题。佛法的修学，如果一定要从人、天、声闻、缘觉次第转入大乘，则太虚大师的做法确实离经叛道；如果可以从人乘佛法直接大乘佛法，则梁漱溟的批评自然不攻自破。太虚大师依据《华严》《法华》等经，证明自己的见地并未偏离佛陀本怀：

释迦出世的本怀，见于《华严》《法华》，其始原欲为世人（凡夫）显示一一人生等事实三真相——若《华严》等所明；俾由修行信心（若善财童子等）进趣人生究竟之佛乘。……故彼三阶段非由人至佛所必经的，乃由人不走遍觉的路所歧出之三种结果耳。②

太虚大师所谓"三真实相"即"人的菩萨位""超人的菩萨位"与"佛的菩萨位"三个成佛的位相，指始终依"人乘正法"修学成佛，具体内容下文再说。这里，我们先引用《华严经》的经文，证明该经确有明文开示，修行者只要建立了佛知见，完全可依十善业道修学成佛：

十不善业道，是地狱、畜生、饿鬼受生因；十善业道，是人、天乃至有顶处受生因；又此上品十善业道，以智慧修习，心狭劣故，怖三界故，阙大悲故，从他闻声而解了故，成声闻乘；又此上品十善业道，修治清净，不从他教，自觉悟故，大悲方便不具足故，悟解甚深因缘法故，成独觉乘；又此上品十善业道，修治清净，心广无量故，具足悲愍故，方便所摄故，发生大愿故，不舍众生故，希求诸佛大智故，净治菩萨诸地故，净修一切诸度故，成菩萨广大行；又此上品十

---

① 释太虚：《中国佛学》，载《太虚大师全书》第 2 卷，第 195 页。
② 释太虚：《人生观的科学》，载《太虚大师全书》第 25 卷，第 38 页。

善业道，一切种清净故，乃至证十力、四无畏故，一切佛法皆得成就。①

菩萨与佛同修大乘，经文将菩萨与佛所修分为两品，并非以菩萨与佛为高低不同的两乘圣果，而是为了强调成佛最为圆满。其实，佛陀并非仅仅在《华严经》中宣说这一法义，在《大般涅盘经》中也宣说了同样的法义：

观十二缘智凡有四种：一者下；二者中；三者上；四者上上。下智观者，不见佛性，以不见故，得声闻道；中智观者，不见佛性，以不见故，得缘觉道；上智观者，见不了了，不了了故，住十住地；上上智观者，见了了故，得阿耨多罗三藐三菩提道。②

如果说《华严经》与《涅盘经》上述经文尚未明说，那么《法华经》如下经文则明确揭示了"彼三阶段非由人至佛所必经的，乃由人不走遍觉的路所歧出"的意趣："舍利弗！十方世界中，尚无二乘，何况有三？舍利弗！诸佛出于五浊恶世，所谓劫浊、烦恼浊、众生浊、见浊、命浊。如是，舍利弗！劫浊乱时，众生垢重，悭贪嫉妒，成就诸不善根故，诸佛以方便力，于一佛乘分别说三。"③经文分明说，佛是为五浊恶世中善根微薄、烦恼深重的众生早得解脱生死苦恼，才不惜眉毛拖地方便开演小乘教法，佛的本怀始终是说大乘佛法④；反之，如果遇到烦恼不深、善根深厚的众生，佛就会直接演说大乘佛法。《维摩诘经》中，迦叶被维摩诘呵斥

---

① 〔唐〕实叉难陀译：《大方广佛华严经》卷三十五《十地品》之二，载《大正藏》第10册，第185页下。
② 〔东晋时期北凉〕昙无谶译：《大般涅盘经》卷二十七《师子吼菩萨品》第十一之一，载《大正藏》第12册，第524页中。
③ 〔东晋时期后秦〕鸠摩罗什译：《妙法莲华经》卷一《方便品》，载《大正藏》第9册，第7页中。
④ 《妙法莲华经》下文也表达了同样意思："我知此众生，未曾修善本，坚著于五欲，痴爱故生恼。以诸欲因缘，坠堕三恶道，轮回六趣中，备受诸苦毒，受胎之微形，世世常增长。薄德少福人，众苦所逼迫，入邪见稠林，若有若无等。依止此诸见，具足六十二，深著虚妄法，坚受不可舍，我慢自矜高，谄曲心不实，于千万亿劫，不闻佛名字，亦不闻正法，如是人难度。是故舍利弗！我为设方便，说诸尽苦道，示之以涅盘。"（〔东晋时期后秦〕鸠摩罗什译：《妙法莲华经》卷一《方便品》，载《大正藏》第9册，第8页中）

后更是直接说:"我从是来,不复劝人以声闻、辟支佛行。"① 这表明人间确实有一跃入大(乘)的大乘根器,确实可以直接从人乘佛法趣向大乘佛法。

这是不是与前引太虚大师所谓"大乘不共法""不能离了前二级而独立"之说相矛盾呢?不矛盾。太虚大师在那里是依由实垂权门立言,在此门中,小乘为大乘之方便,大乘为小乘之归宿,离开大乘固然没有小乘,离开小乘也谈不上大乘,所以说大乘不能离声闻、缘觉二乘而独立;至于此处,太虚大师则是依会权归实门立言,在此门中,确如太虚大师所说,作为大乘佛法的人乘佛法可"以实践人乘行果,而圆解佛法真理,引发大菩提心,学修菩萨胜行,而隐摄天乘、二乘在菩萨中,直达法界圆明之极果"②。因此,只要善观当众生机的立足点,的确可以在人间直接修学大乘佛法。太虚大师认为,人乘佛法正是这样一个最契合现代人根器的立足点:"人生初行之第一要义,仍在皈依佛教的佛陀、达磨、僧伽……而第二要义则为信乐果报、修十善法。……此十善法,是人生之真道,亦大乘之始基。故曰:'端心虑、趣菩提者,唯人道为能!'而今世之所急需者,亦唯在此人道耳。"③

(四)"人生佛教"的教观系统

有人说,太虚大师的"人生佛教"没有完整的思想体系,要待其后继者印顺法师来完成,这是没有认真研读太虚大师著作的臆断。太虚大师虽然没有专门写出系统阐述"人生佛教"教观体系的著作,但他那体用圆融、博大精深的思想世界正是其"人生佛教"体系的扩展版,而他专门委托弟子编纂、结构完备的《人生佛教》则是其浓缩版。下面,笔者将依太虚大师为《人生佛教》一书勾勒的纲要④,结合他的其他著述,依境、行、果的顺序简单论述其"人生佛教"教观思想的要点。

"境"首先是大乘佛教的根本见地。"人生佛教"的根本理境,是太虚大师所谓由四重现实构成的"真现实"。他说:

---

① 〔东晋时期后秦〕鸠摩罗什译:《维摩诘所说经》卷上《弟子品》,载《大正藏》第14册,第540页中。
② 释太虚:《人生佛教之目的》,载《太虚大师全书》第2卷,第206页。
③ 释太虚:《人生观的科学》,载《太虚大师全书》第25卷,第33页。
④ 详参释太虚《人生佛教》,载《太虚大师全书》第24卷,第384—398页。

今真现实论之现实，虽不离现前事实之本义，但较平常所云现实，更加真切深奥，故其理由有四种层次：第一，"现变实事"曰现实者，唯现在显现而变动变化着的，始为实有之事，故曰"现实"。此理与平常所云之现实，已较精深，然其义尚不止于此。第二，现变实事缩称之为"现事"，明现变实事真实理性之"现事实性"，始曰现实。第三，缩现事实性曰"现性"，于此现性能实证觉，谓之"实觉"。如是现性实觉始曰现实。第四，复将前义缩为"现觉"，即一切法现正等觉。于此现觉圆成实际上穷神尽化之变用，谓之"现觉实变"。乃尽真现实论所明现实之理。①

"现变实事"即现起变动的如实有事，包括因缘生法、人生活的情器世间以及蕴、处、界等内容，这是须依缘起观认识的因果现实；"现事实性"指因缘所生万法的实性，这是须依无我观洞察的现实；"现性实觉"指对诸法实性的真实觉悟，这是须依菩萨智真参实证的现实；"现觉实变"指穷尽诸法真实性相因果，这是须依佛智才能圆满现觉的现实。四重现实，以第一重为基础、第四重为圆满，所以究竟说来只有佛现觉的现实才是真现实：

真现实，"推之无外，反之无内"。推之无外即是无有边际，反之无内即是无有中坚，无中亦即无实体或无自性。此现刹那事实法，又索之展转无始而追之展转无终，无边无中，无始无终。更无理想能越此现实之外者，故真现实即已包含了理想。无边中始终，而又即中即边即终即始，此为真现实之轮廓。在缘起上看，任举一法，无论为色为香，即是一切法。缺一法为缘则此一法不成，故一切法以此一法为终止，亦可说此一法即是边际。又一切法都以此一法为缘而成，缺此一法彼法不生，故此一法即一切法之始，亦即一切法之中。②

更为重要的是，这究竟圆满的真现实，尽管凡夫无法梦见、二乘难以真见、菩萨不能圆见，但它并不是不切实际的玄想，而是宇宙万法时时刻刻

---

① 释太虚：《真现实论·宗体论》，载《太虚大师全书》第21卷，第207—208页。
② 释太虚：《真现实论·宗体论》，载《太虚大师全书》第21卷，第431—432页。

显现的真实。这是依佛果证安立的见地,堪称圆教见地。

有了这个根本理境,还要对"人"道众生作出切当的把握,否则"人生佛教"的如理性会受到挑战。首先,太虚大师依佛教缘起观,结合现代学术分类和概念,对人道世界的缘起性进行了概括:

> 由人与物观之,生物为沟通人与物之桥。自"根神经"至于植物,为生物者凡六;人占其四,故人亦属于物而物亦属于人。旁生又为沟通人与非人之桥,人生与旁生同为有情故。有情又为沟通"能变""所变"之桥,有情通摄心与物故。旁生与人,正为有情;植、矿、日、星,正为器界;有情身心依故。自净色根及根依处,为执受依,是个人自身故。他人之根依处及家国等,为人群互助依,人类社会所由成故。诸旁生根依处,为有情资用依,人与旁生互亦相资用故。植、矿、陆、海、光、气,为人与诸旁生生活资具之所从出,故为有情之生活依。太空诸恒星系与人生活所资无何关系,然自净色根以至太空诸星系,皆为人类意识之所知境,故为人意识依。①

肯定人无论与他人、生物、植物、矿物,还是家国社会、山河大地、日月星辰,都处于互为缘起、相依相存的世界,任何人都必须从这个平台起修。

"行"是觉悟"境"的方法与次第,传统中有顿悟与渐修两门,如天台宗的"圆顿止观"、禅宗的"顿悟成佛"等则是顿悟门,如天台宗的"次第止观"、唯识宗的"唯识观"、华严宗的"法界观"等则是渐修门。"人生佛教"应采取哪种行门呢?太虚大师说,依据末法时代众生的根器与机缘,应该遵循渐修门:

> 其道,当先从大乘经论研求得正确之圆解,发菩提心,学菩萨行。先修习大乘十信位菩萨之善根,获得初步之证验,完成人生,成为孔丘、王守仁一般之人圣,然后再渐趋入于十住、十行、十回向、四加行、十地等三无数劫之长劫修证,由超人、超超人以至于佛。②

---

① 释太虚:《真现实论·宗依论》,载《太虚大师全书》第20卷,第219页。
② 释太虚:《人生佛学的说明》,载《太虚大师全书》第3卷,第184页。

"人生佛教"的渐修之道,太虚大师每依《华严经》分为十信、十住、十行、十回向①、十地、等妙二觉五十二个阶位,又常依《大乘起信论》将这五十二位归为信成就发心、解行发心与证发心三个阶段。

信成就发心即十信位的修行阶段,主要"以现今人伦之习惯风俗性情为质地,以佛教人乘正法为准绳,使咸纳乎人道之正轨"②,由信心、念心、精进心、慧心、定心、不退心、回向心、护法心、戒心、愿心渐次修行圆满,成为世间圣人。

此阶段的第一步是建立信仰。所谓信仰即对佛法僧三宝的信仰,为佛子所具信、进、念、定、慧五根之首,是佛弟子成佛之基,佛经说:"信为功德不坏种,信能生长菩提树,信能增益最胜智,信能示现一切佛。是故依行说次第,信乐最胜甚难得。"③太虚大师也特别强调信仰:"信基不坚,则建筑在上者,皆随时可以动摇倾败,故非宗依佛法全体以树立无可摇动之信心基础不可。"④

关于所信三宝,太虚大师开为四重:

> 第一重是相信宇宙万有有一种普遍完全的真理;第二重是相信这个真理有最高无上大觉悟的完全认识(无上菩提);第三重是相信这个无上正觉有得到过的,如释迦;第四重是相信人人都可以得到。佛学根本信仰不出这四重。⑤

第一重是信仰大乘佛法的圆满见地,第二重是信仰有无上菩提能证得此见地,这两者是对法宝的信仰;第三重是信仰佛陀已圆满现证这一境界,此项是对佛宝的信仰;第四重是信仰人人皆有佛性、皆能成佛,此项可归为

---

① 于此,太虚大师又依唯识论典开分出四加行位。
② 释太虚:《佛教人乘正法论》,载《太虚大师全书》第3卷,第115—116页。
③ 〔唐〕实叉难陀译:《大方广佛华严经》卷十四《贤首品》,载《大正藏》第10册,第72页中—下。
④ 释太虚:《怎样建设现代中国的文化》,载《太虚大师全书》第22卷,第120—121页。
⑤ 释太虚:《佛陀学纲》,载《太虚大师全书》第1卷,第199页。

对僧宝的信仰。①

这四重内容构成的三宝,由深到浅可分为性体、圣贤与住持三种三宝。性体三宝为法性身、实相法与第一义僧,当法身三宝,成佛始得圆满显现;圣贤三宝为功德佛身、六波罗蜜法与住地菩萨,当报身三宝,初地以上菩萨依法眼能够现见;住持三宝为佛像、经书与依律住持僧伽,当化身三宝,举凡信仰三宝者皆能见之。佛子固然究竟应当皈依性体三宝,但太虚大师认为,"缘佛宝、法宝之能流布世间,佛之相能现起,佛之法能弘扬,悉由住持僧之能住持","在初心学佛皈依的,是重在依佛法严格出家之和合(团体)住持僧","皈依住持僧,则因之得闻佛所说之法,依法修行可以成佛"。②

皈依三宝后,必须受持五戒、修学十善,这是菩萨道的初阶——人乘正法的基本内容。③

> 佛法为何要学戒受戒耶?以证清净法身,须先在平常三业上有修治修炼之功夫,将一切不合理行为修治改正,并修炼一切合理行为令其增长成熟也。以吾人举心即错,动念即乖,故须用佛所制律仪为正当之行轨以改善之,此即修证佛法之第一步功夫。④

"人生佛教"的戒律不出七众别解脱戒,因为"律仪七众在,则赡部洲佛教教团在;律仪七众灭,则赡部洲佛教教团灭;故为教团之绳检者,在俗仍是近事男女一戒乃至五戒,在僧仍是勤策乃至苾刍"⑤。举凡佛子,无论在家出家,都必须遵从当位戒律修习人乘正法。

---

① 太虚大师在《怎样建设现代中国的文化》中便说:"佛法全体之正信为何?则信有已成无上正遍觉者;信必有无上正遍觉所用宇宙万有之真理,及有能得无上正遍觉者之种种方法;信有已从事学习于趋向正觉之方法者,及自己与众人皆可从事趋向而必获正觉。此之三信,换言之,即皈依佛、法、僧耳,即发起无上菩提之信心耳。"(《太虚大师全书》第22卷,第121页)
② 释太虚:《菩萨学处讲要》,载《太虚大师全书》第18卷,第250页。
③ 太虚大师说:"如十信位之皈依三宝,修行十善,即人天乘法,亦即大乘之初阶,故人天乘为大乘之方便。"(释太虚:《佛乘宗要论》,载《太虚大师全书》第1卷,第157页)
④ 释太虚:《大乘理趣六波罗密多经皈依三宝品讲录》,载《太虚大师全书》第4卷,第52页。
⑤ 引文见释太虚《佛法救世主义》下篇《众的净化》,宗教文化出版社版《太虚大师全书》未收,此处引自《太虚大师全书》精第23册,第227页。

太虚大师认为，为令修行者从人乘正法直接佛乘正法，既不耽着人天福报，也不走回小向大的迂回曲折之路，学五戒十善者应发菩提心、受菩萨戒。为此，他鼓励佛弟子乐于做个"大心凡夫菩萨"：

> 向来对佛法有信心的人，便自称学佛，求其真能发菩提心愿做个大心凡夫的菩萨，却是凤毛麟角。有一种人学佛，将佛推崇过于高远，自甘卑屈。既不能认识佛法全般的真相；固执着佛所方便指示的一点一滴的法门，如人间善行，天上福报，着重个人福业方面极粗浅的说法，于是情生耽着，但求个己人天福报为足。这虽也可称为学佛，但去学佛的真精神远甚，直是方便中的方便，佛曾贬之为无性阐提。复有一种人学佛，觉得个己的生与死是极苦痛，于是偏执着佛所指示的中道法（空有两面）的空一方面。以专求了脱个己的生死，精神上得寂灭无为为究极。这条路径虽可通至大乘，倘故步自封，不肯进探中道法的幻有、妙有的一面，醉卧于空三昧中，自然未能贯彻佛学全般的精神，自堕于方便小乘，佛曾贬之为无性败种。我今唱导菩萨学处，决不叫人迷着人天的福报，也不叫人愚耽小乘的寂灭；是指示人人可走之路，个个可修之道，是整个的全般的佛法的总纲。这便是菩萨之学，自下至上，自凡至圣，从我们开始举足直到佛果的大道。①

换句话说，从一开始，在家二众（优婆塞、优婆夷）就应依菩萨的标准来守持五戒、八戒，出家五众就应依菩萨的标准来守持沙弥、沙弥尼、式叉摩那尼、比丘、比丘尼戒。

五戒即不杀生、不偷盗、不邪淫、不妄语和不饮酒，前四戒为性戒，后一戒为遮戒。五戒是在家出家菩萨皆须受持的最基本戒律，且出家菩萨要求更严格，"缘在家五戒遇不得已之缘可开，出家则除酒为药物治病外，俱无开例。如杀人，在家菩萨身任国家军政，依法处断犯人，或为救多人处治少数恶人，以大悲心而行杀生，律则许可。若出家菩萨，为护僧制便不开许。如淫戒，在家许合法夫妻的正淫，出家菩萨既舍离家俗，则一切

---

① 释太虚：《菩萨学处讲要》，载《太虚大师全书》第18卷，第246—247页。

不许"①。

具体阐述五戒时，太虚大师侧重在家五戒，且有精妙发挥。首先，他调整了四条性戒的顺序。太虚大师依守持戒律的急迫与难易程度，为四条性戒按不偷盗、不邪淫、不妄语、不杀生的顺序排列，并说明如下："偷盗国所必禁，犯偷盗罪即犯刑律"，故不偷盗戒居五戒之首；"端正风化，增进民德"，不邪淫戒为其最，故此戒居其次；"诚信既为人人必要之德，则自人人所易行"，故不妄语戒次之；"不残杀而仁爱一戒，若论道德，此戒最重，然在国群行之稍难，是故次于第四"。② 同时，他从五戒分设了增上五戒。

> 云何增上五戒？依前具足五戒而更增广高尚之也。一、毕竟不造一切残杀业，而慈护一切有情生命。……二、毕竟不造一切偷盗业，而力谋一切同胞利益。……三、毕竟不造一切淫邪业，而以礼节纲维民俗之风化。……四、毕竟不作一切欺诳语，而以诚信正直人伦之名守。……五、毕竟不服乱性情品，而修洁端治其身心。③

这确实发前人所未发，能令人更深入地了解五戒的内涵，以及圆满守持五戒的标准。菩萨守持五戒，从一戒到增上五戒，善果依次增胜：

> 守一戒至三戒，虽得为人，未能完全人格；人人守一戒至三戒，人道可由之而保存。受持四戒，人格乃全；人人受持四戒，人道可由之而蕃昌。受持具足五戒，则为良士；人人受持具足五戒，人道可由之而进善。受持增上五戒，则生生于人类为大圣贤；人人受持增上五戒，则虽地球变成忉利天界可也。④

五戒修行圆满，还要进修十善，这是天乘教法内容，也可以说是人乘正法的增上内容。十善即不杀生、不偷盗、不邪淫、不妄语、不两舌、不

---

① 释太虚：《菩萨学处讲要》，载《太虚大师全书》第18卷，第259页。
② 释太虚：《佛教人乘正法论》，载《太虚大师全书》第3卷，第121—122页。
③ 释太虚：《佛教人乘正法论》，载《太虚大师全书》第3卷，第128—130页。
④ 释太虚：《佛教人乘正法论》，载《太虚大师全书》第3卷，第131页。

恶口、不绮语、不贪、不嗔、不邪见，与五戒相比，身业无不饮酒，语业只有开合的差异，增加了不贪、不嗔、不痴三种意业，要求有所提高，类似五戒的加强版。尽管如此，佛教认为十善仍然属于人天善行范畴，人只有遵循十善业道生活，才能保证现世得到世间福乐、来生转生善道。佛陀以五戒十善为佛弟子持守戒律的底线，无非为了摄受更多人信仰佛法。为了让更多人认识到修行十善的基础性和重要性，太虚大师沿袭古人援儒说佛的传统，说十善相当于儒家的五常，而内容更加详尽：

> 若从积极边说，则此十善即是仁、义、礼、信、智的五常：不残杀即仁爱；不偷盗即义利；不邪淫即是礼；不妄言、不绮语、不两舌、不恶口的四种即是信；意识上的不贪、不嗔、不痴的三种就是智。可知佛教的十善道德，就是儒家的五伦道德，而且是更加周密详尽的。①

信心位菩萨是不定聚众生②，他们依信力（信仰三宝的力量）和三种发心修学五戒十善。据《大乘起信论》，三种发心为直心、深心与大悲心，直心即"正念真如法"之心，深心即"乐集一切善行"之心，大悲心即"欲拔一切众生苦"之心，实质是在菩提心统摄下修学五戒十善，因为五戒十善是一切善的根本，一切善不过是五戒十善的展开。修行过程中，"若有众生善根微少，久远已来烦恼深厚，虽值于佛，亦得供养，然起人天种子，或起二乘种子；设有求大乘者，根则不定，若进若退；或有供养诸佛未经一万劫，于中遇缘，亦有发心，所谓见佛色相而发其心，或因供养众僧而发其心，或因二乘之人教令发心，或学他发心。如是等发心悉皆不定，遇恶因缘，或便退失，堕二乘地"③，会出现退堕二乘乃至转入人天乘等现象。

此位修行圆满，即深信因缘生法与因果报应的事实，认识到"现变实

---

① 释太虚：《佛学之人生道德》，载《太虚大师全书》第3卷，第144—145页。
② 《大乘起信论》以未信佛法众生为邪定聚、十信位众生为不定聚、初住以上众生为正定聚，唯识家依五种性说判无种性者为邪定聚、不定种性者为不定聚、菩萨种性者为正定聚，《释摩诃衍论》则以十圣为正定聚、三贤为不定聚、此下凡夫为邪定聚，判断标准都是众生会否退转菩萨道法，而判断角度有权实、位次有因果的差异。太虚大师遵循的是《起信论》的判法。
③ 马鸣造，〔南朝陈〕真谛译：《大乘起信论》，载《大正藏》第32册，第580页下。

事"这一重真实，身心安善敦仁，圆满人间善果，顺利完成"人的菩萨位"的修行，成为孔子、老子、善财那样的"世间大圣大贤"①。

成为"世间大圣大贤"后，修行者便能真正发起菩提心，成为不再退转的正定聚众生②，进入解行位发心的修学阶段。关于从解行位入佛之路，佛陀开示了两条：一条是三乘共十地即回小向大之路；一条是不共三乘的菩萨道。太虚大师基于"人生佛教"的菩萨道可隐摄二乘说，着重依唯识经论"三祇五位"说开阐后一条路径。所谓"三祇五位"，指菩萨从初发心位到成佛，需经历三大阿僧祇劫的时间，须圆渐次满资粮位、加行位、通达位、修习位、究竟位五位佛法。

菩萨在第一大阿僧祇劫的修行，包括资粮位与加行位。资粮位即十行、十住和十回向三十位，加行位即暖、顶、忍、世第一法四位，有些经典不分设加行位，而将其合为资粮位。太虚大师说：

> 此三十位中，以修积随顺解脱之福慧等（即布施等六度）资粮为事，故名曰资粮位。二、加行位，此同小乘暖、顶、忍、世第一之四，然所修之观智不同，定慧亦因之而大异。由四寻思观引四如实智，甚深决择诸法，证法空性，故此亦曰顺决择分。从发心住至此，犹是贤位。③

菩萨在这个阶段，依胜解力修习六波罗蜜，十住位主要修习胜解，十行位主要修习观行，十回向位主要修习悲愿，不断累积解脱资粮，顺布施、持戒、忍辱、精进与禅定五度累积福德资粮，顺般若度累积智慧资粮。

二种资粮具足，便能进入暖、顶二加行位，依四寻思引生四如实智：第一，名寻思及其引生如实智。通过思惟名相除名相外不再有其他体性，如实生出唯有名相的智慧，了知名相的含义与其所指对象无关，只是人们心中的义相，名相是表达此义相的概念。第二，事寻思及其引生如实智。

---

① 太虚大师说："十信完成人的地位，例如世间的大圣大贤"（释太虚：《佛陀学纲》，载《太虚大师全书》第 1 册，第 201 页）；又说："修行信心位的人生初行，是人的菩萨位，若孔、老、善财等"（释太虚：《人生观的科学》，载《太虚大师全书》第 25 卷，第 38 页）。
② 佛说"十善菩萨发大心，长别三界苦轮海"（《佛说仁王般若波罗蜜经》卷一《菩萨教化品》，载《大正藏》第 8 册，第 827 页中），所指正是初发心位菩萨。
③ 释太虚：《真现实论·宗依论》，载《太虚大师全书》第 20 卷，第 46 页。

通过思维名相所指对象除现前事相外没有其他内容,如实了知色、声、香、味、触、法等事相与言说无关,不可言说。第三,自性假立寻思及其引生如实智。通过思维色等事相的自性不过是依心想与名相假立,如实了知此自性如梦幻泡影般显现,而其体性并非如此。第四,差别假立寻思及其引生如实智。通过思维依前述事相、自性建立的种种差别不过依名或事假立的名相,如实了知色等事相、自性上的种种差别假立皆真空俗有、无二无别。由四寻思引生出四种如实智后,便进入第三忍位,能认识一切所取法(名、事、自性、差别)皆空,进而了知能取法亦空。不过,此时能取并未全空,还有能印取空者在,这就是灵觉了知的心性。因此,尚须"从印能取空的上品忍位入于世第一位,得印二取空的世第一智;以世第一智刹那无间证入见道,进一步得出世真实智"①,即人空智、法空智、空空智三种智慧,才算圆满了加行位的修行。

太虚大师说,"自十信进七住为不退住,其所修习则与二乘相通","由十住进至十行、十回向、十地,则非人天二乘所能及"②,至此圆满"初无数劫位,是超人的菩萨位"③,成为证见"现事实性"、登上通达位的真见道菩萨。

菩萨登上通达位后,即进入证发心或修习位,修学历程随之进入第二、三大阿僧祇劫,其中,

> 极喜地至不动地为第二阿僧祇劫;不动地至十地圆满而入佛地,即为第三阿僧祇劫。法云地与佛地间,亦有别立等觉地者。然等觉地即法云地入住出之出相,故合于法云地,不须别立。《解深密经》等连佛地说十一地是也。五、究竟位,此即佛地:为最究竟之离系果,亦为最究竟之超情佛刹,亦为真解脱、大菩提之二转依。④

因这是不断圆满"现性实觉"这重真实而成佛的阶段,太虚大师又称之为"佛的菩萨位"⑤。

---

① 释太虚:《真现实论·宗体论》,载《太虚大师全书》第20卷,第346页。
② 释太虚:《佛乘宗要论》,载《太虚大师全书》第1卷,第157—158页。
③ 释太虚:《人生观的科学》,载《太虚大师全书》第25卷,第38页。
④ 释太虚:《真现实论·宗依论》,载《太虚大师全书》第21卷,第46—47页。
⑤ 释太虚:《人生观的科学》,载《太虚大师全书》第25卷,第38页。

进入证发心位的菩萨,其从因到果有六大殊胜:第一,建大心。"建大心者,谓建立确乎不可拔之深固大菩提心也。知佛法之本在救世,知救世之必在佛法,观佛功德,决心成就,即立志之果也。"第二,能大施。"依菩提心,勇牺牲之行故,习之成熟,乃能大施"。第三,持大善。"依菩提心,由前止粗恶、治细染、勤善行之习所成果,能持大善。"第四,住大定。"依菩提心,由数修习奢摩他故,得住大定。"第五,生大慧。"依菩提心,由数数修习毗钵舍那故,能生大慧。"第六,趣大觉。"依菩提心,具施、戒、定、慧故,伏断二障,通达法性,由是直趣大觉,以成大觉为究竟故。"对此,太虚大师分别以《华严经》中《普贤行愿品》之普贤菩萨十大行愿、《十无尽藏品》之菩萨十种无尽施、《离垢地》之菩萨十善戒行、《发光地》之菩萨止观神通以及《解深密经·地波罗蜜品》之菩萨定慧功德加以表显。①

修行者及至圆满究竟位的佛陀,则悟彻了"现觉实变"的究竟真实,全体显现了诸法称性而起、重重无尽的一真法界。对此极果,太虚大师则借华严宗周遍含融、十玄无碍义以彰之。②

(五)"人生佛教"的制度建设

太虚大师深知,"人生佛教"要在现代社会得到落实与发展,必须有相应的制度作保障,否则将会缺乏生命力,所以他很看重佛教制度建设,将其视为自己弘法事业最重要的部分之一。③

太虚大师的佛教制度建设思想,在其民国四年(1915)年冬撰写的《整理僧伽制度论》中就提了出来,基本内容如图2所示。

"佛教团体"指佛教信众团体,包括建立团体与非建立团体。太虚大师说建立团体、非建立团体、总团体、别团体、布教团体、中国本部、各国各地、授学处、修行处八个名相,只有名义而没有实物。建立团体下辖"佛教住持僧"与"佛教正信会"两种团体:"佛教住持僧"是出家信众团体,因僧本指四个人以上结成的出家团体,故用"佛教住持僧"名;"佛教正信会"是在家信众团体,因强调对佛法的正信而用此名。

---

① 详参释太虚《佛法救世主义》,载《太虚大师全书》第25卷,第157—181页。
② 释太虚:《人生佛教》,载《太虚大师全书》第25卷,第394页。
③ 太虚大师在《自述志行》中就说,他"志在整兴佛教僧(住持僧)会(征信会),行在《瑜伽菩萨戒本》"(《太虚大师全书》第18卷,第163页)。

佛教团体	建立团体	佛教主持僧	总团体	佛法僧团	中国本部	持教院 仁婴院 医病院 慈儿院	行教院 宣教院
					银行 工厂		
					各国各地	持教院	行教院
			别团体	八宗 尼法莲	本寺 支寺 寺苑 社	授学处 修行处	
		佛教正信会	总团体	总会		总分会	分会
			别团体	佛教通俗宣讲团 佛教救世慈济团 研究佛学社 拥护佛教社			
	非建立团体						

图2 佛教制度建设基本内容

资料来源：释太虚:《整理僧伽制度论》,载《太虚大师全书》第18卷,第59页。

"佛教住持僧"由总团体与别团体组成。总团体为"佛法僧园"(图误印为"佛法僧团"),这是"中国本部佛法僧全体机关,包罗宏富,该摄僧俗。……只宜有一,其理易明,与政相倚,故在国都;若随教势,亦可在武汉、或金陵、或上海"①,统领分布于全国各省、道区、县区的持教院、行教院、银行、工厂,持教院设有慈儿院、病婴院、仁婴院、持教院,行教院设行教院和宣教院。"佛法僧园"的管辖范围,与他后来议设的中华佛教联合会、中国佛学会或中国佛教会②一类组织相当,与新中国

---

① 释太虚:《整理僧伽制度论》,载《太虚大师全书》第18卷,第47页。
② 关于中华佛教联合会、中国佛学会与中国佛教会的成立,太虚大师民国二十四年(1935)七月在嘉兴答记者问时说:"民三袁政府解散八指头陀等所创办之中华佛教总会,久无全国之佛教团体。民十四,吾在北平发起中国佛教联合会,设筹备处,通告筹设各省佛教联合会;虽有江浙及两湖等佛教联合会之组设,然亦未成全国团体。民十七,吾讲学南京毗卢寺,议设中国佛教会,蔡子民先生等劝先成佛学会,乃改成中国佛学会筹备处;而所筹备者,实为中国佛教会。次年,乃与江浙佛教联合会等成立中国佛教会。"(释太虚:《为中佛会事答记者问》,载《太虚大师全书》第30卷,第333页)

成立后成立的中国佛教协会也类似，而其设想中的权力则大得多。此时的别团体，包括专门传持中国传统大乘八宗教法的本寺与支寺等授学道场，以及尼寺、法苑和莲社等修行道场，归总团体管束。"佛教正信会"也有总团体与别团体之分，总团体即全国性的佛教正信会及其下属各级分会，别团体包括拥护佛教社、研究佛学社、佛教救世慈济团、佛教通俗宣讲团等机构。

关于僧伽制度，民国十九年（1930）春，太虚大师在闽南佛学院讲《建僧大纲》时曾作出一些调整，其理由是：

> 一、《僧伽制度论》中之僧额，系根据清乾隆时之调查，说僧众有八十万；可是以后经过嘉庆、道光的衰落，洪杨的烧毁，清季兴学的侵夺，及民国后屡次的摧残，所遗留者，尚不知有乾隆时僧数五分之一否？二、《僧伽制度论》中所说，以由分组八宗，合起来可成一中国僧伽系统制度；但是现在考察起来，凡中国的各宗，在寺院方面已皆失去他的根据了，实在并非同日本宗派之各有其系统组织可比。三、现在国民革命后，又不同于辛亥之时，趋重民生问题，已不能容有如许僧伽受国民的供养。有此三点，现在虽想根据原有计划整理，也为现在时势不兼容了。①

调整后的僧制，依然以养成高尚僧格为核心，其最大变化是取消了具有相对独立性的别团体，而将其融进了学僧制、职僧制和德僧制的三级僧制②之中：学僧制指比丘僧学习的制度，有律仪院（沙弥、比丘各半年）、普通教理院（四年）、高等教理院（三年）、观行参学处（三年）四个学级，僧人须学满十二年才具足学僧资格；职僧制又叫菩萨僧制，此中僧人即修菩萨行的僧人，分布于布教所、律仪院、教务机关、专修林、杂修林以及病院、慈幼院、养老院、残废院、赈济会等机构；德僧制又叫长老僧制，其中的长老须经过学僧、职僧的完整学习，并获得相关证书，才能充任。

---

① 释太虚：《建僧大纲》，载《太虚大师全书》第18卷，第181页。
② 太虚大师说："学僧亦名比丘僧，规律严肃，……；职僧亦名菩萨僧，事业弘布，……；德僧亦名长老僧，主持参学林。"（释太虚：《建设现代中国佛教谈》，载《太虚大师全书》第18卷，第242页）

其中，学僧是"人生佛教"培养的僧材，太虚大师特别关注其建设工程，积极创办武昌佛学院、闽南佛学院、岭东佛学院、汉藏教理院等教育机构来实施其计划。这个僧制还有一个明显变化，即此前为八宗安排的支寺已经不见了。

关于佛教正信会，太虚大师此后则作出六方面的修改补充，这集中反映于民国二十四年（1935）十二月他在广州中山大学讲演期间撰写的《建设现代中国佛教谈》一文中：第一，具体开列入会与退会条件；第二，增设重于个别研究的"佛化教育社"，列出其研究内容；第三，将"拥护佛教社"改为"佛教护持社"，并定明其护持内容；第四，将"研究佛学社"改为重于融通研究的"佛学研究院"，划定其研究范围；第五，具体明确了"佛教救世慈济团"的工作内容；第六，将"佛教通俗宣讲团"改为"佛教通俗宣传团"，并列明其宣传的场所、方法、内容、宗旨。此外，佛教正信会还增加了设立小学、中学、大学等办学项目。①

据此可知，太虚大师建设的佛教制度，是由一个僧人主导的全国性佛教组织领导、各种机构分三级遍布全国各地的佛教王国。太虚大师相信，只有把全国佛教信众纳入这个与"组织化"的现代社会相适应的佛教制度中，为"人生佛教"开展提供保障，便能达成正法久住、移风易俗的目的：

> 此运动应用近代社会之组织，欲将出家在家之佛徒组织起来，分荷以佛法救世之任。出家佛徒曰佛教住持僧，旨在先经出世之修证，乃进为应世之教化，用标三宝清净幢相。在家佛徒曰佛教正信会，以敬佛法僧、信业果报、行十善法为旨，用之移风易俗，构成佛化之伦理、政治、经济的新社会。②

如此发心、如此行持，的确令人感动。实践证明，太虚大师关于在家信众的组织建设确有相当大的效果。从前，在家信众虽然也有种种结社，但都是附属于相关寺院的松散组织，没有相对独立、规范的组织，更没有全国性的组织。对此种现状，太虚大师批评道，"中国之佛教向藉僧寺为躯干，在家佛徒亦只以仿学出家众所行为事，此为佛教不能普及令家族皆

---

① 详参《太虚大师全书》第18卷，第234—236页。
② 释太虚：《告徒众书》，载《太虚大师全书》第19卷，第104页。

佛化之大障碍"①，认为这有碍佛教发展。他发起、推动成立的佛教正信会、居士林等机构应运而生，将众多散居居士凝聚在有内涵有形式的组织中，在现代中国佛教开展过程中发挥了重要的作用，有的一直延续到现在，因此他的这一工作可以说取得了成功。

但是，佛教毕竟是以出家僧人为表法、核心和主导的宗教，无论居士佛教徒人数有多大、力量有多强、组织有多好，都不足以推动乃至支撑佛教的开展，要实现这一目的，除非将上述僧伽制度落到实处。而要落实上述僧伽制度，则非改革现行僧伽制度不可，因为僧伽是代表佛教的主体，

> 如有寺院僧尼之存在，即为代表佛教之主体，若不能适合此时此地之社会需要以发扬佛教精神，即失其存在之意义！于此如不谋改善，必归淘汰，而现今中国之寺制僧制，必待整理，乃堪表扬佛教，否则，反为使人误解佛教之魔障，殆已为佛教徒非佛教徒之有识人士所公认。而代表佛教之僧寺，未能赶上现代国家社会之建设，则僧徒顽固者实莫辞其咎！②

改革僧制的核心，是打破宗法式寺院制度，因为

> 中国民族的一般文化思想，特重敬祖的家族制度——所谓宗法社会，而佛教也还是受其影响；尤其明末、清初以来，变成一个个特尊各寺祖师的寺院。因此，便成剃派与法派的两种传承（唐、宋时尚无，明、清才流行），主要的是保持祖规，保守祖产。法派的继续传承，这算是一般大院寺的规范。其他或限于自寺受戒、自寺剃度，更狭小的只重于自寺剃度，才可接法继承住持。因而现在的中国僧制，成为一个个的寺院，俨然是一个个的变相家族；各寺各兴家风，自成一家，独成一国。除大寺院或有统率几个下院（小寺）之权外，一切寺院皆是各各独立，谁也不能干涉谁。但并不注重徒众的教化，使之修学学佛法，自度度他，而专重视法派与剃派的相传和遵守祖规，保

---

① 释太虚：《建设现代中国佛教谈》，载《太虚大师全书》第18卷，第238页。
② 释太虚：《三十年来之中国佛教》（1937），载《太虚大师全书》第31卷，第47页。

守祖基。①

因此,"设非化家产的僧寺成公产的僧团,则终无建设的基础"②,只有将宗法家族式的寺院革新为十方丛林,才能在组织上与"组织群众化"的现代社会相适应,从实质上将僧伽建设成住持三宝、续佛慧命的团体。

打破宗法式僧伽制度的第一环,是寺院住持传贤不传子。住持义为安住、维持,可以指佛陀安住、维持佛法教化③,也可以指佛弟子住持三宝④。由于住持为一寺住持佛法之主,又称法主;禅宗兴起后,因住持住处称为方丈,方丈一词也与住持同义。据此可知,住持是一寺最高权力拥有者,也是一寺四众弟子的灵魂,对寺院发展方向乃至佛法兴衰都有举足轻重的影响,只有贤德长老(起码是初发心位以上的菩萨道修行者)充任才能住持三宝、续佛慧命;否则会偏离正法,甚至背道而驰。太虚大师目睹寺院师弟代代相承带来的故步自封、荒废佛法乃至争权夺利等不良现象,坚决主张"住持等当由选贤与能以任之,并对于住持确立其保障权"⑤,确保住持权利、义务与责任统一。太虚大师《整理僧伽制度论》中筹设的僧制,每一级组织、每一个寺院都有相当于法主的职位,这些职位都必须通过推举与选举相结合的方式产生。例如,佛法僧园的法主统教大师,其产生过程是这样的:

> 被选举资格:一、须中国国籍人民,二、过二十五夏苾刍,三、曾阅大藏一遍,四、生年未过六十五岁,五、卒业广文精舍或众艺精舍,或曾得两宗宗证,或曾修业八宗寺、两精舍四处以上,六、曾为二十夏苾刍方可被任之职员。其选任法,依上资格,由当时退任之统教大师,推举一人,大众评议共举一人,耆宿评议共举一人,交各省

---

① 释太虚:《人群政治与佛教僧制》,载《太虚大师全书》第24卷,第68—69页。
② 释太虚:《建设现代中国佛教谈》,载《太虚大师全书》第18卷,第242页。
③ 经云:"毗婆尸佛、尸弃佛、毗舍浮佛,乃至我今出现世间,住持教化,宣说法教,调伏有情,戒行仪范,受持衣钵,求证菩提,无有少法而各别异。"(〔北宋〕释法天译:《七佛经》,载《大正藏》第1册,第152页)
④ 经云:"汝等佛子随学此法,住持三宝,饶益有情。"(〔唐〕般若译:《大乘本生心地观经》卷五《无垢性品》,载《大正藏》第3册,第314页中)
⑤ 原文见《恭告全国僧界文》,该文作于1928年7月,宗教文化出版社版《太虚大师全书》未收,此处引自《太虚大师全书》精第17册,第390页。

持教院论议,每省公投一票,……佛教正信总会八票,共三十票,于三人中决选一人,以得三分之二数为当选。选定,由耆宿评议,呈统教大师证,请任。任期五年,限可连举连任一次。①

又如传承各宗教法的宗寺法主,须

由该寺当时退任法主,自宗本寺宗主,该省持教院论议法师,各于过二十夏苾刍中,择曾得该寺所宗宗证,及曾住该寺五年者,推举一人。交由现住该寺具德苾刍于三人中公选一人,以得过半数当选。选定报告该省持教院,及自宗本寺,由自宗本寺宗主及该省持教院主,各发给一宗寺证书(凡发证书皆入登记,该寺按月呈报佛法僧园)。当时退任法主,乃率众具请书,迎新法主敦任。任期五年,限连举连任一次。②

打破宗法式僧伽制度的第二环,是禁止寺院住持剃度弟子。太虚大师认为,每个寺院住持各自剃度弟子,其力量必然逐渐增强,寺院很容易因此走向家族化,当时寺院普遍家族化,这是一个重要因素。要避免这种现象,必须把剃度权变为公有,"若能先禁私人剃度,实行僧团公度,并皆先入律仪苑修学二年,实为清源正本之道"③。具体由行教执行,并按如下程序实施:第一,男女各须一苾刍或苾刍尼承认为其得度和尚;第二,未入佛教正信会或未受五戒者,由得度和尚为说三皈及受五戒;第三,男由得度和尚领入住行教院,女由得度和尚领入自住尼寺,学习佛史、佛法、礼仪以及佛与古德言行;第四,观察一个月,如果初心不退、道念弥坚,由得度和尚为其请一剃度阿阇黎来行教院,由和尚阿阇黎及行教长训示教诫,并为其授八关斋戒及十善戒,也为其说十重四十八轻菩萨戒以增长善根;第五,当年来得及入受沙弥戒堂即行送往,若来不及,男则住行教院听讲经典、读诵礼拜,女则依和尚住尼寺读诵礼拜,同时每日往行教院听讲,待次年入受沙弥戒堂;第六,入受沙弥戒堂一、二、三、四月

---

① 释太虚:《整理僧伽制度论》,载《太虚大师全书》第18卷,第114—115页。
② 释太虚:《整理僧伽制度论》,载《太虚大师全书》第18卷,第108—109页。
③ 释太虚:《建设现代中国佛教谈》,载《太虚大师全书》第18卷,第242页。

后，已受沙弥戒品者，由戒堂分别通告本剃度处行教院，注入僧籍，发给僧证。至此，方完成剃度入僧之事。①

打破宗法式僧伽制度的第三环，是禁止个人传法收徒。太虚大师对明清以来兴起的住持为保方丈位与寺产传法的风气大加呵斥，认为这种做法偏离了住持三宝的轨道，愧对往圣先贤。他以汉传佛教最为兴盛的禅宗为例说：

> 达磨以至曹溪，皆所至由自己创造一道场，各成一方之化，无有守承师之寺院者，师亦无有以寺院传付责令守成者。至于青原、南岳、石头、马祖、百丈、沩仰、南泉、赵州、黄檗、临济等等，尚掩耳不欲闻一言一句之传授，唯以从自己胸襟流出为贵，况肯受寺院产业以为之守哉！深山广野，所至学者从之，即成丛席，故无往非创化之道场。而后世顾拘拘唯以传付一寺院之方丈位为传法，甚至有以法卷为凭而涉讼争寺产争方丈者，师师徒徒习焉相忘，真不知其脸皮之多厚也！②

这虽然是他民国九年（1920）说的话，但同样的思想早已有之。如他民国二年（1913）就说，要将寺产变成公产，

> 必有一法以相辅而行，始无障碍，则个人不得传法收徒是也。凡欲出家为僧尼者，得会员二人介绍，二人保证，经总会③认可给与出家券，即得礼佛为师，为佛教徒。随其根性程度，受各宗佛学。学有所成，给与某某宗大学卒业券，即为得法。个人既不得传法收徒，则亲爱绝而私心断，财产自易归公而贪竞亦于以泯矣。④

打破宗法式僧伽制度的最后一环，是变更寺产私有制度，这是前三环工作的结果。太虚大师批评当时普遍流行的出家人化公产为私产现象说："如今一般的出家人，将十方僧众公有的寺产，大多数变为私产了。如剃度子孙派或传法派，将十方僧众公有的财产，作为私人代代相传的产业，

---

① 详参释太虚《整理僧伽制度论》，载《太虚大师全书》第18卷，第71—72页。
② 释太虚：《唐代禅宗与现代思潮》，载《太虚大师全书》第22卷，第198—199页。
③ 此处总会指由寄禅法师任会长的中华佛教总会。
④ 释太虚：《上佛教总会全国支部联合会意见书》，载《太虚大师全书》第18卷，291页。

同于世俗人的贪恋，成为变形的家族，这实为有垢污的怪现象。"① 因此，在《整理僧伽制度论》中太虚大师就宣称，"教团组织既经变更，教产摄受亦随之而异。田地山场诸不动产，当悉属之十方僧物。以僧伽为权利主体，此若公团法团所有"②；"依今制度，诸僧伽蓝所有财产，固已悉同十方丛林性质，不容私相授受"③。在十七年（1928）七月所作《恭告全国僧界文》中，太虚大师将寺产权利分为所有权、管理权和享用权三项：寺产所有权归全国性僧伽团体拥有，"除'全国僧团'外，'任何团体或个人'，不得侵占！复以其所有权在于代表全国'十方常住僧众'之'全国僧团'故，虽现前十方僧众之公决，亦不能变卖或处分之"④；寺产管理权"则仍属于各僧寺住持或其他名义——例如院长或僧委员会等，为一宗之专修或众僧之挂单等。唯剃徒、传法，应与住持等传继无涉"⑤；寺产享用权"则不唯全国僧众皆得依律同住，即外国僧众，若能依照中国僧寺律仪者，亦得于中国僧寺中同住同享用之"⑥。

这样的改革差不多等于将现有僧伽制度推翻重来，自然得不到僧伽既有制度传承和守护者的支持。辛亥年（1911）十二月，太虚大师首次提出建立全国性佛教组织"佛教协进会"，并在江苏金山寺召开成立大会，举起教理、教制与教产三面革命大旗⑦，立即遭遇强烈反对，几乎演变成

---

① 释太虚：《大乘本生心地观经讲记》，载《太虚大师全书》第5卷，第4页。
② 释太虚：《整理僧伽制度论》，载《太虚大师全书》第18卷，第139页。
③ 释太虚：《整理僧伽制度论》，载《太虚大师全书》第18卷，第145页。
④ 释印顺主编：《太虚大师全书》精第17册，第392—393页。又参太虚大师同年所作《佛教僧寺财产权之确定》一文，他在此文中更依南山律将寺产分为常住僧物、十方僧物、现前僧物、十方现前僧物四种（《太虚大师全书》第18册，第331—335页）。引文中的"全国僧团"即中华佛学会，当时尚待建立，与《整理僧伽制度轮》所谓"佛法僧园"实为异名同实的组织。
⑤ 释印顺主编：《太虚大师全书》精第17册，第393页。
⑥ 释印顺主编：《太虚大师全书》精第17册，第393页。
⑦ 太虚大师回忆说："我对于佛教协进会所定的章程及宣言，虽极和平，然有一次演说，曾对佛教提出了三种革命：一、教理的革命；二、教制的革命；三、教产的革命。第一、关于教理的革命，当时的《佛学丛报》曾加反对。我认为今后佛教应多注意现生的问题，不应专向死后的问题上探讨。过去佛教曾被帝王以鬼神祸福作愚民的工具，今后则应该用为研究宇宙人生真相以指导世界人类向上发达而进步。总之，佛教的教理，是应该有适合现阶段思潮底新形态，不能执死方以医变症。第二、是关于佛教的组织，尤其是僧制应须改善。第三、是关于佛教的寺院财产，要使成为十方僧众公有——十方僧物，打破剃派、法派继承遗产的私有私占恶习，以为供养有德长老，培育青年僧材，及兴办佛教各种教务之用。"（释太虚：《我的佛教改进运动略史》，载《太虚大师全书》第31卷，第72页）

"全武行"①,"佛教协进会"很快以合并到次年成立、由寄禅法师任会长的"中华佛教总会"而告终,他的"佛教革命名声,从此被传开,受着人们的或尊敬、或惊惧、或厌恶、或怜惜"②。

民国四年（1915）,太虚大师在《整理僧伽制度论》中设计出以"佛法僧园"统领全国僧俗信众的僧伽制度。他知道很难依靠既有寺院实施,希望到南洋募资建设,因时值第一次世界大战而未果。民国七年（1918）,太虚大师与蒋作宾③、陈元白④、章太炎、张季直⑤等在上海设立觉社,公开演讲佛学,并出《觉社》季刊（后改为《海潮音》月刊）,从此汉口、北京、杭州、武昌、广州各地时有公开讲经法会,以各界学佛居士为主体组成的佛学会、佛学社、佛教正信会、佛教居士林等团体接踵设立起来。此时,太虚大师并未忘记僧制改革,并于民国十年（1921）春任杭州净慈寺住持时从该寺开始整理,终因遭嫉恨而失败。⑥

民国十七年（1928）,民国政府准备庙产兴学,内政部并拟定了新的寺庙管理条例,一时激起全国寺僧保护寺产的热情。太虚大师又燃起改革僧制的热情,在南京筹设中国佛学会（后称"中国佛教会"）以期再整僧

---

① 太虚大师回忆说："我以和平态度报告筹备之经过,并宣读通过章程。接着,仁山法师就作了一番演说。当时即有扬州的寂山和尚起立,拿出长老的资格,以老和尚训诲小和尚的态度,对这位新进的仁山法师,加以严厉的驳斥。由此引起了血气方刚的僧师范同学们底剧烈反抗,全场空气极度紧张,从唇枪舌剑式的辩战,几演成'全武行'的惨剧。"（释太虚：《我的佛教改进运动略史》,载《太虚大师全书》第31卷,第71页）

② 释太虚：《我的佛教革命失败史》,载《太虚大师全书》第31卷,第57页。

③ 蒋作宾（1884—1941）,湖北应城人,字雨岩,国民革命军陆军一级上将、外交官。历任政府委员及军事委员会委员、驻德公使、驻日大使、安徽省政府主席等职。

④ 陈裕时（1877—1940）,湖北宜昌三斗坪人,原名陈裕大,字符伯。皈依佛门后,法号元白。在日本加入同盟会,回国后入滇加入新军。后积极参加孙中山领导的革命,袁世凯称帝后,成功游说湖南总督汤芗铭、四川总督陈宦同时通电反袁,自此不再过问政治。先入同善社,后随太虚大师等潜心研究佛学。

⑤ 张謇（1853—1926）,江苏南通人,字季直,号啬庵,中国近代著名实业家、教育家,主张"实业救国",一生创办20多个企业、370多所学校,为我国近代民族工业与教育事业的发展作出巨大贡献,被称为"状元实业家"。

⑥ 太虚大师说："因为整理净慈寺的关系,引起杭州诸山僧的忌嫉,他们怕我把净慈寺整理好了,使他们相形见绌。而寺中围于习性不甘拘束的退居与老班首等,勾结了诸山寺僧及豪绅军人,到六月间,便假借名目,向我大肆攻击。但当地的官绅,也多对我同情而拥护的。秋天,我到北京讲经,京人士亦多遥为声援,大有相持不下之概。在这种恶势力之下争持,我觉得有点徒耗精神力量；次年就让出净慈寺,这是我着手实际改革僧寺得到的障碍。"（释太虚：《我的佛教改进运动略史》,载《太虚大师全书》第31册,第81页）

制。这次整理僧制颇有成效,且一度有燎原之势;但不久保守派就在组织中占据优势,令他颇为失望,以至他很快退出学会,此后也不再参加中国佛教会。① 不过,大师此后仍念念不忘新僧制建设。到民国二十七年(1938),他甚至还对新僧制中的图景进行了具体描画。② 遗憾的是,直到圆寂前一个月(1947年2月)他在宁波延庆寺讲演时,其"人生佛教"模范丛林的建设依然停留在《菩萨学处》的讲演中。

太虚大师的僧制改革失败了,他创立的"人生佛教"由于得不到制度保障,始终未能落实为僧伽的生活方式,不禁令人再三回首、感慨系之。

---

① 太虚大师在《三十年来之中国佛教》中说:"至十七年,在庙产兴学呼声下,有内政部新订管理寺庙条例公布,颇能激起全国寺僧保护寺产之热情。时笔者在南京筹设中国佛学会,开办僧众训练班,并定次年召开全国佛教徒会议。上海另有江、浙佛教联合会之设,亦提出整理僧伽方案。然改革或整理僧寺,为笔者民初首先启发之运动,民四著《整理僧伽制度论》,曾订详细之办法,后于《海潮音》月刊等亦屡有关于改善僧制、寺制之论述。至民十七、八间,遂颇有成熟之势。故民十八组中国佛教会及分设各省县佛教会,以成全国系统之组织,笔者于其时一二年间实主持之。迨管理寺庙条例改成监督寺庙条例后,寺产渐有保障,而佛教会又为保守分子占优势,虽于逐渐改进之办法亦难施行,笔者因于民二十后不再参加中国佛教会。"(《太虚大师全书》第31卷,第46页)

② 太虚大师说:"开辟一农林为本生活自给之山,招集正信三宝慕行六度之高中毕业或相等程度的青年八十人,受沙弥仪,施以沙弥到比丘的训练二年;此二年分四学期训练,约为每日从事农林工作四时(忙时或六时,暇时或二时,平均约四时),讲授研究约四时,禅诵修持约四时,八时睡眠,四时饮食或游息等。从瘖寐行止一切皆或成为僧团化、律仪化的公开共同生活。衣食住行完全公给,严持沙弥比丘的钱钞不经手戒,但由尝试而决求辞退者,每学期终可给修业证离山,二年满可给律仪院毕业证离山。离山者或为僧,或还俗,皆可听自决,而还俗即可为入工、农、商、学、军、政各界之佛教信徒。假定二年中八十人有五十人至六十人离山,则仍有二十或三十人留山深研教理,过完全的比丘僧团公共生活,如是四年可授教理院学士位,满一年二年三年者分别给修业证。假定有十人至二十人离山,仍有二十人或十人留山续修者,如是三年满给研究院博士证,未满三年离山给修业证同上。假定仍有十人或五人住山深修者,如是三年满给开士证,至是四共十二年修学满,必须发菩提心受菩萨戒,或住山任职,或出山行化,应依菩萨戒而不复拘比丘律仪也。诸离山者或住僧、或还俗,皆听自决同上,唯始终住僧四十年上者,得应供本山长老院及被举为山长,唯山长一人得尊称大师。如全山沙弥僧(假定二年招八十人)、比丘僧、菩萨僧、长老僧,虽常不过二三百人,而四级修业或毕业之散布人间者,十数年后将四五百人,而逐年递加可至数千万人而不止。其住僧的出家菩萨,可随缘改良各处僧寺,其还俗之在家菩萨,可深入各种社会,以为本佛教精神施佛教教化之社会改良家。换言之,菩萨即社会改良家之别名,人生佛教之正体保持于菩萨长老僧,而人生佛教之大用则寄托于社会改良家也。"(释太虚:《即人成佛的真现实论》,载《太虚大师全书》第25卷,第381—382页)

五、结　语

太虚大师的思想，如溥博渊泉，发于慧心而布于世间，不仅博大精深，而且深契佛陀本怀，其间或有偏颇之处，而绝无相似之病。今更就大师思想之意义与影响略加申述，知我罪我，等心受之。

太虚大师的思想，最可称道者有三端，一为佛陀圣教观，一为大乘判教观，一为"人生佛教"。

大师的佛陀圣教观，是以《华严》《楞伽》《法华》《涅盘》等经为圣教量组织起来的思想体系，核心即天台家依《法华经》总结的"由实垂权""开权显实"或华严家依《华严经》概括的"无不从此法界流，无不还归此法界"的思想：佛陀依其所契悟的诸法实相施设一乘（佛）教法，依一乘教法垂布三（五）乘教法；佛陀为令众生悟入一（佛）乘教法而施行三乘（五）教法，为令众生悟入诸法实相而施设一乘（佛）教法。故就教法论则三乘（五）方便一乘（佛）真实，就教证论则教法方便证法真实。在依趣识立场研究佛教之风极度盛行、执小破大之势再度膨胀的现代社会，太虚大师从大乘佛教本位出发，对前者进行了顽强抵制，对后者给予了有力呵斥，坚定地守护了大乘佛教的真实性、神圣性及其价值，保护了大乘佛教乃至整个佛教的慧命。

趣识立场的学者只知有识不知有智，面对依智不依识的佛陀圣教，所见唯是识境，所述唯是识见，佛教超越心识的智境，如无我、空性、实相、真如、菩提、涅盘等，都被纳入分别识中加以观察分析，佛教因此成为深度异化、毫无个性的世间学问。这种立场为凡夫所有，自古有之，于今特盛，对人们认识佛教真面目大有障碍。面对这样的人，太虚大师每每会旗帜鲜明地进行批判，苦口婆心地告诫他们：你们的认识方式不能认识世界真实，要认识世界真实，必须将基于趣识立场的心识认知方式转变为基于趣智立场的智能体知方式，只有这样才能接近佛教的真实，并对佛教作出同情的理解，否则永远只能站在门外说外行话。执小破大者即偏执小乘破灭大乘的佛教信众，他们虽因趣智的价值追求而区别于趣识立场的凡夫，但其析空观仍然属于心识认知方式，因此只能通达佛陀所悟诸法实相少分真实，此其一；其二，他们不知这是佛陀应其根机施设的方便教法，执之以为满足，认为佛陀此外并无更深更广的教法，导致不信乃至毁谤大乘佛法。对这种人，太虚大师必然严厉呵斥他们：你们所信、所修、所证的确是佛陀施设的教法,但只是佛陀因应你们机缘施设的方便教法,最终目的是接引你们修学成佛的大乘教法,如果不相信大乘教法,佛陀施设小乘教法既没有基础,也失去了目标;要相信大乘教法并依此教法成佛,你们必须回小向大,相信大乘佛法僧三宝,改我空见为我法皆空见,易析空观为体空观。太虚大师时代,如此狮子吼声,如空谷足音,令人敬仰,如果没有大师力挽狂澜,很难想象中国汉传佛教是否还有如今的气运,故其佛陀圣教观弥足珍贵。在今天这个趣识立场更深入全面地主宰佛教研究的时代,在这个佛教信众黑白不辨地高谈圆融无碍的时代,大师破邪显正的精神更如一星火种,有待呵护和燎原。

大乘佛教判教观是太虚大师佛陀圣教观的构成部分,具体处理的是大乘各宗的关系和地位问题。大乘佛教虽然是成佛的一乘教法,因修行者相应的佛典不同、观行的法门互异、得到的受用各别,而又各能感召根器相当的佛子相追随,不可避免地形成众多佛教宗派,历史上在印度有中观、唯识与如来藏三系,在中国则广开天台、三论、华严、唯识、禅、净、密、律八宗。在创宗者看来,种种宗门无非平等悟入诸法实相的方便;而在处于上求阶段的各宗学人看来,则不免有高低优劣之争。事实上,从印度到中国,宗派之争也时或有之,这对辨名析理固有裨益,于观空入道终有障碍。太虚大师的判释,无论前期顺古的八宗判,还是后期创新的三宗判,皆从教、理、行、果诸方面,令人信服地阐明:大乘诸宗的根本见地、基本行法、最终目标平等不二,只因立教有因果位次之差、观行有入手方便之别,才呈现出不同的教相。这样,太虚大师就以超迈的智慧楷定了诸宗的平等地位,令各宗偏执者陷于无谓争执时有一面返照自心的明镜,相信佛法"归元性无二,方便有多门",佛弟子通过任何宗门都能够成佛。

太虚大师提出的"人生佛教",虽然初衷是为对治汉传佛教天化、鬼化的偏蔽,但却深契佛教至理,允为一家教法。"人生佛教"以圆融无碍的一真法界为根本见地,以人乘正法直接大乘教法为基本结构,以作为六道众生枢纽的人为修行起点,以十信、十行、十住、十回向、十地、等妙二觉为观行次第,既有大师内证现量为根据,也有《华严》《法华》《涅盘》《解深密》《瑜伽》《起信》等经论为教证,完全契合佛陀本怀。同时,针对儒家传统崩毁、人伦道德沦坠的现代社会,"人生佛教"从十善业道起修,特重提持在人间修行、"人圆佛即成"的菩萨道,自能摄受根机与此教法相应的一类众生,如果有道场如理如法地修学与传承,无疑会成为对现代佛教信众大有利益的佛教宗派。

但是,大师如此契理的"人生佛教"终究没有成为一个传承有序的佛教宗派,这究竟是怎么回事呢?笔者认为主要有如下三个原因:

一是"人生佛教"受到过分推重。前期,太虚大师承认大乘八宗各有传承,肯定"各有其宗特点,宗其特点,入一行而贯通万行,趣证圣果。故一宗宗义之研究,契其机者可获趣行证果之益"①,还在其新僧制中为这些宗派安排有相应位置。但是,到他提出三宗判教观后,八宗在他心目中的地位日益走低。民国十九年(1920),他说:"凡中国的各宗,在寺院方面已皆失去他的根据了。"② 民国二十九年(1940),他甚至说:"中国所说的虽是大乘教,但所修的却是小乘行。"③ 如此,八宗教理在他那里更多是构成其"人生佛教"的"纯正佛法"(即理论资源),而不再是与"人生佛教"相对独立各宗的教观系统,这就有过分推重"人生佛教"而贬抑其他宗派之嫌。

事实上,中国大乘八宗从未间断,各宗虽时有类似小乘的急于求证者,而大多数人所修还是菩萨行,太虚大师的判断并非得当;即使大师所说为鞭策语,打击面也太大。同时,从众生根机看,即使现代社会,肯定也不乏与"人生佛教"不相应却与其他大乘宗派相应的根机,乃至有与从人、天、声闻、缘觉到菩萨诸乘辗转升进之教法相应的根机,太虚大师试图将其悉数纳入"人生佛教"之机,难免化约众机为一机之病。

二是"人生佛教"摄机不广。笔者承认"人生佛教"是与现代一分众生根机相应的大乘教法,但它对信众根机的要求却有表面低实际高的落差:所谓"表面低",指"人生佛教"的起点"五戒十善"本来就是人应修学而佛教一直要求人修学的基本内容;所谓"实际高",指信仰"人生佛教"的信众需要的条件很高。关于"人生佛教"信仰者需要什么条件,太虚大师并未专门进行论述,但他于民国二十四年(1935)讲《优婆塞戒经》时所说"本人在佛法中之意趣"的内容,似乎可以作为对此问题

---

① 释太虚:《大乘宗地图释》,载《太虚大师全书》第5册,第462—463页。
② 释太虚:《建僧大纲》,载《太虚大师全书》第18册,第181页。
③ 释太虚:《从巴利语系佛教说到今菩萨行》(1940),载《太虚大师全书》第31册,第106页。

的夫子自道：首先，信仰者得是"非研究佛书之学者"，指信仰者"志愿趣向上，从不冀成为学者"；其次，信仰者要"不为专承一宗徒裔"，指信仰者应认识到，"由佛之无上遍正觉所证明之法界性相，为度生应机而有种种施设，法流多门，体源一味，权巧无量之方便法，无不为度生而兴"，因此不欲成为"专承一宗之徒裔"；再次，信仰者须"无求即时成佛的贪心"，指"发心修学佛法者，应不为空间时间所限，宜超出一切时空，涉入一切时空"，"能自悟悟他，精进无息，无庸拘定要即此身成佛"；最后，信仰者要成"为学菩萨发心修行者"，指信仰者应深知自己"为一从凡夫而得闻佛法信受奉行者，……'愿以凡夫之身学菩萨发心修行'"。① 这么高的条件，无论在哪个社会都只有少部分人才具足，这必然导致"人生佛教"摄机太少的后果。

三是僧制改革陈义太高。我们都知道，太虚大师的僧伽制度改革失败了，其失败的原因何在？他本人认为有四个方面：第一，反对的力量太大；第二，他本人实际领导组织的能力太弱；第三，他没有牢强刚毅、抱持固执地改革佛教旧制度的精神②；第四，同道不能精诚团结③。因此他仍然相信，"如得实行和统率力充足的人，必可建立适应现代中国之佛教的学理和制度"④。笔者认为，这些固然都是其僧制改革失败的原因，但并不是根本原因，根本原因是他建设的新僧制陈义太高，很难落实到僧伽生活中。

---

① 释太虚：《新与融贯》（1937），载《太虚大师全书》第 1 卷，第 376—379 页；又见释太虚：《优婆塞戒经讲录》，载《太虚大师全书》第 17 卷，第 25—28 页。

② 太虚大师说："我的失败，固然也由于反对方面障碍力的深广，而本身的弱点，大抵因为我理论有余而实行不足，启导虽巧而统率无能，故遇到实行便统率不住了。……我失败弱点的由来，出于个人的性情气质固多，而由境遇使然亦非少。例如第一期以偶然而燃起了佛教革命热情，第二期以偶然而开了讲学办学的风气，第三期以偶然而组织主导过中国佛教会，大抵皆出于偶然幸致，未经过熟谋深虑，劳力苦行，所以往往出于随缘应付的态度，轻易散漫，不能坚牢强毅，抱持固执。"（释太虚：《我的佛教革命失败史》，载《太虚大师全书》第 31 卷，第 58—59 页）

③ 太虚大师说："新佛教运动（即佛教革命）失败的原因是很多的，而大家不能精诚团结，确是占了主要的成分。一方面因为没有一个严密组织的团体来维系大家的精神，而最大的缘故还是大家都没有统一的主义思想，所以精神涣散，不能团结。说到补救的办法，唯有希望大家以后都向统一思想、集中意志的路上走！"（释太虚：《由青年路向问到佛教革兴》，载《太虚大师全书》第 30 卷，第 367—368 页）

④ 释太虚：《我的佛教革命失败史》，载《太虚大师全书》第 31 卷，第 58 页。

从破旧方面说,他虽然深刻洞察到传统宗派佛教寺院的种种问题,但没有充分意识到宗派佛教寺院本身具有的合理性与必然性。佛弟子虽然应该广学多闻以求胜解,具体修行时却必须从一部经乃至一个法门入手,否则很难得到修学利益;要从一经一门入手修学,则少不了先知先觉的善知识引导;少不了善知识引导,则必然形成不同法门的团体与传承。这是佛教宗派得以创立的内在动力,也是宗派佛教、宗派寺院具有合理性与必然性的根本理由。太虚大师对本有其合理性、必然性的僧制进行大刀阔斧的改革,如何能达成他希望的成功呢?

从立新方面看,太虚大师创设的新僧制具有浓厚的大一统与公产色彩,生活在其中的僧人皆似无私奉献的菩萨,这样的僧制,如果能得到信仰"人生佛教"的国家领袖协力推动,或许在某种程度上能变成现实。遗憾的是,这种国家领袖中国过去不曾有,现代更难出现。其实,太虚大师如果真能如他设想,先建设一个"人生佛教"的丛林作为模范,再作循序渐进的推展,或许不失为一条落实其新僧制的稳健之道。无奈他悲心太切、法务太忙,无法在一个地方深耕厚植,他也没有委托其弟子从事这方面的工作。这样,他的新僧制建设始终难以落地,他的"人生佛教"也最终难以走出理论构想了。

结果,有心追随"人生佛教"的人,由于没有模范丛林可以效法,也没有简明扼要的"人生佛教"读本可以遵循,便只能各随自心,从其博大精深的思想世界中领解与撷取"人生佛教"思想,其思想走向异化甚至蜕变为他强烈反对的印顺法师式"孤取人间"的"人间佛教"[①],就不能不说是历史的必然了。

当然,应该看到,尽管太虚大师的"人生佛教"思想未能在他生前落地,在他身后甚至发生了严重变异,但这不是其思想本身有问题,而是他践行此思想的方法与次第不圆满。他为佛教开展提出的"契理契机"原则是完全正确的,他为此所做的工作是深入全面的,甚至可以说,他的"人生佛教"如果得到如理如法的继承与弘扬,依然是有生命力的。中国佛教今后要想振兴,依旧必须不断回到这座精神富矿来发掘宝藏。

[①] 关于这个主题,笔者的《印顺法师"人间佛教"思想的省思》(待刊)一文有较详细论述。

经史之间：印顺佛教经史研究与近代知识的转型

龚 隽

一、从经学到史学：知识转型与近代佛教史研究的诞生

近代著名法国哲学家福柯（Michel Foucault）对学术史的演化发展有一深刻的看法，他发现影响和控制着每个时代知识生产和论述的背后都存在着不同的"知识范型"（epistemes）。就是说，每个时代的"知识范型"主导和制约了其不同学科的世界观、思考方式和论述方式。而且，这种"知识范型"作为"组织原则"，通常都是在人们不自觉的情况下产生作用的。① 学术的发展史通常都证明了这一洞见。晚清到民国以来，中国思想学术界有关知识内容、形式及其制度体系等诸多方面都发生了重大变动，独立于人们的思维而又制约着人们思维的新的知识系统已经逐渐形成，而这正是"近代中外冲突融合的产物"②。中国传统的经史学关系也在这一大的思想变局当中发生了颠覆性的移位，即传统知识分类中居位于首的经学独尊局面逐渐为史学所融化替代，并渐成为史学之附庸。

史学在近代，特别是在民国时期的学术史中已成为新的"知识范型"，深刻地影响了包括佛学在内的学术史的话语方式。从思想源流来看，这一范型的变化与近代中国所传西学关于知识概念的启蒙有着重要的关系。西方近代历史学经过启蒙时代的洗礼，逐渐取代神学，甚至脱离对自然科学的依附而成为时代"最重要的知识类型"③。民国以前，清代中国学术仍然还是以经学的"知识类型"所独尊的时代。清代经学虽然运用到考证方

---

① Geoff Danaher, Tony Schirato, *Understanding Foucault*, London: SAGE Publications, 2000, pp. 16 – 21.

② 桑兵：《近代中国的知识与制度转型》，载桑兵、赵立彬主编《转型中的近代中国——近代中国的知识与制度转型学术研讨会论文选》，社会科学文献出版社2010年版，第3、5页。

③ Norman J. Wilson, *History in Crisis? Recent Directions in Historiography*, New Jersey: Prentice Hall, 1999, p. 13.

式作为衡定经本的基础，但他们对经典的知识态度，都远不是"近代化"的知识观念。史学只是作为经学的附庸而依托在经学的权威之下。正如陈寅恪先生所说，清代"能为考据之学者，群舍史学而趋于经学之一途"。民国以来因为西方学术的影响，经史学的关系渐发生了根本性的变化。"近二十年来，……外受世界思潮之激荡，其论史之作，渐能脱除清代经师之旧染，有以合于今日史学之真谛"。①

经过胡适等一批近代学人的倡导发挥，强调以近代历史学作为知识的"典范"而取代传统经学的观念与方式。有学者研究发现，晚近中国学术史的研究出现了"经学边缘化与史学的走向中心"的倾向。② 近代知识学人把清代史学传统中章学诚所标举的"六经皆史"观念进行了近代知识史的改造，从而把传统经学的超越地位拉回到现实的历史时空中来进行批判审查，清代学术以经学为中心而史学为辅的局面终于被倒转过来。③ 经过近代学人的努力，经学不再能够主宰史学；相反，经典成为历史学所拥有的史料、文献之一类，必须接受史学的批判检定。如梁启超、胡适以来许多历史学家就把"六经皆史"解读为"六经皆史料"而已，并不承认有价值性的道寓含于中。④ 新的知识史观念瓦解了经典在传统知识系谱中的神圣地位，这种经史学的易位对经典与经学的至高无上性提出了挑战。王汎森发现，大概在1920年至1930年间，中国一群领导性的史学家，如胡适、傅斯年、顾颉刚、李济等，不约而同地对史料性质进行反省，并"有一个革命性的变化"，其中一点就是解放了经典在经学中的旧局，而视为一种历史研究之史料。⑤ 梁启超于1902年发表的《新史学》就非常鲜明地表示了"史学"应在近代中国学科谱系中端居中心地位："于今日泰西通行诸学科中，为中国所固有者，惟史学。史学者，学问之最博大而最切

---

① 陈寅恪：《陈垣〈元西域人华化考〉序》，载陈寅恪《金明馆丛稿二编》，读书·生活·新知三联书店2001年版，第269、270页。

② 参罗志田《清季民初经学的边缘化与史学的走向中心》，载罗志田《权势转移：近代中国的思想、社会与学术》，湖北人民出版社1999年版，第302—341页。

③ 章学诚在《文史通义》开宗明义就说："六经皆史也。古人不著书，古人未尝离事而言理，六经皆先王之政典也。"（《文史通义》"易教上"，上海书店1988年版，第1页）关于章学诚"六经皆史"观念与近代中国知识史关系，学界多有讨论，此不详引。

④ 关于此，参汪荣祖《史学九章》，读书·生活·新知三联书店2006年版，第214—225页。

⑤ 参王汎森《什么可以成为历史证据——近代中国新旧史料观点的冲突》，载王汎森《中国近代思想与学术的系谱》，河北教育出版社2001年版，第348页。

经史之间：印顺佛教经史研究与近代知识的转型

要者也。国民之明镜也，爱国心之源泉也。今日欧洲民族主义所以发达，列国所以日进文明，史学之功居其半焉。"①

史学为主导的这一流风余韵也影响到中国近代佛学研究。中国佛教到清代已经非常衰微，梁启超就曾指出，晚明佛教尚有莲池（袾宏）、交光（真鉴）、妙峰（福登）、憨山（德清）、蕅益（智旭）先后中兴，而"入清转衰"，特别是清代佛教"于学术亦无与也"。② 到了晚清，虽然佛教渐有复兴，但仍为伏流。经过杨文会的努力，佛教经典流通渐广，所引发的佛学上的兴味却是在"哲学的研究"。③ 就是说，到晚清佛教史学还处在比较弱势。章太炎在晚清曾一度"转俗成真"地进入到佛学中去作探究，他所作佛学的论述虽然略有一两篇涉及历史考证，但大都是"渐进玄门"，以参究哲理为主的佛教哲学性作品。④ 他不仅以佛教经论旁通西方哲学，"参以近代康德、肖宾诃尔（按：即叔本华）之书"，并会通到老庄玄学中去作"应机说法"。⑤ 他自己就说过这样的话："佛法只与哲学家为同聚，不与宗教家为同聚"，故而研究佛学必须"发明一种最高的哲理出来"。⑥

近代中国佛学之兴，一项重要的坐标就是近代知识史意义下佛教史研究之诞生。民国以来一批比较有现代意识的学人开始摆脱传统佛学研究方式的束缚，而开始重视对佛教进行史述与史证。不少重要的佛学研究也把佛教经典作为史学材料，或放到历史学的脉络下来重新探究。于是，三藏经论都成为历史的资料，以待检证、简择及分析与批判了。民国比较具有前沿性的佛教学人大都受到西方、日本学界的影响，特别重视对佛教史的研究。他们认为中国佛学要适应新时代的需要，最重要的任务就是一洗传

---

① 梁启超：《新史学》，载梁启超《饮冰室文集》之九，第1页，见《饮冰室合集》第1册，中华书局1989年版。
② 梁启超：《中国佛法兴衰沿革说略》，载梁启超《饮冰室专集》之五十一，第14页，见《饮冰室合集》第9册，中华书局1989年版。
③ 梁启超：《清代学术概论》，上海古籍出版社1998年版，第99页。
④ 关于章太炎主要佛学著述年代，请参考姜义华《章太炎评传》所附"章太炎生平与学术行年"，百花洲文艺出版社1995年版。
⑤ 章太炎：《菿汉微言》，《自述学术次第》，转引自石峻等编《中国佛教思想资料选编》第三卷第四册，中华书局1990年版，第264，266页。
⑥ 章太炎：《论佛法与宗教、哲学及现实之关系》，载《中国哲学》第六辑，生活·读书·新知三联书店1981年版。

统佛教经学式的论究形式。

传统佛教经学重于义理玄论或一宗一派的教义演绎，而忽视对整体佛教观念的把握。无论是判教或是经解，大都很难跳出宗派意识形态，不免坐井观天。近代以前，佛教史学并不发达。印度因为不重视时间与历史观念，所以印度自身并没有形成系统的有关佛教史的论述。佛教传入中国后情况稍有变化，不少学僧受儒家影响，由注重对经教的研究而扩展到对与之相关的历史、文献学作相应的著述，并试图为佛教传承制订出历史时空中的谱系。传统中国佛学与儒家学术一样，以经学为上，相关的史学论述大都是作为经学的附庸，或是受不同宗派意识形态的主导，而成为一家一门的历史撰述。无论是各类僧传，或是不同教门或宗门史，都比较缺乏独立和全面系统的史学意识。可以说近代中国佛教史的一项革命性事件，就是具有新史学意识的佛史论述的诞生。

民国佛教学在近代知识的意义上特别强调要从整体和历史发展的眼光来重新理解和考察佛教，从而引发了对佛教通论与通史书写的兴味。① 东初就发现"我国佛学一向偏重于理论，忽于历史的考证，近代因受西方及日本佛教学者治学的影响，逐渐趋向于历史的研究"②。当时中国一流的佛教学人大都对佛教史学的建立有着明确的意识。梁启超在晚清所作与佛学相关的论述还比较重于"应用佛教"的路线，即以佛教作政治社会与哲学思想议论的材料。③ 而民国之后，他一面提倡"新史学"，同时也寄望于"新佛教"之振兴。④ 从他于民国时期（主要是1920年代）所作佛学研究论述来看，他对佛教之讨论基本都是以新历史学的方法来加以研治的。值得注意的是，梁氏佛教史学研究中虽然以中国佛教史问题为主，但

---

① 民国期间关于佛教通史性质的著述，如吕澂的《印度佛教史略》（1930年）、蒋维乔的《中国佛教史》（1928年）、黄忏华的《中国佛教史》（1937年）、释印顺的《印度之佛教》（1942年）和《中国佛教史略》（1944年）等。而有关佛教概论之书也出版不少，如谢无量的《佛学大纲》（1916年）、黄忏华的《佛学概论》（1935年）、蒋维乔的《佛学概论》、释印顺的《佛法概论》（1949年）等。本文主要讨论佛教史学之著，关于民国佛教学概论著述之讨论，作者将另文发表。

② 释东初：《中国佛教近代史》上册，台北中华佛教文化馆1974年版，第8页。

③ 关于梁启超早年佛教学论述，可以参考他于1902年发表的《论佛教与群治之关系》（载梁启超《饮冰室文集》之十，见《饮冰室合集》第2册，中华书局1989年版），1903年发表的《近世第一大哲康德之学说》（载梁启超《饮冰室文集》之十三，见《饮冰室合集》第2册）等。

④ 梁启超：《清代学术概论》，第99页。

同时也注意到对印度佛教史部分问题的探讨。如其著有《印度佛教概观》《佛陀时代及原始佛教教理纲要》（原题《印度之佛教》）等。① 东初称梁启超"对佛教史学的整理，实为中国佛教近代史上仅有之第一人"②。此判断虽然不一定正确，却表示梁启超的佛教史研究是历史学取向的。

此外，胡适、汤用彤、陈寅恪、陈垣等一批一流的历史学家在研究中国历史与思想史时也涉及佛教史材，从而也多少运用近代知识史的新观念，以一种批判的历史学方式来重建佛教史论。尽管他们之间对传统还没有形成完全一致的意见，也没有统一的研究纲领，但可以说，他们几乎都在"六经皆史"这一观念下来开展有关佛学史的批判研究。他们把经典还原为历史文献，认为经史间并无高下之分，经典并非至尊之说，佛经也不一定是载道之文，苟有所失，亦无妨箴而砭之。这实际上是取消了佛典在经学研究中所拥有的那种特权。如陈寅恪就表示自己学术的重心在史学而不在经学，他之所以批评清学不如宋学，就在于清代学术重点在经不在史。所以陈寅恪虽然"喜读内典"，宗趣却在研究历史。他把佛经作为历史资料，就其作者、年代及内容作周密考证，至于佛学中的玄理，他的兴趣则非常淡漠。③ 胡适也非常鲜明地说他治学的立脚点即在历史④，故他在经史上简直就没有轻重、正统异端的分别，在方法上也能更彻底地贯彻无征不信和批判怀疑的作风。他多次明白地表示，他的佛教史研究就是要与古代和现代的佛教徒的思想史区别开来。他对日本现代禅学史研究的不满，也正可以从彻底批判的历史学方面来了解。根据柳田圣山的回忆，胡适就对宇井伯寿的禅学研究史不肯接受他对神会的看法表示诧异，而他与铃木大拙之间有关禅学研究方法的著名论争，也都可以看作以近代批判的历史学方法为己任的"史家"与"佛教徒"的历史观之间的不同了。⑤ 汤用彤虽认为佛史研考不应徒在文字考证上寻求，而必须有心性之体会、同

---

① 均见梁启超《饮冰室专集》之五十四，见《饮冰室合集》第9册。
② 释东初：《中国佛教近代史》上册，第565页。
③ 根据俞大维回忆，当自己将舍尔巴茨基（Stcherbatsky）的有关法称因明学及由藏文所译龙树《回诤》念给他听时，他都不感兴趣。（俞大维：《谈陈寅恪先生》，转引自汪荣祖《陈寅恪评传》，百花洲文艺出版社1992年版，第83页）
④ 胡适：《致吴稚晖函》，载《胡适学术文集·中国哲学史》下册，中华书局1991年版，第1185页。
⑤ 柳田圣山：《胡适博士与中国初期禅宗史之研究》，载柳田圣山主编《胡适禅学案》，台北正中书局1980年版，第6—7页。

情之默应,但他主张佛史研究"必先之以西域语文之训练,中印史地之旁通",这一看法显然来自西方近代佛教史研究方式的影响。汤用彤表示自己对于中国佛教的探究主要是取自"考证之学",而于义理有所未逮。①陈垣更是重于佛史之考订研究,他说自己对佛史之兴趣"每以考证其异同为乐",因此他于佛史研究"将故事整齐","以语录入史"。②可以说,他在民国期间所作佛学研究,如《明季滇黔佛教考》(1940年)、《清初僧诤记》(1941年)、《中国佛教史籍概论》(1942年)、《释氏疑年录》(1938年)等,几乎全为近代知识史意义上的杰作。③

如果说上述民国佛教史学的研究集中于一批非佛教徒的历史学家身上,那么民国时期具有佛教信仰的居士与学问僧对佛学研究的理念又是如何呢?应该肯定,他们有关佛学的观念也多少熏染了近代知识史的流风,而在维持佛教信仰的前提下广泛运用历史学的方式来论究佛法。与胡适他们以历史的方法颠覆佛教的观念不同,他们认为佛教史学之研究并不是一味地有碍于信仰的确立,有时甚至有助于正信的证成。蒋维乔为中国近代较早系统以历史的方式梳理中国佛教的学人,他在1928年为其编撰的《中国佛教史》所写"叙言"中,就明确表达了这一看法:"一切学问,均有学理的研究,与历史的研究二种,于佛教何独不然。然我国佛教,自汉代输入以来,于教理方面,特别发达;……至于历史,则数千年来,事实复杂,向无有系统之典籍,可供参考;欲从而研究之,正如暗中索物,不易获得。此其故,由佛教徒缺乏历史观念,在印度已然,我国人亦承受其影响也。虽然,研求教理,若有历史为依据,则所得结果,必益精确。是则历史之研究,实足为教理之辅助,岂可忽哉?"④

而民国时期最具佛学研究特色的当属于教界中太虚领导的武昌佛学院与欧阳竟无主导的支那内学院两系,虽然这两系在佛学的思想立场上面不

---

① 参汤用彤《汉魏两晋南北朝佛教史》"跋",上海书店出版社1991年版。
② 参陈垣《释氏疑年录》"小引",中华书局1964年版,第1页;陈垣《明季滇黔佛教考》自序及重印后记,河北教育出版社2000年版,第234、480页。
③ 陈寅恪在为其《明季滇黔佛教考》所作序中,就评其为以近代史学意识著述宗教史之第一人:"故严格言之,中国乙部(按:即史部)之中,几无完善之宗教史,然其有之,实自近岁新会陈援庵先生之著述始"(陈寅恪:《明季滇黔佛教考·序》,载陈垣《明季滇黔佛教考》,第235页)。
④ 蒋维乔:《中国佛教史》"叙言",上海古籍出版社2004年版。

太一致，但是他们都在保留佛教经学研究的前提下，不同程度地容纳近代知识史的研究方式。非常有趣的是，在经史学的关系方面，两系第一代学人（太虚与欧阳竟无）都重在传统佛教经学研究与书写的方式下，有限制地运用近代知识史学来研讨佛学，即以经学或义学为首，史学为辅；到了第二代（印顺与吕澂），则在经史之间更多地侧重于以史化经、经为史学之方向了。

太虚对佛学重在义理探求，特别是他要维持住中国佛教义学的传统。为了确认中国佛教思想传统的合法性，他通常都是基于经学的立场而反对以历史的方式来研探经论。最明显的就是他对近代佛教史学所掀起的批判《起信论》思潮作出的回应。他在1922年评论梁启超《大乘起信论考证》中就反对以西方近代史观来考究佛法。① 对近代历史学颇有反感的太虚大师也不免受时代风潮之影响，而有时要为佛教历史学讲几句话。他在确定佛法修学的前提下，承认佛教史学研究的必要。在1930年完成的《佛法概论》第一部分就谈"学史"，而且对印度、中国及各地之"佛教史"都先行进行了概述。他在谈到"怎样研究佛学"时，所列佛学内容的四项中，就包括了"佛教史料的编考""各种文体经典的校订""图书翻译会通的编纂"等，还特别提到"欧美新研究派"的成果。② 又如他在评论木村泰贤关于佛教研究方法一文时，虽然提倡佛教行门研究的重要性，而也总算肯定了佛教史学之意义。③ 太虚对佛教史学一定程度的肯定，启发了他的后学。印顺法师的佛教史研究是我们下面专门讨论的，而同出于太虚门下的史一如，1920年代后在武昌佛学院也以日本学人的中印佛教史著

---

① 太虚在《评〈大乘起信论考证〉》一文中说："而东洋人之道术，则皆从内心熏修印证得来；又不然，则从遗言索隐阐幽得来。故与西洋人学术进化之历程适相反对，而佛学尤甚焉。用西洋学术进化论以律东洋其余之道术，已方柄圆凿，格格不入，况可以之治佛学乎？吾以之哀日本人、西洋人治佛学者，丧本逐末，背内合外，愈趋愈远，愈说愈枝，愈走愈歧，愈钻愈晦，不图吾国人乃亦竟投入此迷网耶！"又说："东方人由修证内心、索阐遗言得来之道术，其变迁历程，与西洋人之学术进化史，截然不同：一是顿具渐布，一是渐进渐备。于此义若能审谛不虚者，则原考证'从学理上考察'之说，无论其有百千万言，皆决然可一扫而空之矣。"（载《太虚大师全书》第25册，台北善导寺佛经流通处1998年版，第28、29、31页。）

② 释太虚：《佛学概论》，载《太虚大师全书》第1册，第267页。

③ 太虚评论木村之佛教研究方法之三分化的合理性，也承认历史研究之意义，他这样说："佛教研究区划为历史、教理、实际三部，殊为卓见。旧时佛教，只为教理之研究，近来虽然兼重历史，而实际之研究，则尚无谈及之者。"（释太虚：《读木村博士佛教研究之大方针书后》，载《太虚大师全书》第25册，第102页）。

为中心来展开佛教学的研究与教学。如东初所说"史氏所译几乎全属佛教历史方面，对当时佛教界发生极大的启发作用"①。

在支那内学院，特别是从欧阳竟无对佛学研究的反省中，我们感觉到他在佛教史学、经学与心法解脱之间的那份紧张。他一直往复游移于历史的研究与经学和心法的超历史性这一复杂的矛盾纠缠之中。如他一面坚持佛学的解脱面向，而反复强调内学无他，"期在现证""现证而已"②，主张佛学的研究要"从亲证法尔下手，则十二分教皆我注脚"③。从这一角度出发，他反对从语言、历史去对佛法作知识史的探究。在《孔学杂著》"复冯超如书"中，欧阳说"文与义判然两事，所欲作新万民者，非止文字一端"；同一著作的"复蒙文通书（三十二年二月一日）"也说"直探第一义，依文缀字，三世佛冤"。④ 欧阳担心只作博观经论与历史考究，可能会导致对行修的淡薄而不图切实证会，丧失佛法超越性的面向。但是另一面，欧阳也意识到，在近代社会如果不从历史知识上转到经典文义的考究，又易使佛学落于空疏无证的状态。这种传统与现代之间的纠缠，迫使欧阳有时不得不承认，语言、历史等近代知识史的方式对于佛学研究具有重要的扶翼作用。在为学的下手处，欧阳主张经由"文字般若"通乎"实相般若"的为学次第。⑤ 他曾乐观地坚信，佛教的原义是可以通过对经典进行历史考证和语言学分析等方法而得到真传的。于是，理解佛法就必须依经贴释而又依史论经，俟经论通晓后，才能处处有所着落。知识史的研究不仅就经典的知识本身，而是对整个佛法参究来说都有了至关重要的意义。欧阳这时主张对佛经文本的读解必先经由"简别真伪"，"考订散乱"及借助梵、藏、巴利等文的"异文研求"以校释经义。⑥ 欧阳所提炼出的佛学研究方式，正是"圣言至教量，应以经解经，一字不苟"和

---

① 释东初：《中国佛教近代史》上册，第682页。史一如所译之《小乘佛学概论》等大都于1930年代初在武昌佛学院出版，而印顺1934年也在武昌佛学院半年，这些都会对他的思想产生作用。

② 参欧阳竟无《谈内学研究》《〈内学〉序》，载《欧阳竟无佛学文选》，武汉大学出版社2009年版，第32、79页。

③ 欧阳竟无：《谈内学研究》，载《欧阳竟无佛学文选》，第34页。

④ 参欧阳竟无《孔学杂著》，山东人民出版社1997年版，第49、52页。

⑤ 欧阳竟无：《支那内学院院训释》，载《欧阳竟无佛学文选》，第144页。

⑥ 参欧阳竟无《今日之佛法研究》《谈内学研究》，载《欧阳竟无佛学文选》，第30、33、34页。

"由文字历史求节节近真,不史不实,不真不至"的治学原则,① 这可看成近代知识史的治学三昧。

吕澂对佛学的探究,比之其师欧阳具有更丰富的知识准备,特别是他具备了充分的比较语言与文献学的基本功。这使他意识到,现代史学手段对于佛学研究来讲是不可随意跨越的基础。他甚至比欧阳更自觉地主张,佛学研究应以批判的历史学研究为起点,才可以对教理获得正确的了解。吕澂重于佛教经史之学,而更偏向于以史论经。吕澂在20到30年代所出版的著作中就反复表示这一观念。他在1924年为所编撰的《印度佛教史略》所写的"叙旨"中就说:"吾人治学先宜习其概论与历史,虽佛教亦无以异。……因思吾国研究佛教者多骛玄远之谈,屑视历史为不足道,既昧与佛教与时代思想之相互关系,所学亦终不获运用于实际。"② 又于1933年出版的《佛教研究法》中说"一切学术之研钻,莫不以史的寻究为最先最要。盖由此知事实之因果关系,及其变迁发达,而后得合理且精确之解释也。顾自来之佛教研究独异于是。所最重者,惟教理文句训诂解释,曲说繁辞,不以为病。苟有以历史眼光略加批判者,即大逆不逊视之。浸染此古陋偏见既深,遂至偏狭独断,附会荒诞,所说鲜当。以是佛教研究乖隔时代,背反理性,其进境远不及诸余学术,诚可憾也。"③

二、"知识的学问"与佛史探源

作为一名教内出家的学僧,印顺对佛法的研究虽然是为了增益信仰,不过他把握了时代思想与学术发展的动脉,更希望赋予信仰以一种理性主义的基础,提倡"胜解才是信仰的前因,胜解后的信仰,才是真诚的信仰、理智的信仰"④。印顺对"胜解"的完成主要就是透过佛学探究——一种具有近代知识史意味的历史学考究——来达成的。他认为佛法虽然是

---

① 《欧阳竟无大师纪念刊》,转引自《中国哲学》第六辑,读书·生活·新知三联书店1981年版,第315、316页。
② 吕澂:《印度佛教史略》,上海商务印书馆1930年版。
③ 吕澂:《佛教研究法》,扬州广陵书社2009年版,第28页。
④ 释印顺:《从复兴佛教谈研究佛学——一九四六年十月在世苑图书馆讲》,载释印顺《印顺法师佛学著作全集》第12卷 [《华雨集》(五)],中华书局2009年版,第56页。

卓越的，却同时表现为"人间佛教的历史性"。① 于是，从 1930 年代他对三论宗的研究考索起，终其一生佛学研究生涯，他都本着佛教史学为主轴的研究方式，辨章学术，考镜源流，以探究佛教思想、圣典的起源流变，确立"世尊之特见"和法之正解为其宗教生命的天职。有人说印顺是近代中国佛教史上"基于信仰原则"而打破传统佛教义学独断，坚持以近代批判历史学的方式论治佛学的"第一位佛教学者"。② 此一看法不免失之于速断，不过，从近代以来中国僧侣佛学研究来看，以严格的近代知识史的方式来论究佛教，并取得如此学术成就的，恐怕也只有印顺一人而已。

印顺并没有把自己限制在传统佛教经论学的探究方式里，而是对民国以来中国学术思想史研究的"知识范型"有着深刻的理解，他对佛教经典的研究就明显有化经为史的倾向。1942 年他出版的第一部专著《印度之佛教》就表达了他"对佛法的信念"，是要"从佛教史的发展中去理解佛教"。③ 他在佛教的观念上虽然推崇太虚大师提倡的人间佛教运动，而在教理教史的研究方面，则是不拘一家师说的。如果说太虚把中国近代僧伽佛教学的研究"从宗教形式的佛教转向到哲学形态的佛教"④，那么印顺则把传统的佛教经学转向了具有近代知识史性质的经史之学。他的佛学研究在书写方式上就是倾向于"史的叙述"，他对法义的论究也完全不是出于"空谈玄理的兴趣"（哲学），而是要从"史的考论"中去加以解决。⑤ 所以印顺并不承认自己是论师的传统，那在他看来是倾向于哲学的一流，他表示自己学问的重心乃在于历史，而"重于考证"，通过佛法的历史演化去"抉示纯正的佛法"。⑥ 印顺无论是对印度佛教进行的通史性研究，还是对佛教圣典之集成与流变所作专题史的分析，一直到他对中国初期禅宗的论述，无不是在佛法"现实时空（历史）的方便演化"中去"可寻

---

① 释印顺：《说一切有部为主的论书与论师之研究》第一章"序论"，新竹正闻出版社 1992 年版，第 5 页。

② 释圣严：《评〈中国禅宗史〉》，载释印顺编《法海微波》，新竹正闻出版社 1987 年版，第 137 页。

③ 释印顺：《妙云集序目》，载释印顺讲，演培、续明记《般若经讲记》（《妙云集》上编之一），新竹正闻出版社 1992 年版，第 6 页。

④ Holmes Welch, *The Buddhist Revival in China*, Cambridge: Harvard University Press, 1968, p. 113.

⑤ 释印顺：《游心法海六十年》，载《印顺法师佛学著作全集》第 12 卷，第 11、19 页。

⑥ 释印顺：《游心法海六十年》，载《印顺法师佛学著作全集》第 12 卷，第 34 页。

可考"①。如在1930年代，他的老师太虚与梁启超、支那内学院就《大乘起信论》问题进行论辩，太虚为此提倡用非历史考证的方法来论究佛典，而印顺只是在姿态上表示对老师的尊重，在思想方法上面却表示了对历史考证方法的同情。② 可以肯定，印顺的佛学研究用料之精审、论定之密微，这些都是受惠于近代历史学方法。

化经为史可以看成印顺区别于传统经论师的一项重要指标。传统佛教经论师通常都是主张经由圣典研习而扶翼或引出解脱经验③，不过，他们重经解却漠视历史。印顺对佛教史的研治，在大的原则上面是接受解脱经验在佛教修学中的重要性的，所以他把佛教史的知识分为三种类型，即重于客观研究的"知识的学问"、内在证验式的"经验的学问"与"知识与经验相结合的学问"。他自己在理想上倾向于认同最后一种学问，而在学问的下手入处却是"知识的学问"。他明确说自己的研究"有客观研究的倾向"，又说"惟有在历史的考证过程中，明白古代佛法流传的真实情形，才能够摆脱无意义的思想纠缠，进入更正确更光明的领域"。④ 就是说，印顺希望把传统佛教的宗教经验纳入已经合法化了圣典，又把圣典的观念安置在历史流变中去作论究。

一般佛教的学徒都认定圣典是圣者的言传，因而在性质上是超越时空而不应作历史探究的。印顺对佛教经论的理解则意在打破这种习见，把佛说的经典都放在历史流变中去作解释。他批判传统经学一味只在经教语言上去论究法义，而忽视了经典本身就是历史形成的这一基本法则。他认为言虽可以载道，却不足以尽道。佛说的"思想是生动的，自觉的内容，常是有机的统摄着，能随时空的不同而适应的。语文就机械多了！他多是片段的；相关的统一性，每不是浅薄的印象所能够了解。白纸上漓了黑字，

---

① 释印顺：《中国禅宗史：从印度禅到中华禅》"序"，江西人民出版社1990年版，第7页。又杜正胜在评论印顺禅宗史研究时，就认为该书循胡适研究方式，"是典型的文献学考证法"（载释印顺编《法海微波》，第363页）。

② 印顺在《游心法海六十年》中回忆自己当年对太虚"融贯善巧"的佛学方式"由衷钦佩"，而对"内学院刊行的《内学》、梁启超的《起信论考证》，也有浓厚的兴趣"［载《印顺法师佛学著作全集》第12卷，第5页］。

③ Jose Ignacio Cabezon, Buddhism and Language: A Study of Indo-Tibetan Scholasticism, Albany: State University of New York Press, 1994, p33.

④ 释印顺：《谈入世与佛学》，载释印顺《无诤之辩》（《妙云集》下编之七），新竹正闻出版社1992年版，第227、234页。

常被愚拙者固执着，把他殭化而成为古人的糟粕"。因而对经教不应只作"神教式"读解，不能够"专凭佛口的说不说"来作为圣典合法性的抉择标准，而要从历史的演化来对经典及其法义作出判断。① 于是，对于佛教经典的分析，就不能够只停留于经典文本的内部作形而上学的义理解读，或是单纯地根据宗教经验去作判释，而是要穿透经典发展的历史迷雾，还原到具体的历史场景中去理解。印顺认为，佛法所说"诸行无常法则"本身就说明佛法是一具有历史性的思想系统。"恒常普遍的法性"一旦用语言说出，"构成名言章句的教典，发为思惟分别的理论"，就成为"世谛流布"而需要从历史演化的方面去加以照察的。②

佛教的历史学就是如是而成立的："佛法的表现，是说明佛法出现在时空中。流行，是说明佛法在时空中的延续、扩展与演变。"印顺历史主义地把原始佛教到大乘佛教都看作历史中的佛之言教，如他从经论集出的历史考察去讨论大乘经论的历史形成与流变，并指出历史所流传发展的思想也可以成为佛教的经典。他提出大乘经论都是在历史流变中不断加以"推演、抉择、摄取，成为时代意识而形成的"，这些都可以看成佛说。他甚至批判那种缺乏历史主义的经教信仰流入一种圣典崇拜的误区，而指出"尽信书不如无书，离却糟粕又从那里去洗炼精华"③。如此，则佛教经典至上性的地位已经多少被解构，把佛教经典历史化的做法是对传统佛教经典观的"解除魔咒"，这对传统佛教信仰来讲将是多么大的一次震撼。也正因于此，让印顺经常受到来自教内的各种批评。

印顺对于近代知识史的接受是经过自己的研究来作抉择的。他在接受近代史学的许多研究方法的同时，在史观方面却有所保留。近代知识史有一些关键性的观念，如历史发展的进化论与通则论就是其中重要的两项。④西方的这种史学观念在19世纪末到20世纪初也直接或间接通过日本而影响到中国思想学术界，而一时成为史学界之典范。如梁启超为代表的新史学就主张历史学的任务乃在于"叙述人群进化之现象"而"求得其公理

---

① 释印顺：《大乘是佛说论》（1943年），载释印顺《以佛法研究佛法》（《妙云集》下编之三），新竹正闻出版社1992年版，第159、160、163页。
② 释印顺：《以佛法研究佛法》，载《以佛法研究佛法》，第3页。
③ 释印顺：《大乘是佛说论》，载《以佛法研究佛法》，第160—189页。
④ 关于此，参考 Norman J. Wilson, *History in Crisis? Recent Directions in Historiography*, New Jersey: Prentice Hall, 1999, pp. 12–13.

公例者也"。① 18 世纪西方启蒙运动以来历史学观念一洗传统基督教神学的历史目的论（teleology），而代之以进化论模式的历史观。② 进化论观念作为民国学术思想史研究的一大流行观念，也对传统佛教史观带来相当大的冲击。一般佛教观念坚信法的历史是经由正法到像法，最后到末法的流转退堕的历史，这一历史图像在近代化的中国学术界会受到严厉的挑战。不用说，近代东亚学界对《起信论》真伪问题的大辩论，其背后就含藏了一种进化论的历史学观念。太虚曾经因为《起信论》的合法性备受批判历史学的质疑，而专门拈出进化论史观加以批判，并反对以进化论史观来研究佛学。印顺并不是一味地反对近代史观中的进化论观念，只是他根据自己对佛教经史发展的考论结果，发现进化论是一种过于简单化的历史叙事模式，它无法包容和解释更复杂的历史演化现象。如佛教的历史演化就不能够简单地纳入进化论模式中来分析。印顺主张对于佛法的圣教流传"是完全契合的史的发展，而可以考证论究的"，但也指出佛史的发展又不是一味的进化，说进化只是佛教历史的一个方面，"说进化，已是一只眼，在佛法的流传中，还有退化、腐化"。③ 他根据这一史观，判定大乘佛教之三系思想就是"进化"的显例，大乘佛教后期的密教化则又表示了大乘退化的历史现象。

关于近代史学所特别强调的历史发展"通则"（regularities）一义，印顺则较为采纳。"通则"即历史规律。印顺对佛教史的探究特别重视史的源流变化，他试图在佛教史的流变中去发现含藏着的通则。在《华译圣典在世界佛教中的地位》一文（1952 年）中，印顺这样说："佛法是一味同源的，也是多方适应的。在适应不同民族，不同环境，不同时代中，发展为似乎非常不同的形态。然如从发展的倾向，发展的规律；从演变中的内在联结，外界适应去研求，即会觉得：世界不同形态的佛教，是可以沟通，可以合作的。"④

---

① 梁启超：《新史学》，载梁启超《饮冰室文集》之九，第 10 页。关于西方史学对近代中国历史学之影响，参考李孝迁《西方史学在中国的传播（1882—1949）》，华东师范大学出版社 2007 年版。

② 19 世纪的西方史学充满了历史进化论的史观，关于此，参考施亨利（Henry See）著《历史之科学与哲学》第七章，黎东方译，上海商务印书馆 1930 年版。

③ 释印顺：《游心法海六十年》，载《印顺法师佛学著作全集》第 12 卷，第 33 页。

④ 释印顺：《以佛法研究佛法》，载《以佛法研究佛法》，第 261 页。

近代知识史特别重视溯源性的古史探求，对起源的回归意味着"回到人类存在可靠和原本的意义"①。民国初年以后，中国近代历史学的研究中出现了"今日吾国治学之士，竞言古史"② 的局面，古史研究兴起与溯源性思考成为当时中国历史学研究的一大潮流。著名史家顾颉刚1940年代所发表的《当代中国史学》中就指出，古史研究成为近20年来史学研究的中心议题。他分析了古史兴起的背景，发现这是由西方新史学的观念与清代汉学"疑古"学的结合，而引发了"史学上寻源心理的发达"。疑古而溯源到古史中去求真，正是近代中国知识史书写背后的一个基本观念，这一观念也引起了学者对于"古代宗教和神话的研究"。③ 近代世界佛学的研究也有类似现象。西方自19世纪近代佛教学诞生以来，就对原始佛教与印度佛教给予了特别的关注，而流风所及也直接影响到明治以后日本佛教学的研究方向，重视对印度原始佛教与印度佛教史作系统考辩，而不再为传统东亚佛教传统所限。这一观念也影响了民国一些精英佛教史家，内学院就非常重视对印度佛教史研究，吕澂在20年代就根据日本学者荻原云来《印度之佛教》之结构"重为编订"，而同时参考日本学者崛谦德、马田行启的《印度佛教史》，综合而成《印度佛教史略》一书，并于1925年由上海商务印书馆出版。太虚系统的《海潮音》也组织翻译了不少日本学人有关印度佛教研究的成果。印顺对佛学的兴趣，从早年就表示出对佛教古史的向往。他对佛教学的"印证"特别希望回到印度传统中去"参证史迹"，"以历史印证之"。早在作《印度之佛教》时，他就表示对佛法"探其宗本，明其流变，抉择而洗炼之，愿自治印度佛教始"。④

印顺早年的阅读，除了阅藏（经），就是与印度佛教史和印度古史有关的作品。他在《平凡的一生》中回忆早年（1930到40年代）对其佛教史研究产生重要影响的三部书，其中多罗那他的《印度佛教史》与西方学者的《古代印度》两部，就都是与印度佛教史有关的。印顺特别注意这些

---

① 参福柯《论起源的隐退与回归》，Gary Gutting, *Michel Foucault's Archaeology of Scientific Reason*, Cambridge: Cambridge University press, 1989, p.206.
② 陈寅恪：《陈垣〈元西域人华化考〉序》，载《金明馆丛稿二编》，第270页。
③ 参顾颉刚《当代中国史学》，上海古籍出版社2002年版，第122、123、133页。
④ 释印顺：《印度之佛教》"自序"，载《印顺法师佛学著作全集》第13卷，第2、3页。

书中所涉及印度"史料及古史"等材料①,而这也就形成了他一面"深入经藏",另一面又不喜专从义理方面空究圣典,而倾向于通过"寻流探源"的方式来"抉其精微,简其纰谬",即以经典的知识史细察作为"振古之法本"②。

这种从"起源到源流"直探古史的论究一直贯穿在印顺整个佛教史的研究中。他认为"对于佛法的研究,'原始佛教'是最主要的环节"。所以从他早年书写佛教史直到晚期作品,都非常突现了对印度佛教,特别是"原始佛教"、原始圣典进行历史探究的热情。③ 他希望先确定好"原始佛教"的真实法味,然后才对逐步开展的佛教史上的各种传说与思想进行辨析。即从原始教典与印度佛教这一融合点上去重新分析教理教史,并以此来确认纯正佛教,即所谓"世尊之特见"的本质原义及其流变。印顺关于印度佛教之研究经历了从通史到问题史的深化,其学术后期所出版关于初期印度佛教史的力作,都可以看成在《印度之佛教》大结构下面,作更精密、更具问题化的历史学探究而已。印顺自己就说他后期所著关于印度佛教的论文及著作,大都是"继续《印度之佛教》方针"而"广征博引,作更严密、更精确的叙述"。④ 印顺这种对佛教本源的历史性探索体现了一种近代知识史的性格。

印顺溯源印度佛教而探法之流变的方式与宋明以来传统中国佛学以中国祖师传统与义学为重的方向大为不同。圣严就高评印顺为近代中国佛教史上的四大思想家之一,而认为其佛教学史的倾向是透彻了中国佛教而加以扬弃,"回归到接通于印度原始佛教的大乘性空思想"⑤。印顺的印度佛

---

① 释印顺:《平凡的一生》,载《印顺法师佛学著作全集》第 23 卷,第 21、22 页。又印顺所读多罗那他《印度佛教史》参考的是由寺本婉雅译出的日译本,但是该译本错误非常之多。(关于此,可以参考王尧《张建木先生所译〈印度佛教史〉读后赘语》,载多罗那它著《印度佛教史》,张建木译,四川民族出版社 1988 年版,第 278 页。)而印顺说的另外一部名为《古代印度》的书,很可能就是斯密斯(V. A. Smith)之《印度古代史》(*The Early History of India*, Oxford, 1904)的中译本。因为印顺在《为自己说几句话》一文中也提到这本书,并回忆说该书是由牛津大学出版的《印度史》[释印顺:《为自己说几句话》,载《印顺法师佛学著作全集》第 19 卷(《永光集》),第 164 页]。这样比较起来看,我认为这应该就是斯密斯之《印度古代史》。该书在民国学界有一定影响力,吕澂在《佛教研究法》中就略有介绍(《佛教研究法》,第 39 页)。
② 释印顺:《〈异部宗轮论语体释〉序》,《印顺法师佛学著作全集》第 12 卷,第 135 页。
③ 释印顺:《原始佛教圣典之集成》,新竹正闻出版社 1994 年版,第 1、2 页。
④ 释印顺:《游心法海六十年》,载《印顺法师佛学著作全集》第 12 卷,第 21 页。
⑤ 释圣严:《近代中国佛教史上的四位思想家》,载《法海微波》,第 322 页。

学探源倾向也就成为他与他的老师太虚佛学观念之间的差异，而引发了有关教史观念的交锋。印顺的《印度之佛教》出版以后，他与其师太虚之间论学的一个主要分歧，就在于是以印度佛教还是中国佛教作为衡定佛法义谛的标准。印顺之《印度之佛教》从完稿到出版，太虚曾就分别写了两篇书评，表示他的这位学生对佛法的理解"与吾意有不少距离"。而其中最重要的分别就在于，太虚要本着中国大乘佛教，特别是大乘佛教中真常唯心论为标准来判释一切佛教，包括佛教的历史。这种中国佛教为本的观念，使他无法接受印顺在印度佛教史论述中从小乘部派思想逐渐发展而抽绎出大乘经论的历史学说法。太虚批评这一历史主义的佛教史观乃是"声闻为本"而不是"佛陀为本"。太虚仍然坚持"大乘经源出佛说"的非历史形成的观念。实际上，太虚对《印度之佛教》的评论已经不是出于佛史的论究，而毋宁说是出于护持中国佛教正统性的需要。他对佛教史的判释是重于民族主义的立场，而非学术史的细密论究。太虚说，佛史之探"本是以言中国之所宜"，"不应偏事激扬，阻国民及世人接近佛法之机会"。①可以想见，太虚对印顺印度佛教史的理解，并不是从知识史，而是从社会效应论来加以评断的。印顺就明确表示，太虚在"佛学传承上"缺少了"史的科学之方法"这一环节，而且太虚在佛教立场上也"是真正的中国佛学"。②

需要指明的是，印顺之以史化经来论述佛教史，特别是印度佛教史的议题，并不是出于单一知识史或考据之兴味，他重视印度佛教史的探源，背后其实存在着对现实佛教的价值关怀。就是说他追溯佛教原始的纯洁性，乃是有感现实佛教之流弊而发之于学术史之讨究。他自己就这样表示，研究佛教古史正是基于中国佛教的"渐失本真"而"将心力放在印

---

① 均见释太虚《再议〈印度之佛教〉》，载《法海微波》，第3—16页。有趣的是，印顺的这部书反获得内学院系的好评，虽然他与内学院在佛学观念上有所不同，而回到印度佛教去抉择正法，也成为他们之间共同的理想。王恩洋就印顺《印度之佛教》所写书评《读〈印度之佛教〉书感》，即谓该书"事求真实，不抑善，不隐恶，是是非非，全盘托露"（《王恩洋先生论著集》第二卷，四川人民出版社2001年版，第325页）。

② 释印顺：《谈入世与佛学》，载《无净之辩》，第204、224页。参考太虚为《印度之佛教》写的评论，及印顺的回复《敬答〈议印度佛教史〉》（1943年），其中印顺说他与太虚格量佛教之不同在于"其取舍之标准，不以传于中国者为是，不以盛行中国之真常论为是，而着眼于释尊之特见景行，此其所以异乎"（《无净之辩》，第122—123页）。

度佛教的探究上",以"确定印度经论本义,并探求其思想的演化"。① 近代知识史在印顺的佛教学研究中一直是作为护持教法的工具。所以印顺的佛史探源寻流,是含有他自己对佛法理解的深义于其中的。他的著史已不只是"资料的堆砌",而是"据典销解的分判"。② 即他的佛教经史研究就是史论分析。对印顺来讲,佛史的考据也好,思想分析也好,都旨在支撑起纯正佛法的价值精义。印顺试图透过史鉴来表示他对现实佛教的忧虑。值得注意的是,在印顺的佛史考察中,历史学不仅是一门方法,更成为一门宗教救赎的精神命脉所在。印顺以史学来护持法义的纯正,他在印度佛法衰落的原因探析中,发现了史学不仅可以辨源流,还可以就正法统。他认为印度佛教传统重于哲学之论辩,而缺乏"精密之考订"的历史学的观念,这一点成为印度佛教最终走向衰微的一项重要原因。"印人薄于史地之观念,故思辨深入而事多疏失。"③ 于是,印顺提倡佛教史学的精神,乃在于"记取过去的兴衰教训"而不是"徒供皮藏参考"。④ 一直到1980年代,他作《印度佛教思想史》,还是本着"如实与方便"来开展佛教史论,而其宗旨是要"缩短佛法与现实佛教间的距离",让现代的佛教界理解何为正当的"方便"。⑤

三、他山之石可攻玉:印顺佛学史论中的国际学术意识

印顺在早年对佛史的研究中就透露出现代学术的意识,如他后来回忆自己在四川研习时就想学习藏、梵、巴利等语文,以作为佛学研究之资,

---

① 释印顺:《游心法海六十年》,载《印顺法师佛学著作全集》第12卷,第9页。
② 张曼涛:《说一切有部为主的论书与论师之研究》,载释印顺编《法海微波》,第95页。
③ 释印顺:《印度之佛教》,载《印顺法师佛学著作全集》第13卷,第230页。
④ 《说一切有部为主的论书与论师之研究》"序",第4页;又,他早年这部《印度之佛教》虽是史学之作,却也"有弘法与护法意义在内"。关于此,参蓝吉富《〈印度之佛教〉简介》,载释印顺编《法海微波》,第268页。
⑤ 释印顺:《印度佛教思想史》"序",载《印顺法师佛学著作全集》第13卷,第6页。其实,这种以史载道的方式也是近代中国"新史学"一个重要的理念。近代佛教学的历史学研究中也经常隐含了某种道德或民族主义意识,如陈垣之于抗战期间(1940—1941年)完成的《明季滇黔佛教考》《清初僧诤记》等佛教史学就"不徒佛史迹而已",而实含有"爱国之心"和抨击变节之义(参《明季滇黔佛教考》"重印后记",第480页)。关于近代中国史学与民族主义的关系,参 Q. Edward Wang, *Inventing China through History: The May Fourth Approach to Historiography*, Albany: State University of New York Press, 2001, pp. 20-26。

并提出"在现代的佛学界,想探究佛法而不通外文,实在是不及格的"①。可见他对佛学的参究是不拘泥于晚近以来中国佛教界那种固步自封的传统,而他于佛学的研究上面每能得风气之先,匠心独运,并在教界独树一帜,这与他一直保持比较开放的研究态度有关。② 一直到他学术创造的后半段,随着研究条件的改善,印顺对佛学问题的讨论更多地参考到西方和日本学人之研究成果。印顺表示,他在1950年代以后的佛学研究"受到日本佛学界的影响要多些",如其重要的印度佛教史著《说一切有部为主的论书与论师之研究》《原始佛教圣典之集成》《初期大乘佛教之起源与开展》等,都有较多地参考日本学人的研究。③ 不过印顺是有所抉择地会通国外近代佛史的研究,即主要参照他们的研究问题、材料,而作出自己的回应,并进而欲求超胜。如他晚年所著《〈大智度论〉之作者及其翻译》一文(1991年)还根据近代法国学者拉莫特(Lamotte)及日本学人的观点,而表示自己研究的独得之见。④

印顺佛学的基本训练主要是来自他对华文藏经的系统研读。他曾多次阅藏,早年就在华文藏经方面打下了非常扎实的基本功,这可以说成为他一生佛史研究的活水源头。不过,仅依据单一的藏经材料并无从开发出完整的、具有近代知识史意义的佛教史研究。印顺对佛史的探究,特别是对印度佛史之探源显然受惠于国际近代佛教史学著述的影响,尤其是近代日本佛教学研究成果的启发。

日本近代佛教学的发展,正是受到西方19世纪以来有关印度学佛教学研究的影响而开展出来的。西方近代佛教学研究在方法上重视运用比较语言和历史考证等方式来确定佛教的文本、历史与思想,在研究的倾向方面,也偏重于从佛教发展的源头,即印度佛教的法流中去作论究,故而其

---

① 释印顺:《游心法海六十年》,载《印顺法师佛学著作全集》第12卷,第2页。
② 有意味的是,印顺在1940年代发表的《大乘是佛说论》中还特别引证到西方近代哲学中的叔本华与尼采之思想关系来说大乘佛教是如何"从声闻佛教中透出来"而又表现出不同意趣的(《以佛法研究佛法》,第198页)。可见,印顺不仅对时代佛学研究的最新动态都努力加以消化,对于不同时代的外学状况也是略加注意的。
③ 关于印顺所参考过的主要日本佛教学书目,详见其文《为自己说几句话》,载《印顺法师佛学著作全集》第12卷,第161—163页。
④ 该文收在《印顺法师佛学著作全集》第19卷。

学以巴利、梵本佛典为重，而对东亚佛教传统则有很大的歧视。① 这一流风所至，影响到日本近代佛教史学之研究，也把重心转移到印度传统去论究佛法流变。如明治以后重要的日本佛教学大师大都受到欧洲佛教学研究影响，一面重视对佛教经典文献作比较语言与历史研究，另一方面也把佛教学研究方向转到印度去进行探源流变。关于印度文明史、印度宗教史、印度佛教史等著述广为流传，像姊崎正治、南条文雄、高楠顺次郎等不仅著有大量印度学和印度佛教学的著作，他们其中不少学人还基于对印度古代佛教之感动，或对近代佛教之衰微之拯救而访问印度，并作实地的勘察。② 这种佛教学研究的印度溯源，表示了近代东亚佛教学研究的新方向。于是佛教学不仅在方法上增多了比较语言学、历史学的方法，在主流研究的方向上也是与印度学结合了。明治以后，日本佛学界流行一种较为自由的研究之风，对东亚佛教传统之说也不是一味信任而敢于提出批评，主张以自由怀疑的精神来重新判定佛教，这些都意味着日本近代佛教学已经走出了传统佛学"独断时代"。③

近代日本的学术史研究大量译传到中国，并成为中国学术史研究中重要的"思想资源"与"概念工具"。正如有学者所发现，近代以来由日本所输入的资源已经为中国学术史或知识史"奠下了新的文化基层建构（cultural infrastructure）"。④ 要深入了解与分析近代中国佛学的发展，同样不能够忽略近代日本佛教学的因素。民国时期（特别是1920—1930年代）

---

① 关于此，参狄雍著《欧美佛学研究小史》（霍韬晦译，法住学会1983年版），以及 Guy Richard Welbon, *The Buddhist Nirvana and its Western Interpreters*（Chicago: The University of Chicago Press, 1968）两书中相关论述。

② 小川原正道编：《近代日本の仏教者——アジア体験と思想の変容》，慶應義塾大学出版会2010年版，第352—356页。又可以参考武蔵野女子大学仏教文化研究所编《雪頂・高楠顺次郎の研究——その生涯と事迹》，大東出版社1979年版，该书在第41—43页列有高楠主要著书目录，其中多为印度学及印度佛教方面的。

③ 参魏常海《日本近现代佛教新宗派研究》，载楼宇烈主编《中日近现代佛教的交流和比较研究》，宗教文化出版社2000年版，第94—95页；杨曾文《日本佛教史》，浙江人民出版社1995年版，第596—597页。关于日本近代佛教学的形成与发展，参林传芳《近代日本佛学研究的发展》，台北狮子吼月刊社1969年版；吉田久一《近代仏教の形成》一文中关于日本近代佛教学形成的分析，载《近代仏教 概説編》第一卷，京都法藏馆1963年版，第102—116页；柏源佑泉《日本仏教史——近代》第二章中关于近代日本佛教学的论述，東京吉川弘文館1990年版，第71—95页。

④ 参王汎森《"思想资源"与"概念工具"——戊戌前后的几种日本因素》，载《中国近代思想与学术的系谱》，第168页。

最先出版的几部有关佛史的著述都深受日本佛教学的恩泽，甚至不少就是直接把日本佛教史的著述照搬编改过来。如吕澂的《印度佛教史略》就是综合日本学者荻原云来等学者研究而成，蒋维乔的《中国佛教史》又根据境野黄洋的《支那佛教史纲》编译而成，黄忏华的《中国佛教史》"则大体仿造宇井的著书"。①吕澂在30年代出版的《佛教方法论》还把日本近代学人有关印度佛教史的重要著书略为译介。② 1930—1940年代，中国佛学界从日文翻译过来的有关印度佛教史的资料和研究也为数不少，如与印顺法师有深切关联的《海潮音》与武昌佛学院，就曾非常积极地发表和出版了近代日本学人有关佛教史，特别是印度佛教史等方面的著述。如《海潮音》在1920—1940年代间发表了木村泰贤、高楠顺次郎、宇井伯寿、渡边海旭等一批以西方近代佛教学方法研治佛学的论著，武昌佛学院也出版了舟桥水哉的《小乘佛学概论》（1934年）、境野黄洋的《印度佛教史》（1934年）等重要作品。1930年代在国内有重要影响力的上海商务印书馆也出版了如木村泰贤的《原始佛教思想论》（1933年版）、木村泰贤、高楠顺次郎的《印度哲学宗教史》（1935年版）等重要著述。可以想见，当时中国佛教学界已经隐然形成一种较有国际研究视野与方法意识的佛教研究风气。

　　印顺一生的佛史探究中，对日本近代佛教学的研究有着高度的重视。他自己就表示"日本近代的佛学，对我是有相当影响的"③。印顺最初接触到日本佛教学的研究的细节虽不可考，但是他在1931年和1934年都曾去闽南佛学院求学或讲学。当时由太虚法师所领导的闽南佛学院佛教学教育就参考了日本佛教大学的方式，这表现在闽南佛学院的佛学教育除了对传统佛教经论进行研习之外，还重视佛教史及外学方面的知识，如历史学、日文等教育。这些无疑对年轻的印顺产生直接和间接的影响。④ 1937年印顺住在武昌佛学院，又读到了日本高楠顺次郎与木村泰贤合编的《印度哲学宗教史》、木村泰贤著的《原始佛教思想论》，还有墨禅所译的、

---

① 关于此，参肖平《近代中国佛教的复兴——与日本佛教界的交往录》，广东人民出版社2003年版，第173页。
② 详见《佛教研究法》，第40—43页。
③ 释印顺：《为自己说几句话》，载《印顺法师佛学著作全集》第12卷，第161页。
④ 关于闽南佛学院开设的课程，参考 Holmes Welch, *The Buddhist Revival in China*, Cambridge: Harvard University Press, 1968, pp. 111, 113.

结城令闻所著的关于唯识思想史的著述。① 这几部书对印顺探求佛学的方法有了新的启发。特别是这些日本近代佛学著述强调以历史、地理、考证等近代知识史方法去"理解佛法的本源与流变",渐成为印顺"探求佛法的方针"。② 对于印顺来讲,这些都很符合他对佛学探究的理想。

他早年的《印度之佛教》就明显受到日本近代佛学研究的影响。印顺自己就说,他作《印度之佛教》参考了商务本之《佛教史略》与《印度哲学宗教史》③,这两部书都是日本近代佛教知识史的名著。其中高楠顺次郎与木村泰贤合编的《印度哲学宗教史》主要是研究印度佛教流行前印度婆罗门教派的形成与各家哲学,并没有特别讨论佛教。而这给印顺一个重要的启发,即理解印度佛教,必须将其放到整个印度文化思想的脉络去解读,即佛教学研究应该与印度学结合起来。如印顺发现,佛教的成立乃内本"释尊之特见",同时也与"印度固有之文明,关涉颇深",因此对印度佛教作源流的探讨"应一审佛教以前印度文明之梗概"。④ 印顺就说,木村泰贤、高楠顺次郎的这部《印度哲学宗教史》对他的影响主要表现在他们"从渊源、发展、演变而作史的叙述,对我探求佛法的方向,有着相当的启发性"⑤。印顺的佛史研究重视把对印度佛教学的探究与印度学的意识结合起来,这恰恰就是近代佛教知识史研究的一个重要特色,而与传统中国佛教学方式大不一样了。

应该说,木村的《原始佛教思想论》对印顺佛教史研究的启发更为直接和深入。木村该书就特别重视佛教史学的研究。仔细勘就起来看,木村对印顺的影响至少可以表现在下面几点:第一,重视以历史的方式探究佛法。木村认为佛教研究进入近代,史学研究方式应成为佛学探究之典范。他说"尤以致力于佛教历史之研究,为近世佛教学者之趋势。于此研究益力,成绩绩出,遂益盛大矣"。第二,佛史研究与回归印度。木村提出,"夫佛教在中国、日本,虽已特别发达,究其源均在印度,而尤含有与印度其他宗教共通要素甚多。若于印度一般之思想缺少理解,则何为佛教特

---

① 参释印顺《唯识学探源》"自序",新竹正闻出版社 1992 年版,第 1 页。
② 释印顺:《游心法海六十年》,载《印顺法师佛学著作全集》第 12 卷,第 7 页。
③ 《佛教史略》即是吕澂根据日本学者研究综合而成的《印度佛教史略》一书。
④ 释印顺:《印度之佛教》,载《印顺法师佛学著作全集》第 13 卷,第 1 页。
⑤ 释印顺:《为自己说几句话》,载《印顺法师佛学著作全集》第 12 卷,《永光集》,第 161 页。

殊之思想？……不能辨别"。此即是通过回到印度思想，特别是原始佛教中去寻求"佛陀之真说法门"。依木村的看法，佛史研究要先确定"原始佛教"或"根本佛教之为何物"，之后再讨其流变。其在《原始佛教思想论》第一篇"大纲论"开宗明义就表示，他本书目的就是"阐明何者为代表真正之佛说，或其他部分，经由何种过程，如何而自直其说，发展至此。"① 第三，大乘经典研究，必须通过"圣典成立之顺序"及其与"论师部派"之关系来作教理史的探讨。② 很明显，木村佛学史的这些观念都深刻影响了印顺的佛教史写作，他们之间的问题意识、思考方向与基本架构都相当类似。

　　印顺受日本佛教学界的影响，主要表现在探究源流的历史学方法方面。虽然他表示对日本学者历史考证的方法"不完全同意"，但又"确乎对之怀有良好的感想"。③ 可以这样说，印顺受到近代日本佛教学影响，重视追溯到印度传统去探求佛教源流；但在研究的进路和结论上面，他都有自己的抉择。虽然他不能够深谙外语，也不可能在佛教史研究的细节方面去参证日本学人的成果，但他讨论佛教史的许多重要的问题意识、材料考订、史论之架构等方面，都有从日本近代佛教学的知识史著中获得灵感。而带着这些问题意识，他又从浩瀚的汉文藏经中去稽古细察，钩深致远，作出自己独立的而有新见的佛教史研究。所以印顺才说自己对日本近代名著，在资料上面多有参考，而见解上面"不能随和"。④ 如他坚持传统汉文藏经材料的重要性，而不是一味以巴利梵本来贬低汉文藏经，为此他还专门讨论汉文藏经对佛教史研究的意义。他明确表示自己的《说一切有部为主的论书与论师之研究》与《原始佛教圣典之集成》就大量参考了大量日本学人的研究成果，而又不满他们一味受西方影响，以巴利主导一切原始佛教研究之倾向，从而走出"自己的道路"来探究原始佛教与圣

---

① 木村泰贤著：《原始佛教思想论》，欧阳瀚存译，上海商务印书馆1932年版，第1、2页。
② 参木村泰贤《佛教研究之大方针》，载张曼涛主编《佛学研究方法》（《现代佛教学术丛刊》第41册），台北大乘文化出版社1978年版，第93、98、103页。
③ 《谈入世与佛学》，载《无净之辩》，第228页。
④ 释印顺：《原始佛教圣典之集成》，第103页。印顺自己的不少佛教史学作品里也大多直接提到或引证日本近代佛教学的重要成果，并明确表示自己的研究正是因其中一些问题而触发。如他早年的《印度之佛教》在架构上面"看得出有近世外国佛教史书的痕迹，……其内容所论，主要则皆从汉译三藏而来"（蓝吉富：《〈印度之佛教〉简介》，载《法海微波》，第269页）。

典历史。如他的《原始佛教圣典之集成》就表示了对平川彰《律藏之研究》完全不同的意见①,其晚期所作《初期大乘佛教之起源与开展》中的许多研究也是针对日本学者平川彰的《初期大乘佛教之研究》而进行的评破。

再从他的禅史著述来看。虽然印顺禅学史的探究源于国内胡适等引发的关于《坛经》的争论,但是他治禅史,也确实参考了日本近代禅学史的重要成果。印顺说他关于中国初期禅史的研究方面,宇井伯寿的《中国禅宗史研究》三卷,关口真大的《达摩大师之研究》《达摩论之研究》《中国禅学思想史》,以及柳田圣山的《中国初期禅宗史书之研究》等资料,都对他的研究"帮助很大"。不过,他参考的多是资料与学史的问题意识,而对问题的解决都是自己根据考证与解说而发挥出来。如他关于《坛经》的考察,分明表示参考了胡适、宇井伯寿、关口真大及柳田圣山等人的意见②,而无论在考证还是结论方面,都有他自己的发明,而绝没有简单因袭。

四、在圣典与历史之间:印顺与佛教经解

传统佛教中,解经本身就是最为基本与典范性的知识类型,经学成立的一个基本前提就是"真理包含在经典文本"之中,解经(exegesis)的重要使命就是阐解出经典中的圣人之道。③ 因此解经不仅是一种知识活动,而且同时就具有了宗教性的意味。对传统佛教僧与学人来讲,解经成为他们维系佛法命脉于不坠的一种体道的实践。近代中国历史学在把"六经皆史"作现代性的改造之后,同时消解了传统经典中所谓"道"的合法性,而把经典纯粹作为"史料"。他们以史学作为近代启蒙的工具,有意识地要通过近代史学的论述方式而化约掉经学之道的观念。如胡适对包括禅学史在内的"国故"研究,就是要用近代史学的方法来"据款结案""重新估定一切价值",对传统经典及思想进行"化神奇为臭腐,化玄妙

---

① 关于此,详见释印顺《游心法海六十年》,载《印顺法师佛学著作全集》第12卷,第23页。
② 释印顺:《中国禅宗史:从印度禅到中华禅》,第4、203页。
③ Pierre Hadot, *Philosophy as a Way of Life: Spiritual Exercises from Socrates to Foucault*, Oxford: Blackwell, 1995, p. 73.

为平常,化神圣为凡庸"的颠覆。①

其实,章学诚所谓"六经皆史"的观念并没有取消经中有道的意义,而恰恰是希望把道的解读贯彻到具体而微的历史事件中去作体认,所谓"我欲托之空言,不如见诸行事之深切著明"。故章学诚虽重史学,却作"原道",以"取征于事物,而非徒托空言,以为明道也"。② 正如有学者所发现,在章学诚的历史哲学中,超越的道必须"放在具体的历史时空的连续流变中,才能够发现其恰当性所在"③。就是说,历史学并不是要解除古典圣人之精神价值,而是被具体化地赋予了弘道的功能。

在经史关系上,印顺以史论经,但并没有以史代经,仍然本于宗教性认同而坚持经典的神圣性面向。在他的看法中,佛教圣典是历史中形成的,但既然是圣典也就同时具有超越时空的道涵藏于中,从流变的历史当中去阐解出这超越的道谛,就是传统解经学所要达成的目的。印顺在经史之间虽然更倾向于史的探究,但是他研史的目的仍然是为了回转到对圣典之道的理解上来。从他学术书写来看,他对佛史之探究与圣典之解释经常是穿插而又互补地进行的,而且他佛史研究的重心,也比较集中在对圣典集成和流变的研究上面。

印顺的解经与传统佛教经学一样是重于法义的阐解。不过,传统经论师的解释经典通常都是在去历史化的封闭空间来论究法义,而具有"崇经黜史"的倾向。印顺则不然,他仍然要在义学阐释中努力加入历史学的观念,而对重要的经论都希望透过佛史考证,尤其是佛教思想史的脉络来进行判释。比较他的经解与传统佛教解经不难发现,这一历史化的倾向使印顺的解经更贴紧在原文脉络下来进行,重在经教的"文义",而不是"玄

---

① 参胡适1927年发表的《整理国故与打鬼》一文,载《胡适文存》(三),黄山书社1996年版,第105页。马克瑞引用 Irene Eber 讨论胡适历史学研究问题时指出,德国近代著名神学家巴特曼(Rudolf Bultmann)曾经敏感而深刻地意识到"做历史"可能会对存在性问题带来伤害,但是胡适对其禅史研究所带来的这一问题完全没有意识。(参考 John R. McRae, *Religion as Revolution in Chinese Historiography*: *Hu Shih* (1891 – 1962) *on Shen-hui* (684 – 758)。该论文尚未正式发表,在此特别感谢马克瑞教授给我参考他的未刊文稿。)我以为,胡适恰恰是要借做历史而颠覆传统思想中那些存在性的哲学资源。

② 章学诚:《文史通义》"原道"中、下,第36、40页。

③ David S. Nivison, *The Life and Thought of Chang Hsueh-ch'eng* (1738 – 1801), Stanford: Stanford University Press, 1966, p.165. 关于章学诚的历史学与道的观念,可以参考该书第六章"历史与道"。

义"。如在《中观论颂讲记》的"悬论"中论及龙树性空缘起之义,印顺就是从整个印度佛教思想史的发展脉络下来论究法义,在考察空性观念演变的思想史进程中,去细辨龙树中观性空唯名论,与原始佛教、部派佛教及其他大乘佛教思想中有关空义思想的异同,这显然是一种观念史的解读方法。① 另外,在释经方法上面,印顺认为,经典的义理阐解虽然是思想的,但是探究不能够只作哲学性的玄论,而要用历史考证来作阐明。可见义解与历史考证在印顺的解经策略中是互资为用的。他在解释《起信论》时就一面主张义理不能够直接从考证历史学中引出,而必须从法的高度来进行判释,一面又坚持"用考证方法研究佛法……这种治学方法,是不应该反对的"。② 印顺就这样透过融经于史,来阐发佛教经典中的内在真理性。

关于印顺解经之重要著述作品,我们按写作时间来分,主要有《摄大乘论讲记》(1941年)、《中观论颂讲记》(1942—1943年)、《金刚经讲记》(1942年)、《心经讲记》(1947年)、《大乘起信论讲记》(1950年)、《胜鬘经讲记》(1951年)、《药师经讲记》(1954年)、《宝积经讲记》(1962年)。这些解经,大体都是在1960年代之前完成的。可以想见,在印顺佛学研究的历程中,经史并存的时期主要集中在他学术生涯中的前半段,印顺后半段的佛学研究并不再续传解经之路,而更多致力于以近代知识史的方式来探究圣典的成立及其思想流变,即可以说是一种以史论经的方式。

六朝以来,中国佛学思想通常都是透过对佛教经论的注疏陶练来进行的。中国传统佛教经论师的解经体例大体分为两类,一为义疏,二为专论。③ 在这里,义疏即是一种解经的形式;专论则不受圣典文本的局限,而就某些佛教重要观念或思想作系统论述。这两类著述形式,在印顺的佛学书写中都有所保留。关于专论的,如《中观今论》(1947年)、《如来藏之研究》(1981年)、《空之探究》(1984年)等,都是专题性的论究某一观念或思想系统的著作。关于印顺专论部分,我们将留待后论,本文只就

---

① 关于此,参释印顺《中观论颂讲记》"悬论"部分,载《印顺法师佛学著作全集》第2卷。
② 释印顺:《大乘起信论讲记》"悬论",载《印顺法师佛学著作全集》第3卷,第4页。
③ 参周裕锴《中国古代阐释学研究》,上海人民出版社2003年版,第175—176页。

其义疏经解方面的著述略加评述。

印顺解经都是采用"讲记"的形式,有所选择地对一些佛教圣典进行疏解。他对圣典所作经解的形式也与传统佛教经学的"义疏"形式比较类似,而又多少融入了新的因素。传统佛教经学中的"义疏"又可细分为两种:一是随文解义之注疏,如章句、义疏等,此类解经根据经(论)文内容而"寻章察句,造以训传";另外一类就是"玄义",其旨在总论一经大义,"叙其宗格"而不必逐句随文释疏。① 印顺经解"讲记"如从格式上说,基本就延续并综合了六朝以来以科判三分的方式,即把全经结构分为"序分""正宗分"和"流通分"三部来进行分疏和章句。② 同时,他还在每一经论的"正释"前标列类似于"玄义"的"悬论",以对该经论之经题、传译、宗要,甚至关于该经在近代学术史上之研究状况等,都略加辨明。

印顺经解对中国佛学古疏方式的借鉴是有明确简择和抉别的。特别需要提出的是,印顺在释解经论时有意识地抛弃了隋唐经论师那种好作判教与宗派论述的风气,而试图把解经放在更为广泛的佛史传统下来加以照察。③ 判教成为中国佛教义学解经的一种常用的"解释策略"(hermeneutical strategy)。罗佩兹(Donald S. Lopez)就发现,大乘佛教解经通常都在经典原文与自家宗派的哲学思想之间进行复杂的辩证式交互诠释,以经典解释作为对自宗思想合法性的支持。④ 最明显的如天台智𫖮提出解经的"五重玄义",就专门论及教相判释。印顺虽然认为佛教经论没有真伪之别,而只有了义不了义之分。但是他在解经中,并不使用中国佛教宗派意

---

① 关于六朝、隋唐中国佛教义学的解经著述方式,详见汤用彤《汉魏两晋南北朝佛教史》第十五章,第546—549页;《隋唐佛教史稿》第三章,中华书局1982年版,第79页。

② 学界认为,六朝时道安法师始创此三分的科判格式,关于此,参汤用彤《汉魏两晋南北朝佛教史》第十五章,第550—551页。

③ 隋唐以来,佛教经师们在解经中还经常策略性地把经典解读与判教及不同宗派的宗义结合起来进行"格义",因而形成了具有鲜明宗派意识的佛教解经学传统。关于唐宋解经与判教及宗派意识等关系问题的研究,可以参考拙作《北宋天台宗对〈大乘起信论〉与〈十不二门〉的诠释与论争》,《中国哲学史》2005年第3期;《从智𫖮、知礼对〈观音菩萨普门品〉的诠释看天台宗的解经学》,《哲学研究》2008年第4期;《宋明楞严学与中国佛教的正统性:以华严、天台〈楞严经〉疏为中心》,《中国哲学史》2008年第3期;《唐宋〈圆觉经〉疏之研究:以华严、天台为中心》,《中国哲学史》2011年第2期。

④ Donald S. Lopez, "On the Interpretation of the Mahayana Sutras", in Donald S. Lopez, Ed., *Buddhist Hermeneutics*, Honolulu: University of Hawaii Press, 1988, pp. 51–52.

识的判教系统来论究经论的高下，而更倾向于用印度佛教中大乘三系这一"学派的系统"去判释诸经在佛教思想史上的位置，如印顺就以三系平等，而不是别圆分别地来判摄《起信论》在教史中的位置。他在《起信论讲记》这样说："大乘法也有学派的差别，但分别大乘学派，要从义理去分别。太虚大师分大乘为三宗，即法相唯识宗、法性空慧宗、法界圆觉宗。我在《印度之佛教》，称之为虚妄唯识论、性空唯名论、真常唯心论；……本论是属于法界圆觉宗，或真常唯心论的。"① 这一安排并没有像判教那样分别排序经论之高下，也不在经解中暗示某一宗派之优越。

我们不妨对照一下传统华严、天台家对《起信论》之判释。华严宗师法藏解经就运用到所谓十门义解，其中"显教分齐"就涉及判教。法藏的《大乘起信论义记》卷上就"略开十门"，将释此论。他关于《起信论》的判释，在其所判小、始、终、顿、圆五教中，虽然不曾明言《起信论》属于哪一教，但是他在《五教章》的终教门下多次引《起信论》为文证，表示《起信论》在法藏判教体系中相当于终教。② 天台则有其自己的判释标准，如宋代天台山家派的代表人物知礼就判《起信论》为圆门而通别位，他说"论以一心为宗，乃云总摄世、出世法，此则正在圆门"；又说《起信论》"次第翻九相"，乃为"别位"。③ 华严、天台之判释《起信论》乃是借解经，特别是经解中的判教来开展各自宗门的义学论述。

印顺解经既不作判教，也不偏向地把经解引向一宗一派的说法，他明确表示自己不作一宗一派的门徒。④ 所以他对经论中的义理疏通，多是本着佛教史的观念，而不是一家一宗的哲学来作论究。他在《大乘起信论讲记》"悬论"中说："义理正谬的问题 站在唯识学的立场，评论《起信论》的教理不对，这不过是立场的不同，衡量是非的标准不同，并不能就此断定了《起信论》的价值。佛法中的大小乘，有种种派别，像小乘有十八部、二十部之多。……佛法流行在世间，因为时、地、根机、方法的不

---

① 释印顺：《大乘起信论讲记》"悬论"，载《印顺法师佛学著作全集》第3卷，第10页。
② 参拙作《大乘起信论与佛学中国化》，载《法藏文库·中国佛教学术论典》第31册，高雄佛光山文教基金会2001年版，第374—375页。
③ 分别见知礼《天台教与〈起信论〉融会章》《别理随缘二十问》(《四明尊者教行录》卷第二、第三)，载《大正藏》第46卷，第871、875页。
④ 在《空之探究》"序"中，印顺说他佛学的一贯"方针"就是"不适于专宏一宗，或深入而光大某一宗的"(释印顺：《空之探究》，正闻出版社1992年版，第1页)。

同，演化成各部各派的佛法。现在来研究佛法，对各部各派的教理，可以比较、评论，但切不可专凭主观，凡是不合于自宗的，就以为都是不对的、错误的。这种宗派的独断态度，是万万要不得的。"①

于是，印顺解经就根据教史上不同经论以及各家注疏进行详密抉择，而作出自己的阐释。如法藏解《起信论》就用华严一家之理事观念来作"玄义"，其解《起信论》真如、生灭二门"皆各总摄一切法"的法义时就说："生灭是揽理成事门，不坏理而成事故，得摄于真如，成事而理不失故。"② 这显然是在解经中作华严学方向的引申。而对照印顺对此义的解释，完全没有作理事方面的玄解，而重于平实的依文释义与经证了。③ 又如他对《起信论》中"无始无明"的理解，就抉择唯识、贤首两家不同的观念，而选择了贤首的解释。④ 而关于《起信论》中最基本的概念"众生心"的解读，唯识一家认为是杂染的阿赖耶识，华严则认为是圆满清净的如来藏心，即佛心，两义对立。印顺则扬弃两说，认定众生心既非杂染赖耶识也非纯净佛心，而是除佛而外"六凡三圣的心"。⑤ 可以想见，印顺的经解不是一家一宗的宗旨了。

其实，印顺比胡适他们更接近于章学诚"六经皆史"的历史观念。毕竟，印顺不是一般学科研究性的佛教学者，他是佛教徒，是有佛教信仰的佛教学者。正如他自己所说，他不希望自己成为"佛学家与博士而已"，他要把历史"考证"与"实际意义的佛学"，即佛教的超越价值生命结合起来。⑥ 他明确表示自己的研究是要把"客观立场""科学主义者之方法"

---

① 释印顺：《大乘起信论讲记》"悬论"，载《印顺法师佛学著作全集》第3卷，第6页。
② 《大正藏》第44册，第251页下。
③ 关于印顺对此句的释义，文繁不具引，详见《大乘起信论讲记》"悬论"，载《印顺法师佛学著作全集》第3卷，第42页。
④ 他说关于真如如何杂染缘起"根本无明"这一问题，"唯识家但承认真实不变，所以与本论的思想有差别。这即是贤首家所说的：不变随缘，随缘不变义。唯一净心而不妨有染相的差别，所以觉与不觉，有着矛盾而统一，统一中有矛盾的意义。这是难理解的，唯佛能知。从佛现证而方便安立，即无始来有此相爱而又相对的二元"（《大乘起信论讲记》"悬论"，载《印顺法师佛学著作全集》第3卷，第127页）。
⑤ 印顺这样解说众生心概念："众生心，即除佛以外，一切六凡三圣的心。众生，千差万别；千差万别的众生心中，仍有共通性。这众生心的共通性，就是本论所说的众生心。"（《大乘起信论讲记》"悬论"，载《印顺法师佛学著作全集》第3卷，第32页）
⑥ 释印顺：《谈入世与佛学》，载《无净之辩》，第244、250页。

与佛教的信仰融合起来,将知识史的考究与宗教性的关怀融为一体。① 作为信徒,他对圣典或教理所作之论究,乃是在"经以载道"的基本假定下进行的。即他对历史和圣典的关心,是希望透过对历史和经典的研究去再现圣人之道。在印顺看来,佛法是历史的流变,但这世谛流布中有"法界常住",即流变中有道的存在。佛法不能够垂之于空言,而表现在佛教历史传承的经典与迹象之中,这就是他自己讲的"法界常住"而又在人间佛教之思想、制度、风尚等"世谛流布"中去不断展开。② 印顺借用历史和考据来研究与解读佛教圣典,而又有意识走向了对佛典进行"信仰诠释学",而不是"怀疑诠释学"的方向。

五、余论:经史之学与道体流行

研究历史如果不能够应用于生活和行动,那就如尼采所说,历史学就成为"一大堆不消化的知识石块"③。在印顺佛教经史学的理想中,经史之学是为了探求和确保佛法真实道体的流行化育,他是把虔敬的宗教热情转移到学术研究上去的。印顺认为,佛法的精神价值虽然源自佛陀和圣者超历史的自心体验或现量,但这些超越的体验也具体而微地表现为历史时空中的"方便演化"。于是,对现实时空中佛法的演化进行具有历史学性质的探究,也就是经史以致道了。印顺深受近代知识史学的影响,在佛教经史学上具有近代理性主义倾向,他把佛教经史学的探究与客观性观念联系起来,试图在经史学的探究中去客观真实地再现佛陀之道,即所谓"世尊之特见"。不过,他对佛教史的研究一面作客观主义之学理探究,一面又努力于区别一般现代史学者,而赋予了他佛教经史研究一种宗教性的价值期待。印顺就说:"佛法的探究真实,在解脱自他的一切痛苦,这需要兑现。"④ 他在流转的历史事象中去考索佛法真相,同时又试图在现实时空的历史流变中,保持住佛法的道体不为历史的变迁所流转。可以说,印顺以近代知识史学为理想范型而展开的佛教经史之学就这样在道体与流

---

① 释印顺:《谈入世与佛学》,载《无诤之辩》,第 227、239 页。
② 参释印顺《说一切有部为主的论书与论师之研究》"序",第 2 页。
③ 尼采:《历史对于人生的利弊》,姚可昆译,商务印书馆 2000 年版,第 24 页。又,关于尼采对近代历史学的批判,还可参考 Michael Mahon, *Foucault's Nietzschean Genealogy: Truth, Power, and the Subject*, New York: State University of New York Press, 1992, p. 95.
④ 参释印顺《以佛法研究佛法》,第 13 页。

布、"佛陀之特见"与"方便演化"之间复杂地表现出来,他要在知识与价值之间作调人。

问题是,作为知识的经史之学何以可能确立起"佛陀之特见"?对一般近代史家来说,历史学并不承载传道的功能,经论材料中的形上之道于是就可以在他们现代性的观念叙述中轻易打发出去。他们不会为道体与流变的问题感到困惑。印顺则不同,他整个佛教经史学研究的旨趣就是要完成对道体和佛法的确认。经史所探,虽是方便演化,却是佛法之世谛流布,即道之迹。

这种历史与道法兼顾的做法,给印顺佛教经史学论述带来过于沉重的负担。在一个形上学终结的时代,作为知识史的探究,如何去完成对形上道体的论述?这里存在着难以克服的理论困难。佛教历史主要是通过具有文字性的经典而流传递演出来,但是语言与法义之间又存在深刻的紧张,法义是不能仅凭依文解义而阐获的。印顺在原则上是接受这一看法的,在他的经史论述中,我们也经常可以感受到这种紧张。如印顺承认佛教圣典是"源于佛陀的自证",而佛陀自证的境地是"无可论究的"。经史之学需要通过语言文字化的文本为基础而展开,而作为文字性的佛教经史之学从根本上来讲,是无从完成关于佛教本质的论述,而在流变的现实时空中实现对超时空道法之跳转。印顺就说:"佛法是要依赖语文而传的,但语文只是工具,通语文的未必就能通佛法。"① 虽然印顺经常在历史与传说、理性与信仰、教与证之间去打圆场,而终于难免有进退失据的地方。如他一面说佛法的研究者要有"文字性空,即解脱相"的功夫,"了解语言的无常无我,直从文字中去体现寂灭",一面又经常坚持"文字研究,不一定是浅学"。他的佛教经史学一面以佛教的经典,特别是汉译经典作为研究的圣言量,一面又指出,圣典虽为佛说,而"化为文字记录,实在损失不少",而主张文字乃"古人糟粕",批评"专在语言上说"佛法的做法是"学究式"的偏执。②

为此,印顺也总是纠缠于历史考证(事实)与宗教传说之间错综复杂的矛盾中。他发现中国传统佛学重义理,而与"近代开展的历史考证"方法之间"格格不相入",于是希望透过近代知识史的考证方式去弥补中国

---

① 释印顺:《游心法海六十年》,载《印顺法师佛学著作全集》第12卷,第38页。
② 参释印顺《大乘是佛说论》,载《以佛法研究佛法》,第12、13、160、163页。

经史之间：印顺佛教经史研究与近代知识的转型

佛学"深闭固拒"而不能够与现代研究衔接的缺陷。这时他主张"以考证对考证，以历史对历史，才是一条光明的路"。而一旦历史考证可能"抹去佛学固有的宗教性"时，他又试图对历史考证的方法附加诸多的条件和限制。① 他对圣典作历史的探究，同时又不愿意把圣典完全理解为时代的产物，而力辩其"法界常住"，即主张佛教经论具有超历史的面向。这一游移的态度，使得印顺的佛教经史在某些结论上面会表现出不确定的现象。如他一面要通过佛史探源的方式来确认正法的本质，因而重视对原始佛教和巴利经典的论究，这类溯源探本以定江山的方式，难免会对后起大乘佛教的合法性提出挑战，特别是华语圣典的价值也会因此受到质疑。这时印顺又试图从"佛法的流行"义上，去表示后出的法义也是"释尊的三业大用"②，并转而批判"愈古愈真"的历史还原论，忽略了佛教在历史中的发展，特别是在中后期的"发扬光大"。③ 如其著《原始佛教圣典之集成》一书，就旨在一反近代西方、日本佛教学传统那种以巴利为原始佛教唯一材料的做法，表明华文圣典——代表了不同部派的经律，比之巴利圣典的单一性，对原始佛教研究有更多参考价值。④ 印顺应用历史主义的观念，提出佛经圣典都不是佛的亲口授受，而是经过了"从说到集成"的历史演化，包含"佛说的影像"，是"真实的历史"与传说的结合，因而"有点迷离不明"。⑤ 如此，则本质性的"世尊之特见"就成为一个难以确立的理想。这种在历史的源头与流变中上下求索，而又反复不定的历史论述，正呈现了印顺在历史与道法之间曲折而复杂的心态。

于是，他无法贯彻历史考证学的批判原则，探究经史而又断不可疑经、驳经。他甚至认为，佛经只有了义不了义的不同，而不存在真伪的差别。如关于《起信论》——这部对中国佛学影响至大的论典，古今存疑颇多，近代学界更倾向于判此论为伪经。印顺在阐解《起信论》时则一面接受近代史学的考证结果，而同时又主张历史考证不应该冲击经典的价值信

---

① 释印顺：《谈入世与佛学》，载《无净之辩》，第230、240页。
② 释印顺：《大乘是佛说论》，载《以佛法研究佛法》，第164页。
③ 参释印顺：《以佛法研究佛法》，第17页。印顺认为"巴利文系的佛典，早不是原典了"，因而也不是唯一的"原始佛教"正统法流（释印顺：《与巴利文系学者论大乘》（1946年），载《无净之辩》，第168—169页）。
④ 释印顺：《原始佛教圣典之集成》"序"，第1页。
⑤ 释印顺：《原始佛教圣典之集成》，第11、31页。

念。他说:"我们应该用考证的方法,考证经论的编作者,或某时代某地方的作品;但不应该将考证出来的结果,作为没有价值或绝对正确的论据。"① 这就是他之所以用历史的方法来探究佛教,而又一再强调自己的佛学研究是"以佛法来研究佛法"的原因了。在印顺看来,佛学探究虽然离不开历史的考证,但佛学绝不仅是历史考证学,而是要因史见道,"从史的考证中去求(佛法)真实"。② 这一点在他禅史的研究上也分明表现出来。印顺有关中国初期禅史的研究非常强调禅法历史性的一面,相当重视历史考证。他指出历史考证"有特别价值",并反对佛教界所惯用的,以宗教经验去反驳历史学考证的做法,认为这种反驳完全"于事无补";但一旦历史考证跨域而涉及对禅心佛法的颠覆,他又试图限制这一历史学方法的效用,而主张禅义心法的部分"不但不是考据所能考据的,也不是理论所能说明的"。这时候他更愿意说:"考据为正确的方法,而考据的结论,却并不等于正确。"③ 圆融道谛与世法,是一个伟大的学术史理想,而以理性为主导的近代知识史却力有不逮。通贯的说法虽然是圆满的,历史与理论的批判却需要我们对这种圆教式的说法再作细究。这里有无法跨越的理论困局,甚至可以说,这就是传统与现代、信仰与知识在现代性语境下难以克服的共业。

  印顺并不想从义理或哲学的方面去为佛法的绝对性作形而上的论究,而主张以历史主义的方式去消解不同佛教宗派在义理哲学上的对立。④ 印顺认为,只要"从时代的前后去整理""从演变分化中把握"佛法思想的历史变化,就可以获得公平的解决方法。⑤ 印顺过于乐观地相信启蒙以来近代知识史和理性主义历史学的观念,以为只要具备相关的专业素养,并以此去细心地考究历史文本,就可以站在迷信与偏见之外去平心静气地叙述出历史的真相,获得普遍价值,确定具有本质性的"释尊之特见"。他

---

  ① 释印顺:《大乘起信论讲记》"悬论",载《印顺法师佛学著作全集》第3卷,第6页。
  ② 参见印顺《谈入世与佛学》,载《无净之辩》,第244页。
  ③ 分别见释印顺《中国禅宗史:从印度禅到中华禅》"序",第6—7页;释印顺《神会与〈坛经〉》,载《无净之辩》,第58页。印顺的论述中经常表现出这种历史考证与宗教经验合法性之间的纠结。
  ④ 非常有趣的是,一般近代佛教学者都是通过哲学方式来进行护教学的论述,而历史学的批判性恰恰会消解这种护教性关怀。关于此,参佛尔(Bernard Faure),*Chan Insights and Oversights: An Epistemological Critique of the Chan Tradition*, p. 91.
  ⑤ 参释印顺《唯识学探源》"自序",第3、4页。

经史之间：印顺佛教经史研究与近代知识的转型

早年作《印度之佛教》一个最基本的目的就是要就"释尊之特见"作一正确的抉择，这成为他佛教经史学探究的一个基本前提。这种19世纪历史学所标举的客观主义，早已经受到现代历史学理论的严重挑战与批判，而成为遥不可及的神话。① 不妨说，"世尊之特见"表达的是印顺个人对原始佛教之一种真知灼见和研究心得，而非定是真实的历史说明，因而无法成为一个被普遍接受的结论。不难理解，为何当印顺关于"世尊之特见"一经发表，就受到包括他的老师太虚在内的不少人的不同批评。

历史学总是不断地"试图重构过去，但我们永远也得不到前人在他们制度或体系中生活的直接经验"，因为历史并非摆放在那里给我们去客观认识的对象，历史学也不能够按时间标尺，机械地排列过去而作客观性的叙述，而总是经由历史学家心灵重构、解释而不断地"重组"，这成为"历史阐释学"的一个基本准则。② 可以说，"世尊之特见"作为"原始的事实"，对于历史学家来说本来就是一种"推论"所得，其结果仍然不过是一种理论而已。③ 对于"佛陀之特见"，我们可能无法获得一个具有普遍性的、本质主义的规定，而是必须保持着开放与多音的解释。诗无达诂，佛教经史之学也同样无法达成对于佛陀本怀的一个标准定义。"佛陀之特见"应该理解为一种独特的历史逻辑，即这个理想概念本身就是历史的，不断演化着和非决定论的。佛教史上不同法流及其圣典都是在对"佛陀之特见"作出不同抉择、阐释的结果，每一次抉择都不断为"佛陀之特见"注入新的思想内涵，以至于这一阐释本身也被圣典化（canonicity）了。于是，从部派到大乘佛教都是合法化的佛陀思想的法流，而这一抉择的解读史实际上也抛弃了"法界常住"的历史神话。我们需要注意史学论述中的这种局限，特别是宗教史研究中的道体不变与流行化育之间存在着

---

① 黄进兴：《后现代主义与史学研究》，读书·生活·新知三联书店2008年版，第22页。

② 参雷蒙·阿隆著，西尔维·梅祖尔编注《论治史：法兰西学院课程》，冯学俊、吴泓缈译，读书·生活·新知三联书店2003年版，第102页。关于历史客观主义的批判，著名历史理论学家柯林武德（R. G. Collingwood）就作过深刻的分析，而提出"作为心灵的知识的历史学"观念，主张一切历史都是思想的历史，即历史是经过不同历史学家解读思考而处理的历史，并不存在一个大家公认的客观历史叙述。关于此，参考其名著《历史的观念》，何兆武译，商务印书馆1997年版。

③ 布莱德雷在讨论历史学的原则时指出，历史学家不可能获得"原始事实"，所谓"原始事实"是经过历史学家理论推论后的产物。参F. H. 布莱德雷著《批判历史学的前提假设》，何兆武、张丽艳译，北京大学出版社2007年版，第67页。

永恒的紧张关系。从解释学方面而论,"世尊之特见"本来就是见仁见智的问题,而不同学派都有自己的历史证据与阐释策略。历史阐释就是解读者与远古历史、文本之间的一种持续性的对话,而无法达成神学意味上的一元论标准。①

末了,再来分析印顺古史探源的局限。印顺试图通过探本溯源的古史考辨,追述出佛陀的原始洞见,同时又借此"佛陀之特见"为标准,沿流而下展开对世谛流布的线性考察,去抉发和判定在历史流变和演化中所出现的不同佛法系统和法义的正见与偏离。这当然是印顺佛教经史学的大经大脉所在。如印顺对大乘佛教合法性的论述,就是建立在对佛陀法义的源流一致性构架中来开展的。他认为大乘佛教的法流表示了佛陀原始洞见的"法界常住"。这种历史叙述,以源流思想之间的"同质化"来确保佛法的纯洁性,而难免会忽略佛教思想史中所出现的断裂,及流变中呈现的复杂异质性现象。通过古史溯源以定判准的方式,很可能无法给出一个普遍性的结论,而成为一个历史的神话。福柯就对这种本源主义的历史学方式提出了质疑,并深刻地批判了这种思想史的方式"误以追本溯源为旨趣",其实本源根本是渺不可及的。历史的本质乃是断裂,而非连续性流变的。福柯发现,溯源性的近代史学试图从本源的探究及单一线性的思想发展中去发现历史的真相,这种从起源到流变的线性考察中去追述本质真理的方式,以"溯求本源"去"恢复传统",而将复杂的历史差异归结为单一的形式、世界观、价值系统,从而无法说明和解释思想史中更为复杂的异质性因素,因而并不能够真正完成"向起源的秘密本身的回归"。② 印顺对佛史的探究,虽然没有就"世尊之特见"获得最终而普遍圆满的结论——这可能永远是一个理想,却如同历史上的大乘佛教一样,成为佛教历史法流当中法尔常住的一个重要环节。

印顺的佛教经史探究就在佛法的道体与流布、回归与分化之间上下求索而又充满了知识与价值间的紧张,这可以看作一位有宗教信仰的知识学

---

① 从巴特到福柯都提出所谓"作者已死"或"何为作者"的问题,即认为经典文本一旦形成,就没有固定的某种作者的意义可以确定,在历史流传当中的不同解读才构成真正的作者。参 Elizabeth A. Clark, *History, Theory, Text—Historians and the Linguistic Turn*, Cambridge: Harvard University Press, 2004, pp. 133-135.

② 参福柯著《知识考古学》,谢强、马月译,读书·生活·新知三联书店1998年版,第14—16、174、178页。

人在现代性脉络下的存在性焦虑，因而这种紧张是深刻的。学术史，特别是宗教史研究需要这样的紧张。于是，印顺在佛教经史学上表现出的某些游移和不定，完全无损于他学术成就与形象之高度，而恰恰表示了他思想丰富与深入的一面。无论学术史有如何的价值担当，其本身就是一个历史的循进过程，这或许就是近代知识史的宿命，重要的是"智者能取能舍"①。

---

① 参释印顺《大乘是佛说论》，载《以佛法研究佛法》，第168页。

陈永阳王师事智𫖮事之史实考证与史料考察

——兼论内外典互证的意义与方法

洪绵绵

道安云"不依国主则法事难立",梁武论律谓"此虽是法师之事,然佛亦复付嘱国王",此即中古佛教之实态,朝廷、帝室与僧众多有交游,合作开展了建塔造像、舍身受戒、解讲经文、佛理讨论等宗教活动,甚至出现了僧尼干政、设立僧官等现象,相关记载散见于内外典,是以内外典互证是中古佛教史研究的重要方法。正如孙英刚先生指出的,"佛教僧团在政治和学术上的角色,是研究中古史不可缺少的重要部分","将中古政治史与信仰世界分开的做法,实际上割裂了本属同一历史语境的两个重要层面"。[①] 大体而言,内外典互证具有两方面的意义:一是史实考证,内外典具有不同的史料特点,正史依凭公文档案,在系年、具衔、地名上较为准确,但为胜利者所书写,于失意者笔墨无多,而佛教史虽于时间、制度、官职、地名不甚考究,但往往保留了不少不见于正史的一手史料,故互证可以考史实、辨真伪;二是史料考察,内外典各有其写作意图,但皆多受官方意识形态的影响,外典为我们理解佛教史料的生成流转提供了重要的政治史背景,正史的"历史书写"本身也是我们了解内典历史书写的重要参照[②],故互证亦可以辨所以为真伪。

天台四祖智𫖮于陈废帝光大元年(567)依慧思之嘱托南下,先于金陵瓦官寺讲法,后入天台山创立伽蓝,得陈宣帝敕留、施物、给寺名,后因陈后主之敕请再次还都。其居天台之时,正逢永阳王伯智出任东扬州刺

---

① 孙英刚:《李承乾与普光寺僧团》,载童岭主编《皇帝·单于·士人——中古中国与周边世界》,中西书局2014年版,第248页。
② 关于魏晋南北朝史料"历史书写"的研究,参孙正军《魏晋南北朝史研究中的史料批判研究》,《文史哲》2016年第1期,第21—37页。

史，王乃就山请戒、从之营忏、恭请讲说。以此因缘，陈后主在敕请智顗出都的同时，也敕令永阳王加以敦请，最终促成了智顗的再入金陵。内外典互证在我们探讨永阳王师事智顗一事上便具有史实考证与史料批判的双重意义，本文即沿此展开：一方面，永阳请讲与后主敕请二事见于灌顶编撰之《国清百录》（以下或简称《百录》）与《隋天台智者大师别传》（以下或简称《别传》）、道宣《续高僧传》（以下或简称《续传》）等材料中，永阳王出为东扬州刺史事则见于《陈书》之《宣帝纪》与《陈伯智传》，然《陈书》有本校、他校异文，且唐宋以来年谱、传记对二事之系年持见不一，故本文第一、二节将考证史事，加以系年；另一方面，已有学者注意到天台宗僧争取朝廷支持、与三论宗论衡的意图影响了《百录》的文本面貌①，政治因素影响了灌顶《别传》的撰写②，而《百录》中个别史料的真实性也有待探讨③，受此启发，我们也注意到，结合正史相关记载，可以看到《百录》《别传》等文献在生成流转中也有层累增删，第三节即对史料展开考察，揭示文献重构的现象并探讨背后的原因。

一、永阳王师事智顗事之基本史料

《国清百录·至德三年陈少主敕迎第十一》收录后主敕迎智顗书简，凡五书：

> 春寒犹厉，道体何如，宴坐经行，无乃为弊。都下法事恒兴，希相助弘阐。今遣宣传左右赵君卿，迎接迟能即出也。正月十一日臣徵神笔，一二君卿口具。便望相见在促。
>
> 少主第二敕。得使人赵君卿启，并省来答表。志存林野，兼有疾病，愿停山寺，不欲出都。不具一二。岩壑高深，乃幽人之节，佛法示现，未必如此。且京师甚有医药，在疾弥是所宜。故遣前主书朱宙迎接，想便相随出都。唯迟法流不滞，会言在近。二月八日臣徵神笔，朱宙口述一二。

---

① Jinhua Chen, *Making and Remaking History, A Study of Tiantai Sectarian Historiography*, The International Institue for Buddhist Studies, 1999.
② 李四龙：《天台智者研究——兼论宗派佛教的兴起》，北京大学出版社 2003 年版，第 244 页。
③ 池丽梅：《智顗圆寂后的天台山僧团与隋炀帝——〈国清百录〉成书年代考》，《佛教文化研究》2015 年第 2 期，第 230—255 页。

少主第三敕。前虽遣两使殊未委悉，意存三宝故有相迎。今复遣龙宫寺道升，并令面陈一二也。二月二十八日臣徽。

少主敕。东阳［扬］州刺史永阳王。闻王在州迎顗禅师大弘法事，甚会朕心。今迎出都，王宜敦谕申朕意也。正月十日臣徽。

路次迎陵，敕书迎候。近得永阳王启，知禅师遂能屈德，随朕使出都。甚有欣迟，当稍次近。路涉险道，殊足为劳。今遣敕左右黄吉宝迎候，但未知欲安止何寺。想示使人，仍令前还。即勒所由，料理房舍也。迟近会言，此未委悉。三月二十四日臣徽。①

前三敕文敦请智顗出都弘法而未果，故第四条敕文令时任东扬州刺史的永阳王陈伯智加以劝请，下第五条敕文时，智顗已在天台还京途中，后主告知相关接待事宜。

第四敕云"闻王在州迎顗禅师大弘法事"，则永阳王时为州刺史。敕文言及永阳王请讲事，《百录》中《陈永阳王手自书第十五》《永阳王解讲疏第十六》与此相关，第十六条待下文详论，第十五条凡三书：

秋气凄冷，愿安乐行耳。弟子寡昧，未能治道，愿欲延屈，方凭开导。今遣左右陈文强往，悉其一二。弟子陈伯智和南，八月十日。

王第二书。弟子少奉正真，长而弥笃，州中事隙，时得用心。但至止以来，实有钦睐，前书要师，出镇讲说，未辱还告。良以郁陶伫听之情，不忘瞬息。重遣今信，必望翻然，学徒多少，并希携带。故前有白寻勒人般所迟来仪，会言在促。弟子陈伯智和南。

王第三书。使人山返，仰具高怀，域诚不果，更深为恨。本知山水得性，为物忘怀，复须安忍。今遣迎接，伫望光临。弟子陈伯智和南。高丽昆布人参等送去，是物陋返仄。②

第二书中有"州中事隙"语，知亦成于东扬州刺史任上，"八月"在少主五敕中最早的"正月"以前，请讲下限在此前之年。

永阳请讲与后主敕请二事亦见于隋唐所作智顗早期传记，今存者有灌

---

① 池田鲁参：《國清百錄の研究》，東京大藏出版1982年版，第214页。标点有所调整。
② 池田鲁参：《國清百錄の研究》，第227页。

顶《别传》、道宣《续传》。《续传》末云:"沙门灌顶侍奉多年,历其景行,可二十余纸。又,终南山龙田寺沙门法琳,夙预宗门,亲传戒法,以德音邈远,拱木俄森,为之行传,广流于世。隋炀末岁巡幸江都,梦感智者言及遗寄,帝自制碑,文极宏丽,未及镌勒,值乱便失。"① 是知道宣立传之时,灌顶、法琳、炀帝已有相关撰作,炀帝碑文因乱佚失,故前二文为道宣所据。《别传》《续传》文本如表1所示。

表1 《别传》《续传》文本对比

《隋天台智者大师别传》	《续高僧传》
陈文皇太子永阳王出抚瓯越,累信殷勤,仍赴禹穴,躬行方等。眷属同禀净戒,昼夜讲说,夜习坐禅。先师谓门人智越云:"吾欲劝王修福攘祸,可乎?"越对云:"府僚无旧,必称寒热。"师云:"息世讥嫌,亦复为善。"王后出游,坠马将绝,越乃感悔,忧愧若伤。先师躬自帅众,作观音忏法,整心专志,王觉小醒,凭机而坐。王见一梵僧擎香炉直进,问王曰:"疾势何如?"王汗流无答,僧乃遶王一匝,香气徘徊右旋,即觉搭然,痛恼都释。戒慧先染,其心灵验,次悦其目,不欲生信,讵可得乎? 其愿文云…… 先师虽复怀宝穷岫,声振都邑,藏形幽壑,德慧昭彰。陈少主顾问群臣:"释门谁为名胜?"**徐陵**对曰:"瓦官禅师,德迈风霜,禅鉴渊海。昔远游京邑,群贤所宗。今高步天台,法云东霭。永阳王北面亲承。愿陛下诏之还都弘法,使道俗咸荷。"陈主初遣传宣左右赵君卿,再遣主书朱雷,三传遣诏,四遣道人法升,皆帝自手书,悉称疾不当。陈主遂仗三使,更敕州敦请。永阳王谏曰:"主上虚己,朝廷思敬,一言利益则四生有赖,若高让深山则慈悲有隔。弟子微弱,尚赐迁屈,不赴王旨,将何自安?"答曰:"自省无德出处,又幽过则身当,岂令枉滥业缘。如水隆去瓶,留志不可,满任之而已。"仍出金陵。路逢两使,初遣应敕左右黄吉宝,次遣主书。建宗延上东堂,四事供养,礼遇殷勤。	**永阳王伯智**出抚吴兴,与其眷属就山请戒,又建七夜方等忏法,王昼则理治,夜便习观。顗谓门人智越:"吾欲劝王更修福攘祸,可乎?"越对云:"府僚无旧,必应寒热。"顗曰:"息世讥嫌,亦复为善。"俄而王因出猎,堕马将绝,时乃悟意,躬自率众作观音忏法。不久王觉小醒,凭几而坐,见梵僧一人擎炉直进,问王所苦,王流汗无答,乃绕王一匝,翕然痛止。 仍躬著愿文曰……其为天王信敬,为此类也。于即化移海岸,法政欧闽,陈疑请道,日升山席。 陈帝意欲面礼,将申谒敬,顾问群臣:"释门谁为名胜?"**陈暄**奏曰:"瓦官禅师德迈风霜,禅镜渊海。昔在京邑,群贤所宗,今高步天台,法云东蔼。愿陛下诏之还都,使道俗咸荷。"因降玺书,重沓征入。顗以重法之务,不贱其身,乃辞之。后为永阳苦谏,因又降敕,前后七使,并帝手疏。顗以道通惟人,王为法寄,遂出都焉。迎入太极殿之东堂。

资料来源:灌顶:《隋天台智者大师别传》,载《大正藏》第50册,第193下—194页中;《续高僧传》卷一七《释智顗传》,第627—628页。

---

① 释道宣撰,郭绍林点校:《续高僧传》卷一七《释智顗传》,中华书局2014年版,第635页。

可以看到，《续传》大体因循《别传》，较明显的异文包括：将"陈文皇太子永阳王"改为"永阳王"，永阳出抚地由"瓯越"改为"吴兴"；应对陈少主顾问者，则由"徐陵"替换为"陈暄"。

由于二事皆发生在伯智任东扬州刺史之时，故《陈书》也是重要的参证。然而，《陈书》本传与本纪对伯智东扬州刺史任的时间却有明显异文，《陈书》卷二八《陈伯智传》云："（永阳王）出为使持节、都督东扬丰二州诸军事、平东将军，领会稽内史。至德二年，入为侍中、翊左将军，加特进。"① 此卷记陈室诸王行迹，多有与本纪互舛之处，② 东扬州刺史任亦相出入，《后主纪》云至德二年（584）夏五月戊子，"以尚书仆射永阳王伯智为平东将军、东扬州刺史"，"平东将军"纪传同，东扬州刺史例都督州军事，传文记都督职，纪文记刺史职，二者实为一事。《后主纪》下又云至德四年（586）九月戊戌，"以镇卫将军、开府仪同三司鄱阳王伯山为东扬州刺史"。③ 据纪文，则伯智至德二年五月到至德四年九月为东扬州刺史，据《陈伯智传》，伯智出镇东扬州直至至德二年还都，时间出入较大，未知孰是，这也对我们考证永阳王师事智顗事的具体时间造成困扰。

二、永阳请讲、少主敕请之系年新考

唐宋以来年谱、传记对请讲、敕请二事的系年持见不一。先看敕还事，共有三说：

一是《百录》以下的"至德三年（585）说"。颜真卿《天台山国清寺智者大师传》，自叙"唐鲁郡公颜真卿，永泰间贬吉州别驾，因遇法源大师，遂获隋灌顶法师所著行状，并天台《国清百录》，辄撮其要旨，继此传云"，述此事则谓"永阳王伯智出镇，深加敬仰。至德三年，后主手札遣宣传赵君卿主书朱宙及传诏三使奉迎。又遣道人法升继往，仍敕永阳王数谕。师皆称疾不往。永阳王苦请，遂往金陵。后主又遣二使……"，

---

① 《陈书》卷二八《陈伯智传》，中华书局1972年版，第364页。
② 如本传记陈伯智于太建中封永阳王，《废帝纪》则记在光大二年秋七月壬戌；又如本传云陈伯智迁尚书左仆射，《后主纪》则记为尚书仆射（《陈书》卷四《废帝纪》、卷六《后主纪》，第69、108页）。
③ 《陈书》卷六《后主纪》，第110、113页。

观其行文与《别传》《续传》不类,所据即《百录》,① 志磐《佛祖统纪》沿用《百录》之说②,汤用彤、张风雷、潘桂明、朱封鳌、董平等先生亦持此说③。

二是湛然《止观辅行传弘决》以下的"宣帝敕还说"。《止观辅行传弘决》云"至(太建)十三年帝请出邺(建邺)"④。戒珠《净土往生传》云:"永阳王百[伯]智以师事𫖮。及其出抚吴会,全家就山以请戒法。宣帝亦尝问曰:'方今释门谁为名胜。'近臣陈暄[暄]曰:'瓦官禅师真为名胜。往在京辇群贤所宗。今遁天台物情失附。愿陛下诏回。规训道俗。'帝乃迭降玺书诏之。"⑤ 祖琇《隆兴编年通论》云:"久之,陈宣帝诏,𫖮坚卧不起,使者七反,帝遣永阳王谕殷懃意,𫖮不得已至都。"⑥ 戒珠、祖琇行文多采《续传》,而将"陈帝"改作"宣帝",应是受湛然的影响。觉岸《释氏稽古略》亦云:"陈宣帝诏师还都居光宅寺。"⑦

三是戒应《智者大禅师年谱事迹》以下的"至德二年说"。《年谱事迹》云:"陈少帝至德二年,四十八岁奉诏出。"考年谱前后,有"太建十三年,四十四岁","祯明元年,五十岁",⑧ 是知四十八岁对应至德三年,此处"至德二年"与"四十八岁"必有一误。李四龙先生《天台智者研究——兼论宗派佛教的兴起》所附年谱认为"四十八岁"误,云:"《百录》第十一记载智𫖮出山是在至德三年,时年四十八岁。今考应在至德二年,时年四十七岁。宋人《年谱事迹》'至德二年四十八岁',年代没有记错,但误算了年龄。智𫖮出山前,陈后主曾降诏永阳王劝请智𫖮,史有明文说永阳王于至德二年入侍中离开东阳,而他不可能在离开东阳还能苦谏智𫖮出山。所以,智𫖮至迟应在永阳王离开前出山,亦即至德二年

---

① 可潜辑校:《天台智者大师行迹资料集》,社会科学文献出版社 2017 年版,第 206 页。
② 志磐撰,释道法校注:《佛祖统纪校注》,上海古籍出版社 2012 年版,第 175、871 页。
③ 汤用彤:《隋唐佛教史稿》,中华书局 1982 年版,第 130 页;张风雷:《智𫖮评传》,京华出版社 1995 年版,第 221—222 页;潘桂明:《智𫖮评传》,南京大学出版社 1996 年版,第 517 页;朱封鳌、韦彦铎:《中华天台宗通史》,宗教文化出版社 2001 年版;董平:《天台宗研究》,上海古籍出版社 2002 年版,第 19—20 页。
④ 湛然:《止观辅行传弘决》卷一,载《大正藏》第 46 册,第 142 页下。
⑤ 戒珠:《净土往生传》卷二,载《大正藏》第 51 册,第 115 页下。
⑥ 祖琇:《隆兴编年通论》卷九,载《大正藏》第 75 册,第 154 页中。
⑦ 觉岸:《释氏稽古略》卷二,载《大正藏》第 49 册,第 805 页上。
⑧ 可潜辑校:《天台智者大师行迹资料集》,第 165 页。

春。"① 谈壮飞先生亦持此说。②

再看请讲事，亦有三说：

一是"太建十四年（582）说"。戒应《年谱事迹》云："次年（太建十四年）永阳王请讲"。

二是"至德元年（583）说"。《佛祖统纪》卷三七云："至德元年……永阳王伯智出镇东阳，请顗禅师赴镇开讲，王与子湛及家人同禀菩萨戒法。"③

三是"至德二年说"。《佛祖统纪》卷六云："（至德）二年，永阳王出镇东扬，致书三请。师遂往，躬行方等，昼讲夜禅，王与子湛、家人咸禀净戒。"④ 佐藤哲英、董平亦采此说。⑤

《百录》为一手史料，但敕文未记永阳请讲、后主敕请之年份，后主敕文的标题虽系至德三年，但为编者所拟，故非定论；《别传》《续传》则为二手史料，也未提供事件的系年。是以聚讼纷纭，未有定见。唐宋以来年谱、传记大多参考《百录》《别传》《续传》，撰成时间较晚，史料价值不高。今拟先搁置二手史料有异文处及晚出撰作，仅据一手史料，参照《陈书》《续传》的相关记载，对此重作讨论。

按少主五敕落款皆为"臣徽"，此即蔡徽。《陈书》本传云："至德二年，迁廷尉卿，寻为吏部郎。迁太子中庶子、中书舍人，掌诏诰。寻授左民尚书，与仆射江总知撰五礼事。"⑥《后主纪》云至德三年八月己酉"以左民尚书谢伸为吏部尚书"⑦，蔡徽即接谢伸之任，则蔡徽任中书舍人、掌诏诰的时间范围在至德二年与至德三年八月之内，敕文即成于此时。然《陈书》本纪、本传所记东扬州刺史任之时间与此皆有重合，尚未能去取。

《续传》卷一九《释智璪传》云："又陈至德四年，永阳王伯智作牧仙都，迎屈智者来于镇所，璪随师受请，同赴会稽山。九旬坐讫，仍即辞

---

① 李四龙：《天台智者研究——兼论宗派佛教的兴起》，第247页。
② 谈壮飞：《智顗》，载方立天、于首奎编《中国古代著名哲学家评传》第二卷《两汉魏晋南北朝隋唐部分》，齐鲁书社1980年版，第500页。
③ 志磐撰，释道法校注：《佛祖统纪校注》，第870—871页。
④ 志磐撰，释道法校注：《佛祖统纪校注》，第175页。
⑤ 佐藤哲英：《天台大師の研究——智顗の著作に関する基礎的研究》，京都百華苑1961年版，第48页；董平：《天台宗研究》，第19页。
⑥ 《陈书》卷二九《蔡徽传》，第392页。
⑦ 《陈书》卷六《后主纪》，第111页。

王，往宝林山寺行法华三昧。"① 此处"至德四年"下所记事有永阳出牧东扬州、请智者会稽开讲、智璪随师赴请、九旬坐夏、辞王入宝林诸事，考虑到传主为智璪，且下文细述智璪宝林山修行之事，"至德四年"乃智璪结夏竟后辞王入宝林之时间。按宝林为会稽之寺，传文前云智璪"逖闻智者轨行超群，为世良导，即泛舸丰流，直指台岫，伏膺受道"，此处言永阳王作牧迎请智𫖮，乃是插叙前事，交代智璪由天台入会稽之因缘。既云至德四年七月智璪于会稽辞王入宝林，则与纪文言永阳至德二年五月至四年九月为东扬州刺史相合，智璪之辞行，恐与永阳即将离任有关。若从传文，永阳于至德二年还都，则智璪于至德四年无由辞王，故应以纪文为是。则敕文撰成的时间范围可以缩小为至德二年五月到至德三年八月之间，加之下敕时间在正月到三月，故可判断为至德三年所作。永阳与伯智书的下限在至德三年前某年之八月，上限亦为至德二年五月，故可判断为至德二年八月。是知永阳王于至德二年五月临州，八月请智𫖮讲，而"至止以来，实有钦睐"却迁延三月，应与智𫖮四月至七月结夏安居有关。② 次年正月少主即敕智𫖮出都，并令永阳王敦请。

简而言之，永阳请讲在至德二年八月，少主敕请在至德三年正月。那么，何以唐宋以来对此持见不一呢？值得注意的是，灌顶卒于贞观六年（632），而姚察《陈书》成于贞观十年（636），《陈书》的影响是我们理解《百录》《别传》以下文献不容忽视的因素。

其中，最容易理解的是戒应《年谱事迹》以下的"至德二年敕请说"，由于《陈书》本传云永阳至德二年还朝，而后主敕请之时尚为东扬州刺史，则至德二年为下限；但这一说法忽视了《陈书》纪传存有异文，故受本传误导。

而"太建十四年请讲说""至德元年请讲说"应与《别传》《陈书》对徐陵的记载有关。《别传》云少主顾问群臣，徐陵奏对力荐智𫖮，并述及永阳北面躬事之事。而《陈书》云徐陵卒于至德元年十月，③ 此即徐陵奏对之下限，永阳请讲更在此前，既相去不远，则太建十四年、至德元年是较为可能的时间。

---

① 《续高僧传》卷一九《释智璪传》，第721页。
② 佐藤哲英：《天台大师の研究——智𫖮の著作に関する基礎的研究》，第305页。
③ 《陈书》卷六《后主纪》，第111页；卷二六《徐陵传》，第334页。

最后是湛然"宣帝敕还说"。按《止观辅行传弘决》同卷引及《百录》中《陈宣帝敕留不许入天台第八》《太建九年宣帝敕施物第九》《太建十年宣帝敕给寺名第十》三敕①，可知《百录》为湛然所据，恐也因徐陵卒于至德元年十月，去至德三年正月较远，故湛然不采《百录》"至德三年说"。系于太建十三年则未知何据，在此试作一假说，《百录》中有《陈吏部尚书毛喜书第二十》，凡有五书，第三书有云："秋色尚热，道体何如。……仰承移往佛陇，永恐不复接颜色，悲慨俱深。仰惟本以旷济为业，独守空岩，更恐违菩萨普被之旨。近与徐丹阳诸善知识共详量，等是一山，钟岭、天台亦何分别？必希善加三思，不滞于彼我，京师弥可。"②交代了毛喜、徐陵商量劝请智𫖮还归京师的始末。按《陈书》记毛喜于太建十三年十月癸未任吏部尚书，徐陵则于太建十年（578）至太建十三年（581）正月任丹阳尹，③在时间上欲合毛喜吏部之任与徐陵丹阳尹之任，唯一的解释则是撰写第三书时徐陵尚为丹阳尹，五书撰毕时毛喜已为吏部尚书，在太建十三年十月后，则第三书写作时间较可能在太建十二年（580）秋。湛然或将毛喜书与徐陵奏请事联系起来，权系还都于次年正月即太建十三年正月。但敕文标题为编者所加，五书是否成于吏部尚书任上，尚有待商榷。

三、《国清百录》《隋天台智者大师别传》的文献重构

可以看到，与本文考证相出入者，有"至德二年敕请说""太建十四年请讲说""至德元年请讲说""宣帝敕还说"四说，除"至德二年敕请说"源于《陈书》异文，其余三说皆与徐陵奏对事有关。而这也是本文据一手史料所作考证与二手史料《别传》不合之处。巧合的是，《续传》即将"徐陵"改为"陈暄"，佐藤哲英便认为道宣已注意到《别传》此处记载与至德三年敕还相冲突，故作改易，④且道宣应别有据，或即法琳行传。因此有必要回到《别传》，结合相关相关文献对徐陵奏对事再作讨论。

揆之传文，奏对者称智𫖮为"瓦官禅师"。时人多以所居寺名代称法

---

① 《止观辅行传弘决》卷一，载《大正藏》第46册，第148页上；池田鲁参：《國清百錄の研究》，第210—213页。
② 池田鲁参：《國清百錄の研究》，第242—243页。
③ 《陈书》卷五《宣帝纪》、卷二六《徐陵传》，第98、334页。
④ 佐藤哲英：《天台大師の研究——智顗の著作に関する基礎的研究》，第51页。

师,联系太建年间智顗入天台,宣帝敕赐寺名为"修禅寺",可知此语不成于智顗入天台之后,而是成于智顗初入金陵之时,否则不应称"瓦官禅师",而应如徐孝克撰《天台山修禅寺智顗禅师放生碑文》称之为"天台修禅寺智顗禅师"。① 《续传》云:"顗便诣金陵,与法喜等三十余人在瓦官寺创弘禅法,仆射徐陵、尚书毛喜等,明时贵望,学统释儒,并禀禅慧,俱传香法,欣重顶戴,时所荣仰"②,亦可证徐陵早于智顗居京之时即加崇重。或可进一步推测,《别传》乃杂糅了前朝徐陵奏对语与后主朝陈暄奏对语而皆系于后主朝。《别传》引徐陵语作"昔远游京邑,群贤所宗,今高步天台,法云东霭"一句,考虑到君臣论议发生在京城,"远游"下接"京邑"甚不可解。若笔者推测不误,文本确实杂糅徐陵、陈暄语,则"远游""京邑""天台"为三段经历:徐陵奏对时,智顗在京,"远游"下原述智顗游学之经历,为昔;后叙"京邑"之事,为今。而《别传》系此于后主朝,并接续陈暄语中叙"天台"事语,改以"京邑"为昔,"天台"为今,故并"远游""京邑"两句为一句而删改不甚严谨,留下了"远游京邑"语,《续传》揣意及此,改作"昔在京邑"。按《陈书》卷二七《江总传》云"后主之世,(江)总当权宰,不持政务,但日与后主游宴后庭,共陈暄、孔范、王瑗等十余人,当时谓之狎客。由是国政日颓,纲纪不立,有言之者,辄以罪斥之,君臣昏乱,以至于灭"③,随着陈朝的覆亡,陈暄亦不可避免地背上了亡国的罪名,这或是《别传》杂糅徐陵、陈暄语而列徐陵名下的缘由。也正因此,造成了以上系年诸说的讹误。道宣正是参考了智顗撰文时尚未成书的《陈书》,故作改动。

再看《百录》《别传》《续传》所录永阳请讲文,我们发现,文本亦多有杂糅,且包含了两个时间维度的文本,无意中保留了永阳王于废帝朝师事智顗的一手史料。由于《续传》因循《别传》,今仅列《百录》与《别传》如表2。

---

① 池田鲁参:《國清百錄の研究》,第247页。
② 《续高僧传》卷一七《释智顗传》,第625页。
③ 《陈书》卷二七《江总传》,第347页。

表2 《百录》《别传》文字对比

《国清百录·永阳王解讲疏第十六》	《隋天台智者大师别传》
A 菩萨戒弟子陈静智稽首和南。十方常住三宝幽显冥空，现前凡圣。伏惟法王法力，悯三界之颠愚，无漏无为，开一乘之奥典。深宗绝称，仰莲华以立名，实智难思，借宝珠而喻理。殷勤弘接，始则大事因缘，指掌言提，终令小乘解悟。接须弥、掷世界，未是为难，开秘密，导苍生，斯为匆易。	
B 天台顗阇黎，游浪法门，贯通禅苑，有为之结已离，无生之忍现前。仰屈来仪，阐扬极教，高轩层殿，广辟齐宫，圣众云集，仙群雾委，俱奉传灯之曜，共把悬河之流，法侣忻庆，神祇踊跃。弟子飘荡业风，沈沦爱水，虽餐法喜，弗祛蒙蔽之心，徒仰禅悦，终怀散动之虑。但日轮驰骛，曦和之辔不留，月镜回轩，嫦娥之影难驻。适启金函，便收宝轴，法轮辍辖，鹫岭之说何期，清梵停音，渔山之唱方息。有离有会，叹息冥言；爱法敬法，潺湲无已。	**仰惟天台阇黎，德侔安、远，道迈光、猷，遐迩倾心，振锡云聚。绍像法之将坠，以救昏蒙，显慧日之重光，用拯浇俗。**加以游浪法门、贯通禅苑，有为之结已离，无生之忍现前。弟子飘扬业风，沈沦爱水，虽飡法喜，弗祛蒙蔽之心，徒仰禅悦，终怀散动之虑。日轮驰骛，羲和之辔不停，月镜回轩，嫦娥之影难驻。有离有会，叹息冥言；爱法敬法，潺湲无已。
C 谨于**今月十三日**，解讲功德仰设法会，并度人出家。又观音菩萨法身大士，拯危拔难利益人天，奉造灵仪即日镕铸，用斯福善，上资清庙圣灵，又奉为即日至尊，愿御膳胜常，**安德宫太后菩萨寝兴纳豫，皇太子起居万福**。诸王诸主咸保嘉庆，末及弟子自身并息谌等内外眷属，一切因缘，寿命长远，身心快乐。唯愿显扬三宝，通达五乘，戒与秋月俱明，禅与春池共洁。	

续表

《国清百录·永阳王解讲疏第十六》	《隋天台智者大师别传》
D生生世世与阇黎及讲众黑白,见闻觉知,恒结善友,恒将济度。还同智积奉智胜如来,便似药王觐雷音种觉。或见生安乐世界,或处兜率天宫,俱荡三乘行,俱向一乘道。恒沙菩萨为等侣,恒沙国土为佛事,得法自在,得心自在,同修七觉分。同趣三菩提。虚空有边,此愿无尽。仰希幽显证明,法界怨亲,同入愿海,回向萨云若,为无所得故。	愿生生世世值天台阇黎,恒修供养,如智积奉智胜如来,若药王觐雷音正觉,赡养兜率,俱荡一乘。

资料来源：池田鲁参：《國清百録の研究》，第229—230页；灌顶：《隋天台智者大师别传》，载《大正藏》第50册，第194页。

文本差异有以下三处：

A段中，疏文阐释解讲缘由，申引《法华》先说三乘，后归一乘之教义，故D段在"或见生安乐世界，或处兜率天宫"后云"俱荡三乘行，俱向一乘道"，呼应文首会三归一之义。而《别传》愿文无A段，D段略为"赡养兜率，俱荡一乘"，若非对照原文颇不可解。

B段中，《别传》愿文较之疏文多"仰惟天台阇黎，德侔安、远，道迈光、猷，遐迩倾心，振锡云聚。绍像法之将坠，以救昏蒙，显慧日之重光，用拯浇俗"数句，揆之《百录》，此段实出自《永阳王手书属真观惠裴二法师第十七》[①]。由此可见，《百录》与《别传》虽皆经灌顶编辑，但文本多有增删杂糅，这种再加工便存在误读与产生误读的可能，以致《百录》《别传》内部即未能统一。

C段为疏文所独有，若参考《别传》愿文无A段，此处可以简单认为是《别传》为使行文简省，故加节略。然而，疏文中"安德宫太后菩萨寝兴纳豫"一句颇为费解。据《陈书》卷七《后妃传》，安德宫太后为陈文帝沈后，此即废帝生母、永阳王嫡母，其于废帝即位后，被尊为皇太

---

① 池田鲁参：《國清百録の研究》，第235页。

后，宫曰"安德"。时宣帝秉政，沈后曾两谋宣帝，事败而党羽为宣帝所诛，故在宣帝即位后被黜为文皇后，其在宣帝、后主朝的地位想必相当敏感。而后主朝之太后则为高宗柳后，其于后主即位后被尊为太后，宫曰"弘范"。且高宗小敛之时，始兴王以刀斫后主，柳后相救被斫。而后主即位之初，内外事剧，后主被创不能听政，诸事之裁断，"虽假以后主之命，实皆决之于后"，直至后主疮愈方归政。① 可见后主朝柳后在朝政上扮演了重要的角色。是知疏文为安德宫太后祈愿，应是成于废帝之时，而非后主之时；否则，以文帝沈后与宣帝关系的紧张，伯智为后主祈请后，复为文帝皇后祈请，不仅不伦，而且亦犯政治上的大忌。若成于后主之时，当为弘范宫太后或二宫太后祈请。但还有一个问题需要解决，即废帝朝武帝章后尚在，疏文何以略过不提？按《陈书》，武帝崩时，章后所出衡阳王陈昌滞留长安，是以文帝不敢即位，且"太后又以衡阳王故，未肯下令，群臣犹豫不能决"。后侯安都"按剑上殿，白太后出玺，又手解世祖发，推就丧次"，乃是以利剑逼迫太后令文帝即位。而后朝廷遣人迎请陈昌，陈昌将入之时，致书文帝而"辞甚不逊"。文帝告知侯安都欲归藩逊位，安都"因请自迎昌，昌济汉而薨。以功进爵清远郡公，邑四千户"。②《资治通鉴》胡三省注更是直言："以杀昌之功也。"③ 考虑到陈昌之死造成的嫌隙，章后与文帝、废帝的关系应相当紧张，且章后并非文帝母，此即疏文未加提及的原因。疏文复云"皇太子起居万福"，《废帝纪》云光大元年（567）秋七月戊申立皇子至泽为皇太子④，则此段文字成于光大元年七月之后，光大二年（568）十一月临海王被废之前。《百录》中《请观世音忏法第四》云营忏须"安佛像南向，观世音像别东向"⑤，《摩诃止观》中述半行半坐三昧忏，云"要用月八日十五日，当以七日为一期，决不可减"⑥，观此段疏文云"今月十三日"，又述造观音像事，与此相合，背景可能即是观音忏或法华忏。可知永阳师事智𫖮，早在废帝光大年间，这也解释了为何智越劝止智𫖮的理由是"府僚无旧，必称寒热"，寒热犹

---

① 《陈书》卷七《后妃传》，第 127—129 页。
② 《陈书》卷八《侯安都传》，第 145—146 页。
③ 司马光：《资治通鉴》卷一六八，中华书局 1956 年版，第 5204 页。
④ 《陈书》卷四《废帝纪》，第 67 页。
⑤ 池田鲁参：《國清百錄の研究》，第 169 页。
⑥ 智𫖮：《摩诃止观》，《大正藏》第 46 册，第 13 页中。

言是非①，言下之意，智𫖮与永阳旧僚本有交谊，与东扬州府僚则"无旧"，故智越恐横生是非。B段有"天台𫖮阇黎"句，与至德二年请讲事相合，与C段废帝朝文字来自不同史源。《别传》无C段文字，可能反而保留了文本的原先结构。前文提及徐陵奏对发生在智𫖮居金陵之时，若"永阳王北面亲承"语出徐陵，则也可能指的是废帝年间事，徐陵奏对的对象或为废帝。

此外，前文提及《续传》将《别传》中永阳出抚地由"瓯越"改为"吴兴"，在此一并论及。佛教史相对于正史而言，在地名上较不精确。如东扬（扬）州在《百录》中即形讹为东阳（阳）州。会稽常与吴郡并称吴会，隋平陈后，亦将东扬州改为吴州，颇疑道宣以会稽为"吴会"，后讹为"吴兴"。前引戒珠《净土往生传》史源为《续传》，便保留了"出抚吴会"的文本原貌。

可以看到，《永阳王解讲疏第十六》糅合了永阳王作于废帝朝及少主朝两个时期的文字，《别传》愿文糅合了《百录》中《永阳王解讲疏第十六》与《永阳王手书属真观惠裴二法师第十七》两个文本，行文则糅合徐陵前朝奏对语与陈暄后主朝奏对语。李四龙先生已注意到政治背景对灌顶撰写《别传》的影响。如《别传》《续传》记载智𫖮赴陈弘法的原因有所不同，《别传》记载强调慧思已可独立传法，智𫖮鉴于金陵人文荟萃，"试往观之"，而《续传》则强调智𫖮与陈国有缘，慧思明确指示智𫖮前去金陵，"往必利益"，"这种差别可能是由于灌顶撰写《别传》是在隋朝，故而有些记录不免忌讳"。②关于永阳王师事智𫖮之事，灌顶编纂《百录》《别传》所据一手史料成于陈朝，其时政局是我们理解文本面貌的重要背景。

可资参照的是，《陈书》关于伯智封永阳王事亦有异文，纪文记于废帝光大二年，传文记于宣帝太建中。类似的情况亦见于桂阳王伯谋。③陈宣帝、后主一支废陈文帝、废帝一支而入继大统，永阳王、桂阳王属文帝、废帝一支，如何自处于宣帝、后主朝是应谨慎考虑的问题。笔者推

---

① 如《宋书》卷九九《二凶传》云"计临贺故当不应翻覆言语，自生寒热也"（中华书局1974年版，第2425页）。
② 李四龙：《天台智者研究——兼论宗派佛教的兴起》，第244页。
③ 《陈书》卷四《废帝纪》，卷二八《陈伯智传》《陈伯谋传》，第69、364页。

测,本纪史源为诏令文书,记载近真,而传文所据为二王行状,恐怕书写之时便有淡化前朝影响、归恩今上的用意。传文的这一历史书写也为我们理解《解讲疏》的文献重构提供了参照,或可推测,也正是讳言与前朝的关系,天台宗僧整理相关文本时,将永阳王废帝朝文本融汇入今朝文本之中。如此再看《续传》将《别传》中"陈文皇太子永阳王"改为"永阳王伯智",恐怕《别传》并不是简单的笔误,或是所依史源原记有文皇太子即废帝崇事智者之事,后予删除而刊落未尽。而如果徐陵奏对的对象为废帝,那么《别传》糅合徐陵、陈暄奏对二事,除了陈暄的污名化,也因所据史料即已有意淡化智𫖮与废帝的交往。

四、余 论

《百录》收录永阳王延请智𫖮赴镇开讲与陈后主敕请智𫖮还都的一手史料,《别传》《续传》亦载有此事,但未有明确系年,二事发生于永阳王东扬州刺史任上,而《陈书》本纪与列传关于任职时间存有异文,且唐宋以来年谱、传记关于二事系年持见不一。本文通过内外典互证对此展开考察,指出永阳请讲的时间为至德二年八月,后主敕请的时间为至德三年正月,永阳王出任东扬州刺史的时间为至德二年五月至至德四年九月,应以《陈书》本纪为是。本文也对相关文献本身展开讨论,指出致误之因除了《陈书》异文外,也包括《别传》关于徐陵奏对的记载。通过文本分析,本文揭示《百录》《续传》存在叙事杂糅、文献重构的现象,《百录》所收录《永阳王解讲疏》糅合了永阳王作于废帝朝与后主朝的两个文本,《别传》所收愿文则糅合了《永阳王解讲疏》与《永阳王手书属真观惠裴二法师》,并糅合徐陵前朝(废帝或宣帝)奏对之语与陈暄后主朝奏对之语而皆系徐陵名下,造成了唐宋以来年谱、传记的讹误。事实上,永阳王师事智𫖮并不始于东扬州,而始于废帝朝智𫖮甫入金陵之时。灌顶的这种处理与陈暄事涉覆国有关,而参照《陈书》列传对永阳王、桂阳王封王的记载,恐怕也因灌顶所据一手史料成于宣帝、后主朝,为方便弘法,权将伯智废帝朝师事智𫖮的痕迹抹去,以淡化与前朝的联系。

可以看到,内外典互证在考证永阳王师事智𫖮事上具有两方面的意义:

一是史实考证。《百录》保留了一手史料,提供了敕文时间、掌诏之人等诸多细节,《百录》《续传》记载了永阳王在东扬州任上与僧人的交往，《陈书》则提供了永阳王出任东扬州刺史的具体时间，但存有二说，难于去取，唯有通过互证，方能辨明永阳请讲、后主敕还的时间，校证《陈书》异文。事实上，《百录》所录陈朝文献在校证《陈书》上仍有许多史料价值有待发掘。如《陈书》卷二八记后主太子名作"深"①，唐人避李渊名讳多改"渊"作"深"，而《百录》中《少主皇太子请戒疏第十四》即有"渊和南""弟子渊和南"语，可知太子"名渊"；反过来，《百录》《别传》中的文书、记事也可参考正史对职官、人名的记载得到考定。

二是史料考察。正史所记徐陵卒年与少主敕还事时间不合，道宣加以改正，提示我们对徐陵奏对的记载展开考察。正史记载了武帝章后与文帝、废帝的关系，文帝沈后与宣帝、后主的关系，这是我们辨明《别传》《百录》文本层叠情况、析出废帝朝文本的关键。正史中陈顼在陈朝覆亡中的责任，宣帝、后主一支与文帝、废帝一支的紧张关系，为我们理解《百录》《别传》的文献重构提供了政治背景；《陈书》对永阳、桂阳封王事的记载，也是我们理解文献重构之用意的重要参照。

史料考察往往也是史实考证的前提，前人系年的疏失，即缘于对相关记载杂糅性质的不察。陈金华先生曾对天台宗史中关于灌顶炀帝之关系的记载进行了考察，指出唐代天台宗为稳固天台宗与灌顶的地位，对灌顶所受隋室迫害容有避讳，且有意识地强调灌顶与炀帝的良好关系，并对《百录》成书后的文本形态进行复原，指出"百录"之"百"原为实指，现存百四条，是因第一百、一百二至一百四这四条为天台宗僧于后世添入，前三条与天台宗与三论宗的争衡有关。最后一条则与知礼、遵式对宋真宗诏修放生池的回应有关。② 本文则指出，在成书阶段，《百录》也发生过文献重构，且背后有政治因素的影响。是知阅读佛教史文本，特别是与朝廷有关、与宗派立场有关的文本，也应该带入史料考察、历史书写的眼光，使用文本的前提是对文本背后政治背景、宗派立场的审视。

（本文原刊于《佛学研究》2019年第2期）

---

① 《陈书》卷二八《陈深传》，第376页。
② Jinhua Chen, *Making and Remaking History: A Study of Tiantai Sectarian Historiography*, The International Institue for Buddhist Studies, 1999.

被质疑的哲学

——以清末民初四位学人的看法为例

李兰芬

哲学是否适合中国，或哲学是否是救心的智道，是中国百多年来一个令从事哲学研究、热爱哲学的人纠结的问题。其中，清末民初几位学人对哲学的质疑，在今天看来，依然是从事哲学研究、谈论哲学意义的人，未能完全回答清晰的问题。

问题至今没得到明确解释的原因之一，与对来自日本的"哲学"汉译涵义该作何种理解有关。① 本文暂不讨论这个文化交流视域中的重要问题，而将问题讨论的角度直接切入至近现代中国学人的理解上，并主要通过叙述和分析蔡元培、傅斯年、王国维与欧阳竟无等四位在清末民初的知名学人对哲学的看法，来展开问题的讨论。

一、引言：何种质疑？

在近现代中国学术重建过程中，人文学术领域遭质疑最多的是哲学学

---

① 我国台湾、香港、大陆学者对此问题都曾作研究（见后面相关注释）。本文作者认为，日本汉译的"哲学"涵义固然有可讨论的问题，但后来"哲学"一词在中国学科及思想发展中引起的各种问题，还不仅是由汉译的理解引起，而相反地，其脉络相对独立。它与中国学者对"哲""学"词义的某种"望文生义"联想及想象的含糊有关。这种含糊一旦与"玄学"挂钩，问题便由对词义的模糊理解，转变为对学科对象、学科研究方法及哲学作用等问题的各种争论。（郑宗义的研究较为独特地看到这一点，见后注。）

科。① 这里涉及的不仅是对哲学本性认识的问题，而且涉及哲学作为西方学术形式，是否属于中国传统就有的人文学范围，或者说，哲学是否能承担中国"人文学"教化的重任的问题。②

清末民初新学兴起期间，直接从学科建制上讨论哲学涵义及本性，还有哲学作用、哲学分科所属等问题的，是蔡元培和傅斯年。③ 在二人的讨论中，傅斯年的看法在争论的开始，仿佛并不占上风，或者说，蔡元培的看法才真正实施在学科的建制上。④ 如果将二人争论中哲学特性能否作"玄"解这一问题，放在哲学学科、哲学研究漫长的百余年进程中看，并转换成王国维关于哲学的"可爱"与"可信"之质疑，哲学的作用问题立即呈现得令人触目惊心。王国维的质疑，将哲学特性、哲学作用的问题从书斋扩展至人生，并使傅斯年等在早期仅将哲学与严谨理性挂钩，有意无意地重将哲学与科学关联的做法，推至极端，而使哲学某种程度上丧失了人文学研究及对人生问题解决的功能。王国维从人生角度上对哲学作用的质疑，从哲学本性的理解上，不仅使哲学重具"玄学"的特色，而且重将哲学之作为玄学的最重要一面之弱点，在直面人生的惨淡中，呈显出它

---

① 在近现代中国学术建制中，有一门重要的人文学科"宗教学"，极少被纳入讨论中。这与中国学人对"宗教"一词的误解有关，也与中国人对西方宗教的排斥有关。某种意义上说，宗教学作为一种人文学术，较少被纳入近现代中国学科建制的视野中。笔者曾作《近现代中国宗教研究兴起的几个相关问题》（载曹中建主编《2003—2004 中国宗教研究年鉴》，宗教文化出版社 2006 年版），试图探讨宗教学学科初期的问题。其他主要的人文学科，如文学，或现在学科中使用的"中国语言和文学"，如历史，在讨论相关学科建制时，涉及的话题只是新旧方式或研究方法之中或西的讨论，但学科内涵及归属为人文学，是毋庸置疑的。"哲学"则不然。

② 中国传统学术中，没有"人文学"这一大的学科类型，与此相关的，在近代学人看来，是古典的经、史、子及后来被广义理解的文学、语言学和美学等。这些被赋予现代"人文学"的古典学术，与现代教育中设置的以文学、历史、哲学为主体的"人文学"，在近现代中国知识分子看来，都应具有"政教风化"（《诗·周南·关雎序》："美教化，移风俗。"）和"教育感化"（《礼记·经解》："故礼之教化也微，其止邪也于未形。"）的双重作用（教化）。

③ 论文接下来的两部分，将专门详述和分析傅斯年与蔡元培的争论。

④ 傅斯年与蔡元培争论的主题，表面看只是哲学学科分属理科还是文科的问题，但从争论的实质上分析，则涉及对哲学特性该作何理解的问题。

的可疑。① 因为涉及"信"的问题，与玄学可能结盟的宗教不可避免地被牵涉进来。② 这个问题在王国维那里是隐晦的，欧阳竟无从另一个角度将它揭示了出来。

本就在科学与宗教之间起调和、平衡作用的哲学，如何几被与宗教同等看待？③ 早在20世纪20年代初，欧阳竟无的一次演说，明确将对哲学的质疑，与对宗教的质疑相关起来。④ 这不仅使哲学的理性特色表现在具体的人生、社会问题上的作用遭到质疑，而且更重要的是提出一个至今仍没有太多学者重视的另一个问题：哲学的玄远之维，如果被哲学家个人绝对化的话，理性的运用是否会如宗教的极端一样，导致哲学家的过分偏执

---

① 按从哲学学科角度来研究中国古典学术的诸多学者的看法，魏晋玄学是中国最具形而上学特质的"哲学"。但如王弼这样的魏晋玄学代表人物，在中国士大夫看来，其玄思对其人生、对社会、对政治，不免有"虚空"的副作用。王国维则用自己的切身体验及纠结的人生，真实地展现了哲学之玄性（形而上学特性）与个体人生的矛盾。另一位曾钟情于魏晋玄学的汤用彤，在后来也用自己的经历，再次展现了哲学与人生的复杂关系。（本文作者对汤用彤钟情魏晋玄学的心态，曾发表过几篇探讨的论文。）

② 王国维表述其对哲学疑问的著名小文《自序二》（载王国维《静庵文集》，辽宁教育出版社1997年版，第160—162页）发表于1907年。当时，他的质疑并没有引起太多的回响。但20年后（1927年）他的自沉，及一年后陈寅恪的纪念铭文一出，连同1923年开始的"科玄论战"的余响，使王国维对哲学的质疑又成一问题。研究王国维词学及思想的学者彭玉平，在其论文《关于〈静安文集〉的一桩公案》[《清华大学学报》（哲学社会科学版）2009年第1期]中，通过对王国维写作、出版此文集前后遭遇及心境的详细分析，提醒注意王国维自己对文集的态度，与其从哲学、教育（新学、新文化）转向国学、经学（传统学术）的曲折心路历程有关。另据这篇论文引证的史料，王国维摧烧文集的时间，正是其游学于日本的时间。在另一篇论文里[《王国维哲学、宗教观念与人生"诗学"》，《武汉大学学报》（人文科学版）2011年第2期]，彭玉平更提出，王国维之"忧生忧世"情怀，使其哲学一开始便纠结于人生问题，并具宗教色彩。这使王国维企图用作为新学的哲学理性解决人生问题时，不可避免地陷于究竟是对人的情感、意志的神圣超越（宗教走向）还是沉溺其中（文学、美学）的深刻矛盾中。

③ 清末民初之际，学人对日本人翻译和介绍的哲学，一般倾向理解为与科学更近，但因其有贯通和根本（深刻）特性，不等同于科学。又因其时介绍的哲学主要是西方近代各种哲学理论，也被看成与宗教看重神性不一样，是强调人的理性。蔡元培于1923年发表的《五十年来的中国之哲学》（载高平叔编《蔡元培全集》第4卷，中华书局1984年版）对此有较详尽的介绍。与傅斯年一起创建《新潮》杂志的谭鸣谦（又名谭平山，其时同为北京大学学生，后成为早期中国共产党的重要创始人之一），发表的一篇文章《哲学对于科学宗教之关系论》（《新潮》第1卷第1号，1919年），可看成这些观点的典型表述。

④ 欧阳竟无的著名演说《佛法非宗教非哲学》，载黄夏年主编《欧阳竟无集》，中国社会科学出版社1995年版，第1—13页。

与自傲?①

至此,哲学之涵义及作为变得含混起来。从事哲学教育或研究的学人,在其中也不免纠结起来。

西来的哲学是否能比附某种中国的传统学术(人文学)?还是一种新来的学术?如果是一种新来的学术,它究竟能否具有替代某种中国传统学术(人文学)的功能?如果不能,原因又出自何处?

再细分析,哲学的理性特征应该被如何理解?人生、社会问题如果还需要理性的话,应该是何种理性?或者说,人在解决人生、社会问题时,该运用何种理性,如何运用?②

其实,问题还可以不断地追问下去,但我们不妨先回过头来看,问题究竟是如何引起的。

下面将主要分析蔡元培与傅斯年对哲学的看法。

二、玄解哲学?——蔡元培与傅斯年的辩与疑

将蔡元培与傅斯年放在一起来谈论他们对哲学的看法,源于1918年两人辩论哲学门是否应隶属"文科"的往来函件③。

中国大学专业学科的设置,自清末新学改革以来,一直存在争论。从1916年起任北京大学校长的蔡元培,其实行的"循思想自由原则,取兼容并包主义"的方针,使其时的北京大学不仅成为了新文化运动的中心,而且也是促进近现代中国专业学制完善的重镇。

在蔡元培的学制改革中,当时还是学生(但却是学生会主席及《新潮》的创刊人)的傅斯年,对于北京大学学科改革中哲学门被划归为文科一事,向校长蔡元培提出了自己的否定意见。在信中,傅斯年极为义正辞严地陈述了哲学门只能隶属理科,而不应隶属文科的理由:"为使大众对

---

① 笔者曾撰文《寻找入世的真理——以章太炎、太虚与欧阳竟无的观点为例》(《现代哲学》2007年第2期),在结语部分讨论了欧阳竟无对哲学质疑的独特之处。
② 香港中文大学哲学系郑宗义先生在其长篇论文《中国近现代思想中的"哲学"》[载沙培德、张哲嘉主编《近代中国新知识的建构》(《第四届国际汉学会议论文集》),台北"中央研究院"2013年版]中,从学科建制史到思想史,尤其是中国哲学相关问题争论的学术史等不同的角度,借用翔实的文献和历史资料,揭示了"哲学"一词与概念、知识、思想的复杂关系。文章特别深刻剖析了近现代中国知识分子在接受、使用和质疑"哲学"时的矛盾心态。
③ 参高平叔编《蔡元培全集》第3卷;欧阳哲生主编《傅斯年全集》第1卷,湖南教育出版社2003年版。

于哲学有一正确之观念，不得不入之理科；为谋与理科诸门教授上之联络，不得不入之理科；为预科课程计，不得不入之理科。"①

在这三点理由中，非常值得注意的是，傅斯年从哲学与科学关联、与理性关联的意义上，认为哲学特性（或他的表述"哲学之正确观念"）与"玄"性（他的话是"玄语"）无关。而正是这种被强调与哲学不应相关的"玄"性，在蔡元培的回复中被从与理性之普遍性（或含糊意义上的"绝对性"等）关联的说明上，被重新强调为哲学的特性②。

下面，我们不妨先来看看傅斯年对将哲学纳入文科的质疑。

首先，傅斯年质疑哲学门隶属"文科"的设置模式源头是否恰当。他认为将哲学门归于文科而不是归于理科，更多是从日本照搬过来的，对比英美及欧洲，是"不伦不类"的：

> 以哲学、文学、史学统为一科，而号曰文科，在于西洋恐无此学制。日本大学制度，本属集合，殊国性质至不齐一之学制，而强合之，其不伦不类，一望而知。即以文科一端而论，卒业于哲学门者，乃号"文学士"。文科之内，有哲学门，稍思其义，便生"觚不觚"之感也。③

尽管西文"philosophy"一词的汉译，是从日本传过来④，"哲"字涵义与西文"philosophy"应接近⑤，但傅斯年与当时受西方启蒙思潮影响的大部

---

① 参欧阳哲生主编《傅斯年全集》第1卷，第39页。
② 见下面对蔡元培回复的分析。
③ 欧阳哲生主编：《傅斯年全集》第1卷，第37页。
④ 陈玮芬的论文《"哲学"之创译与演绎——兼论"哲学"与"理学"之辩》（《台湾东亚文明研究学刊》2012年第9卷第2期），详细介绍了日本学者西周将西语"philosophy"创译为"哲学"的历程，并分析了其作为"实践的经世家"，对"哲学"赋予的"理论性"和"合理性"。日本学者对"哲学"这种特性的理解及坚持，陈玮芬、郑宗义及其他研究早期日本汉译学术名词（概念），尤其是研究早期日本汉译哲学术语的学者，都认为与明末清初耶稣会士以对理学的理解来汉译相关的西方哲学术语有关。相关研究参陈玮芬、郑宗义论文（前引），以及林美茂《"哲学"抑或"理学"？——西周对 Philosophy 的误读及其理论困境》（《哲学研究》2012年第12期）、陈启伟《"哲学"译名考》（《哲学译丛》2001年第3期）、景海峰《"哲学"东来与"中国哲学"建构》（《中国哲学史》2004年第3期）等文。
⑤ "哲，知也。"（《说文》）"哲，智也。"（《尔雅》）段玉裁注《说文解字》"哲"字，强调："古智知通用。"

分中国知识分子一样，将"理"性、"智"性，与科学中强调分析、逻辑的知性、理性等同，而与形而上学的思辨性及涉及情、意的感性分隔开。傅斯年对哲学与科学相近性的强调，在他1919年写作的另一篇文章《对于中国今日谈哲学者之感念》①，还有更多的阐述（下面在蔡元培部分再做补充分析）。

另外，傅斯年从中国传统学术中对"文"的界定与"哲学"不是很相关这点上，再申述他执意将哲学与理科相挂的理由：

> 中国人之研治哲学者，恒以历史为材料。西洋人则恒以自然科学为材料。考之哲学历史，凡自然科学作一大进步时，即哲学发一异彩之日。以历史为哲学之根据，其用甚局，以自然科学为哲学之根据，其用至博。②

从中国传统学术类型划分来说，傅斯年强调："中国'文史'一称，相习沿用久矣。循名责实，文史二门，宜必不分也。返观哲学，于文学绝少联络，不可以文史合科之例衡之。"③

傅斯年一再提到传统学术中人文学的一个重要特点：玄（玄想、玄谈）。他断言，传统学术中的人文学，从所涉对象及运用方法来说，与科学的理性关系不大。并且中国文人易以"玄语"盖"浅陋"，因此，学科设置时，如将此"文史"与"哲学"相混，实是错误。

傅斯年又指出，哲学中与自然科学相关的理性知识，是当时中国文科学人（沿袭传统意义的文科）不具备的。本来，文与理从知识的掌握来说，不应分割，在西方确是如此，但中国则不然。所以，由文科的人去研究哲学、教育哲学，于学问发展显然害多于利。他说：

> 以为哲学、文学，联络最为密切；哲学、科学，若少关系者，中国人之谬见然也。盖习文学者，恒发为立想，作玄谈者，每娴于文学，不知文学本质，原属普遍。西洋为哲学者，固恒有文学之兴会，

---

① 欧阳哲生主编：《傅斯年全集》第1卷。
② 欧阳哲生主编：《傅斯年全集》第1卷，第37页。
③ 欧阳哲生主编：《傅斯年全集》第1卷，第37—38页。

其为科学者，亦莫不然。文学家固多兼诣哲学者，其兼诣科学者，尤不少也。中国文学，历来缺普及之性，独以高典幽艰为当然，又以无科学家，而文士又惯以玄语盖其浅陋，遂致文学与科学之关系，不可得见，反以哲学、文学、史学为三位一体焉。今为学制，宜祛此惑，不宜仍此弊也。

文学与哲学合为一门，于文学无害也，而于哲学则未当。何以言之，习文学者，能谋哲学学科之联络，其运用文学之思想，必不浅陋。然哲学取资于文学处，殊可概见。哲学主知，文学主情，哲学于各种问题恒求其能决，文学则恒以不解解之，哲学于事理分析毫厘，文学则独以感象为重，其本异，其途殊。今固不可谓哲学与文学渺不相干，然哲学所取资于文学者较之所取资于科学者固不及什一也。①

最后，傅斯年直接从清季学制改革以来所设学科、学门无"哲学"这一事实，质疑今设"哲学"门，教员所应具备的知识能力不可能从文科获得，而更可能是从理科出，再强调哲学应属理科。从学生进入大学前所学知识的种类，也使理科预习与哲学学习更近。他说：

一年以前，吾国之哲学门仅可谓为"大清国大学经科理学门"（清季学制经科有理学门，文科无哲学门），不足当哲学门之名。诚以所授诣者，不为古典之学（Classicism），便是怪秘之论（Mytholozy），何有于哲学。今以教员之选，课程之革，大愈于前矣，然若不出哲学门于文科，入之理科，一般人之观念，犹如昔也。自学生观察所及者言之，同学诸君，以及外人，对于文科之观念，恒以为空虚之府，其志愿入此门者，绝不肯于自然科学，多所用心。持是心理以观哲学，本此见识以学哲学，去哲学之真，不亦远乎？今学生所以主张哲学门应归入理科者，不仅按名求实，以为哲学不应被以文科之名也，实缘哲学入之文科，众多误会，因之以生；若改入理科，则大众对之，观念顿异，然后谋哲学与理科诸门课程上之联络。一转移间，精神上之变革，为不少矣。

若就教授上之联络而论，哲学门尤宜入之理科，物理门之理论物

---

① 欧阳哲生主编：《傅斯年全集》第1卷，第38页。

理，化学门之理论化学，数学门之天文学、聚数论、微积分，动植物门之生物学、人类学，皆与哲学有亲切之关系。在于西洋，凡欲研治哲学者，其算学知识，必须甚高；其自然科学知识，必具大概。今吾校之哲学门，乃轻其所重，绝不与理科诸门谋教授上之联络，窃所未喻也。

今之文预科，为预备入文学、哲学、史学三门而设，无所区别，试问此三门之预科，固应课程齐一耶？哲学门之预科，应注重数学、物理；文学、史学之预科，则不必然。又同学科，对于预备习文学之人，与对于预备习哲学之人，应异其教授范围与其方法。哲学门之预科，其性质当与理科为近，而于文学门预科为远也。①

中国传统人文学术中包含的"玄"性，真与哲学的理性无关吗？这是否成为拒哲学入文科的重要理由？

蔡元培作为校长如何回答这位才气横溢、咄咄逼人的学生呢？几乎是轻描淡写地，蔡元培用聊聊数语回复了傅斯年：

案：傅君以哲学门隶属文科为不当，诚然。然组入理科，则所谓文科者，不益将使人视为空虚之府乎？治哲学者，不能不根据科学，即文学、史学，亦莫不然。不特文学、史学近皆用科学的研究方法也。文学必根据于心理学及美学等，今之实验心理学及实验美学，皆可属于理科者也。史学必根据于地质学、地文学、人类学等，是数者，皆属于理科者也。如哲学可并入理科，则文、史亦然。如以理科之名，仅足为自然科学之代表，不足以包文学，则哲学之玄学，亦决非理科所能包也。至于分设文、哲、理三科，则彼此错综之处更多。以上两法，似皆不如破除文、理两科之界限，而合组为大学本科之为适当也。②

从文字上看，蔡元培似乎只回应了傅斯年关于哲学更近于理科（科学）的

---

① 欧阳哲生主编：《傅斯年全集》第1卷，第38—39页。
② 高平叔编：《蔡元培全集》第3卷，第194页；欧阳哲生主编：《傅斯年全集》第1卷，第40页。

问题。同样抓住这点，蔡元培从新教育（新学术）的特点及文理科调和的方面，调侃说"如哲学可并入理科，则文、史亦然"。但之所以不做如此简单划分，而将哲学归入文科的重要原因，蔡元培说了一个非常重要的理由，并且这个理由成为了日后科玄论战，及欧阳竟无将哲学与宗教一并拒斥的重要线索："如以理科之名，仅足为自然科学之代表，不足以包文学，则哲学之玄学，亦决非理科所能包也。"

哲学特性以"玄学"解，这在后来蔡元培的不同讨论、介绍哲学的文章和著作中，有过不是很明确但留下问题的表述。如在《哲学与科学》（1919年）中谈及"哲学之任务"时，他对其中第三点的哲学之"玄学"任务，有这样的表达：

> 哲学之任务，则尚不止于前述之二端，约举之有三：一曰各科哲理，如应用数学之公例以言哲理，谓之数理哲学，应用生理学之公例以言哲理，则为生理哲学等是也。二曰综合各种科学，如合各种自然科学之公例而去其龃龉，通其隔阂，以构为哲学者，是为自然哲学。又各以自然科学所得之公例，应用于精神科学，又合自然科学及精神科学之公例，而论定为最高之原理，如孔德（Auguste Comte）之实证哲学，斯宾塞尔（Herbert Spencer）之综合哲学原理是也。三曰玄学，一方面基础于种种科学所综合之原理，一方面又基础于哲学史所包含之渐进的思想，而对于此方面所未解决之各问题，以新说解答之。如别格逊（Henri Bergson）之创造的进化论其例也。夫各科哲理与综合各种科学，尚介乎科学与哲学之间，惟玄学始超乎科学之上。然科学发达以后之玄学，与科学幼稚时代之玄学较然不同，是亦可以观哲学与科学之相得而益彰矣。①

蔡元培在这里给哲学之"玄学"特性说明，留下了一些含混的说法，"综合"是否意味着超越？"新问题"是否意味着人生、社会问题？

而在《节译柏格森玄学导言》（1921年）中，蔡元培对"玄学"如是定义：

---

① 高平叔编：《蔡元培全集》第3卷，第253—254页。

> 凡是实证科学,均用分析法,都用符号。不但自然科学,就是生活的科学,也是根据那种生活的形式。机关,与解剖出来的部分相互比较,由复杂求到简单,用可见的符号,求研究生活的机能就是了。若是换一个方法,用绝对的认识来代相对的,用深入对象的体认来代对待的视点,用直观的全有来代分析的选取,超乎各种符号以外,那就是玄学的本分了。所以玄学是一种要不藉符号而能表示的科学。①

从这段定义中,蔡元培用"绝对""体认""直观""全有"和"深入对象""超乎各种符号"来界定"玄学"的特质,或者说,区别哲学与科学。

但如果将这个界定与他在不同时期关于不同学术如何解决人性中情、意、智(理性)三方面的问题的说法相对照,尤其是与他在不同时期对美术、美育(广义上的文学艺术)性质的说明相比,会发现,哲学的玄学与中国传统意义上的文学,差别不是很大。② 起码从方法上说,都强调绝对、全有(蔡元培时常用"普遍":"美以普遍性之故,不复有人我之关系,遂亦不能有利害之关系"③;"美感是普遍性,可以破人我彼此的偏见;美感是超越性,可以破生死利害的顾忌,在教育上应特别注重"④),都强调方法上的直观("科学与美术有不同的点:科学是用概念的,美术是用直观的"⑤)。更关键的是,蔡元培将科学较侧重地划定为"自然科学"时,哲学"玄学"之与生活有关,及美术或美育之与人生有关,便毫无疑问地必须涉及"主观"和"价值"的问题。他说:

> 意志论之所诏示,吾人生活,实以道德为中坚,而道德之究竟,乃为宗教思想。其进化之迹,实皆参互于科学之概念,哲学之理想。

---

① 高平叔编:《蔡元培全集》第4卷,第85页。
② 蔡元培并不认为魏晋时期可以称之为有哲学的时期。他在不同文章里,都只是认为诸子百家争鸣时期的儒家思想及后来宋明的儒家思想与哲学有关。但批评宋明儒家的哲学是繁琐哲学。另,他将老庄思想以玄学称谓。(参蔡元培《中国伦理学史》,载《蔡元培全集》第2卷;《中国的文艺中兴》,载《蔡元培全集》第4卷;《五十年来中国之哲学》,载《蔡元培全集》第4卷。)
③ 蔡元培:《以美育代宗教说》,载《蔡元培全集》第3卷,第33页。
④ 蔡元培:《我在教育界的经验》,载《蔡元培全集》第7卷,第197页。
⑤ 蔡元培:《美术与科学的关系》,载《蔡元培全集》第4卷,第32页。

> 概念也，理想也，皆毗于抽象者也。而美学观念，以具体者济之，使吾人意识中，有所谓宁静之人生观，而不至疲于奔命，是谓美学观念惟一之价值，而所由与道德宗教，同为价值论中重要之问题也。①

顺着这样一种对哲学"玄学"特质的强调，蔡元培在其中一篇访谈录里，表达了与其著名的"美育代宗教"口号一样的、"以哲学主义的信仰代宗教"的看法②。

到这里，关于哲学的问题，仿佛又回到原点上，如果美术（美育）具有与玄学特质的哲学同样功能的话，并且美术与科学相比较，具有更显著的人文色彩的话，那么，美术是否也可以代哲学呢？

这正是蔡元培无法明确解决的问题。

蔡元培在不同综述和评论中国学术的书中，几乎都会将中国的人文学与儒家关联起来，并将儒家的"六艺"比喻为现代人文教育的方式。借对孔子精神生活的描述和评论，蔡元培不但在"智"的体现上没有提到哲学，而且，他在孔子精神生活的三个方面"智""仁""勇"，特别指出还有两个特点需重视："一是毫无宗教的迷信，二是利用美术的陶养。"③

晚年回顾自己从事教育事业及中国新文化发展历程的文章中，除个别地方提到，清末新学制改革，他将哲学设为与世界观相关的课程外，蔡元培几乎不再提到哲学及哲学门。④

哲学是什么性质的理性，它果真有代替或超越宗教的功力，而在人生领域中发生作用吗？

当王国维将哲学的玄远之维与人生问题相对待来深思时，矛盾并且痛苦的纠结便缠绕着他。而当欧阳竟无将哲学理性的执着与个体存在的局限相对照时，哲学理论和哲学家又仿佛不得不正视自己根本不玄远的身

---

① 蔡元培：《哲学大纲》，载《蔡元培全集》第2卷，第381页。
② "将来的人类，当然没有拘牵仪式、倚赖鬼神的宗教。替代他的，当为哲学上各种主义的信仰。这种哲学主义的信仰，乃完全自由，因人不同，随时进化，必定是多数的对立，不象过去和现在的只为数大宗教所垄断，所以宗教只是人类进程中间一时的产物，并没有永存的本性。"（蔡元培：《关于宗教问题的谈话》，载《蔡元培全集》第4卷，第70页）
③ 蔡元培：《孔子之精神生活》，载《蔡元培全集》第7卷，第107页。
④ 参蔡元培《我在教育界的经验》（1937）及《整顿北京大学的经过》，载《蔡元培全集》第4卷，第32页；蔡元培《三十五年来中国之新文化》（1931年），载《蔡元培全集》第6卷。

和心。

三、哲学的"信"与"爱":王国维的纠结与欧阳竟无的拒斥

王国维对自己钟情哲学、质疑哲学及放弃哲学的心路历程,做过非常感性的描述。在新编的《静庵文集》里,《静庵文集》一卷的《自序》及《静庵文集续编》中的《自序》和《自序二》,是王国维对自己进入哲学、选择哲学,并对哲学产生矛盾态度的记载。

诚如大部分研究王国维的学者注意到的那样,与傅斯年不一样,王国维对西来哲学的关注,不是纯粹实证的,不是纯粹理性的。对此,蔡元培在总结五十年来中国哲学历程时特别提到,王国维与早期介绍、接受西方哲学的大部分学人不同,他接受的不是具有理性启蒙色彩的英美哲学,而是德国哲学,并且主要是叔本华、尼采等的非理性主义哲学。①

王国维的哲学选择与他的性格有关。他是将哲学的选择、哲学的研究(作为一种学术方式的接受)与他的人生问题关联起来。他同时是个理性的人,其非常深厚的中国传统学术(如史学、校勘、考据学等)功底,及对学问的严谨、认真、求实,与他性情的极度敏感和内心深刻的脱俗,形成极为鲜明的对比。②

作为一个不仅介绍过西方哲学,而且能够运用西方哲学理论去阐释中国思想的杰出学人,王国维在理性与非理性的哲学中几番出入,终是不能从哲学本身求得解决"信"与"爱"矛盾的佳途,而忍痛放弃了哲学。③

王国维对哲学提出的质疑,不是哲学的涵义问题,而是哲学的功用与其实现方式是否完满的问题。挣扎于情感与理智、哲学与文学之间,或者说挣扎于新学与旧学之间,挣扎于新型的人文学(?)与传统的人文学之间,王国维在1907年写下的一段话,为自己二十年后的自沉埋下了一个

---

① 蔡元培:《五十年来中国之哲学》,载《蔡元培全集》第4卷,第354—360页。
② 王国维自述选择哲学的原因:"体素羸弱,性复忧郁,人生之问题日往得于吾前,自是始决于从事于哲学。"(王国维:《静庵文集》,第159页)陈寅恪在纪念王国维的铭文中,曾这样描述:"士之读书治学,盖将以脱心志于俗谛之桎梏,真理因得以发扬。思想而不自由,毋宁死耳。"。
③ 蔡元培对此表示非常遗憾。在他看来,王国维对非理性哲学的介绍,弥补了中国学界其时对理性哲学的"偏颇"钟情(参蔡元培《五十年来中国之哲学》,载《蔡元培全集》第4卷)。

伏笔：

> 余疲于哲学有日矣；哲学上之说，大都可爱者不可信，可信者不可爱。余知真理，而余又爱其谬误。伟大之形而上学，高严之伦理学，与纯粹之美学，此吾人所酷嗜也。然求其可信者，则宁在知识论上之实证论，伦理学上之快乐论，与美学上之经验论。知其可信而不能爱，觉其可爱而不能信，此近二三年中最大之烦闷，而近日之嗜好所以渐由哲学而移于文学，而欲于其中求直接之慰藉者也。要之，余之性质，欲为哲学家则感情苦多，而知力苦寡；欲为诗人则又苦感情寡而理性多。诗歌乎？哲学乎？他日以何者终吾身？所不敢知，抑或在二者之间乎？①

但在这仿佛是哲学功用及哲学方式的质疑中，我们仍看到蔡元培和傅斯年的问题。

当时的学人无不因反感宗教，而较多地选择近现代启蒙运动以来的西方哲学理论。在蔡元培及傅斯年对哲学问题的讨论文章中，无不夸赞哲学理性对宗教神性的战胜，并一再强调，从这种战胜中，人体现自己的位置、价值和作用。王国维也不例外。也由此，他们无一例外地将哲学的理性方法与科学实证的研究、分析相类比。

但在面临人文领域时，问题便来了。固然，人的问题，如人性的分析，可借助生理学、心理学（蔡元培和傅斯年在早年都强调过此，傅斯年在英国时专门选择了这两个学科学习）方法，来进行分析。但是，蔡元培看到，纯粹的科学方法（理性或理智）不能说明人的与情感、意志有关的特性，尤其不能说明在这后两方面体现出的价值选择和道德要求。从历史来看，蔡元培认为，确实宗教起过作用。只是他一针见血地指出，宗教的理想却因宗教信仰者（宗教徒）的偏狭和执着，而往往不容他人。蔡元培最初选择哲学来代中国传统人文学，起塑造人的世界观和人生观的作用，但又因哲学之理性被太过地与科学理性关联，对人的问题仿似缺乏热情和足够的说服力，因而他转向期待美术或美育能代宗教起有终极意味的人文

---

① 王国维：《静庵文集》，第160—161页。

关怀作用。①

显然，在新学与旧学的交涉中，传统学术必须加以新的眼光和方法来体现其对人生、社会的作用。王国维和蔡元培、傅斯年，都为中国新史学、新考据学、新语言学等做出了巨大的贡献。王国维更为新美学、新文学做出了无可替代的作用。然而，传统学术并没有在这种新眼光、新方法加入后，发挥她对当时社会及人生问题解决的积极和有效的作用。主要的问题在于，中国的精神并没有在这些学术的努力下，得到令人乐观的振奋。尤其在与外来文化（特别是物质文化）交涉的过程中，哲学显然不是人精神的归宿。这点，王国维尤感深切。

哲学被过分地强调与人、与人认识具体事物的理性相关时，其超越的脱俗性必然被泯灭。但如果如蔡元培所意识的那样，依然将哲学比作玄学，玄学之玄虚性（抽象）又是否能为个体的人所把握？或变成失去着落的"虚无"？

王国维纠结的是哲学作为玄学而表现的脱俗如何才能与从事哲学的个人必具的理性结合。

欧阳竟无断言，哲学家对玄远之维的期待，是不可能靠其运用的理性手段落实的。

欧阳竟无直面世俗理性（为绝大多数近现代中国学人认可的哲学理性），尤其是哲学中以人为中心的面向，坚拒将破"我执"的佛教理性与他批评的"哲学"混为一谈。

先回过头来看，欧阳竟无在他著名的演说《佛法非宗教非哲学》中，指出佛法非哲学的三点中，所涉的哲学家、哲学理论及流派都是颇值得讨论的。其一，"哲学家唯一之求在求真理。""所谓真理者，执定必有一个什么东西为一切事物之究竟本质，及一切事物这所从来者是也。"哲学家如何"执"呢？以西方哲学家为例，"对于世间一切事物，你猜过去，我猜过来，纷云扰攘，相非相谤。皆是执定实有一理"。如果说，不管所"执"何物，"执"仍为哲学之本性，那么，佛法又如何能因哲学所究是一切事物的本质，而不破其在"究"中所显之个人的"虚妄"之"执"

---

① 从蔡元培有关新学体制及科目设置的早期著作及文章中，可以看到他最初以哲学为传统道学之中心，赋予其"世界观"的新语（1901年至1912年）。后来他改提"以美育代宗教"（1912年开始）。参高平叔编《蔡元培全集》第1卷、第2卷相关文章。

呢？其二，"哲学之所探讨即知识问题。所谓知识之起源、知识之效力、知识本质，认识论中种种主张，皆不出计度分别。"欧阳竟无先生断定，无论独断论、怀疑论或积极论之哲学，都不离"执法尘""执一常"，如此"独隘一知识，而求知识之来源、效力、本质决不能得其真相也"。"是故哲学者，无结果之学也！"其三，虽然"哲学家之所探讨为对于宇宙之说明"，但"彼诸哲学家所见所知于地不过此世界，于时不过数十年间，不求多问，故隘其量，故扁其慧"。从上面三点，欧阳竟无先生讥讽哲学家不懂"牵一发而全身动""必知三阿僧祇劫然后知此一刹那""必知无量无边世界而后知此一世界"之理，更不明"人智原有高下之不齐""断不可用常情度高明之所知"。①

细读其文，会看到，在第一点中，欧阳竟无挑出了笛卡儿、罗素两位近代西方大哲人来评论。他指出，尽管两人在倡导人的理性、批判上帝权威上有大作用，但两人无论是论人心、论真理、论怀疑，无一不是如其他近现代西方哲学家那样："执我"。而在其他两点中，他除反复批评罗素外，还指名批评了博格森，还有认识论中的经验论、唯理论，本体论中的唯物论、唯心论、一元论、二元论等。

欧阳竟无几乎与其时大部分民国学人一样，一方面从进化论的角度来赞扬近代哲学对人性的重视。一般而言，在强调哲学体现人性、战胜神性时，基本上是从理性，尤其是从与科学实证精神关联的严谨理性这点来说的。欧阳竟无和蔡元培、傅斯年等，都认可了孔德社会历史进化观中对哲学理性的赞许。

而在小部分对西方非理性主义哲学的引进及介绍中，人的位置依然突出。区别开前面侧重理性的强调，近现代学人清醒意识到，如叔本华、尼采，还有柏格森等的哲学理论，除充斥着对宗教的反抗和拒绝外，无非还是释放人的情感和意志。并且，在这些哲学中，对与人情感（感性）及意志相关联的深刻分析，常伴随着中国学人不是很能切身理解，但又异常困扰的、对人性负面的深刻揭示。这种深刻的揭示，因其强烈的情绪感染，让当时面临古今交替、东西交涉的中国学人，既激动又迷茫。其中，王国维摇摆于"可爱"与"可信"间的痛苦，与鲁迅直面痛苦、担当虚无的

---

① 欧阳竟无：《佛法非宗教非哲学》，载《欧阳竟无集》，第13页。

绝望，便是最典型的代表。① 而王国维对哲学的放弃，他某种意义上借助西方实证学术方式，回归中国传统学术的做法，还有鲁迅用文学、美术来反抗绝望，都意味着哲学在家、国、人事的领域，在民国学人看来，是无能为力的。

或者说，近现代中国知识分子对西方哲学的认识，原本部分接受非理性色彩的哲学介绍，在后来逐步走向严格的思辨哲学、实证哲学、实践哲学（主要是以马克思主义哲学为代表）的介绍。这种多少有点"去神化"的人学哲学，这种坚信以人的理性或激情（意志）可以直面和弄清事物、人、社会存在发展的本质（真相）的哲学理论，即使涉及人性，涉及社会的伦理、政治或宗教问题，它仍是以人的角度去判断和衡量的。

四、结语：哲学为何与哲学何为？——仍然未解的问题

哲学在近现代初期被不同类型的学人质疑，除涉及其中的学科如何建制、与中国传统学术的关系等问题外，还有两个关系哲学特性的问题值得思虑：一是哲学玄远之维所现的超越性能走多远，二是哲学理性（论理）方法的可证性能严格、精确到什么程度。

或说，哲学即使以其玄远之维的设立，开拓及实现了人类超越的梦想，并且以其对严格理性方法的运用，来显现它实现人类梦想的方式不是个人的臆想，而且有为他者理解、证明的途径。

但是，哲学的玄远之维因其不同时具有价值意向，更不具有鲜明的自我批判功能②，其玄远的限度、其实现玄远梦想的方式，始终限于人心，限于人的视域。这样的玄远之维如何能致人心与他心相和，这样的理性方式又如何能教化③人改变狭隘而走向神圣？

[本文初稿宣读于台北"中央研究院"中国文哲研究所、广州中山大学哲学系主办的"近代东西思想交流中的西学东传问题"学术研讨会，

---

① 潘知常：《为信仰而绝望，为爱而痛苦：美学新千年的追问》，《学术月刊》2003年第10期。

② 原本苏格拉底要求哲学智慧应具反问自己是否无知的批判功能，但后来哲学的发展，对人理性天赋的信任，对理性形式的迷恋，使从事哲学研究的人逐渐忘却了自我批判的功能。

③ 如哲学仍被作为人文学之一，就不应丧失对人心改造（"移风俗""止邪于未形"）的教育感化作用。

2014年3月11日。发表于《中山大学学报》(社会科学版) 2016年第1期。后收入林维杰主编《近代东西思想交流中的西学东渐》,台北:"中央研究院"中国文哲研究所,2016年12月]

"《文心雕龙》学"介入古今之争的可能性

——从王国维《屈子文学之精神》说起

李智星

一、《屈子文学之精神》的怀抱何在？

晚清民初的大学问家王国维，其思想和精神情怀被铭刻上特殊的历史时代品质。晚清以降，中国的传统文明机体正面临西洋现代性的文明制度的广泛冲击，王国维介乎此"三千年未有之大变局"，其学述关怀所在，固然离不开这一时代境遇。传统文明如何渡过这一剧烈的革变关头，如何在与现代西方文明的交遇中转化出"旧邦新命""国故新知"的新格局，始终是王国维心中念念不忘的大问题。

王国维自觉运用西方的现代学术思维与现代文明精神，融入中国传统学术的勘查研究之中，致力于开启传统学问的现代化形态。例如，借助西方美学的主客体理念分析，重构中国的传统诗学理论；在他著名的《红楼梦评论》中亦渗透着西方悲剧美学理论和悲观论哲学的色调；他创作的词糅合了西方哲学形上学的沉思性质，从而融创出新型的"形上词"写作，这种在旧的文体体制内融入新的观念、新的思想的"形上词"创建，其成就可以说远远超越了首倡"新文学"概念的梁启超以及胡适的《尝试集》。可见，王国维即便在从事传统学术系统中的"集部"之学，内心仍惦念着传统文化如何完成新机开创的历史难题。无疑，把握古今文化之争的基本背景是把握王国维学述意识的关键线索。

近代中国的主流学术范式在西方文明的搅扰下，经历了从"经学"向"史学"的重大转捩，史学开始积极取代经学。① 史学意识的强化导致知识界中相应产生了一批史学知识人群体和史学知识话语建构，其中"古史

---

① 参王汎森《近代中国的史家与史学》，复旦大学出版社 2010 年版，第 51、79—80 页。

辨"派最为声名远扬。王国维也不出潮流之右，亦积极从事中国古代文明的史学研究，但其旨趣显然与"古史辨"派的学术原则大相径庭。傅斯年、胡适等人严格按照西方现代史学和考古学原则进行考察，奉守"价值中立"的客观性尺度，典型地符合"赛先生"的实证科学主义精神。王国维的史学研究作品，比较有名的如其《殷周制度论》，表面看去与实证的史学科学研究相类似，其中对古代中国文明机体划分殷周二元的研究分析方法，表面上亦跟"古史辨"派将一元化的文明统一体系进行多元分解的研究方法相吻合；但实质上，《殷周制度论》对形成于周代的政教上的"大经大法"，仍然推尊至极，并称之为"至治"之法，其经学式的情怀溢于言表，《殷周制度论》的情形更像是在新式史学话语的基础上持守传统的尊奉"大经大法"的经学式怀抱。

再者，《殷周制度论》一开篇，便给人极强烈的时代感，暴露了王国维更深层的问题关怀，这一深层次的问题关怀，自然与他魂牵梦绕的传统中国文明在近现代如何进行通变的大问题息息相关。《殷周制度论》关注殷周之际文化制度风物的交替嬗变，开篇便写道："中国政治与文化之变革，莫剧于殷、周之际。"① 而王国维审辨殷周制度之"变革"，乃意在"因应西方政教制度的挑战"。② 传统中国被迫在近代以降经历的古今文明争执中谋求通变，这一"变"该如何进行、如何过渡、如何承转，这样的问题是王国维学述的"源问题"。在此一根本问题意向的主导下，王国维的史学研究关切历史上的迁变现象，就不会作纯粹的客观科学看待，关注殷周之际政治文化的交替必然更深地牵涉到对传统中国文明在时代革变关头的困局与命运的沉思。在看似与时局无关的史学研究中，王国维实际也不能摆脱他的"源问题"意识。

照此就不难理解，在看似与时局无甚关联的文学或"集部"之学的研究中，实在同样贯彻上述的"源问题"思考。倘对主导王国维学述的基本"源问题"未有察觉，便容易对他的一些文学研究著述作纯文学研究看待，如此，读者便未能理解作者在文学问题背后所寄托的更宏大的文明问题，错过王国维高远精微之用心。《屈子文学之精神》一文并不长，但显然也

---

① 王国维：《殷周制度论》，载周锡山编校《王国维集》第四册，中国社会科学版出版社2008年版，第124页。
② 参刘小枫《儒教与民族国家》，华夏出版社2007年版，第110页。

"《文心雕龙》学"介入古今之争的可能性

在文学问题上倾注了对古今文明交变、争持的思索。

《屈子文学之精神》①从文学史上评价屈原文学的特殊性。首先,对于文学史的分析,王国维沿用了南北分殊的分析框架,指出"吾国之文学,亦不外发表二种之思想"(页27),此"二种之思想",便是北方学派的文学思想与南方学派的文学思想。屈原乃"南人而学北方之学者"(页29),故南方之学与北方之学都集汇于屈原一身,屈原兼负南北派之学,其文学创作亦集汇南方文学精神与北方文学精神于一体。在屈原那里,南北精神呈现出某种融构。然而,南北精神的差异,在王国维看来,实可深入到"家族、国家及社会中之生活"(页28),可包含、引申到关于文明社会制度之态度:

> 我国春秋以前,道德政治上之思想,可分之为二派:一帝王派,一非帝王派。前者称道尧、舜、禹、汤、文、武,后者则称其学出于上古之隐君子,或托之于上古之帝王。前者近古学派,后者远古学派也。前者贵族派,后者平民派也。前者入世派,后者遁世派也。前者热性派,后者冷性派也。前者国家派,后者个人派也。前者大成于孔子、墨子,而后者大成于老子。故前者北方派,后者南方派。此二派者,其主义常相反对,而不能相调和。(页27)

由于南方学派信奉的"主义"属非帝王的、平民的与个人的"主义",故"南方学派之思想,卒与当时封建贵族之制度不能相容"(页29);北方学派之思想,则与此封建贵族的旧制度相容。所以原则上北方学派常称道圣王,而南方学派不好称道圣王。再者,南北学派的思想关系到对文明社会之沿革、守变的态度。王国维写道:"北方派之理想,置于当日之社会中,南方派之理想,则树于当日之社会外。易言以明之,北方派之理想,在改作旧社会;南方派之理想,在创造新社会。"(页28)关于社会制度之革变、沿守的问题于此又再出现。这意味着在对南北思想的差异与融汇的思考中,王国维大概同样注入了关于"旧邦新命"的通变、正变问题的关切。事实上,对南北思想差异的描述中,王国维使用的诸如

---

① 参王国维《屈子文学之精神》,载《王国维集》第一册,第27—30页。以下凡引该篇仅随文注页码。

· 153 ·

"贵族派""平民派""国家派""个人派""帝王派""非帝王派"一类措辞，本不属传统学问里的事物，都是接受西方文化启蒙后才产生和意识到的概念，这样的事物与概念的对举充满了当时中西古今文明政制之争的色彩。显然，王国维探讨的虽是春秋以前的"道德政治上之思想"，但问题意向早已接通近代中国的历史场境。从这一问题意向出发，讨论屈原及其文学创作中的南北思想交融问题，便也交织着传统道德政治文明的进退守变问题，不难被进一步引向古今新旧文明事物与概念的交互融汇问题。

屈原文学在文学发展史上占有创变开新的地位，"彼之丰富之想象力，实与庄、列为近。《天问》、《远游》凿空之谈，求女谬悠之语，庄语之不足，而继之以谐，于是思想之游戏，更为自由矣。变《三百篇》之体，而为长句，变短什而为长篇，于是感情之发表，更为宛转矣。此皆古代北方文学之所未有，而其端自屈子开之"（页29）。对屈原文学新变的描述（比如"自由"），也令人不禁联想起近代新派文学的文论主张；在《宋元戏曲考》中，王国维将《楚辞》看作与元剧一样，是在我国文学中"于新文体中自由使用新言语"的①，这样的表述使得《楚辞》跟近代兴起的"新文学"概念相靠拢了。王国维对屈原文学新变的思考，看来也渗透了对近代新旧文学的思考，总之，是在借考察古代的文学新变来思量眼下所遭逢的文学新变事件。

屈原固然是以南方精神的注入促成了北方古代文学的新变，但是其文学人格的胸襟与根底仍是北方的，是由北方文学的性格襟抱来驱运、驾驭此南方文学精神的注入："然所以驱使想象而成此大文学者，实由其北方之胚挚的性格"（页29），"其中之想象的原质，亦须有胚挚之感情，为之素地，而后此原质乃显"（页30）。可见，在屈原及其文学作品之中，南北精神的融构主以以北驭南、北方精神驱使南方精神，南方精神在北方精神的素地与根底中开发新机，屈原文学促成的北方传统文学之变，是在持守传统中实现的新变。因此我们不难发现，屈原文学里既有个人精神想象的自由发表，但也仍然在推崇圣王（"犹称重华、汤、禹"的贵族派、帝王派）、心怀国政（"其于国家既同累世之休戚"的国家派），与"当时封建贵族之制度"相容，乃深怀北方之感情与心志。由此不难察觉，通过展现屈原文学的北南通变与融和，王国维也试图展现出中国传统道德政治文

---

① 王国维：《宋元戏曲考》，载《王国维集》第三册，第82页。

"《文心雕龙》学"介入古今之争的可能性

明机体进行持旧开新的一种方式和可能性。王国维的文学论述中果然深远包含着关怀文明新旧立法的大问题。

屈原在古代文学史上占有革旧开新的特殊地位，关涉到北方传统文学精神在面对南方文学精神的注入时如何自我持守与自我转化，处于文学史迁变阶段的这一特殊性，致使屈原文学受到王国维的特别关注，这与他关注殷周之际的文化制度之迁变有着一致的动机。对历史上某些曾有的迁变事件进行考察（如审辨秦汉、隋唐的制度嬗变），是基于对近代中国遭遇的中西古今新旧之革变关头的回应。所以在这一时期的文明史、制度史的史学研究中，有一种尤其关注历史上外来文明建制入华，与华土本有的传统文明建制相交遇、相碰撞的史学研究趣味，如审辨佛教、基督教、伊斯兰教来华时的历史境况（如陈寅恪、汤用彤、陈垣等）。这一类史学都非"古史辨"式客观实证的史学，而是隐含别一番文明怀抱在。因为历史上的这些外来文明形式与传统文明建制相碰撞的迁变关头，与近代中国在西洋外来文明制度的冲撞下所不得不面对的迁变境遇是近似的。对历史上"变"的先例的思考，乃是为了寻求启迪与借鉴，回应眼下遭逢的"变"的紧迫时刻。

无独有偶，与王国维对屈原文学的评价与处理方式相类似者，于我国文论史上可以追溯到南朝刘勰的《文心雕龙》。刘勰同样身逢正统儒教文明的历史变动，这主要体现在学人群体对"文"的理解出现了分化与裂变：传统学人普遍积极担待起儒家政教文明的淑世关怀，学人为"文"就自然不离"文明"之"文"的抱负，但在汉魏六朝政世动荡的时期，儒家政教体系亦趋于式微，文道两分的格局随之出现，"文"乘机开始了自身之独立发展、展现自身独立价值品质的道路，于是所谓"文学自觉"便应运而起。[1]"文"便从"文明"之"文"摆脱出来而向纯文章学意义上的"文"转变，知识精英相应从担负"文明"的为"文"向敷衍辞藻、经营音韵的纯文章学之"文"的写作转型。刘勰著述《文心雕龙》，既响应亦试图端正这一文变事件，他设法在传统文明之"文"的含义中转建出一种文章学意义上之"文"，同时兼顾融汇两种意义的"文"。在《辨骚》中，刘勰明确以屈骚文学为新变文学的代表，所谓"变乎骚"（《序志》）

---

[1] 参牟世金《从文与道的关系看儒家思想在古代文学发展中的作用》，载牟世金《雕龙集》，中国社会科学出版社1983年版，第23—28页。

的说法,直以屈赋为开启文变的关隘。与王国维相同,刘勰对于开启新变的屈骚文学,也是坚持以传统文学来加以驾驭、驱使(《辨骚》所说"凭轼以倚雅颂,悬辔以驭楚篇"),其实就相当于以北方代表的经学文学传统为本体与根底("本乎道""体乎经")来驱使南方代表的新变文学潮流,南北和合,以北驭南。"《文心雕龙》学"(以下简称"龙学")的汪春泓前辈恰恰就从南北文学精神的分殊与融汇这一分析框架出发,从文学史上评价刘勰对文学新变作出南北结合、以北驭南的规导与立法的,[①] 这无意中使《文心雕龙》对屈骚新变文学的整体态度跟王国维的《屈子文学之精神》更显不谋而合。

二、在王国维与刘永济之间看《文心雕龙》的文学正变观

王国维关注屈子文学,关注其作为文学新变的转折点,也关注北方文学精神传统在其中如何沿革嬗变,王国维对屈原新变文学的基本观点与刘勰《文心雕龙》"辨骚"的态度无疑可互相发明和对照。进而,引申《文心雕龙》的文学正变观,有可能进一步接通王国维对文变的关注,从而就像探讨文变问题可以交织上王国维对近代中国的文明沿革守变之问题的思量,探讨《文心雕龙》中的文变论也可以把《文心雕龙》学转接进古今文明之争中沿革守变的问题域。《屈子文学之精神》提示了《辨骚》乃至《文心雕龙》本身可获得一个超逾文学理论的观照,这能为"龙学"开出一个更开阔的研究视野。实际上,"龙学"的老前辈刘永济,便携带这一文明关怀来介入《文心雕龙》研究,这为刘永济先生的"龙学"披上独特的色调。

在王国维与刘永济之间,存在一个重要媒介能桥接起二人,此媒介就是《学衡》。《学衡》是近代主张文化保守论之学人群体的思想重镇,以此更形成一个号称"《学衡》派"的学人阵营,与主张激进西化的学人群体构成针锋相对之势。《学衡》一度对追随西方现代思想启蒙的胡适口诛笔伐,以至被胡适讥为"学骂"。近代的中国知识界百家争鸣,其中尊守以民族传统文明为本位、关怀传统文明之承旧开新的一批"文化保守主义"学人,即便不属"《学衡》派",亦大多与《学衡》过从甚密。当时

[①] 参汪春泓《文心雕龙的传播和影响》中"《文心雕龙》之产生的文学史背景"一节,学苑出版社 2002 年版。

"《文心雕龙》学"介入古今之争的可能性

王与刘均在《学衡》上发表过文章,与《学衡》"文化保守主义"的立场宗旨颇有亲缘关系,而刘永济献功于《文心雕龙》研究,是否也把这种"文化保守主义"的文明关怀带入"龙学"中,一如王国维也将这一关怀与问题意向带入《屈子文学之精神》《宋元戏曲考》这类文学研究的撰述之中?

刘永济《文心雕龙校释》(以下简称《校释》)一著初由正中书局梓于1948年,1962年中华书局重印。1948年在时间上离新文化运动时期的"《学衡》派"往迹已属遥远,但是其"文化保守主义"的学术襟抱及关切,却未必随年岁而消逝。《校释》专发刘勰承托儒教文明正统之儒士用心,极为深切著明。在刘的解释下,写作《文心雕龙》的刘勰俨然成为一名志在保守儒教文明道统的儒士。刘对《文心雕龙》一书性质的界定,以抉发刘勰这一儒士"文心"为准的,尽力凸出其儒家"子书"的性质。《文心雕龙》虽貌为集书,但在著书立意上,根据《序志篇》,"则其自许将羽翼经典,于经注家外,别立一帜,专论文章,其意义殆已超出诗文评之上而成为一家之言,与诸子著书之意相同矣","彦和之作此书,既以子书自许,凡子书皆有其对于时政、世风之批评,皆可见作者本人之学术思想,故彦和此书亦有匡救时弊之意,不特有斯文将丧之惧,实怀有神州陆沉之忧①","彦和从文学之浮靡推及当时士大夫风尚之颓废与时政之隳弛,实怀亡国之惧,故其论文必注重作者品格之高下与政治之得失。按其实质,名为一子,允无愧色"。②显然,刘对《文心雕龙》的理解,已超逾纯文论的、文章学的对待,直视为一部儒家"子书":

> (彦和)眼见国家日趋危亡,世风日趋浇薄,文学日入于浮靡之途,皆由文与道相离所致,而曾无一人觉察,心怀恐惧,思所以挽救之而无权位,故愤而著书。所以他这部书虽则是专谈文学理论,虽则是总结以往文学的经验,虽则是评骘以往作家的优劣,然而可说是一部救世的经典著作,是一部诸子著述。③

---

① "不特有斯文将丧之惧,实怀有神州陆沉之忧"二句,于《校释》1962年版中没有,而于2010年版中有。
② 刘永济:《文心雕龙校释》(附征引文录),中华书局2010年版,前言第1—2页。
③ 刘永济:《文心雕龙校释》,第189页。

· 157 ·

刘永济指出，刘勰慨惧于正统儒教文化机体内"文与道相离"的文明危机，其所谓"救世"之作，系指刘勰对国家文明体统之残缺的"恐惧"，遂思保守之、"挽救之"。可见刘勰著书的关怀所在不囿于"文学"的，而实在于"文明"的。

刘永济强调《文心雕龙》"以子书自许"①，并为古代目录书竟置《文心雕龙》入集部，"以其书与宋明诗话为类""以文士目舍人"②的做法抱不平。刘永济意欲把《文心雕龙》从集书提格为子书。日后，王更生为台湾"龙学"研究界强烈注入儒家文明视野，就在一定程度上受益于前人刘永济。

在《校释》中刘永济的"文化保守主义"怀抱显然有迹可循；这一怀抱从近代以降因袭而来，具有时代历史的烙印。对刘勰文论所含尊道心志的把握，有意无意寄托了刘永济本人类似的慨惧与襟怀，其感慨之深，自非虚发，非纯为客观论理之说，若非对儒家文明之道统同怀关切，实不能表此同情与共鸣。

王国维当然不是治"龙学"的，但就文论取向上仍然可与刘永济进行有意义的比照。刘与王同在各自的文论研究中流露出近代学人"文化保守主义"的精神操守，但就具体的关切点而言，二人又有不同。王国维透过对屈原文学精神的论析，主要着眼于文学史上的革变，进而从革变上鉴戒传统文明制度精神的通变问题；而刘永济的"龙学"研究则着眼于守正，从守正上关切文明道统遭变之际的持守问题，对文道一体的统绪加以强调。无论是从守正一端抑或侧重从通变一端发论，刘永济和王国维都是立足于"文化保守"的精神基础，前者是在变势中强调不失正，后者是在持正中思考如何面对革变，关注点不一，然其"文化保守"的原则是同一的。

至于刘勰《辨骚》本身实兼有两重意涵：一方面确实保持着"翼圣宗经"的文论主导，认为应当视尊道宗经为本，以驾驭骚变文学；另一方面又高度评价屈骚文学取得的文学新成就，并积极拥抱屈骚文学所引领的新变时流。因此，刘勰本来的态度是在守正与通变之间来评论屈骚文学，并非仅执一端。刘与王的两种关注点实则为刘勰所兼顾，将《辨骚》表达

---

① 刘永济：《文心雕龙校释》，前言第1页。
② 刘永济：《文心雕龙校释》，第175页。

的文学正变观置于刘永济《校释》与王国维《屈子文学之精神》之间的"文化保守主义"场域中进行对话,"龙学"便也无形中被置入近代传统文明正变问题的场域中。就刘、王的例子来看,介入"龙学"而同时为古今文明正变的思考提供契机、启示与借鉴,决不是不可能的。

三、刘勰的文学"经-权"通变论及其启示

借治古学来寄托今人更远大迫切的文明立法关怀,在晚清以降的近代中国学术中可以说呈现为一道广泛的景观。在治古之经学、子学、史学乃至文学里,都可以满足这一类深邃的寄托。寄托对传统文明如何在新的历史时势中行经权正变、持旧开新之遥思,可以通过追踪、察看历史上曾有的文化社会制度之权变先例,而寻得借鉴和启发,这有助于矫正对"变"抱有的不恰当的期许。刘勰《文心雕龙》所处理的便是文学史上影响深远的文变转捩,它关系到一种新的"文"之观念的兴起,即"文学自觉",这一文变必然对传统的"文"的理解造成撼动。刘勰是如何审理这一场文变事件的,其在正变之间如何操持,这一切都同样可与上述一种远大的寄托重叠。

刘勰在文学古今正变之间具体如何操持的?

刘勰在《时序》里对待文章变化本身的态度是肯定的,《通变》赞语明确说"文律运周,日新其业",文章风格变化是必然之事,而且不变反倒是不妙的,因为"变则可久",要有变化,文章气数才不致穷尽。故而应当积极回应文章变化的趋势,"趋时必果,乘机无怯"。对"变"本身,刘勰表示认可,他决不是顽固保守的复古论者。关键在于,应该如何理解"变"。"离本"的"变"或"竞今疏古"的"变"是否可取?《通变》论述道:

> 名理有常,体必资于故实。通变无方,数必酌于新声。故能骋无穷之路,饮不竭之源。然绠短者衔渴,足疲者辍涂。非文理之数尽,乃通变之术疏耳。

单从"变"的角度看,法古也是必需的。世代交移,文章迁变固然可以"骋无穷之路",但新变并非无源之水无本之木,其前提是取资于"不竭之源";否则底子单薄,就像"绠短者"无法持续有水喝,"足疲者"不得不中道而废，反倒失却变的内在支持。所有的变都必须以本源的积淀作为深厚的根基，从中源源不断地索取养分。这是"通变之术"。文章的本源在经典里，文章之变也理当饮源于经典。《宗经》称经书"根柢盘深"，能"穷高以树表，极远以启疆"，自可滋养后世文章变化长远的"无穷之路"（《宗经》称"泰山遍雨，河润千里"）。

收拢这种新变到经书源流之中，也是对新变之误入歧途进行规整的方式。站在变的立场上看，如果变而离本，往往导致文章"风昧气衰"的蜕变，新变之所以入于"讹"，便是离本而变的结果，"'新'而不'雅'，'新'而失正，'新'得过了分，便是'讹'"。① 变而失雅、失正就是堕入迷途，以致舍本逐末、有文无质："新学之锐，则逐奇而失正，势流不反，则文体遂弊"（《定势》）。要变而不失正途，就务必保持"正末归本"（《宗经》），归宗于本源，所以《通变》说"矫讹翻浅，还宗经诰"，只有宗于经诰的新变，才不致成为衰变。

法古才能有源有本地在正途上进行新变，新而不失雅、变而不失正，端赖于在宗于经诰本源的前提下，用雅正制御新变。可见，在这正变雅俗之间，其主从关系是颇明确的：刘勰固然是认可了俗尚所好之文章新声，但决非就是将传统的文章之雅与新近的文章之俗平等看齐、用作互补，而始终是用雅制俗、以经驭骚："凭轼以倚雅颂，悬辔以驭楚篇"。

然而，要基于经典的文章精神来把握文学新尚，这必然迫使对经典文章进行适当的变通，如此传统文章才得以为新变文章张本。这关乎在用雅驭俗的原理下，如何建构宗经精神的通变结构（"经-权"结构）。一方面，有经便会有权，经权之辨说明经在必要的情况下必须去接受变通，如此才能继续维系并继而延伸自身，以求诠释、规导新的情况；另一方面，权也不是要伤经或有害于经的尊位，"权者何？反于经然后有善者也"（《公羊传》），可见是终须"反于经"的。刘勰《辨骚》立屈骚作新变的代表，"经"通过打开缺口容纳"骚"来展开其权变，从而得以向文章学方向上之"文"、向文章学本身转接，以此涵摄、收编"骚"所代表之文变，于是"经-权"结构便也成了"经-骚"结构。

"变骚"所带来的变化是注重起文章"综缉辞采""错比文华"（《文选序》）的"艺术性"面相。经书虽是文章的"基型、基线"，但"文学

---

① 朱自清：《诗言志辨》，广西师范大学出版社2004年版，第134—135页。

本身是含有艺术性的,在某些因素之下,文学发展到以其艺术性为主时,便会脱离文化的基型、基线"①,也就是脱离经书这一"不竭之源"。在新的时代下,文章毕竟已拥有自身独立的美感价值。传统的经书文章应如何涵摄新变后的文章俗尚?刘勰为从经书源头中寻求为文章"艺术性"的面相张目,往往不惜穿凿附会,将"剖情析采"的文术论也溯本到经书之"含文"面相上去,以致附会、夸大经书的"艺术性"。然而,所谓"附会""夸大",如果换一个角度看待,或许便不再是一种"错失"或"误读",而是对宗经的某种策略性"通变"。即使经书本身的文章质地实际偏于质朴,但经过适当的变通,经书也可以向后世的文章靠拢,重要的不是受困于经书本身如何,而是经典之为经典,它具备无限的可能性,包括朝向后世文章新变的方向解释自身的可能性。循沿此种可能性延展,"经"一方面打开了缺口、开启了"骚变"之路;另一方面又返过来收编、涵摄"变骚"之"文",以使正变相安,源流有序。师圣尊经(君子)与文章雕琢(文人)本是两种不同的心性诉求,而通变的意义就在于正确接通两种诉求:君子当然也可以投身于、移情于文人所从事的美文丽章的制作,一个拥有内在美质的君子,也要拥有各种外表形象的美饰,从而才叫彬彬君子,卓尔出众,交之令人赏心悦目。刘勰作《文心雕龙》无疑拓展和丰富了经典及君子身文的蕴涵。

> 铅黛所以饰容,而盼倩生于淑姿;文采所以饰言,而辩丽本于情性。(《情采》)
> 设模以位理,拟地以置心,心定而后结音,理正而后摛藻;使文不灭质,博不溺心,正采耀乎朱蓝,间色屏于红紫,乃可谓雕琢其章,彬彬君子矣。(《情采》)

《情采》的以上教诲固然有文章学上的意义,但是,也必须注意到其中被奠于君子身文的意义。文质相济、雅俗相宜的文章学道理,由君子身文的意义作背景。盼倩淑姿一语,典出《卫风·硕人》,《论语·八佾》记述孔子与子夏说诗取义,交流君子之礼,亦演此语。彬彬君子一语,出《论语·雍也》,为孔子授以君子修身之道。《情采》本言作文敷章,却取典

---

① 徐复观:《中国文学精神》,上海书店2004年版,第197—199页。

君子修身，可见文章纵使雕琢，仍不出君子身文围范。只是在新的环境"文"的意义改变了，"文"意味着文人写作文章以及写作藻韵丰盈的文章，于是乎，"文质彬彬"的意义也随之扩展、改变，故刘勰称"雕琢其章，彬彬君子"。可以看到，文章学意义上的文质相济正是从君子身文上取得义源；反过来看，君子修身的身文也朝着文章写作的方向转生出文章学的意义。基于"文质彬彬，然后君子"的原理，系意指"文质彬彬"的信念经过权变和转换，可在保证原先君子文质观的前提下，从"文"的一端来踬事增华，照样能涵摄"骚变"以降的文章新风。二者殊途而同归。君子可与道，亦当可与权。在文人作家的文学时代里，君子尊圣宗经，但也能朝着文人作家身位的方向权变，君子作为君子仍然可以跟文人一道从事文章的精思妙构。君子与纯文士和而不同。

"经－权"（"经－骚"）结构的建立与展开，让刘勰在文学的正变源流之间操持融通。在"宗经"的前提下，"经"得以向着文章学取义上之"文"、向着文章学本身转通。借此，刘勰才得以放手沿着文章新变之流，去进行"论文叙笔"和"剖情析采"。

刘勰关于文学正变的经权论，对于如何看待传统文化的经权正变富有积极启发。怎样开发和引申此种启发，却是个超越一般意义上的"龙学"与文论的课题。重要的是，"龙学"研究无疑拥有织入此一课题的内在可能，获取一种超越文学理论的介入方式。在这方面，刘永济、王更生等实已导夫先路，他们带着民族传统文明的关怀切入，使刘勰文论本有的文明视域得到彰显，并将它带入论者眼下的文明问题语境中。这不失为对"龙学"探究的一种合理展望。

（本文原刊于《诗书画》2018年第26期）

重审裴頠与贵无论之关系

林　凯

魏晋清谈自高平陵政变之后一度沉寂，直至西晋元康年间（291—299年）才再度复兴，并形成继魏正始之后的第二次高峰。乐广与王衍作为当时领袖①，引领一股好谈虚无之风；其中又以家世显赫并高居要职的王衍影响最大，"后进之士，莫不景慕放效。选举登朝，皆以为称首。矜高浮诞，遂成风俗焉"（《晋书·王衍传》）。这一股虚无之风，自统治高层刮起而遍及士夫群体，不但超出学术领域、更扩及人伦礼法以至行政作风，影响甚为广泛。在此情境之下，不但清谈圈外的保守儒士发起抵抗，就连清谈圈内热心世务的名士也有所反感，其中代表即为当朝重臣裴頠。裴頠善谈名理，但推崇儒术，其价值理念不同于王衍之徒，故二者之间展开了一场关于崇有、贵无的论辩。此论辩成为了元康清谈中最重要的思想事件。

现代魏晋玄学研究普遍重视裴頠对贵无论的批判，即使《崇有论》残篇的思想深度有限，它依然被当成魏晋玄学两大中心主题发展逻辑的重要一环。如冯友兰主张"王弼贵无论—裴頠崇有论—郭象无无论"构成了"有无之辩"主题的逻辑发展闭环②；而20世纪80年代以后肖箑父、汤一介、余敦康等③更多人从"自然与名教之辩"角度，将裴頠思想当作对嵇康、阮籍以及元康放达派"反名教"的纠偏之论。④ 这样的思想建构有着宽广的玄学史视野，然而其思想还原又不免有逻辑先行之嫌，未能完整

---

① 《晋书·乐广传》记："广与王衍俱宅心事外，名重于时。故天下言风流者，谓王、乐为称首焉。"本文所用《晋书》为中华书局2000年版，文中引用的具体页码不作标示。

② 冯友兰：《中国哲学史新编》（中卷），人民出版社2001年版，第414页。

③ 参肖箑父、李锦全主编《中国哲学史》（上册），人民出版社1983年版，第371页；汤一介《郭象与魏晋玄学》（增订本），北京大学出版社2000年版，第59页；余敦康《魏晋玄学史》，北京大学出版社2004年版，第I页。

④ 应该指出，在自然与名教关系问题上将裴頠思想视作重要一环是20世纪80年代以后的事情。在此之前，自汤用彤论述开始这一环并没有得到多少重视，汤用彤的玄学分期并没有谈到裴頠（汤用彤：《汤用彤全集》第四卷，河北人民出版社2000年版，第112页）。

而细致地展示裴頠与贵无论之间的复杂关系。事实上，裴頠对贵无论有着双重态度，他并非一味否定贵无，而是试图对有无关系进行更融贯的处理。① 进一步从玄学史视角看，后世史书和裴頠著论表明，裴頠的崇有仅为对治当时的贵无，并无意针对王弼贵无论乃至整个魏晋前期的贵无论思潮②；并且在学理上，裴頠思想其实也无法对它们构成真正有效的批判。

一、从史料说起

学界倾向认为，王衍之徒的贵无论来自王弼、阮籍等人，故裴頠的崇有论实际也针对王、阮等人。这个判断首先出于《世说新语》《晋书》等记载的影响。然而，仔细分析相关史料，这个判断不无可疑。有关记载如下：

> 1 裴成公作《崇有论》，时人攻难之。莫能折。唯王夷甫来，如小屈。时人即以王理难裴，理还复申。（《世说新语·文学》）
>
> 2 自魏太常夏侯玄、步兵校尉阮籍等，皆著《道德论》。于时侍中乐广、吏部郎刘汉亦体道而言约，尚书令王夷甫进理而才虚，散骑常侍戴奥以学道为业，后进庾敱之徒皆希慕简旷。頠疾世俗尚虚无之理，故著《崇有》二论以折之。才博喻广，学者不能究。后乐广与頠清闲欲说理，而頠辞喻丰博，广自以体虚无，笑而不复言。（《世说新语·文学》注引《晋诸公赞》）
>
> 3 頠深患时俗放荡，不尊儒术。何晏、阮籍素有高名于世，口谈浮虚，不遵礼法，尸禄耽宠，仕不事事；至王衍之徒，声誉太盛，位高势重，不以物务自婴，遂相放效，风教陵迟，乃著崇有之论以释其蔽……王衍之徒攻难交至，并莫能屈。（《晋书·裴頠传》）
>
> 4 魏正始中，何晏、王弼等祖述《老》《庄》，立论以为："天

---

① 裴頠实际著有《崇有》《贵无》二论，就在《崇有》文中他已对老子贵无有所保留，那么在已佚《贵无》文中他可能会对贵无论有更多肯定（许抗生等著：《魏晋玄学史》，陕西师范大学出版社1989年版，第278—279页）。

② 杨立华认为裴頠的批评乃针对整个贵无思潮整体（杨立华：《郭象〈庄子注〉研究》，北京大学出版社2010年版，第93页），这个观点值得商榷。而牟宗三认为裴頠所论之有无与道家之有无不在同一个层次，不构成真正的批判（牟宗三：《才性与玄理》，广西师范大学出版社2006年版，第324页），但其观点在目前研究中并没有得到足够重视。

地万物皆以无为本。无也者，开物成务，无往不存者也。阴阳恃以化生，万物恃以成形，贤者恃以成德，不肖恃以免身。故无之为用，无爵而贵矣。"衍甚重之。惟裴頠以为非，著论以讥之，而衍处之自若。（《晋书·王衍传》）

由材料2和3，裴頠作文首先出于"疾世俗""患时俗"，即针对所谓"王衍之徒"，他们包括作为首倡者的乐广、刘汉、王衍、戴奥，以及后进的庾敳之徒（即所谓"四友""八达"）。裴頠实际论战对象则主要是王衍（材料1、3、4），次之有乐广（材料2），以及其他时人。结合文本内证，如《崇有论》明确批评当时的"薄综世之务"者以及"放者"，则裴文确实直接针对王衍、乐广以及元康放达派等人。

而至于王衍之徒的思想来源，材料2追溯至夏侯玄、阮籍，材料3则及何晏、阮籍，材料4又至何晏、王弼。王衍之徒的思想跟这些前辈当有关联，但他们是否完整继承了前辈思想则不无可疑。这些追溯，可能是史家对照时人与前人理论后作出的准确评价，但更可能是史家根据王衍之徒所自称的来源进行的推测。如材料4说王衍"甚重"何王之论，王隐《晋书》也指出当时放达派乃"祖述于籍"①，可见，借重前人之风在当时颇为流行。所以我们应该有意识区分王衍之徒的贵无与前人的贵无，前后之间可能存在曲解。而进一步，我们能否认为裴頠也有意针对这些前人的贵无？考虑到《崇有论》无法给出文本内证，我们最多可以认为裴頠对王衍之徒所宣称的何晏、王弼、阮籍有所回应（然而连这一点也颇为牵强）；至于裴頠是否针对真实的何、王、阮本人，则难有依据。

总之，魏晋史料倾向认为裴頠针对王弼、阮籍，但未能给出充足证据；所以，我们必须依据对裴文的分析，才能辨清裴頠是否以及能否回应整个贵无思潮。

二、裴頠对贵无论的批评

裴頠以崇有批评元康时期的贵无，然而，王衍之徒的贵无论究竟是怎样的主张，而裴頠借以批评的崇有论又是如何之面貌？以往研究往往零散地提到贵无论的多点内容，但较少以一种体系性结构去呈现它。然而，这

---

① 《世说新语·德行》第23条注引王隐《晋书》。

种贵无论即使在裴𬱟《崇有论》看来也是"上及造化,下被万事",它应当被把握为一种包纳形上与形下、本体与人事诸层次的体系;同样地,裴𬱟的崇有论也应当在一种体系性结构中得到呈现。如此,我们才能在崇有、贵无两种理论之间进行较完整的层次对照,从而说明裴𬱟如何批驳以及能否驳倒当时的贵无论。

(一) 贵无论体系

贵无论的阐发首先起于人事关切,如裴文指出,正是在对治人类情欲的意义上,王衍之徒才提倡贵无贱有之说:

> 若乃淫抗陵肆,则危害萌矣。故欲衍则速患,情佚则怨博,擅恣则兴攻,专利则延寇,可谓以厚生而失生者也。悠悠之徒,骇乎若兹之衅,而寻艰争所缘;察夫偏质有弊,而睹简损之善;遂阐贵无之议,而建贱有之论。①

由于对治"欲衍、情佚、擅恣、专利"一类人欲,贵"无"贱"有"之"有无"首先当是"有欲、无欲"之义。贵"无"首先是贵"无欲"。"无欲"如果只是否定过分之欲而非绝欲,它其实与儒家传统的"节欲"观念有相通之处;但在裴𬱟看来,王衍之徒的"无欲"已然极端化。如其后谈到"盖有讲言之具者,深列有形之累②,盛称空无之美",也即王衍之徒为了解决"有形之累"而主张"空无",一种彻底的无欲。这时,它反而引发人事实践层面的诸种问题。

首先引发的是行动上"无为",因为无所欲求将会取消行动的动力;个体可因此摆脱名利之累,但也将无所作为,无益于社会整体的福利。裴文谈到,当时便流行这种追求个人解脱的无所作为:"遂薄综世之务,贱功烈之用,高浮游之业,埤经实之贤。"进一步,"无欲"将导致"无礼",这在裴文首次谈到贵无论时便已指出:"贱有则必外形,外形则必遗制,遗制则必忽防,忽防则必忘礼。"由于有欲源自有身,则贱弃有欲将

---

① 本文使用的裴𬱟《崇有论》原文全部引自《晋书·裴𬱟传》(《晋书》,第683—685页)。

② 《晋书》版本原作"故",但《资治通鉴》有另一版本的《崇有论》在此处作"累"。笔者以为取"累"为佳,即明形体欲望之累。

导致忽略己身（即"外形"），如此建基于规训身体的礼教便无必要（即"遗制""忽防""忘礼"）。这种贱有一旦极端化，它将对抗一切实有，"忘礼"将变成"违礼"，如裴文其后描述放达派的表现："放者因斯，或悖吉凶之礼，而忽容止之表，渎弃长幼之序，混漫贵贱之级。其甚者至于裸裎，言笑忘宜，以不惜为弘，士行又亏矣。"

如此，在人事层面，王衍之徒主张"彻底无欲—无为无礼"的内外结构。值得指出的是，人事方面的说明又可区分个体视角和整体的政治视角：前者侧重谈一般个体如何进行内在修养和外在行动，从而实现个人欲求；后者侧重谈治政者采取怎样的方案进行治理，为所有个体的欲求满足提供外部保障。显然，王衍之徒的贵无在人事上过分关注个体视角，而忽略从政治角度谈无为之治。

除"下被万事"，王衍之徒是否还"上及造化"，即从本体论或宇宙论①等形而上层次去论"无"？按史料记录，上文中材料4提到王衍对何晏、王弼"以无为本"这种本体论很重视，那么王衍贵无应该有某种本体论上的主张（即便他照搬了王弼）——当然"惟裴頠以为非，著论以讥之"。而参照裴文，文中有批评后人贵无是对老子贵无本义的扭曲，将"以无为辞"执着成了"以无为宗"。那么史料与文本互参，《崇有论》的批评应当就是史料所谓"著论以讥之"，即裴文批评"以无为宗"就是直接针对王衍的本体论。不过，由于王衍之"无"是彻底"空无"，则其"以无为宗"乃"以（空）无为本"，与王弼的"以（道）无为本"实际有所出入。

综合起来，王衍之徒的贵无论从本体到人事、从个体到政治，包含了这样的层次："以无为体—（个体）无欲—（个体）无为无礼"。然而，这个结构实质还缺乏两个重要的层次。第一，它没有谈"以无为用"。也即它说了本体和人事，但本体如何发用而为人事实践所模仿，它没有说清楚；而从体到用的转换却是王弼贵无超出传统崇有的关键所在。如果吸取了这一点，王衍或许不会走向彻底空无。第二，它在人事上没有考虑整体政治。而如何创造一个良善环境以保证个人与他者不相冲突显然对个体欲求的实现极为重要；裴頠也正是在这个意义上批评贵无论导致"礼制弗

---

① 中国哲学中"本体论"是一个具有争议的概念，笔者这里是从基础的构成论的意义上说本体论。宇宙论则从生成论角度去说，说明万物由何产生和如何化成。

存,则无以为政矣",并进行了积极补充。

(二) 崇有论体系

参照对手的理论结构,裴頠的崇有论同样可被把握为一个"上及造化,下被万事"的体系,以对贵无论作出相应的批驳。

1. 形上的探讨

对应贵无论体系,我们先看裴頠关于形而上层面的探讨。裴文最后一段指出:

> 夫至无者无以能生,故始生者自生也。自生而必体有,则有遗而生亏矣。生以有为己分,则虚无是有之所谓遗者也。

此处"至无者无以能生"有回应《老子》"有生于无"的意味,但考虑到其论有无只是实在论层面的意义(如"虚无是有之所谓遗者"),则此句文义应当被理解为:空无(非存在)不能产生实有(存在)。它实际属于此物生彼物的宇宙论探讨,而非探求万物生化之基础的本体论。当以宇宙论模式追溯那个最初源头,它显然不能是空无;但同时它也不当是某种实有,因为只要是实有,逻辑上就需要继续追问更早的产生者,也即宇宙论追问将无所穷尽。正在这个意义上,裴頠主张的"自生"才能得到较适当的理解,也即他实际主张"无"或"有"均非最初来源,万物不过自然生化。

"自生"概念早已见于庄子、严遵、王弼和向秀的论述①。就从魏晋学者看,王弼言:"不塞其原,则物自生,何功之有?"(王弼《老子注》第10章注②)向秀言:"吾之生也,非吾之所生,则生自生耳。生生者岂有物哉? 故不生也。"(张湛《列子·天瑞篇》注引向秀③)这里,"自生"乃自然而然生化的意思,与某种有意志的主宰作用相对,它甚至不当被理解为"自己"主导生化。并且在王弼、向秀这里,事物"自生"需要一个基础,即句中所谓"原"和"生生者",也即"道"。考虑到

---

① 王葆玹:《玄学通论》,五南图书出版有限公司1996年版,第498页。
② 王弼《老子注》原文参〔魏〕王弼注《老子道德经注》,楼宇烈校释,中华书局2011年版。本文引用的王弼注只标章数,具体页码不作标示。
③ 杨伯峻撰:《列子集释》,中华书局1979年版,第4页。

"道"生万物是本体论的论述,而裴頠谈"无"或"有"均不能生万物却是宇宙论的论述,二者不必冲突,并且裴頠自生论还有可能吸取了王弼的思想。

有学者会特别关注"自生而必体有"一句,以及开篇"夫总混群本,宗极之道也"和"理之所体,所谓有也"两句,从而强调裴頠主张"以有为体"①。这里应该是受到有无对立结构影响而有所误读。"理之所体,所谓有也"和"自生而体有"所说的"体"并非本体论之体,而只是牟宗三所谓"凭借"之义②,只是说明凡物之生、凡条理之显示都需要以实有为载体。而"夫总混群本,宗极之道也"一句,也不必说为"整个无分别的群有本身就是最根本的道(本体)"③,它不过在说"总混万物而探其本,是建宗立极之道"④,表明探求道的方式,而非以有为道。所以,认为裴頠在本体论上主张"以有为体"并构成对王弼"以无为本"的反动,在文本上并无充足依据。相反,裴頠只是在宇宙论上否定"有"或"无"作为终极来源而主张"自生",至于本体论上他具体如何主张却未可知。

2. 事理的探讨

由上,在形上层面裴頠并无强调"以有为体"。他的论"有"(实有)其实主要在事理层面展开,强调"有"的存在性和"有用""有为"的必要性。这种强调主要体现在《崇有论》首末两段:

> 是以生而可寻,所谓理也;理之所体,所谓有也;有之所须,所谓资也;资有攸合,所谓宜也;择乎厥宜,所谓情也。
>
> 自生而必体有,则有遗而生亏矣。生以有为己分,则虚无是有之所谓遗者也。故养既化之有,非无用之所能全也;理既有之众,非无为之所能循也。

---

① 汤一介:《郭象与魏晋玄学》(增订本),第153页、154页。
② 牟宗三:《才性与玄理》,第316页。
③ 汤一介:《郭象与魏晋玄学》(增订本),第153页。
④ 牟宗三:《才性与玄理》,第316页。詹雅能则依从牟宗三观点对此有更为详细的文句辨析,参詹雅能《裴頠崇有论研究》,载《中国学术思想研究辑刊》十一编第24册,花木兰文化出版社2011年版,第45—46页。

首段指出凡物之生必以实有为存在载体（即"体有"），由此也便须择取外在物质以资生存（即"用有"）；末段也提到事物"体有"，并进一步指出要养育和管理已生之万物则必须"有用""有为"。

"体有"，即在肯定事物的存在性，对治彻底空无。"用有"，在首段主要从个体角度谈一般个体需要有所作为去利用实有之物，才能满足生命需求；在末段则主要从政治角度说治政者需要利用他物和有所作为，才能满足万物之需求。总之，事物是实有性的，为满足其生存则（无论个体自身或治政者）必须利用外物，故而实践上"有为"是必要的。

然而，裴頠所论"有"之存在和"有为"之必要，偏重"有"之静态层面而忽略"有"之运作层面。已经存在的"有"应当如何去利用，必要的"有为"又当如何去展开，这些关乎"有"之运作机制的问题对于实现生存目标甚为关键，但裴文未能深入。所以，如果说王衍贵无只谈"体"而未谈"用"，对王弼贵无之体用有所曲解，则裴頠崇有既不谈"体"也不谈"用"，其论"有"之存在与必要尚属浅显层次，甚至都没有推进到王弼考虑"有"之运作的层面。

3. 人事的探讨

在人事上，王衍之徒主张个体的"彻底无欲—无为无礼"而缺乏政治层面考虑；相较之下，裴頠则较为全面，主张个体之"有欲—有为"以及治政上"有为""用礼"。

裴文指出，"夫盈欲可损而未可绝有也，过用可节而未可谓无贵也"，他充分肯定人类的欲望，主张节欲而非绝欲。既然人欲本有，为了满足生存欲求，个体显然需要"有为"。裴頠主张："惟夫用天之道，分地之利；躬其力任，劳而后飨。居以仁顺，守以恭俭，率以忠信，行以敬让，志无盈求，事无过用，乃可济乎！"也即个体必须有所用（"用天之道，分地之利"）、有所为（"躬其力任，劳而后飨"）、行美德（"居以仁顺，守以恭俭，率以忠信，行以敬让"）并有节制（"志无盈求，事无过用"）。这是一种关于个体内外兼修的主张，充分肯定某种适中的"有欲—有为"。

不过，裴頠更侧重补充王衍未能考虑的政治层面，指出治政必须有所作为、积极施用礼教。如其言："是以君人必慎所教，班其政刑一切之务，分宅百姓，各授四职，能令禀命之者不肃而安，忽然忘异，莫有迁志。况于据在三之尊，怀所隆之情，敦以为训者哉！斯乃昏明所阶，不可不审。"也即君王要制定秩序、颁布礼教刑法，大臣要积极推行、辅助训化。总之，统治阶层应当积极发挥其引导作用，实行以名教为基础的有为之治。

裴𫖮肯定"有欲"并主张（个体或治政的）积极"有为"，显然是基于其论有之存在性和必要性的原理。但其问题也正如前面表明，他没有深入考虑"有"之运作机制，也就忽略了具体实现过程中存在的美丑、善恶辩证转化问题。他对有为教化过于自信，认为"众之从上，犹水之居器也"，似乎百姓任随教化去改造，竟有意忽略东汉末年名教虚伪问题的教训。

4. 小结

总结裴𫖮的崇有论体系，它同样地包含本体与人事、个体与政治的多层次结构："宇宙论的自生论—有的存在与必要—（个体）有欲—（个体）有为—（政治）有为之治"。对照王衍的贵无结构，裴𫖮从本体论转向了宇宙论，强调了实有的必要性，并且在人事方面增加了政治考虑；但同样地，裴𫖮的崇有论还是缺少了体用之"用"的关键层次。如此，这一崇有论虽然在实有的必要性上对极端空无构成反驳，但这只是最基本的层次；不推进到事物运作层次，任何预景美好的行动方案都无法得到有力的辩护。

在这里值得补充的是，裴文笼统地批判王衍之徒，似乎当时贵无论是同一整体，但实则不然，当时贵无论内部已有所分化。比如面对放达派的无礼，连乐广也要批评说"名教内自有乐地，何必乃尔"（《晋书·乐广传》）。所以，我们至少可以在其中区分出"无为派"（如王衍、乐广）与"无礼派"（如西晋"八达"）。像王衍和乐广两位清谈领袖，他们只是喜好清谈、"宅心事外"，并无越礼；况且在某种意义上，他们尚非完全不作为，而只是不主动用力，比如乐广"所在为政，无当时功誉，然每去职，遗爱为人所思"（《晋书·乐广传》），王衍"终日清谈，而县务亦理"（《晋书·王衍传》）。不过由于他们影响巨大，后来模仿者将之极端化，出现裴文批评的那种彻底无为。西晋"八达"则放浪形骸，藐视一切世俗名教，这又将被动的无为推进到主动的对抗作为上，是模仿的进一步堕落。在这里，模仿的不断推衍使其越来越极端化，越来越偏离原先相对融贯的理念。原先理念变成了一个空洞的借口。然而，简单返回为原先理念所检讨过的名教立场，虽可戳穿这些借口，却并非走出一条比原先理念更好的路径。正在这个意义上，裴𫖮崇有论受限于对治空无，没有得到进一步深化。

三、裴頠对贵无论的肯定

（一）老子贵无

裴頠批评王衍之徒彻底空无的贵无论，但这并非他对整个贵无思想的态度。就在《崇有论》中，裴頠对作为当时贵无论源头的老子贵无依然持有某种肯定，并据此批评时人对贵无之曲解。某种意义上，当时的贵无可谓"假贵无"，老子贵无本义则是裴頠肯定的"真贵无"。

裴頠在个体视角的全性保生问题语境中把握老子贵无的内涵，认为其须区分字面义和深层义。字面上，老子"以无为辞"，大谈"有生于无""以虚为主"，其直接意思为"表摭秽杂之弊，甄举静一之义"，即主张去欲守静。对此字面义，裴頠认为其属与"有"相对的"虚无"（也即空无）。而裴頠心中最完善的思想却是那整全的易学，它既包含损欲的哲学，又包括事功的哲学，足以融通有无。相较之下，字面义上的老子贵无只能符合易学一部分的意思（即"合于《易》之《损》、《谦》、《艮》、《节》之旨"），只是"偏立一家之辞"。所以就字面义看，老子贵无是不完善的。但深层里，老子用辞乃为对治欲望，本义却是"旨在全有"，也即恢复仁义德行（即裴文所言"存大善之中节""反澄正于胸怀"），绝非一味主张彻底空无、无为、无礼。这样看，老子贵无本非偏执一方，他实际在使用某种特别的表述方式整合有无，最终意思当又符合那整全的易学。相反，当时的贵无论主张彻底空无，却是不解文本的语言技巧，固执老子贵无之字面义而错失其深层义。如此则知，裴頠对老子"真贵无"有着相当程度的认可，只是对其表达方式有所非议而已。

不过，裴頠如此以易学统贯老学，这是否妥当？不可否认，欲望问题始终是古典哲学的核心关注，易学、儒家、道家均主张减损欲望，最终非为走向空无，而为实现更大的事功作用。所以它们在某种意义上都具有融贯有无的意味。问题是，易学的"节欲"能替代老学的"无欲"吗？"节欲"往往以礼法、以理智对已经产生的过分欲望进行抑制，而老子谈"无欲"则更倾向在源头上消解非分之念，使适度的欲望自然流露。故而在修行上，"节欲"要求名教辅助，而"无欲"要求专气虚静。这样看，在融贯有无上，易老的方式实际有所差异，易学并不能直接替代老学。除非像王弼那样，将欲望的节止往"自然"上靠拢①，才能在一定程度上达成易老贯通；然而在裴頠这里，他依然强调名教抑制，则看不到他对王弼的吸收。这样，他虽然站在融通有无的高度道出了老子贵无"旨在全有"的内涵，但他对老子贵无本义依然有所遮蔽。

（二）无为之治

前面提到裴頠在《崇有论》谈论治政策略时主张积极有为的名教之治，似乎是对王弼无为之治的一种倒退。然而，裴頠在另文却又主张"无为之治"，如其言：

> 臣闻古之圣哲，深原治道，以为经理群务，非一才之任；照练万机，非一智所达。故设官建职，制其分局。分局既制，则轨体有断；事务不积，则其任易处。选贤举善，以守其位。委任责成，立相干之禁。侵官为曹，离局陷奸，犹惧此法未足制情。以义明防，曰君子思不出其位。夫然，故人知厥务，各守其所，下无越分之臣，然后治道可隆，颂声能举。故称尧舜劳于求贤，逸于使能，分业既辨，居任得人，无为而治，岂不宜哉！②

裴頠认为尧舜盛世实属"无为而治"。此"无为"乃针对君主而言，贤臣则要积极作为；并且此"无为"也并非无所作为，因为君主实际有所"劳"。其劳在三事，即"设官建职—选贤举善—委任责成"。"设官建职""委任责成"这些制度和法规是前期已经完成的，"选贤举善"则需后期持续用力，所以尧舜主要"劳于求贤"；不过，由于君主这些工作都是在为具体治理奠定基础，而非参与具体治理，故而尧舜又"逸于使能"，可谓"无为"。此模式有类黄老道家"君无为而臣有为"的"无为之治"。

《上疏》所谈"无为而治"与《崇有论》的积极"有为"，在概念形式上似有相悖，二者如何统一？汤用彤指出裴頠"虽崇有亦不放弃无为之

---

① 王弼《周易·艮卦注》曰："夫施止不于无见，令物自然而止，而强止之，则奸邪并兴。"
② 裴頠：《上疏言庶政宜委宰辅诏命不应数改》（以下简称《上疏》），〔清〕严可均辑：《全晋文》，何宛屏等审订，商务印书馆1999年版，第326页。

论"①，但尚未对二者整合；余敦康则干脆认为裴頠的崇有违背了其《上疏》本来的"无为之治"理想②。这里笔者且作一番辨析。

实际上，《崇有论》以名教为基础的有为之治，在形式上不必违背《上疏》"无为而治"中"君无为而臣有为"的构想。无论圣人"大建厥极，绥理群生，训物垂范"或者"君人必慎所教，班其政刑一切之务，分宅百姓，各授四职"，《崇有论》都在强调君主要建立整体秩序，利用礼教政刑等治理手段（具体执行当在臣不在君），这符合《上疏》所谈君主的三种职责。而它之所以引起我们的疑惑，则在于我们误以为《上疏》之"无为而治"直接等同于黄老道家的"无为之治"，而后者与儒家精神是有所出入的。

"君无为而臣有为"理论首先处理的是统治阶层内部的君臣关系，试图建立一个完美的秩序制度，使君臣各司其职，发挥最佳的整体效应。然而，治政还有更重要的一环，即处理臣民关系。各司其职、积极有为的官僚治政，是否就能引导百姓进行和谐的生产生活？儒道在这里发生了分歧。儒家相信，预先完美的秩序设计加上良好的礼教引导和法制禁防，足以成就社群之和谐；但老庄警惕其中的劝与禁对人欲的扰动，一旦动欲则容易导致智巧与虚伪，真正的和谐便不可能。积极入世的黄老道家吸取了老学精神，他们在"君无为而臣有为"结构中进一步内置了一个基础原则，即"因顺"，无论君治臣的"无为"还是臣治民的"有为"都需要因顺而为。所以，在黄老道家那里，礼教刑法至少要在"因顺"百姓性情意义上建立才可能消除扰动——这个原则使得它与传统儒家刻意劝禁的名教方案有了根本区别。但这个尊重百姓性情的因顺原则在裴頠这里并未得到论述，他在《崇有论》中更倾向于认为百姓有如器中之水，是容易为教化所改造的，其根本精神还是儒家名教式的。所以，在文本统一的意义上我们可以认为，裴頠在《上疏》中只是形式地使用了流行的黄老道家"无为之治"的话语，而其内在精神依然是传统儒家的。

总之，就具体行文看，由于受限于对治彻底空无的贵无论，裴頠偏重另一极端之实有去进行批判，这造成其发挥出来的崇有理论层次有限；但就其隐而未发的最高哲学看，他真正推崇的当是那种融贯有无的整全哲

---

① 汤用彤：《理学·佛学·玄学》，北京大学出版社1991年版，第335页。
② 余敦康：《魏晋玄学史》，第338页。

学。这种整全理想使得他能够包容老子的真贵无,以及黄老的无为之治。当然,由于其对老子和黄老的理解还有一定偏差,裴頠的实际践行并未真正遵从这些即使是"真贵无"的方式。

四、裴頠与玄学贵无思潮

上文说明了裴頠崇有论的理论层次以及其对贵无论的复杂态度,由此我们可以进一步探讨裴頠与整个玄学前期的贵无思潮之关系。鉴于史料本身不充足,我们显然不能轻易说裴頠意在批评整个贵无思潮;并且即使他有意于此,其批评能否真正有效又是一回事。整个玄学思潮中有多种不同的贵无主张①,这里我们将辨析它们与裴頠崇有之间的关系。

(一) 王弼贵无

魏晋时期最具理论深度和影响力的贵无论,无疑来自王弼。研究者也特别关注裴頠之批评与王弼贵无的关系,大多会认为裴頠表面批评王衍,实际却将矛头对准王弼。但结合史料和文本,这种判定并无可靠的依据。理由一:前文所举材料4虽提到王衍很重视王弼的"以无为本"而裴頠却非之,但裴頠首先非议的当是王衍而非王弼;并且前文的分析表明王衍彻底空无的"以无为宗"实际曲解了王弼本体论,那么裴頠是否连同王弼贵无也有非议就不无疑问。理由二:《崇有论》也无法提供明确谈到王弼的文本内证②。理由三:裴頠在不少地方反而对王弼思想有所吸收,例如其宇宙论的"自生"概念很可能吸收了王弼说法,又如裴頠解老使用的得意忘言方式以及其谈"旨在全有"的"全有"实际也来自王弼解老③,再如其形式上主张的无为之治也可能与王弼有一定关系。所以笔者以为,王弼贵无未必不能归入老子那样的"真贵无",从而得到裴頠的认可。

退一步说,即使裴頠不认可王弼贵无,他的崇有主张能否对王弼构成真正有效的批判?先看王弼贵无论,如果我们体系性地去把握,它显然也"上及造化,下被万事";概括来说,它包含了"以无为本—以无为用—

---

① 严格说,它们并未直接使用"贵无"一词;但其对"无"有所推崇,我们便可认为其贵无,就像老子不用此词而裴文也将之定位为"贵无"。

② 杨立华认为裴頠批评"以无为宗"是明确针对王弼的(杨立华:《郭象〈庄子注〉研究》,第93页)。但此词其实更应被理解为针对王衍的本体论。

③ 王弼《老子注》第40章注曰:"有之所始,以无为本;将欲全有,必反于无也。"

(个体)有欲—(个体)有为有礼—(政治)无为之治"的完整层次,并且其所谈之"无"并非彻底空无,而是"无形无名"和"无心无私"。比照之下,裴頠的崇有论体系很难对它构成有效批判。

首先,王弼本体论之"无"乃是无名无形之道而非空无,它作为万物生化之基础,更像一种存在"背景",而非宇宙论意义上直接产生万物的终极某物。而否定实有或空无作为终极产生物的裴頠"自生论"就只是宇宙论的阐发,不构成对本体论的真正批评。其次,王弼"以无为用"并没有否认"有"之存在与必要,而是试图在运作层面思考如何让"有"充分发挥其功能,最终在更好实现"有"的意义上突出"无"的重要性,即其所谓"将欲全有,必反于无"。然而,裴頠忽略"用"的层次,其对"有"之存在与必要的强调未能推进到"有"之运作层面,如此又不及王弼深刻。再次,王弼认可百姓有自然情欲以及本具仁义,故而百姓必将有所作为并能遵从礼法,这一点同于裴頠;不过,王弼强调百姓性情应当自然发用才会复诚从礼,而裴頠推崇礼教却更加强调个人节制,反而阻滞了自然过程,容易产生玄学家警惕的虚伪情况,在这个意义上裴頠落后于王弼的反思。最后,王弼主张政治上的无为之治,认可"立名"(也即建立秩序制度)的必要而否认"用名"(即"任名以号物")①,防止治政者对百姓情欲有所扰动而破坏了其自然发用过程;裴頠形式上也认可无为之治,但实际操作还是偏重"用名",主张积极的名教之治,那么他显然也未能吸收玄学家对传统儒家名教方式的批判反思,故也落后于王弼。所以总体看来,王弼贵无体系达到了相对完善的程度②,裴頠崇有论不但没有对它构成实质性批评,甚至在某些地方与其相比还有所倒退。

---

① 王弼《老子注》第32章注曰:"始制,谓朴散始为官长之时也。始制官长,不可不立名分以定尊卑,故始制有名也。过此以往,将争锥刀之末,故曰'名亦既有,夫亦将知止也'。遂任名以号物,则失治之母,故'知止所以不殆'也。"

② 不少研究肯定王弼注解《老子》《周易》意在融贯有无,但为了说明其与后来嵇康、阮籍、裴頠等人思想构成一种发展逻辑,他们又论证王弼之有无实际存在分裂的矛盾。如汤一介认为王弼哲学存在"崇本息末"和"崇本举末"的矛盾(汤一介:《郭象与魏晋玄学》(增订本),第45—47页),余敦康认为王弼体系中"有与无仍然分为两橛"(余敦康:《魏晋玄学史》,第292页)。这些理解有刻意构造发展逻辑而误读文本的嫌疑。笔者以为,王弼贵无论在融通有无方面其实已有相对完善的论述,可谓"贵无而全有"。其所不足只在对个体逍遥方面关注不够,而这却是后来嵇康、阮籍大力阐发的地方。

(二) 阮籍贵无

对元康名士生活方式最有影响的人物当是阮籍，特别是其后期形象。后期阮籍居职朝廷，却口谈玄虚、不遵礼法、仕无事事；然而阮籍竟得司马氏宠信，在社会获得很高声望，直接诱发世人的效仿。比如西晋初期玄谈家王戎曾在丧母时"鸡骨支床"而有"死孝"之称①，便有效仿阮籍丧母之嫌；前文所举材料3，东晋史家将王衍之徒与阮籍关联了起来，王隐《晋书》亦记元康放达派"皆祖述于籍"，则我们可以认为元康名士实际就在效仿阮籍。不过，元康名士能否完整继承阮籍精神，却又可疑。例如东晋戴逵认为他们并没有继承真正的玄学精神："然竹林之为放，有疾而为颦者也；元康之为放，无德而折巾者也，可无察乎！"（《晋书·戴逵传》）所以，裴文虽对元康效仿者的无为无礼有激烈批评，但考虑到他们可能曲解阮籍，那么裴颜是否对阮籍本人也有所非议，便难以确定。

不过我们依然可以思考，就（后期）阮籍贵无的本义看，裴颜之崇有能否对其构成真正有效的批判？

且看阮籍贵无。相较王弼，阮籍的思想体系要简略不少，他少谈形上理论而侧重形下之人事。首先，他基本不谈本体论"贵无"而只在宇宙论上坚持传统的"元气自然论"②。"气"作为万物基质，并非产生彼物的此物，则它并非回答终极产生者问题，故与裴颜的"自生论"不冲突；相反，阮籍言气化之"自然"，却又与"自生"接近。而由于他不谈本体，也便不会去谈论体用之"用"，这一点也同于裴颜。所以在形上层次，裴颜当无意批判阮籍，二者甚至有所相近。

其次，论及人事，阮籍对个体逍遥和治政策略都给予了很大关注。

从个体视角，阮籍肯定人的自然情欲，他不同裴颜之"节制"，而是主张"无心"（只是无人为刻意而非彻底空无），从而保证本具之性情的自然发用。应该说，阮籍关于个体内在修养的根本精神乃对王弼论性情自然有所继承，吸取了玄学家的反思，不是裴颜节制之论能轻易驳倒的。而为保持这样的无心自然，在外在行动上，阮籍既不取礼法君子的为名利而纠缠俗务，也不取隐士的清高遁世（《大人先生传》），因为他们在心灵层面始终有私心有二分从而违背了自然；阮籍所期待的是游心人世，身不离

---

① 《世说新语·德行》第 17 条。
② 汤用彤：《汤用彤全集》（第四卷），第 331 页。

世但心灵超脱,实现在世之逍遥——在这个行动方案中,阮籍提倡入世的"无为",而非隐遁不为。不过,由于无意追求名利事功,在现实效果上他也确实无主动作为而只是被动随从;进一步,阮籍又化被动为主动,坚持任情自然,结果竟不时与现实礼教发生冲突。也就是说,基于无心自然的根本精神,阮籍构想了一种"无为、无礼"的行动方案;他以为这样能与世俗和谐相处,但实践效果上却表现出对抗。可以说,阮籍的个体理论存在某种实践困境。元康名士直接效仿阮籍,也就同样继承了其与世俗的对抗;甚至他们还将阮籍无心自然的根本精神转换成了彻底的空无,加剧这种对抗。裴頠重新要求个体有为有礼并与名教相符,对彻底空无进行批评;他消解了个体与名教的对抗,但却以牺牲个体生存的逍遥追求为代价——这样他实际没有回应阮籍关于个体逍遥问题的困惑,并没有为阮籍理论中的对抗提供有效的解决。

从政治视角,后期阮籍批判名教的态度非常激烈,主张彻底的"无君论",将名教施行视为对人类自然性情的残害。这里,他将王弼对名教的反思推到极端,将保存自然生命视为首要目的,而排斥一切形式的名教治政方案。如此他也正合了裴頠所说的"礼制弗存,则无以为政矣"。阮籍这种只有批判而无建设性的极端说法当然存在不少问题,但是裴頠倒退回传统儒家有为之治的应对策略,却又只能造成有无两个极端的继续对立,而无法真正解决阮籍的质难。对此,裴頠最应该去吸收王弼意义的无为之治思想。

所以,总体看,后期阮籍确实在人事方面逐渐走向极端,但他这种取向应该从玄学方向去理解和批判,而非如裴頠那样倒退回传统儒家所能真正驳倒。

(三) 其他贵无

史料还提到了何晏和夏侯玄对贵无论的影响,这些影响同样是无法得到史料和文本的坚实论证;但我们依然可以考察裴頠崇有是否对他们的贵无构成真正有效的批评。

前文所引材料3将何晏和阮籍并说为"素有高名于世,口谈浮虚,不遵礼法,尸禄耽宠,仕不事事",这个描述或适阮籍,却未必符合何晏。何晏喜好清谈,这是公认;但说其无礼、无为则并无依据。先说其作为,在其真正有高名于世的正始时期,何晏担任吏部尚书而主选举,其成绩在某些史书看来是值得肯定的，如《晋书·傅咸传》说"正始中，任何晏以选举，内外之众职各得其才，粲然之美于斯可观。"再加上他积极参与正始期间的改制活动，则何晏当非"尸禄耽宠，仕不事事"。又看其对待礼法，《晋书·五行志上》有记何晏喜欢穿女人衣服，有悖礼节；但除此以外，史书难见有关何晏"不遵礼法"的记录。如此，何晏对元康名士的影响当在谈玄而已。

何晏喜好谈玄，并以其才智与地位促成了正始玄谈的繁盛。而正始玄谈中最重要的成果则是何晏、王弼共同主张的"以无为本、以无为用"，这一点在前文所引材料4已经体现。王晓毅指出何晏贵无有一个发展过程，其早期《无名论》的用辞和论证方式都还不成熟，经过吸收王弼解老后才达到王弼这般圆融。① 但即使他在《无名论》中用并不成熟的原表空无的"无所有"去形容"道"，他的整体意思却还是想说明"用无"②，也即"有之以为利，无之以为用"的道理。这样，在根本意思上何晏早期的论"无"同于其后期吸收王弼解老后的论"无"。前文谈到王弼的贵无论乃是一个相对完整的体系，非裴頠所能批判，这一条应当也适用于何晏。

至于夏侯玄，前文所引材料2提及他时并非要针对其行为，而是针对其玄谈。就行为看，史料有记其任贤得当③，且其应答司马懿之问时事也表达积极改制、简政敦教之主张（《三国志·夏侯玄传》），可见夏侯玄实属积极有为者④，这方面当不为裴頠非议。而夏侯玄同时是正始玄谈的重要人物，著有《本无》《道德论》；其谈玄论文已佚，仅见何晏《无名论》一句引用："天地以自然运，圣人以自然用"⑤。仅由此句也可见，其所关注乃"有"之运作的基础问题，也即体用之"用"层面，与王弼主张相

---

① 王晓毅：《王弼评传（附何晏评传）》，南京大学出版社1996年版，第125—127页。
② 何晏《无名论》："夫道者，惟无所有者也。自天地已来，皆有所有矣。然犹谓之道者，以其能复用无所有也。"［〔清〕严可均辑：《三国文》（下册），马志伟审订，商务印书馆1999年版，第411页］
③ 《三国志·夏侯玄传》注引用《世说新语》之言："玄世名知人，为中护军，拔用武官，参戟牙门，无非俊杰，多牧州典郡。立法垂教，于今皆为后式。"
④ 夏侯玄注重经世实学，并且谨守礼教，整体上与夏侯氏"崇实忠烈"的家风相一致。相关论述可参束莉《汉晋文化思潮演进中的谯郡夏侯氏家族》，《安徽大学学报》（哲学社会科学版）2012年第2期。
⑤ 〔清〕严可均辑：《三国文》（下册），第411页。

类，亦非裴頠崇有所能批判。

总之，正始玄学之贵无，无论夏侯玄、何晏和王弼，都有极其相近之处；他们在反思传统有为之治的弊端上提倡"本无"，更加注重"崇本举末"而非偏重一端，这样的贵无论非裴頠之崇有所能批判，况且裴頠对他们的思想还有不少吸收，应当也无意去批判。

五、结　语

综上所述，风行魏晋的贵无论思潮在其内部实际存在多种具有微妙差异的主张，不可笼统等同；裴頠明确批评的只是西晋中期已偏空无化的贵无论，而非针对整个贵无思潮。裴頠提出的崇有思想在理论层次上不够完整，也不够深入，因为它原本只为对治层次浅显的空无论；而在最高精神上，裴頠其实又推崇一种融贯有无的整全哲学，老子贵无甚至王弼贵无在很大程度上便与此相通。所以，裴頠对整个贵无思潮实质有着复杂的态度。同时由于崇有论的理论局限，他想要却未能对当时的贵无论进行充分有力的反驳；他无意并且也不能对王弼贵无和阮籍贵无构成真正有效的批评。

若从魏晋玄学史去看待裴頠的崇有论，其地位与价值应当如何衡量，当前的评价似有一定夸大。或认为它构成对王弼贵无的反动，或认为它构成对整个贵无思潮的反动，这在事实和学理本身都难以成立；它最多对作为贵无论末流的元康阶段之贵无有所反动。在这个意义上，它并不适合被整合进"有无之辩"的正反合逻辑闭环之中。而按玄学史梳理，王弼贵无论其实已经相对完整，只是在个体修养全生方面论述不够；嵇康、阮籍则沿个体方向作了很大推进，即使其理论内含某种实践矛盾，他们在总体上还是期望一种自然与名教相契的个体逍遥；但元康末流则走向极端，直接逼显了二者冲突。裴頠的崇有论作为对治元康极端化的理论出现，它本身并未化解这种冲突，反而站在传统名教角度加剧了冲突。所以，虽然元康时期的崇有、贵无之争在思想史上不可忽略，但就其理论本身的深度看，它实际是对相对完善的王弼理论的一种倒退，并且它也未能为新阶段的自然与名教冲突（特别在个体逍遥方面）提供更推进的解决方案。在这个意义上，崇有论在"自然与名教之辩"主题发展史之地位也不宜夸大。

或者更好的处理是，我们并无必要为特定的一段思想历程强加某种类似正反合的逻辑结构，而只是客观去描述思想发展本身固有的起与伏、常与变，这样我们反而能包容更多的仅仅是有所差异的重要思想事件，还原一幅丰富多样的思想图景。如此，裴頠崇有论反而能显示出其特定历史语境的思想意义：它意味着，东汉末年以来名教遭遇的挑战由内部的道德虚伪变成了外部的放达无为，原来遭受的"改良"压力变成了"革命"压力，如何在新阶段再次重建名教便成了新的问题关切。

［本文原刊于《安徽大学学报》（哲学社会科学版）2020年第1期］

《道行般若经》和《大明度经》"自然"研究[①]

刘恭煌

"自然"是中国思想本有的核心概念，自安世高翻译佛经时首次采用以来，在早期汉译佛经中大量使用，后来又有所减少，但并没有完全消失。学界对佛经中的"自然"已有一些研究，与本文相关的最重要的研究有日本学者辛岛静志的两部大作《道行般若经校注》和《道行般若経詞典》，以及末木文美士的长文《漢訳般若経典における"自然"》。[②] 前人的研究主要偏于语义方面的探讨，本文则将在参考前人研究成果的基础上，通过多种方法结合，综合研究《道行般若经》和《大明度经》中"自然"一词的来源、语义和思想。

从"自然"一词的译语来源看，主要可分为译自 svabhāva、asvabhāva 和 svayambhū 及其关连语的，以及不知确切译语来源的四类"自然"。但从思想内涵上看，又可以进一步分为与般若空性相关的（主要译自 svabhāva 和 asvabhāva 及其关连语）和与佛陀佛国相关的（译自 svayambhū 的和部分不知确切译语来源）两类"自然"。以下主要按思想内涵分两类进行探讨。

[①] 本文系教育部人文社会科学研究青年基金项目"东汉三国大乘佛经的翻译与佛教中国化研究"（编号 19YJC730006）的阶段性成果。

[②] ［日］辛嶋静志：《道行般若経校注》（下文简称《校注》），Tokyo：International Research Institute for Advanced Buddhology, Soka University, 2011；［日］辛嶋静志：《道行般若経詞典》（下文简称《詞典》），Tokyo：International Research Institute for Advanced Buddhology, Soka University, 2010；［日］末木文美士：《漢訳般若経典における"自然"》，《東洋文化研究所紀要》通号91，1982年，第221—270页。此外还有李维琦的《佛经释词三续》（《古汉语研究》2012年第1期，第2—9页）、河野训的《中國佛教における人の理解と"自然"》（《中国——社会と文化》通号8，1993年，第35—50页）、圣凯的《魏晋佛教对老庄"自然"说的理解与运用》［《清华大学学报》（哲学社会科学版）2016年第4期，第168—177、198页］等研究成果值得参考。

《道行般若经》和《大明度经》"自然"研究

一、svabhāva、asvabhāva 与"自然"

svabhāva 和 asvabhāva 及其关连语是早期佛经中"自然"一词非常重要的译语来源。这类"自然"有两点值得注意,一是后来逐渐被"自性"和"无自性"取代,最终消失在佛经中;二是 svabhāva 和 asvabhāva 在基本语义上是相反的,但在早期汉译佛经中都被译作"自然"。前一现象表明,译作"自然"不够准确,所以需要改译。但最初选择"自然"作为译语,也有合理依据。首先是 svabhāva 与"自然"在词形和语义上有相似之处。svabhāva 由 sva 和 bhāva 两部分组成,sva 是自己或属于自己的意思,bhāva 是动词词根√bhū 的名词化,√bhū 是 to be(是/存在)和 become(变成)的意思,bhāva 既可以指存在的事物,也可以指事物的性质、状态。svabhāva 的意思就是属于自己的存在或状态,一般作性质、性格解。"自然"则由"自"和"然"两部分组成,"自"指自己,大致可与"sva"对应。"然"字的意思主要有两种理解:一是作代词,表示如此、这样,从而"自然"就是"自己如此"的意思①;另一是作动词,表示形成,从而"自然"是"自(己形)成"的意思②。"自然"的这两种意思可以统一为"自己而然/自己如此(的性状)"。虽然字面意思上,"自然"与 svabhāva 并不完全一致,但"自然"也可以指向事物的性质、本性,从而与 svabhāva 在语义上有重合之处。早期译者应该首先是基于两者词形和语义上的相似而作此翻译的。③

至于 svabhāva 和 asvabhāva 均被译为"自然"的问题,辛岛静志认为是由于"在原本里往往丢掉开头的 a-"而造成的误译,末木文美士则认为

---

① 胡适:《中国古代哲学史》,载欧阳哲生编《胡适文集》第 6 册,北京大学出版社 1998 年版,第 200 页。
② 蒋锡昌:《老子校诂》,上海商务印书馆 1937 年版,第 113 页。
③ 当然,早期汉译佛经依据的不一定是梵文本,可能是中亚"胡本",所以依据梵汉词形结构相似来解释译语的选择不必然成立。据辛岛静志的研究,《八千颂般若》最早是在犍陀罗以犍陀罗语产生的,支谶所译《道行般若经》所据也是犍陀罗语本而非梵文本。(参见辛岛静志《〈八千颂般若〉是在犍陀罗以犍陀罗语产生的吗?》,载辛岛静志《佛典语言及传承》,裘云青、吴蔚琳译,中西书局 2016 年版,第 176—194 页。)犍陀罗语是中期印度语中的一种,其与梵文在语音上虽有差别,但就同一词语来说,不存在结构差异。所以,以现存梵本 svabhāva 与"自然"的结构相似来解释译语选择的原因,大致应该是可以成立的。

· 183 ·

这类例子太多，不太可能都是误译，应是有意而为。① 笔者认为，如果单从语义上看，svabhāva 和 asvabhāva 确实存在矛盾，因为后者是由前者加否定前缀构成的。《梵汉大辞典》对 asvabhāva 基本语义的解释是"不自然的，异常的特质或气质"，与 svabhāva "固有的，天生的性格或素质，本性"恰好相反。② 但从思想上看，svabhāva 与 asvabhāva 并非完全矛盾，而是可以调和统一的，因为 svabhāva 可以有多种思想内涵。

对龙树或中观派的 svabhāva，学者有不同的解释。Jan Westerhoff 根据月称的解释，将其分为本质自性（essence svabhāva）、实体自性（substance svabhāva）和绝对自性（absolute svabhāva）三层含义。③ Sopa 和 Hopkins 也分为三义，但名字不同，分别是"conventionally existent nature""true or independent existence"和"real and final nature"。④ 此外还有二分法和四分法。⑤ 笔者认为三分法更合理。首先，svabhāva 的基本语义就是属性、性质、性格，其中使事物区别于他者而成其为自身的属性就是事物的本质，即本质自性（essence svabhāva）。但正如 William L. Ames 所言，这种意义在般若中观思想那里只在世俗谛的意义上可成立。⑥ Sopa 和 Hopkins "conventionally existent nature"的命名方式也表明了同样的认识。

svabhāva 的第二层含义是以说一切有部为代表的部派佛教，以及其他外道所持有，而为般若中观思想所极力否定的，即实体自性（substance svabhāva）。实体自性观念的生起与本质自性有一定关系。阿毗达摩佛教采用的是通过辨析诸法之特性以区别——诸法，再以诸法间因缘和合、无常变化的关系来证明"人无我"的方法。这种方法在承认诸法间存在分合不

---

① ［日］末木文美士：《漢訳般若経典における"自然"》，《東洋文化研究所紀要》通号 91，1982 年，第 221—270 页。

② 林光明、林怡馨合编：《梵汉大辞典》，台北嘉丰出版社 2005 年版，第 185、1250 页。

③ Jan Westerhoff, "The Madhyamaka Concept of Svabhāva: Ontological and Cognitive Aspects", *Asian Philosophy* 17, no. 1 (2007): pp. 17 – 45.

④ Geshe Lhundup Sopa and Jeffrey Hopkins, *Practice and Theory of Tibetan Buddhism*. New York: Grove Press 1976, p. 122.

⑤ 据 Jan Westerhoff 介绍，Stanislaw Schayer 持四分法，J. W. de Jong 和 Jacques May 都持二分法。（见 Jan Westerhoff, *Nāgārjuna's Madhyamaka: A Philosophical Introduction*. Oxford; New York: Oxford University Press, 2009, pp. 20 – 21.）另外，印顺法师也持二分法（见释印顺《空之探究》，中华书局 2011 年版，第 148—149 页。）

⑥ William L. Ames, "The Notion of Svabhāva in the Thought of Candrakīrti", *Journal of Indian Philosophy* 10, no. 2 (1982): pp. 161 – 177.

定的关系的同时,也承认了法作为个体的独立性,且这种独立性优先于关系性。进而,这种独立自存的个体可以抽象而为永恒的实体,即法体。对于实体自性,中国古代僧人的理解是应该具有常、一、主、宰四个特征,印顺法师认为应具有自有、独一和常住三义,叶少勇认为应有非造作、无观待、不变异三义。① 笔者认为,般若中观所否定的实体自性,应该有自在、恒有和实存三义。所谓自在,指实体自性应该独立自存,不依待于其他事物;所谓恒有,指实体自性应该常住不变;所谓实存,指实体自性应该真实地存在于世间,而非仅存在于人的精神世界中。中观思想认为,考察世间诸法,若有阿毗达摩所言之法体,则当无待于因缘而永恒存续。然而事实正与之相反,因此并无法体存在。法体只是人的错误认知造成的结果,是人为加之于诸法的东西,并非诸法内在固有者。

诸法的真实自性是就是 svabhāva 的第三层含义绝对自性(absolute svabhāva),可以有空性(śūnyatā)、无自性(asvabhāva)、法性(dharmatā)、真如(tathatā)、本性(prakṛti)等多个名称。② 在这些名称中,无自性(asvabhāva)是否定表达,空性(śūnyatā)、法性(dharmatā)、真如(tathatā)、本性(prakṛti)都是肯定表述。不同的表达方式,反映了对绝对自性是不是另一种自性这一问题的不同态度。否定表述暗含绝对自性并非一种新的自性,只是对诸法无实体自性这一事实的陈述,即只是一个名称。这种理解会引起虚无主义的批判。肯定表述则暗含绝对自性是一种自性之意,那么,符合实体自性标准的绝对自性,却恰恰是对实体自性的否定(无实体自性),这显然矛盾。虚无主义或自相矛盾,这是佛教无我论必然引起的理论困境,不同派别有不同的解答方式。总体而言,般若中观思想偏向作否定回答,即绝对自性只是对诸法无实体自性这一事实的另一种表述,非异于实体自性别有绝对自性。不同的表述形式

---

① 〔唐〕释道邑撰:《成唯识论义蕴》,载藏经书院编《卍续藏经》,台北新文丰出版公司1993—1994年版,第78册第815页下;释印顺:《中观论颂讲记》,中华书局2011年版,第14页;叶少勇著:《中论颂:梵藏汉合校·导读·译注》,中西书局2011年版,第231页。

② 立川武藏(Tachikawa Musashi)指出,早期般若和早期中观的著作中,svabhāva 大都是在否定意义上使用的,从积极意义上理解,如真实、绝对真理等是后起的〔见 Tachikawa Musashi, "Svabhāva and Śūnyatā", *Journal of Indian and Buddhist Studies* 43, no. 2(1995):pp. 26 - 32〕。若立川氏的研究正确,则 svabhāva 的实体自性义较早在大乘佛经及论著中使用,绝对自性义较晚才出现。

作用不同：否定表述是要通过否定名相来破除错误认知，为获得般若智慧扫除障碍；肯定表述则是要以名相为工具向凡夫揭示通过甚深般若所观照到的诸法实相。因此，绝对自性就是般若，也是实相，异名同谓。虽然般若中无能所之分，般若必见实相，实相必依般若而显，但形式上，般若为能见，实相为所见，能见的般若逻辑上先于所见的实相，这是般若中观的倾向。这种思维方式是认识论而非存在论的，阿毗达摩则相反。

另外，Jan Westerhoff 认为，对龙树来说，只有两种自性——本质自性和实体自性，绝对自性只是本质自性之一种。① 但本质自性与绝对自性还是有分别的。前者是从分别——诸法的角度立论的，可称为"殊相"；后者是从统合——诸法的角度立论的，可称为"共相"。而且，本质自性与实体自性一样，是在名言概念层面立论的，都可称为言说自性（abhilāpya-svabhāva）。② 只是后者被实体化为法体，所以般若中观思想完全否定其存在，而于前者，则许可其在世俗谛的范围内使用。③ 绝对自性揭示的是非依名言概念所能认知的诸法实相，故可称为离言自性（nirabhilāpya-svabhāva）。④ 所以，本质自性与绝对自性应该加以区分。印顺法师则取《大智度论》的二分法，认为只有世俗自性和胜义自性两种，世俗自性包括了本质自性和实体自性。⑤ 这一理解与分为言说自性和离言自性的二分法相合。然而，如前所述，本质自性和实体自性虽然关系密切，但不可否认的是，大乘佛教对两者的态度是不同的，加以区分有助于更好地认识佛经思想。还应注意的是，实体自性和绝对自性都是后起的哲学含义，本质自性才是更早的一般语义，所以，实体自性和绝对自性都容易被误解为本质自性，如 svabhāva、prakṛti、svalakhaṇa 等都首先是本质自性。

由于 svabhāva 有三种思想内涵，相应地，作为其否定的 asvabhāva 也

---

① Jan Westerhoff, "The Madhyamaka Concept of Svabhāva: Ontological and Cognitive Aspects", *Asian Philosophy* 17, no. 1 (2007): pp. 17–45.

② 叶少勇著：《中论颂：梵藏汉合校·导读·译注》，第 25 页。

③ [日] 梶山雄一著：《空之哲学》，吴汝钧译，载瓜生津隆真等著《中观与空义》（蓝吉富主编"世界佛学名著译丛"第 62 册），台北华宇出版社 1988 年版，第 249 页；任继愈也有类似看法，称之为"实在化"[任继愈主编：《中国佛教史》（第一卷），中国社会科学出版社 1985 年版，第 345—346 页]。

④ 叶少勇著：《中论颂：梵藏汉合校·导读·译注》，第 25 页。

⑤ 释印顺：《空之探究》，第 148—149 页。

应如此。若 svabhāva 在本质自性层面理解，则 asvabhāva 是对这种本质自性的否定，《梵汉大辞典》将 asvabhāva 释为"不自然的，异常的特质或气质"正是如此。若在实体自性层面理解，则 asvabhāva 可以释为非实体自性或无实体自性，这正是般若中观思想的核心内涵。若在绝对自性层面理解，则 asvabhāva 意为非绝对自性或无绝对自性。但在般若中观文献已经用 asvabhāva 表达非实体自性或无实体自性义的情况下，再以之表达非绝对自性或无绝对自性义显然易引起矛盾。且绝对自性是诸法实相，是诸法的真实自性，不应被否定。因此，在佛教文献中，理论上 asvabhāva 可能有两种语义，而般若中观文献实际上只有非实体自性或无实体自性一种语义。因此，虽然 svabhāva 和 asvabhāva 在不同的层面理解，可以有不同的关系，但在般若中观思想中，两者的关系模式只是 svabhāva（绝对自性）＝asvabhāva（无实体自性）。所以，svabhāva 与 asvabhāva 不仅不对立，反而是异名同实的关系。

但是，svabhāva 和 asvabhāva 如此丰富的含义和复杂的关系，显然不是本土"自然"一词所能全面涵盖并作出准确区分的，那么，本土人士是基于怎样的思想基础来接纳般若空性思想的？其准确表达的程度如何？又可能引起怎样的误解？这些问题都值得深入探讨。首先是本质自性和绝对自性，大致可以在本土思想中找到对应者。本质自性是诸法殊相，是在类别或个体层面区分事物的标准。本土与之相似的是"性"，一般是在事物之后加"性"字，如"人性""物性""牛之性""木之性"等。"物名＋性"的使用形式，使得"性"字基本只能用于表示事物的特殊本质，表示共同本质之义的，是另一个词——"自然"。虽然"自然"也指向事物的性状，但它是对万物共同性状特征的具体表述，即"自己而然/自己如此"，本身并非"性质"之义。万物之所以皆以"自然"为性，是因为"自然"是道之性，而道遍在于万物，故万物也有"自然"之性。然则，"自然"属于绝对自性而非本质自性。另外，佛教将诸法分为世间和出世间两类，与本土思想中的道和万物二分法相似。虽然两者背后的思想差异很大，但形式上的相似足以让本土人士将两者进行类比。因此，以万物对应世间法，以道对应出世间法，应是汉魏本土人士的基本认识。基于以上两点，将"自然"视为出世间法和世间法的共同本质，即绝对自性，是合理的推论。早期译者没有用"性"字，而是用"自然"来翻译 svabhāva，除了词形和语义上的考虑，应该也是基于上述思想方面的认识。

其次，实体自性在本土思想中难以找到直接对应者，只能从其他角度进行理解。其中一种理解是借助绝对自性与"自然"、绝对自性与实体自性的关系来沟连起实体自性与"自然"。如前所述，绝对自性等于无实体自性，而绝对自性可类比为本土的"自然"，所以，无实体自性也等同于"自然"。另一种理解是基于本土宇宙观与佛教缘起论的相似。简单说来，本土宇宙观以道或气作为万物的本源和依据，其自强不息的运化产生天地万物。虽然万物因所禀受之气不同，各自具有先天的、独有的性质，但都不能孤立地、永恒地存在，而是相互依待，相互影响，生生灭灭，变化不已。佛教缘起论也强调诸法间相互关联、互为因缘，诸法个体不能自在、恒存。实际上，大乘佛教缘起论和本土宇宙观差异很大：前者认为，能够自在、恒存的法体，实际上只是人们虚构的概念，并无对应的实在之物；后者并不认为万物不能自在、恒存就失去了实在性，因为其背后有道或气作为本源和依据。但是，在强调事物间相互作用关系和否定事物能够自在、恒存这两点上，两者基本一致。对于早期译者和读者来说，严格区分佛教和本土思想并非他们的首要任务，如何在已有知识基础上理解佛教义理，才是他们的第一关切。所以，基于以上相似，可以将大乘佛教的缘起性空类比作本土的自然生化，从而 asvabhāva 的无实体自性义也就可以翻译为"自然"。

下面依据上述分析，结合《道行般若经》和《大明度经》（以下分别简称《道行经》《大明经》）中的具体例子进行考察。

《道行经》中将 svabhāva 及其关连语译作"自然"的例子共有三处，《大明经》中也有一处，但两者将同一梵文原语译作"自然"的例子却没有。

06《道行经》：心无两对。心之**自然**不能所作。(《校注》第134—135页)①

《大明经》：心无两对，心无身，当作何施与乎？(《大正藏》第8册，第486页中)②

---

① 为方便论述，本文为相关引文按"自然"一词出现的先后顺序加上编号。《大正藏》本"心之自然乃能所作"的"乃"字，辛岛静志认为可能应作"不"。

② 大藏出版编集部编：《大正新修大藏经》，台北新文丰出版公司1983—1985年重印版，第8册第225号。

《道行般若经》和《大明度经》"自然"研究

现存梵本：katham vā hakyam cittena cittam parināmayitum yadā dvayoh cittayoh samavadhānam nāsti, na ca tac cittasvabhāvatā hakyā parināmayitum? (《对照》第128页)①

此句现存梵本意思是："如果没有二心和会，心的自性又不能回向，以何心能回向？"这个"自然"译自梵文 svabhāvatā，是 svabhāva 的阴性抽象名词。鸠摩罗什译作"性"，竺佛念译作"自然"，玄奘和施护都译作"自性"。② Conze 将此 svabhāvatā 英译为"own-being"。③ 辛岛静志对《道行经》进行英译，将"自然"译作"nature"。虽然 svabhāva 也有 being 的涵义，但佛教反对 being 的存在，肯定意义的"own-being"易生误解。辛岛氏释为 nature，符合其梵文原语 svabhāvatā 的语义，且本土"自然"一词作名词时，确实可指向万物先天固有的性状，因而释为 nature 有其合理性。④

何为"心之自然"？结合前文，支谶的"心之自然"应指前面的"心亦尽灭，无所有，无所见"，对应于支谦的《大明经》，就是"无身"。《大明经》中有对"四颠倒"的解释："无常谓有常，苦谓有乐，空谓有实，无身谓有身"，然则"无身"即"无我"，与安世高译经中的"非身"同义。⑤ 因此，支谶的"心之自然"就是指心无我。"无我"即无实体自性，肯定表达的 svabhāvatā 就只能作绝对自性解，这个"自然"也应在绝对自性层面理解。因此，虽然本土"自然"本身并无"无我"之义，甚至两者相矛盾，但基于"自然"与 svabhāva 的词形和语义的相似、大乘佛教中绝对自性与无实体自性的等同，以及"自然"与绝对自性的类比，以"自然"翻译 svabhāva 表达无实体自性之义，就是合理的延伸用法。当然，这里的"无我"之义虽然可以通过上下文得到一定的理解，也能通过上述推论而得出，但很容易被"自然"宽泛的语义"自己而然/自己如此"和

---

① [韩] 高翊晋编：《梵·英·汉对照八千颂般若经》（下文简称《对照》），首尔东国大学校1986年版，第128页。

② [日] 辛嶋静志：《词典》，第667页。

③ Edward Conze, *Astasāhasrikā Prajñāpāramitā: The Perfection of Wisdom in Eight Thousand Slokas*, Calcutta: Asiatic Society, 1970, p. 46.

④ 西汉以前本土文献中可明确视为名词的"自然"一词，主要有两处：其一是《老子》第二十五章的"人法地，地法天，天法道，道法自然"，其二是《庄子·德充符》的"吾所谓无情者，言人之不以好恶内伤其身，常因自然而不益生也"。其中后者大致可理解为先天本性。

⑤ 〔三国吴〕支谦译：《大明度无极经》，载《大正藏》第8册，第486页中。

深厚的本土思想所掩盖。

08《道行经》：是菩萨随怛萨阿竭教者，是即为作知佛功德所生、**自然**及其相、法所有，持是福作劝助。（《校注》，第144页）

《大明经》：随如来教，持是施与，知所作功德、生时身相。（《大正藏》，第8册第486页下）

现存梵本：ihānena bodhisattvayānikena kulaputreṇa vā kuladuhitrā vā tathāgatam anabhyākhyātukāmena evam tat sarvam kuhalamūlam anumoditavyam evam pariṇāmayitavyam yathā te tathāgatā arhantah samyaksambuddhā buddhajñānena buddhacakhuhā jānanti paḥyanti tat kuhalamūlam yajjātikam yannikāyam yādhham yatsvabhāvam yallakhaṇam |（《对照》，第136页）

此句现存梵本大意是：善男子、善女人应像如来以佛智知道、以佛眼看见善根如其所是的性质、种类、相状、自性和特征那样，回向一切善根。这个"自然"应译自梵文 yatsvabhāvam，是 yatsvabhāva 的中性单数受格形式。yatsvabhāva 为依主释复合词，作形容词，意为"某种性质或性格的"，在这里指事物自身性质这样的。① 竺佛念译作"自然"，鸠摩罗什和玄奘译作"性"，施护译作"自性"。② 同前例，Conze 译作 "own-being"，辛岛静志则译为 "nature"。③ 与前一例相同，这个 yatsvabhāva 也是绝对自性之义，因为这是佛智所见。支谶的"自然"，也应在绝对自性而非本质自性层面理解。值得注意的是，支谦本此处对应于 yatsvabhāva 的应该是"身"。前一个例子中，支谦将含有 svabhāvatā 的句子意译为"心无身"，与此处似有矛盾。实则不然，"心无身"和"生时身相"的两个"身"，含义不同，前者指实体自性，后者指绝对自性，无身（无实体自性）等于身（绝对自性）。支谦"身"字的这种用法，应该是对 svabhāva 的两种含义有所认识有意而为的。

09《道行经》：天中天！般若波罗蜜于一切法悉皆**自然**。（《校注》，第158页）

---

① Sir Monier Monier-Williams, *A Sanskrit-English Dictionary: Etymologically and Philologically Arranged with Special Reference to Cognate Indo-European Languages*. Oxford: Clarendon Press, 1899, p. 844.

② ［日］辛嶋静志：《詞典》，第667页。

③ Edward Conze, *Aṣṭasāhasrikā Prajñāpāramitā*, p. 49；［日］辛嶋静志：《校注》，第143—144页注127。

《道行般若经》和《大明度经》"自然"研究

《大明经》：无。

现存梵本：sarvadharmasvabhāvavidarhanī bhagavan prajñāpāramitā |（《对照》，第154页）

此句现存梵本原意是："般若波罗蜜能示现一切法的自性"。《道行经》这个"自然"应该译自梵文-svabhāva-，《大明经》缺，鸠摩罗什、玄奘和施护分别译作"法性""无性为性"和"真实自性"。① 《道行经》的句式与现存梵本和其他汉译本大不相同，因而对这个"自然"的理解有一定争议。末木文美士认为支谶的译法是错误的，将原文意思改成了"般若波罗蜜在一切法中自然地存在"，即"自然"是用来描述般若波罗蜜的存在方式的。② 辛岛静志的观点与之相近，将《道行经》英译作："(The prajñāpāramitā) is innate in all dharmas."③ 两者对该"自然"的理解都偏向于先天的、固有的。李维琦认为译作innate离原文意思比较疏远，而应采用玄奘"开示诸法，无性为性"的译法。④ 辛岛氏的解释是"因为支娄迦谶译里没有'显示'这一动词，所以只能翻译为'innate'"。⑤ 实际上，svabhāva和本土"自然"都有"天生的"之义，辛岛氏的译法可以成立，但李维琦的观点则更符合般若经的思想。⑥ 就《道行经》来说，译作innate（天生的、固有的）可能更接近汉魏时期中国人对它的理解。

这种"误译"有其本土思想根源。现存梵本讨论的是般若智慧揭示诸法法性的认识问题，《道行经》的翻译将之转换为般若智慧内在于诸法中的存在问题。虽然在大乘空性理论中，般若与法性是统一的，因为般若所见即是法性，法性亦必依般若才能显现。所以，《道行经》的译法，依般若思想也可以解释，即说般若先天内在于诸法中，意思与法性先天内在于诸法中相同。但形式上，般若与法性还是有分别的：前者属于认识领域（识），是能知；后者属于存在领域（境），是所知。在识与境、能知与所

---

① ［日］辛嶋静志：《詞典》，第667页。
② ［日］末木文美士：《漢訳般若経典における"自然"》，《東洋文化研究所紀要》通号91，1982年，第221—270页。
③ ［日］辛嶋静志：《校注》，第158页注272。
④ 李维琦：《佛经释词三续》，《古汉语研究》2012年第1期，第4页。
⑤ 李维琦：《佛经释词三续》，《古汉语研究》2012年第1期，第4页。
⑥ 例09与下文要提到的例12句式极为相似，虽然前者之"自然"译自梵文"svabhāva"，后者之"无自然"则译自梵文"asvabhāvatā"，但意思是一致的。详细解释见下文。

知的关系中，大乘佛教明显更强调前者对后者的决定作用，般若思想正是这方面的代表。但《道行经》的译法转向存在领域，明显更符合本土思想中事物的存在优先于人的认识的倾向。

07《道行经》：若于诸般泥洹佛所而作功德，持是功德欲作所求，其智**自然**，能为阿耨多罗三耶三菩。（《校注》，第140页）

《大明经》：诸佛所灭度者，持所施与功德，使我悉得之如一，作是知，所行作无上正真道。（《大正藏》，第8册第486页下）

现存梵本：saced evam api na samjānīte-sarvasamskārāḥ hāntā viviktā iti, evam iyam tasya bodhisattvasya mahāsattvasya prajñāpāramitā yad api tat tehām buddhānām bhagavatām parinirvhtānām kuhalamūlam | yādhha eva sa parināmastādhham eva tat kuhalamūlam, yenāpi tat parināmitam tad api tajjātikam tallakhanam tannikāyam tatsvabhāvam | saced evam samjānīte, na parināmayaty anuttarāyām samyaksambodhau | （《对照》，第135页）

此句现存梵本大意是：如果能认识到一切行寂、离、善根、回向以及用来回向的法的性质、特征、种类和自性都是寂、离的，就能回向阿耨多罗三藐三菩提。这个"自然"可能译自梵文 tatsvabhāvam，是 tatsvabhāva 的中性单数主格形式。tatsvabhāva 是依主释复合词，在这里作名词，意为那样的自性。① 玄奘和施护都译作"自性"，但两者又有所不同。② 玄奘的"自性"是"非有""都不可得"的，是要否定的对象；施护的"自性"是"如实知"的对象，是肯定的表达。从佛教义理上说，两者是统一的，因为玄奘的"自性"是实体自性，而施护的"自性"是绝对自性，如实知绝对自性，就是知实体自性是非有、不可得的。同理，鸠摩罗什"性相亦如是"的"性"和支谦"得之如一"的"之"都是绝对自性，分别指前文的"所念作起法皆离相"和"所致无所有，代喜分德亦空"。③ Conze 依然将 tatsvabhāva 译作"own-being"，但添加了"illusory"来进行解释。④

以上诸译本意思大致相同，但《道行经》和竺佛念本与其他译本大为

---

① 北京大学梵文贝叶经与佛教文献研究所编《梵汉词汇表》（http：//fdict. cn/）指出 tatsvabhāva 古译为"彼事自性"，但未指明出处。

② ［日］辛嶋静志：《词典》，第667页。

③〔东晋时期后秦〕鸠摩罗什译：《小品般若波罗蜜经》，载《大正藏》第8册，第548页中；〔三国吴〕支谦译：《大明度无极经》，载《大正藏》第8册，第486页下。

④ Edward Conze, *Astasāhasrikā Prajñāpāramitā*, p. 47。

《道行般若经》和《大明度经》"自然"研究

不同。所以辛岛静志译为："If (a bodhisattva) wished to transform the merit, which he made under the buddhas, who had already entered parinirvāna, into what he has sought for, (then it shows that) his wisdom is innate, and he can attain anuttara-samyaksambodhi."① 这里，"自然"被译为"innate"（天生的），"因为这位菩萨在以前的人生时，在过去佛的指导下已经作下了功德，所以他的智慧是生来的"②。与上文所述"般若波罗蜜于一切法悉皆自然"相似，辛岛氏的译法和解释有其合理性。但从上下文看，支谶应该理解此处的 tatsvabhāva 所指是寂、离，因为前面有"菩萨了知恍惚、无所有，是故为菩萨摩诃萨般若波罗蜜"。当然，这些内涵可能容易被"自然"的本土语义和思想掩盖，不易为汉魏本土人士理解。

或者可以断句为"其智自然能为阿耨多罗三耶三菩"，意思是因为菩萨了知诸行、善根、回向法等都是恍惚、无所有，所以其以于过去佛处所作功德回向阿耨多罗三藐三菩提，理当/必然能得。这样，"自然"就不是修饰"智"的形容词，也不是如现存梵本中的 tatsvabhāvam 作名词，而是作修饰动词"能为"的副词。"自然"作副词的用法是本土已有的，从文意上看也可通。如果这种理解可成立，则这个"自然"就不应视为译自梵文 tatsvabhāva，也不是作特殊概念，而是作一般词语，意思是依理应当/必然如此。可备一说。

以上四个例子支谶将 svabhāva 及其关连语译作"自然"，支谦却都没有，而是使用了其他译语。另有一例则是支谦将 svabhāvena 译作自然，而支谶没有。

01 & 02《道行经》：舍利弗谓须菩提："菩萨何因晓般若波罗蜜？色离本色，痛痒思想生死识离本识，般若波罗蜜离本般若波罗蜜。"须菩提言："如是。"（《校注》，第10—11页）

《大明经》：秋露子曰："何故菩萨知己休止？为如于色休色本性，于痛想行休识本性，明度无极休识本性，明度无极休智本性。"善业曰："如是，贤者！其于色也，休色**自然**，于痛想行休识**自然**，明度无极休识**自然**。明度无极休智**自然**，行此道者于智休止，智之**自然**者休矣。相休止，相之自然者休矣。"（《大正藏》第8册，第479页中和下）

---

① [日]辛嶋静志：《校注》，第140页注100。
② [日]辛嶋静志：《校注》，第158页注272。

现存梵本：atha khalv āyuhmān hāriputra āyuhmantam subhūtim etad avocat: kim kāranam āyuhman subhūte avirahito bodhisattvo mahāsattvah prajñāpāramitayā veditavyah? yadā rūpam eva virahitam rūpasvabhāvena, evam yadā vedanaiva samjñaiva samskārā eva, yadā vijñānam eva virahitam vijñānasvabhāvena, yadā prajñāpāramitaiva virahitā prajñāpāramitāsvabhāvena, yadā sarvajñataiva virahitā sarvajñatāsvabhāvena ‖ evam ukte āyuhmān subhūtir āyuhmantam hāriputram etad avocat: evam etad āyuhman hāriputra evam etat ｜rūpam ev'āyuhman hāriputra virahitam rūpasvabhāvena｜evam vedanaiva samjñaiva samskārā eva｜vijñānam evāyuhman hāriputra virahitam vijñānasvabhāvena｜prajñāpāramitaiva āyuhman hāriputra virahitā prajñāpāramitāsvabhāvena｜sarvajñataiva āyuhman hāriputra virahitā sarvajñatāsvabhāvena｜prajñāpāramitālakhanenāpi prajñāpāramitā virahitā ｜lakhanasvabhāvenāpi lakhanam virahitam｜lakhyasvabhāvenāpi lakhyam virahitam｜svabhāvalakhanenāpi svabhāvo virahitah ‖（《对照》，第10页）

这里，现存梵本的基本句式是"rūpam … virahitam rūpasvabhāvena"，意为色离色的（实体）自性。支谶译作"色离本色"，以"本"字而非"自然"译 svabhāvena。svabhāvena 是 svabhāva 的阳性单数具格形式。支谦则前后不一致，前面译作"于色休色本性"，后面改为"于色也，休色自然"。造成这种不一致的原因不太清楚，但对同一梵文词汇使用不同译语，这在早期汉译佛经中比较常见。《道行经》的"本"字，辛岛氏认为是形容词，意为原始的、天生的，这也是基于"本"字和 svabhāva 的共同语义而言的。① 但这样，"色离本色"就与现存梵本意思相去较远了，辛岛氏应该是认为《道行经》的翻译不正确。但结合其他处译文，或可以有另一种解释，即"本色"可能是"色本"之误。字序颠倒在早期译经中不算少见，《大明经》中有将"经本"写作"本经"的确切例子，而《道行经》中的"本无"也和"无本"有相互通释的可能。② 更重要的是，《道

---

① ［日］辛嶋静志：《詞典》，第26页。
② 关于"本无"，笔者有相关论述，见笔者《东汉三国汉译佛经与本土思想的关系：以空性理论为中心的概念考察》，博士学位论文，澳门大学2017年，第152—172页。

行经》中另有一处将 asvabhāvatā 译作"无有本"①。然则"本"字在《道行经》中可以指实体自性。② 因此,"色离本色"可能是"色离色本"之误,意为色没有实体自性。《大明经》这几个"自然",在语义上可作本性解,但其思想内涵是实体自性,因为无论是本质自性还是绝对自性,都是色不能离的,只有实体自性才是般若思想所要否定的。"休……自然"与下文例 12《道行经》译自 asvabhāvatā 的"无自然"相似。这两例都是以"自然"表示实体自性之义,在前面加否定词以表达相反之义。后世以"自性"译 svabhāva,以"无自性"译 asvabhāva 也是同样的思路。但如前所述,早期译经是以"自然"类比绝对自性,因而"自然"同时是无实体自性之义。所以,如果再以"自然"表达实体自性之义,就会造成矛盾。这两个例子的出现,表明译者的翻译思路虽以前者为主,但后者也不时会产生其影响。

以上是《道行经》和《大明经》中译自 svabhāva 及其关连语的"自然"的例子。其主要语义和思想是绝对自性,也是无实体自性之义。虽然其语义有些可以结合上下文得到理解,但容易被本土"自然"宽泛的语义和深厚的思想内涵所掩盖。

这两个译本对 asvabhāva 及其关连语的翻译则更为复杂。首先是用语比较混乱。其中《道行经》中有三例译作"自然",一例译作"无自然",还有一例译作"空";《大明经》则只有一例明确译作"自然",一例可能是依据 asvabhāva 或其关连语而增译的"自然",其他译语基本没有规律。其次,由于 asvabhāva 及其关连语和"自然"在词形和语义上没有直接的相似性,译者作此翻译的依据不是很明显。

将 asvabhāva 及其关连语也译作"自然",前文从思想上进行了探讨,主要有两点:一是基于"自然"与绝对自性、绝对自性与实体自性的关系而推导出"自然"等同于无实体自性;二是本土宇宙观与佛教缘起论存在

---

① 《道行经》:"如是法形,形亦无有本。设无有本,法亦无谁作。亦无有本,本无有本。"([日] 辛嶋静志:《校注》,第 30 页)现存梵本: evaṃ eteṣāṃ sarvadharmāṇāṃ yā asvabhāvatā, sā anabhinirvṛttih | yā ca sarvadharmāṇām anabhinirvṛttir na te dharmāḥ | ([韩]高翊晋编:《对照》,第 25 页)

② 以"本"字表达实体自性义,还有其他例子,在此不展开论述。关于早期汉译佛经中"本"字的语义和思想内涵,笔者博士学位论文有相关论述,见《东汉三国汉译佛经与本土思想的关系:以空性理论为中心的概念考察》,第 133—151 页。

相似处，早期译者将大乘佛教的缘起性空类比为本土的自然生化，从而使"自然"与 asvabhāva 关连起来。另外，本土"自然"强大的容受能力也是原因之一。在语义上，"自己而然/自己如此（的性状）"的语义极为含糊，可以从不同角度作出解释。很多重要的矛盾对立概念，如先天与后天、偶然与必然、有为与无为、有神与无神等，都可以在不同思想体系中以"自然"进行表述。这些矛盾的思想在本土思想中虽然没有被整合为统一的体系，但在遇到《八千颂般若经》svabhāva 和 asvabhāva 矛盾统一的经文时，用它来翻译，应该是比较合适的选择。

下面结合具体例子进行分析。

12《道行经》：天中天！四十**自然**波罗蜜，般若波罗蜜是。天中天！四十一于诸法亦**无自然**故。（《校注》，第205—206页）

《大明经》：无师，无为寂寞，明度无极。天中天！（《大正藏》，第8册第489页中）

现存梵本：svayambhūpāramiteyam bhagavan sarvadharmāsvabhāvatām upādāya | （《对照》，第191—192页）

现存梵本意思是："薄伽梵，这（即般若波罗蜜）是自在波罗蜜，因为一切法无（实体）自性。"《道行经》的"无自然"应该是译自 asvabhāvatā，是 asvabhāva 的阴性抽象名词。如前所述，般若经中的 asvabhāva 应该理解为无实体自性，而不能取其一般语义。所以，"无自然"意为没有实体自性，才是经文正解。鸠摩罗什的"无性"，玄奘的"无自性"，Conze 的 "have no own-being"，都符合梵本原意。① 施护的"自性平等"意指诸法在绝对自性层面平等无差别，也是没有实体自性之意。支谦的"无为寂寞"指向绝对自性的清净寂静，更接近施护本。辛岛静志将前后两个"自然"等同起来，都视为 svayambhū 即自在之意，从而将这个对应于 asvabhāvatā 的"无自然"译作 "have no self-existence"②。这种理解有合理性，因为从般若思想看，诸法没有实体自性，都是缘起法，不能独立自存。但这样一来，般若波罗蜜和诸法之间就成为相互对立的二元，前者"自然"，后者"无自然"。而大乘佛教和本土思想虽然将事物进行二分，但都认为无为法/道与有为法/物之间具有共同的本质，而

---

① ［日］辛嶋静志：《詞典》，第668页；Edward Conze, *Astasāhasrikā Prajñāpāramitā*, p. 72.
② ［日］辛嶋静志：《校注》，第206页注118。

《道行般若经》和《大明度经》"自然"研究

这也是同时以"自然"翻译 svabhāva 和 asvabhāva 的基础之一。辛岛氏的释义与此相悖,当然,这是由于此处翻译与主体翻译思想不合造成的。这里的"无自然",应该是译者根据词形和语义上 a-与无、svabhāva 与自然一一对应而作出的翻译。这种译法有其合理性,也是后世翻译 asvabhāva 及其关连语的主要方式,只是与此时主要的翻译思路不合,所以较少采用。

10《道行经》:人无所生;般若波罗蜜与人俱皆**自然**。(《校注》,第 164 页)

《大明经》:人**本无**,大明亦无。(《大正藏》第 8 册,第 487 页下)

现存梵本:sattvāsvabhāvajātikā hi prajñāpāramitā veditavyā│sattvāsvabhāvatayā prajñāpāramitāsvabhāvatā veditavyā│(《对照》,第 159 页)

此句现存梵本意思是:"因为众生本质上无自性,应知般若波罗蜜(本质上无自性)。因为众生无自性〔性〕,应知般若波罗蜜无自性〔性〕。"这里共有三个 asvabhāva 或其关连语,第一个是 asvabhāvajātikā ("本质上无自性"),支谶和竺佛念译作"无所生",罗什和施护译作"不生",玄奘译作"无生",都没有译出其中的无自性(asvabhāva),不知何故。而 jātika 源自词根 jan(生、产生),作形容词,意思是本质上……的,……属性的。古代各译本应该是取其词根之义。辛岛氏将"无所生"译为"human beings are not produced",不正确。汉语中,"无所……"实为由"无+所字结构"组成的动宾短语,所字结构是名词性短语,主要有"所+动词""所+介词+动词"两种形式,表示与后接动词有关(包括对象、处所、时间、工具、原因、目的等)的人、事、物。早期汉译佛经中,"无所……"的结构大量使用,但多数地方若作上述理解则不够准确。如"无所著",按上述分析,应理解为"无+所著",表示没有执着于心的事物(对象),无物被执于心,也就不成其为执着的行为,故又常译作"无著"。但两者侧重点不同,前者强调行为的对象,后者强调行为本身。"无所著"和"无著"都是从结果上说的,两者都不能表示无执着之心

（动机），故后来多译作"不着"，兼表动机、行为和结果。① 因此，"人无所生"不是意谓人非被生，而应作"人无生"解，或如鸠摩罗什、施护译作"众生不生"比较合适。第二个是 asvabhāvatayā（"因为无自性〔性〕"），asvabhāvatā 的单数具格形式，第三个是 asvabhāvatā（"无自性〔性〕"），为单数主格。罗什和施护译作"无性"，玄奘译作"无自性"，支谶和竺佛念译作"自然"，支谦译作"本无"和"无"，Conze 译作"without own-being"。② 辛岛静志认为，将 asvabhāva 及其关连语译作"自然"是误译。③ 所以，他将《道行经》的这个"自然"译作"without cause"（无因）。④ 如前所述，svabhāva 与 asvabhāva 在般若思想中并非矛盾对立的关系，而是同为空性思想的不同表达。所以，将两者都译为"自然"是有依据的。而释为"无因"，无论在佛教还是本土思想中，都难以成立。因为前者主张缘起论，后者盛行气化论，都没有给无因论或不可知论留下多少空间。⑤

支谶这个"自然"作为肯定表达，不能直接明了地揭示 asvabhāva 对实体自性的否定义。支谦可能已经看出这种译法存在不足，所以不少地方都没有使用"自然"来翻译 asvabhāva 或其关连语。⑥ 此处支谦使用"本无"和"无"，无论"本无"应该如何理解，但都是否定表述，更符合 asvabhāva 的否定意味。

11《道行经》：佛语须菩提："色无着无缚无脱。何以故？色之**自然**

---

① 两者的差别还有："无+所字结构"只能视为不及物动词或形容词，修饰主语，不能加宾语，语义中包含"完全"之义；"无+动词"结构通常作及物动词，加宾语，因而语义上特别指向某些事物，而非对行为本身"完全"否定。所以，只有当"无+动词"不加宾语时，语义上才与"无+所字结构"相同。另外，据朱庆之的研究，早期汉译佛经中的"所+动词"结构，确实有很多是表示被动的，其句式有"受事｜施事｜所V"和"施事｜所V"两种。据此，此句的"人无所生"若为被动句，则属于"施事｜所V"型，意思是"（某物）不为人所生"或"没有被人所生之物"，也与辛岛静志的解释不同。且这里并非被动句，朱庆之的分析不适用。（见朱庆之《汉译佛典中的"所V"式被动句及其来源》，《古代汉语研究》1995 年第 1 期，第 29—31、45 页。）
② ［日］辛嶋静志：《詞典》，第 667 页；Edward Conze, *Astasāhasrikā Prajñāpāramitā*, p. 56。
③ 李维琦：《佛经释词三续》，《古汉语研究》2012 年第 1 期，第 2—9 页。
④ ［日］辛嶋静志：《校注》，第 164 页注 315。
⑤ 本土思想中与无因论比较接近的主要是王充的偶因论。但偶因论并不等于无因，只是无必然之规律或不知其所以然而已。
⑥ 少用"自然"翻译 asvabhāva 应是支谦译经的特点之一，这在《佛说维摩诘经》中表现得更为明显，详情可参考笔者论文《支谦译〈佛说维摩诘经〉"自然"研究》，待刊。

故，为色。痛痒、思想、生死、识无着无缚无脱。何以故？识之**自然**故，为识。过去色无着无缚无脱。何以故？过去色之**自然**色故。当来色无着无缚无脱。何以故？当来色之**自然**色故。今现在色无着无缚无脱。何以故？色之**自然**色故。过去痛痒、思想、生死、识无着无缚无脱。何以故？过去识之**自然**故。当来识无着无缚无脱。何以故？当来识之**自然**故。今现在识无着无缚无脱。何以故？识之**自然**故。用是故，须菩提！般若波罗蜜甚深，少有信者。"（《校注》，第173—174页）

《大明经》：佛言："往古来今，五阴不着不缚不脱。所以然者，以其无形。明度义然，故少信者矣。"（《大正藏》，第8册第488页中）

现存梵本：bhagavān āha: rūpam subhūte abaddhamamuktam | tatkasya hetoh? rūpāsvabhāvatvāt subhūte rūpam abaddhamamuktam | evam vedanā samjñā samskārāh | vijñānam subhūte abaddhamamuktam | tatkasya hetoh? vijñānāsvabhāvatvāt subhūte vijñānam abaddhamamuktam | rūpasya subhūte pūrvānto baddho muktah | tatkasya hetoh? pūrvāntāsvabhāvam hi subhūte rūpam | rūpasya subhūte aparānto baddho muktah | tatkasya hetoh? aparāntāsvabhāvam hi subhūte rūpam | pratyutpannam subhūte rūpam abaddhamuktam | tatkasya hetoh? pratyutpannāsvabhāvam hi subhūte pratyutpannam rūpam | evam vedanā samjñām samskārāh | vijñānasya subhūte pūrvānto baddho muktah | tatkasya hetoh? pūrvāntāsvabhāvam hi subhūte vijñānam | vijñānasya subhūte aparānto baddho muktah | tatkasya hetoh? aparāntāsvabhāvam hi subhūte vijñānam | pratyutpannam subhūte vijñānam abaddham amuktam | tatkasya hetoh? pratyutpannāsvabhāvam hi subhūte pratyutpannam vijñānam ||（《对照》，第170页）

此段现存梵本大意是：五蕴前际、中际和后际都无自性，所以没有束缚没有解脱。《道行经》的八个"自然"，前两个的梵文原语为asvabhāvatva，是asvabhāva的中性抽象名词；后六个的梵文原语为asvabhāva。纵观鸠摩罗什所译《小品般若》全经，svabhāva都译作"性"，asvabhāva则多数译作"无性"，只有此处译作"真性"，可见"真性"就是"无性"。① 玄奘本大致以"自性"和"性"译svabhāva，以"无自性"译asvabhāva，但有一处将svabhāva译作"无性为性"，此处则将asvabhāva

---

① ［日］辛嶋静志：《詞典》，第668页。

译作"以无性为自性"。① 因此，调和 svabhāva 和 asvabhāva 是其一大特征。施护本基本上以"自性"译 svabhāva，以"无性"译 asvabhāva，但此处译 asvabhāva 为"自性"。② svabhāva 与 asvabhāva 思想上一致应是《八千颂般若经》一开始就持有的观点，但对两者词形上的矛盾，可能并未加以解释说明。汉译本中，玄奘本调和统一二者是最明显的；早期译本将 svabhāva 与 asvabhāva 都译作"自然"，也是一种调和论，但又与玄奘有所不同。玄奘本是译者在对般若思想有深入、准确认识的基础上，为避免引起误解而作出的解释性翻译；早期译本的调和，则既与般若经本身思想有关，也与本土生成论与佛教缘起论相似有关。

辛岛氏对支谶的"自然"的解释是"the state of things as they really are, natural state or constitution"③。这与"自然"一词的语义基本一致，应该比较接近东汉时期本土人士对佛经中"自然"的理解。此处支谦改译为"无形"，是要否定五蕴有实体。但"无形"在本土文献中用于对道或气的描述，是无固定、可见之形之义。道或气虽无定形，亦不可见，却是实有的。支谦此处借用"无形"一词，为其注入佛教义理，是早期佛经汉译的常见用法，但可能反被本土思想影响，成为读者的理解障碍。④

13《道行经》：及不可计人、不可计心，怛萨阿竭悉晓知，皆是**自然人**，如是**自然人**。（《校注》，第252页）

《大明经》：人本心本、心本人本等无异。（《大正藏》，第8册第491页中）

现存梵本：sattvāsvabhāvatayā subhūte aprameyāḥ sattvā asamkhyeyāḥ sattvā iti yathābhūtam prajānāti | ... yāny api tāni subhūte aprameyāṇām asamkhyeyānām sattvānām cittacaritāni, tāny api subhūte tathāgataḥ sattvāsadbhāvatayaiva prajānāti |（《对照》，第244页）

此句现存梵本大意是：如来以众生无自性如实知不可量、不可计众生，以众生非实有如实知不可量、不可计众生的心行。sattvāsvabhāvatayā

---

① ［日］辛嶋静志：《词典》，第668页。
② ［日］辛嶋静志：《词典》，第668页。有一处用"真实自性"译 svabhāva，一处用"自性平等"译 asvabhāva，其规律性不是特别明显。
③ ［日］辛嶋静志：《校注》，第173页注398。
④ 颜洽茂：《试论佛经语词的"灌注得义"》，载四川大学汉语史研究所编《汉语史研究集刊》第一辑，巴蜀书社1998年版，第160—165页。

既可拆分为 sattvā-svabhāvatayā，也可拆分为 sattvā-asvabhāvatayā。鸠摩罗什和施护的"众生性"以及支谦的"人本心本等无异"应是依据前者，玄奘第四会的"自性非有"应是依据后者。① 但两者在佛教义理上是统一的，众生本性即众生无自性。支谶的"自然"是形容词，形式上与《大明经》、玄奘两译本更接近。辛岛静志译此句为"These people are really thus. These people are really thus"②，"be really thus"只能视为对 yathābhūtam 的翻译，对应于罗什、玄奘和施护的"如实"或《道行经》的"如是"，"自然"的意思未能直接明确地表达出来。"自然人"应如何理解，可参考下一个例子。

04《道行经》：人身若干种空，其念亦若干种空。（《校注》，第 37 页）

《大明经》：夫众生**自然**，念亦**自然**，当以知此。（《大正藏》第 8 册，第 482 页上）

梵文本：sattvāsvabhāvatayā āyuhman hāriputra manasikārāsvabhāvatā veditavyā│（《对照》，第 32 页）

此句现存梵本较《道行经》和《大明经》内容更多，应是后世增加的结果。③ 今仅取相对应的部分，原意是：因为众生无自性，应知念亦无自性。同样是 sattvāsvabhāvatayā，除竺佛念的"人之自然"可以视为译自 sattvā-svabhāvatayā（因为众生的自性），其他各汉译本都可视为译自 sattva-asvabhāvatayā（因为众生无自性）。鸠摩罗什和施护译作"众生无性"，玄奘译作"有情无自性"，支谦译作"众生自然"，支谶译作"人身若干种空"。比较例 04 和例 13，例 04《大明经》的"自然"应理解为"等无异"，即绝对自性平等无差别，例 13《道行经》的"自然"则应理解为"若干种空"，即无实体自性。当然，此处《道行经》和《大明经》都有可能被后人修改过，因为将 asvabhāva 译作"空"在《道行经》中只此一例，译作"自然"的在《大明经》中也绝无仅有。但结合上下文，支谦的"自然"当与"恢廓"意思相近。

---

① ［日］辛嶋静志：《词典》，第 668 页。
② ［日］辛嶋静志：《校注》，第 252 页注 39。
③ 《八千颂般若》是逐渐形成的，且在基本成形后仍不断有增添和修改，所以各汉译本所据梵文本有一定出入。辛嶋静志认为可分为最古老、较古老、较新和最新四个传本（《校注》，第 xviii 页）。

此外,《大明经》还有一处"自然",虽然不知其确切译语来源,但也与般若空性思想相关。

03《道行经》:色无所生为非色……识无所生,为非识故……(《校注》,第31页)

《大明经》:于**自然**色而不起为非色,若色费耗亦非色……于**自然**识而不起为非识,若识费耗亦非识……(《大正藏》,第8册第481页中)

现存梵本:tathā hi yo rūpasyānutpādo na tad rūpam | yo rūpasyāvyayo na tad rūpam | ... tathā hi yo vijñānasyānutpādo na tad vijñānam, yo vijñānasyāvyayo na tad vijñānam | (《对照》,第25页)

此句现存梵本大意是:如果色没有生起或坏灭,就不是色。如果识没有生起或坏灭,就不是识。《大明经》这两个"自然",现存梵本中并无可与之对应的词语,且其他汉译本也没有相近词语,所以应该是支谦增译的。① 结合例04的考察,这两个"自然"之义也应与 asvabhāva 相关,语义与"恢廓"相近。但如前所述,在本土宇宙观下作"自然而然/自己如此"解,可能更符合汉魏人士的认识。

考察以上将 asvabhāva 及其关连语译作"自然"的例子,虽然般若经自身的无实体自性这一思想内涵可通过上下文得到一定程度的理解,但使用本土"自然"概念作译语表明,从本土的思想背景进行理解可能更符合译者及汉魏时期人士的认识。虽然这种理解大致合适,但般若经本身对实体自性的批判意味在这种转换中被淡化了。从支谶到支谦,"自然"一词的使用有所减少,可能已经对此有所认识。但支谦的译法又无明确规律,直译、意译、增译等交杂使用,未能成为定式。所以"自然"这一译法并未被取代,竺佛念时也还使用。

综合上述,以"自然"同时翻译 svabhāva 和 asvabhāva,具有佛教和本土多方面的基础,主要有以下五点:第一,"自然"与 svabhāva 在词形和语义上相似;第二,svabhāva 在大乘佛经中有三种可以调和统一的内涵,其中心是绝对自性等于无实体自性;第三,基于佛教和本土思想的二

---

① 支谦此处文意前后矛盾,难以理解。前半句"于自然色而不起为非色"和"于自然识而不起为非识"都与现存梵本意思相同,后半句"若色费耗亦非色"和"若识费耗亦非识"意思正相反。依佛教缘起观,五蕴皆因缘所生法,必有生灭变化,"若色费耗亦非色"和"若识费耗亦非识"与此相违。因此,可能是误译。

《道行般若经》和《大明度经》"自然"研究

分法，可以以道类比出世间法，以万物类比世间法，而绝对自性和"自然"同样作为共同本质，正可以相互类比；第四，由"自然"与绝对自性、绝对自性与实体自性的关系，可以推导出"自然"等于无实体自性的结论；第五，本土宇宙观和佛教缘起论存在相似处，"自然"作为本土宇宙观下万物的本质，正可对应于佛教缘起论下的诸法自性空。正是基于以上五点，早期译者以"自然"翻译 svabhāva 和 asvabhāva 及其关连语，并主要在绝对自性和无实体自性两种意义上使用。但由于"自然"作为本土思想的核心概念，具有宽泛的语义和深厚的思想，因而容易掩盖佛经的特殊义理。

二、svayambhū、其他来源与"自然"

第二类"自然"是与佛陀佛国相关的，主要包括译自 svayambhū 的和可能是增译的两类"自然"。由于《八千颂般若经》以阐述般若空性思想为主，较少对佛陀佛国的论述，所以这一类"自然"例子不多，其中译自 svayambhū 的有一例。

12《道行经》：天中天！四十**自然**波罗蜜，般若波罗蜜是。（《校注》，第 205—206 页）

《大明经》：无师……明度无极，天中天！（《大正藏》，第 8 册第 489 页中）

现存梵本：svayambhūpāramiteyam bhagavan sarvadharmāsvabhāvatām upādāya｜（《对照》，第 192 页）

此句现存梵本意思是："薄伽梵，这（即般若波罗蜜）是自在波罗蜜，因为一切法无自性。"这个 svabhāvatā，支谶、鸠摩罗什、玄奘和施护都译作"自然"，竺佛念本缺译。Conze 译为"self-existent"，辛岛静志对支谶的"自然"的解释也相同。① 将 svayambhū 译为"自然"，是鸠摩罗什以后的主流，东汉三国时期则主要是译作"无师"。《八千颂般若经》现存梵本中以 svayambhūtva 的形式与 tathāgatatva、buddhatva、sarvajñatva 并列的使用有 5 处，支谶和支谦都译作"无师"。此例，《大明经》仍译作"无师"，《道行经》则改译为"自然"，是一个特例。

svayambhū 是依主释复合词，svayam 意指自己本身（self, one's self）

---

① ［日］辛嶋静志：《词典》，第 668 页；Edward Conze, *Aṣṭasāhasrikā Prajñāpāramitā*, p. 72.

· 203 ·

或由自己（of or by one's self），bhū 是存在、变成（to be，become，exist）的意思，所以 svayambhū 的基本语义是独立地或自发地存在。它可作阳性名词，用作各种神的称号；也可作形容词，指具有独立存在特性的或与神有关的。① 在佛经中，svayambhū 是佛的名号之一。"无师"意为无待于师，意思显然与 svayambhū 不同；"自然"则在词形和语义上与 svayambhū 大体相合。② 一种可能是"无师"并非译自 svayambhū，而是另有梵文原语，如《俱舍论》中的"无师智"译自梵文 anupadihhajñāna。③ 从佛经中"自然智"与"无师智"并列的情况看，两者出自不同梵文原语的可能性比较大。④ 但将 svayambhū 译为"无师"的可能仍然存在，因为经中常有"自然无师"一词，如《中本起经》曰："八正觉自得，无离无所染，爱尽破欲网，自然无师受。我行无师保，志独无伴侣，积一行作佛，从是通圣道。"⑤ 这里的"无师受""无师保""无伴侣"与"自得""自然""志独"是对同一现象的不同表述，前者排除他者，后者强调自身，所以，"无师"与"自然"是一致的。这种表述方式与本土的"无为自然"是一样的，以"无师"翻译 svayambhū，并非全无可能。

不过，以"无师"翻译 svayambhū 虽然能表达佛陀之智非从师习得，而是自修自证而得之义，但 svayambhū 之义不限于此。⑥ 从"自然智"（svayambhūjñāna）看，其义是无需借助于身口意等动作就具有的智慧，又称"无功用智"。⑦《大毗卢遮那成佛经疏》曰："若法依师而得，从于众

---

① 林光明、林怡馨合编：《梵汉大辞典》，第1262页。
② svayam 与"自"对应，bhū 与"然"对应，合起来就是"自然"。
③ "汉译佛经梵汉对比分析语料库"，《俱舍论》7—693，http：//ckc.eduhk.hk：8080/abhi/view/7-693。
④〔东晋时期后秦〕鸠摩罗什译：《妙法莲华经》卷第二："若有众生，从佛世尊闻法信受，勤修精进，求一切智、佛智、自然智、无师智……"（载《大正藏》第9册，第262号，第13页中。）
⑤〔东汉〕康孟详译：《中本起经》卷上，载《大正藏》第4册，第196号，第148页上。
⑥〔隋〕吉藏撰：《法华义疏》卷第六："无师智者，前之三智并不从师得，故云无师智。"（载《大正藏》第34册，第1721号，第531页上）〔唐〕一行撰：《大毗卢遮那成佛经疏》卷第五："自然智者，是如来自觉自证之智。昔所未闻未知之法，现前无所罣碍，故以为名。"（载《大正藏》第39册，第1796号，第628页中）
⑦〔隋〕吉藏撰：《法华义疏》卷第六："自然智者……即是无功用智也。"（载《大正藏》第34册，第1721号，第531页上）丁福保编：《佛学大辞典》"自然智"条："不借功用，自然而生之佛之一切种智也"（上海书店1991年版，第1037页）；"功用"条："谓身口意之动作也。"（第924页）

因缘生，即是戏论生灭相，非法性佛自然之慧。若是自然之慧，则非修学可得，亦不可授人。"① 所以，"自然智"不仅是无待于师的，而且是无待于因缘的，是无生灭之相的恒常之智。svayambhū 的基本语义"独立地或自发地存在"也蕴含这层意义。

"自然智"就是般若，也是法性、真如、佛，是出世间法。如前所述，将出世间法类比为本土的道，是早期译经的基本认识。这种类比除了基于佛教与本土二分法的相似，还因为道与出世间法同样具有自在、恒存的本质。加上 svayambhū 与"自然"在词形和语义上的相似，以"自然"翻译 svayambhū，用于对出世间法的表述就非常合理了。

值得注意的是，佛教的世间法和出世间法存在一定的矛盾。这一矛盾与前述 svabhāva 的绝对自性义与实体自性义之间的矛盾相同，只是 svayambhū 对绝对自性作了肯定表述（有我、有常），并将之人格化为佛，使矛盾更尖锐。问题变为佛陀是否有实体自性？若有，则与般若思想否定实体自性的核心思想相悖；若无，则不应以 svayambhū 修饰佛，且以佛为代表的出世间诸法（还有涅槃、真如等）都有被否定的危险，从而陷入虚无主义的困境。将世间与出世间二分，似乎是最好的解决办法，但大乘佛教坚持世间与出世间不二的根本原则。

本土思想与佛教在这面有很大的相似性，即道与万物虽然前者为本为源为体，后者为末为流为用，但道遍在于万物，是一切的共同本质，所以也可以说道与万物不二。支谶和支谦以"自然"同时翻译 svabhāva、asvabhāva 和 svayambhū，不管是否有意以此调和这一矛盾，实际上起到了这种作用。但这种翻译方式也有其弊端。首先，在梵文本中，世间法和出世间法使用不同的词语来表达，虽存在矛盾，但能通过词语的不同而作区分；在早期汉译佛经中，这三个词语同样被译为"自然"，易使读者误认为来源、语义相同。同时，结合上下文，来源不同的"自然"其义又不相同，从而出现一词多义、自相矛盾现象，造成对佛经文意理解的困难，当然同时也突显了世间法与出世间法之间的矛盾。即译自 svabhāva 和 asvabhāva 的"自然"是指诸法相依相待、变化不已，虽各有其先天本性，却不能作为个体孤立地、永恒地存在；译自 svayambhū 的"自然"却恰恰具有自在、恒存之义。这样，"自然"一词用于诸法和般若时具有不同含

---

① 〔唐〕一行撰：《大毗卢遮那成佛经疏》，载《大正藏》第 39 册，第 1796 号，第 647 页上。

义且相互矛盾，进而可能引起世间法与出世间法二元对立的错误认识。其次，"自然"作为本土思想的核心概念，使读者容易从本土思想的角度理解世间法与出世间法及二者的关系。道作为万物之本体，既是生成论上的源头，也是存在论上的依据；道决定万物而又显现于万物，二者本质相同又以道为本。所以，道与万物是能生与所生的关系，是在存在层面讨论问题的。世间法与出世间法却是在认识层面讨论问题的，即两者是能知与所知的关系。出世间法并非世间法的成因，而是揭示世间法真实相状的能力。大乘佛教调和世间法和出世间法矛盾的方式是融合能见的智和所见的境，在能所不二的般若智慧中，泯灭世间与出世间的二元对立。所以，大乘佛教认为，世间与出世间的对立是二元思维的产物，而非诸法实相。以"自然"翻译 svabhāva、asvabhāva 和 svayambhū 容易使本土人士从存在的层面理解世间法和出世间法，从而以本末体用作为调和二者关系的方法。虽然也能得出世间与出世间不二的相似认识，但实际上是貌合神离。当然，早期汉译佛经中主要将 svayambhū 译为"无师"，而鸠摩罗什以后，svabhāva 和 asvabhāva 则又改译为自性和无自性了，因此，svayambhū 与 svabhāva 和 asvabhāva 之间的矛盾并不是特别明显。

  与佛陀相关的事物，也多用"自然"来修饰，是早期汉译佛经的常见现象。这类例子在《道行经》和《大明经》中也不多，仅有一例。

  05《道行经》：但见佛坐，但见**自然**法轮，但见且欲成佛时，但见诸佛成得佛已，但见新**自然**法轮……。（《校注》，第98页）

  《大明经》：见佛坐，见**自然**经轮，见粗欲成佛时，见诸佛得佛，见**自然**新经轮……（《大正藏》，第8册第485页上）

  现存梵本：bodhivhkhān eva, tehu ca tathāgatān evārhatah samyaksambuddhān abhisambudhyamānān drakhyati | tathā abhisambuddhānām ca dharmacakrapravartanam drakhyati,（《对照》，第86—87页）

  此句现存梵本大意是：看见诸佛在菩提树下求证最正觉，及已证得后转法轮。支谶本的"新自然法轮"和支谦本的"自然新经轮"比较无争议，应该译自 dharmacakra，意为"法轮"，玄奘本译作"妙法轮"，施护本译作"大法轮"，鸠摩罗什本缺译。[①] 在此例中，"新自然""自然新""妙"和"大"等词语所据梵文已不可知，但"自然"一词作形容词修饰

---

① ［日］辛嶋静志：《词典》，第668页。

法轮、狮子座、法等名词的用法，在早期汉译佛经中很常见，应结合其他佛经来考察。根据对支谶所译《大阿弥陀经》和支谦所译《佛说维摩诘经》《清净平等觉经》的梵汉对勘，可知"自然+名词"这类结构中的"自然"，不少是增译的，但也有部分是有其梵文依据的，主要来源有hrīgarbha（内藏功德的）、āhcarya（稀奇的）、manojña（安乐的）等。① 辛岛氏将这个"自然"释为"自生"（arises of itself），与svayambhū的基本语义相合。所以，虽然此处并无svayambhū，但使用"自然"一词仍可能是受其影响而然，因为法轮是佛法的象征，将用于佛陀的"自然"延伸到法轮上，有其合理性。

支谶本"见自然法轮"和支谦本"见自然经轮"中的"自然法/经轮"，辛岛静志认为其梵文原语为"bodhipakha-...dharma-"，意思是"the conditions favorable to enlightenment"，对应于玄奘本的"法义"和施护本的"菩提分法"。② 首先，将"bodhipakha-...dharma-"译作"自然法/经轮"难以找到语义或思想上的依据，尤其是同一句子中又将"dharmacakra"译作"自然法轮"的时候。这个"自然法/经轮"在现存梵本中并无对应处，可能是所据梵文本不同造成的。因为从文意看，现存梵文本的意思是成佛后才转法轮，《道行经》和《大明经》的文意则是成佛前已有法轮，成佛后所转的是"新"法轮。这里的"自然"也应与前面相同，释为自生。

不过，称佛国之物为"自生"可能不够准确，因为虽然佛国之物非人力可为、无需作为而能自动合乎人意，极为殊胜美妙，但同时又是无自性空的，依于佛陀的誓愿而产生。③ 因此，佛国之物从属于佛陀，并非如佛陀一般真正自在、恒存的出世间法，而是无常、无我的世间法。如前所述，大乘佛教认为出世间法与世间法是能知与所知的关系，但佛陀与佛国之物之间，似乎是能生与所生的关系，因此，两者矛盾更明显。这些"自然"的"自生"之义，只能在现象层面成立；本质上，佛陀佛国之物恰

---

① 相关研究可参考笔者论文《支谦译〈佛说维摩诘经〉"自然"研究》和《〈无量寿经〉早期译本"自然"一词来源、语义和思想辨析》，待刊。
② ［日］辛嶋静志：《词典》，第668页。
③ 相关研究可参考笔者论文《〈无量寿经〉早期译本"自然"一词来源、语义和思想辨析》，待刊。

恰是不能"自生"的。① 早期汉译佛经同时以"自然"修饰佛陀和佛国之物，应是注意到两者之间的紧密关系和一致性，而忽视了其中的从属关系和矛盾性。

综合以上考察，《道行般若经》和《大明度经》中"自然"一词的译语来源主要可分为 svabhāva、asvabhāva、svayambhū 和其他四类，不仅语义丰富，更涉及诸多极为重要的思想问题。以"自然"同时翻译 svabhāva 和 asvabhāva 是早期汉译佛经的一大特点，其中依据主要有五点，包括"自然"与 svabhāva 在词形和语义上的相似，svabhāva 在大乘佛教中的多义性和绝对自性等于无实体自性的思想，佛教和本土思想可相类比的二分世界观，本土宇宙观和佛教缘起论的相似，以及基于佛道类比和宽泛语义而产生的"自然"对绝对自性和无实体自性的涵括。以"自然"翻译 svayambhū 也基于二者词形和语义上的相似。以"自然"修饰佛陀佛国之物，可能与 svayambhū 有关；但早期译者未能注意到，佛陀佛国之物本质上从属于佛陀，不具有独立自存（svayambhū）的性质。各种梵语都被译为"自然"，虽有多方面的基础，也反映了早期译者以本土思想沟连佛教义理的动机，但"自然"本身宽泛的语义、深厚的思想内涵以及本土独特的思维方式，容易模糊和掩盖佛经原文的语义和思想，并以本土思维方式调和其内在矛盾，从而产生各种误解。

---

① 详述见笔者论文《〈无量寿经〉早期译本"自然"观念与中国本土思想的关系》，待刊。

中国琴学与美学

罗筠筠

说到古琴，包括大多数中国人在内的人对它基本没有认识，略有音乐知识的人也时而会将它与古筝相混淆。这也难怪，这一世界上最古老的艺术，尽管延续发展几千年，但它更多的是作为一种文人修身的艺术，而非公众性的娱乐表演艺术而存在，其根本目的也在于悦己之心而非悦人耳目。所以在今天来说，名列联合国科教文组织的"人类口头与非物质性文化遗产"名录，难说是它的幸运还是不幸。幸运是因为它毕竟受到了重视保护，不至于消亡；不幸的却是，这种保护是否真是让这种古老艺术延续发展下去的最好方式。如果不从其人文精神的传承和知识分子内在修养的角度入手，能否真正把古琴艺术的精神实质保存下来？或许是仅仅保存了一种艺术形式而已。无论如何，正因为它是一种典型的一息尚存的文人艺术，今天在中国艺术与美学中都是非常值得研究的。

一、与华夏精神并存的琴道

古琴，中国（同时也是世界上）最古老、最具文化内涵、最有哲人味道的艺术之一。千百年来，古琴艺术在中国艺术与文化的历史长河中，所具有的内涵远远大于一门简单的艺术种类，它凝聚着中华民族文化精神的内核，体现了中国知识分子修身立业的德行。古琴琴器，简洁却具有丰富的表现力；古琴琴制，包含着中国文化"天人合一"的思想精髓；古琴琴道，与中国古老高深的"天道"相互契合；古琴琴德，蕴含着士大夫对人生哲理持之以恒的追求精神；古琴琴曲，生动丰富的故事内涵与艺术表现力，是体认中国古典美学艺术意境的最佳方式；古琴琴歌，古朴悠扬，记载传颂着中国历史上美丽动人的典故；古琴琴谱，精炼而传神，是世界上流传至今最古老的音乐曲谱；古琴琴学，源远流长，博大精深；古琴琴境，回味无穷，臻于妙境。本文将从这些方面探讨古琴艺术的美学价值。

1. 琴道与天道

宋代朱长文《琴史》中通过师文习琴的过程,给予古琴艺术道与器、道与技之关系一个很好的概括:"夫心者道也,琴者器也。本乎道则可以周于器,通乎心故可以应于琴者。……故君子之学于琴者,宜工心以审法,审法以察音。及其妙也,则音法可忘,而道器具感,其殆庶几矣。"① 可见在中国古人那里,习琴、操缦从根本上讲,是心得以通"道"的一个途径;如果"道"不通,纵然如师文先前"非弦之不能钩,非章之不能成"②,也仍然不能领会其真谛,达到其至高境界。正如师文自己所言"文所存者不在弦,所志者不在声,内不得于心,外不应于器,故不敢发手而动弦"③。此处之"道",并非仅仅指琴道,对于君子而言,同时也是其终身所力求体认的"天道"。

古琴虽然只是一种乐器,但从历史上看,自它的诞生到整个发展过程中,始终凝聚着先贤圣哲的人文精神。按《琴史》的说法,尧舜禹汤、西周诸王均精通琴道,以其为"法之一","当大章之作"④,而且他们均有琴曲传世,如尧之《神人畅》、舜之《思亲操》、禹之《襄陵操》、汤之《训畋操》、太王之《岐山操》、文王之《拘幽操》、武王之《克商操》、成王之《神凤操》、周公之《越裳操》等,其中一些一直流传至今。孔子等先哲更是终日不离琴瑟,喜怒哀乐、成败荣辱均可寄情于琴歌琴曲之中。琴既是先贤圣哲宣道治世的方式,更是他们抒怀传情的器具。缘何如此?原来在琴道中,无论上古时代的天人合一,还是后世所崇尚的"和"之精神都有最好的体现。中国最早的诗歌集《诗经》说明了这点。《小雅·常棣》中有:"兄弟既具,和乐且孺。妻子好合,如鼓瑟琴。"《小雅·鹿鸣》也有:"我有嘉宾,鼓瑟鼓琴。鼓瑟鼓琴,和乐且湛。"可见,和谐美妙的琴瑟之声,体现了也有助于亲人友人之间的"和"。明代徐青山在《溪山琴况》二十四"琴况"中,将"和"列为首位,其意也在于强调琴之道与德所在。其中说:"稽古至圣,心通造化,德协神人,理一身之性情,以理天下人之性情,于是制之为琴。其所首重者,和也。和之

---

① 朱长文:《琴史》卷二,载朱长文《琴史(外十种)》,上海古籍出版社1991年版,第15页。
② 朱长文:《琴史》卷二,载《琴史(外十种)》,第15页。
③ 朱长文:《琴史》卷二,载《琴史(外十种)》,第15页。
④ 朱长文:《琴史》卷一,载《琴史(外十种)》,第3页。

始,先以正调品弦,循徽叶声。辨之在指,审之在听,此所谓以和感,以和应也。和也者,其众音之龢会,而优柔平中之橐籥乎?"① 可见,古琴从琴制,到调弦、指法、音声,都是以"和"为关键,而"和"正是中国古典精神的最好体现。清人王善《治心斋琴学练要》说:"《易》曰'保合太和',《诗》曰'神听和平',琴之所首重者,和也,然必弦与指合,指与音合,音与意合,而和乃得也。和也者,天下之达道也,其要只在慎独。"② 可见,通过琴达到"和"的境界也并不容易。

进一步讲,在中国古人看来,古琴的琴道(包括琴德、琴境)可以达到"通万物协四气""穷变化通神明"的形而上的层次。这可以从两个方面说明:

首先,从古琴的琴制看。古琴看似简单,只有七弦十三徽,却蕴含着变化无穷的声调与音韵(合散、按、泛三音,共计有245个不同的发音位置,左、右手指法不下百种),概因为其本身乃先贤"观物取象"而造,内含许多哲理性的认识。各类琴书的"上古琴论"中对此多有论说。典型的有桓谭《新论》曰:"昔神农氏继宓羲而王天下,上观法于天,下取法于地,近取诸身,远取诸物,于是始削桐为琴,练丝为弦,以通神明之德,合天地之和焉。"③ 又曰:"神农氏为琴七弦,足以通万物而考理乱也。"④ 蔡邕《琴操》有更详细的解释:"昔伏羲氏作琴,所以御邪僻,防心淫,以修身理性,反其天真也。琴长三尺六寸六分,象三百六十日也;广六寸,象六合也。文上曰池,下曰岩。池,水也,言其平。下曰滨,滨,宾也,言其服也。前广后狭,象尊卑也。上圆下方,法天地也。五弦宫也,象五行也。大弦者,君也,宽和而温。小弦者,臣也,清廉而不乱。文王武王加二弦,合君臣恩也。宫为君,商为臣,角为民,徵为事,羽为物。"⑤ 这一思想与中国古典美学关于艺术"观物取象""立象尽意"

---

① 徐上瀛:《溪山琴况》,载叶朗总主编:《中国历代美学文库·明代卷下》,高等教育出版社2003年版,第266页。
② 王善:《治心斋琴学练要》,《续修四库全书·一〇九五·子部·艺术类》,上海古籍出版社2002年版,第166—167页。
③ 桓谭:《新论》,载《中国历代美学文库·秦汉卷》,第318页。
④ 桓谭:《新论》,载《中国历代美学文库·秦汉卷》,第319页。
⑤ 蔡邕:《琴操》,载蔡仲德注译《中国音乐美学史资料注译》,人民音乐出版社2004年版,第389页。

主张是一致的,它也一直被历代琴家奉为圭臬。比如刘籍(传为汉人,一说唐五代之际人)的《琴议篇》中说:"夫琴之五音者,宫、商、角、徵、羽也。宫象君,其声同。当与众同心,故曰同也。商象臣,其声行。君令臣行,故曰行也。角象民,其声从。君令臣行民从,故曰从也。徵象事,其声当。民从则事当,故曰当也。羽象物,其声繁。民从事当则物有繁植,故曰繁也。是以舜作五弦之琴,鼓《南风》而天下大治,此之谓也。"① 唐代道士司马承祯的《素琴传》中继承了这种观点:"夫琴之制度,上隆象天,下平法地,中虚含无,外响应晖,晖有十三,其十二法六律六吕。其一处中者,元气之统,则一阴一阳之谓也。"② 这些思想都说明,在中国古人那里,古琴绝不只是一般的乐器,而是具有承载人生理想与信念、寄托心绪与情思、磨炼心性与意志、陶冶情操与品味等重要作用的"圣器"。

其次,从琴道的社会功用看。除了与天地变化之"道"相通,与天地万物之"象"相类之外,琴道(包括以琴为代表性的乐道)之所以受到古人的重视,还在于它具有与政通、致民和、维纲常的功能。汉代刘向在《说苑·修文》中有明确说明:"声音之道,与政通矣。宫为君,商为臣,角为民,徵为事,羽为物;五音乱则无法,无法之音:宫乱则荒,其君骄;商乱则陂,其官坏;角乱则忧,其民怨;徵乱则哀,其事勤;羽乱则危,其财匮;五者皆乱,代相凌谓之慢,如此则国之灭亡无日矣。"③ 乐声之正淫、有法与否关系到国家兴亡,故而要"兴雅乐,放郑声",这是儒家传统乐论的重要观点。古琴音正声朴,五音清晰,变调严谨,适合体现这种"乐以载道"的主张。由于琴道之由来与天地万物相通,与人间政事人事相合,所以圣人君子借它来纳正禁邪、宣情理性、养气怡心、防心得意,从而使古琴由普通的乐器变成君子一日不可离的修身之器,使操琴不再是通常的艺术演奏,而成为君子养性悦心、修身悟道的过程。历代学者与琴家对这一点多有论说。刘籍《琴议篇》说:"琴者,禁也。禁邪归正,以和人心。始乎伏羲,成于文武,形象天地,气包阴阳,神思幽深,

---

① 刘籍:《琴议篇》,载文化部文学艺术研究院音乐研究所编《中国古代乐论选辑》,人民音乐出版社1981年版,第250页。
② 司马承祯:《素琴传》,载《中国音乐美学史资料注译》,第651页。
③ 刘向:《说苑·修文》,载《中国历代美学文库·秦汉卷》,第280页。

声韵清越,雅而能畅,乐而不淫,扶正国风,翼赞王化。"① 扬雄《琴清英》中也认为:"昔者神农造琴,以定神禁淫僻去邪,欲反其真者也。"② 后世的一些琴学或琴谱著述往往开宗明义,首先都要强调琴道的这个方面,以此来规范习琴者之心灵,保持琴德琴艺之高尚。例如朱长文《琴史》有:"夫琴者,闲邪复性乐道忘忧之器也。"③ 明代徐祺《五知斋琴谱》则言:"自古〔圣〕帝明王,所以正心、修身、齐家、治国、平天下者,咸赖琴之正音是资焉。然则琴之妙道,岂小技也哉?而以艺视琴道者,则非矣。"④ 清代程允基《诚一堂琴谈·传琴约》言:"琴为圣乐,君子涵养中和之气,藉以修身理性,当以道言,非以艺言也。"⑤

琴道的这种重要的社会功能是与审美感兴过程直接相联的。唐代薛易简《琴诀》:"琴之为乐,可以观风教,可以摄心魂,可以辨喜怒,可以悦情思,可以静神虑,可以壮胆勇,可以绝尘俗,可以格鬼神,此琴之善者也。"⑥

2. 琴德与人德

桓谭《新论·琴道》曰:"八音广播,琴德最优。"⑦ 何谓琴德?顾名思义即古琴之品德,我认为可理解为人在习琴、操缦过程中及借由这个过程而提升的人品"德性"。嵇康《琴赋》有:"愔愔琴德,不可测兮,体清心远,邈难极兮。"⑧ 他在赞颂古琴琴德之高深难及的时候,何尝不是在说做人要达到至高的德之境界之艰难。司马承祯《素琴传》中举古代圣贤孔子、原宪、许由、荣启期之例,说明琴德与君子之德、隐士之德相契合:"孔子穷于陈蔡之间,七日不火食,而弦歌不辍;原宪居环堵之室,蓬户瓮牖,褐塞匡坐而弦歌:此君子以琴德而安命也。许由高尚让王,弹琴箕山;荣启期鹿裘带索,携琴而歌:此隐士以琴德而兴逸也。……是知

---

① 刘籍:《琴议篇》,载《中国古代乐论选辑》,第249页。
② 扬雄:《琴清英》,载严可均辑《全汉文》卷五十四,商务印书馆1999年版,第556页。
③ 朱长文:《琴史》卷六,载《琴史(外十种)》,第68页。
④ 徐祺:《五知斋琴谱》,载《续修四库全书·一〇九四·子部·艺术类》,上海古籍出版社2002年版,第638页。
⑤ 程允基:《诚一堂琴谱》,载中国艺术研究院音乐研究所、北京古琴研究会编《琴曲集成》第十三册,中华书局1989年版,第453页。
⑥ 薛易简:《琴诀》,载《中国历代美学文库·隋唐五代卷上》,第364页。
⑦ 桓谭:《新论》,载《中国历代美学文库·秦汉卷》,第318页。
⑧ 嵇康:《琴赋》,载《中国历代美学文库·魏晋南北朝卷上》,第125页。

琴之为器也，德在其中矣。"① 我们可以从两方面看待这个问题：一方面，习琴、操缦有助于人之德性的滋养提升；另一方面，倘若是无德之人，即使其有较高的操琴技巧，也难以达到至上的琴境，因为他有违琴德。也就是说，琴虽然为养德之器，但本身也凝聚了德性之士的涵养。琴德一方面通过操缦姿态、琴曲格调、琴声清雅等诸多方面表现出来，另一方面则与琴人的处世态度与人生境界融为一体。如刘籍《琴议篇》所言："夫声意雅正，用指分明，运动闲和，取舍无迹，气格高峻，才思丰逸，美而不艳，哀而不伤，质而能文，辨而不诈，温润调畅，清迥幽奇，参韵曲折，立声孤秀，此琴之德也。"② 清人徐祺在《五知斋琴谱·上古琴论》中把这个问题说得更为明确："其声正，其气和，其形小，其义大。如得其旨趣，则能感物。志躁者，感之以静；志静者，感之以和。和平其心，忧乐不能入，任之以天真。明其真，而返照动寂，则生死不能累，万法岂能拘？古之明王君子，皆精通焉。未有闻正音而不感者也。……琴能制刚，而调元气。惟尧得之，故尧有《神人畅》。其次能全其道，则柔懦立志。舜有《思亲操》、禹有《襄陵操》、汤有《训畋操》者是也。自古〔圣〕帝明王，所以正心、修身、齐家、治国、平天下者，咸赖琴之正音是资焉。然则琴之妙道，岂小技也哉？而以艺视琴道者，则非矣。"③

琴德高尚，仁人志士以琴比德，借以抒怀咏志，历代琴诗、琴曲中这样的作品很多，阮籍的咏怀诗，嵇康的广陵绝唱，白居易、苏东坡等人的赞琴诗，均把琴当作君子之德的一个物化符号来看待。

关于古琴对琴德与人德的磨炼滋养将在问题二中论述。

3. 琴境与意境

何谓琴境？白居易有《清夜琴兴》诗言："月出鸟栖尽，寂然坐空林。是时心境闲，可以弹素琴。清泠由木性，恬澹随人心。心积和平气，木应正始音。响余群动息，曲罢秋夜深。正声感元化，天地清沉沉。"④ 这可以说是对于琴境的一个最好的描写。以我的理解，所谓琴境，就是古琴艺术所形成的意象和意境。

---

① 司马承祯：《素琴传》，载《中国音乐美学史资料注译》，第546页。
② 刘籍：《琴议篇》，载《中国古代乐论选辑》，第249页。
③ 徐祺：《五知斋琴谱》，载《续修四库全书·一○九四·子部·艺术类》，第638页。
④ 白居易：《清夜琴兴》，载《中国历代美学文库·隋唐五代卷下》，第120页。

中国传统艺术与美学以追求审美意境为理想。所谓意境，用宗白华先生的话说就是："意境是造化与心源底合一。就粗浅方面说，就是客观的自然景象和主观的生命情调底交融渗化。""艺术的境界，既使心灵和宇宙净化，又使心灵和宇宙深化，使人在超脱的胸襟里体味到宇宙的深境。"① 古琴艺术的琴境，正是在使心灵和宇宙净化与深化这一点上，与中国艺术的最高理想"意境"相互契合。也正因为如此，宗先生也举了唐代诗人常建的《江上琴兴》② 来说明艺术（琴声）的这种净化和深化的作用。这种描写古琴琴境之超然空灵的琴诗还很多，比如阮籍的《咏怀诗其一》："夜中不能寐，起坐弹鸣琴。薄帷鉴明月，清风吹我襟。孤鸿号外野，翔鸟鸣北林。徘徊将何见，忧思独伤心。" 比如唐代吴筠的《听尹炼师弹琴》："至乐本太一，幽琴和乾坤。郑声久乱雅，此道稀能尊。吾见尹仙翁，伯牙今复存。众人乘其流，夫子达其源。在山峻峰峙，在水洪涛奔。都忘迩城阙，但觉清心魂。代乏识微者，幽音谁与论。" 比如唐代杨衡的《旅次江亭》："扣舷不能寐，皓露清衣襟。弥伤孤舟夜，远结万里心。幽兴惜瑶草，素怀寄鸣琴。三奏月初上，寂寥寒江深。" 比如清代刘献廷的《水仙操》："天行海运旋宫音，万象回薄由人心。移情移性琴非琴，刺舟而去留深林。海水汨没鸟哀吟，余心悲兮无古今，援琴而歌泪淫淫！"。从这些琴诗中均可见出那种经由琴声对心灵的洗涤与净化而实现的对人生透彻领悟与对暂时性的时空的超越，从而把握永恒的宇宙之道。

我们知道，审美对象所引发的审美感兴有不同的层次，并非都能够达到使心灵和宇宙净化与深化的意境的高度。这一方面取决于欣赏者的心境（他的修养、学识、境遇、年纪、情绪等方面都会有影响），另一方面也取决于艺术作品的感染力（能否引起欣赏者的情感活动与心灵互动）。古琴无论是在历史上还是在今天，都应该说是阳春白雪、曲高和寡的艺术，它不仅对于演奏者，同时对于欣赏者，包括演奏的时机、环境，都有很高的

---

① 宗白华：《中国艺术意境之诞生》，载《宗白华全集》第二卷，安徽教育出版社1994年版，第327、337页。
② 常建：《江上琴兴》："江上调玉琴，一弦清一心。泠泠七弦遍，万木澄幽阴。能使江月白，又令江水深。始知梧桐枝，可以徽黄金。"

要求。① 从某种意义而言，古琴是带有一定哲理性的深沉艺术，唯其如此，它也更能够把人引入形而上的审美意境层次。这可以从内容与形式两个方面来理解。

首先，从内容上说，古琴琴境的形成既与其深厚的文化内涵有关，同时也与其本身的艺术创作与审美欣赏特点有关。琴曲、琴歌的形成正如唐人王昌龄所总结的"三境"（物境、情境、意境）那样，大多是："遇物发声，想象成曲，江出隐映，衔落月于弦中，松风嘎飔，贯清风于指下，此则境之深矣。又若贤人烈士，失意伤时，结恨沉忧，写于声韵，始激切以畅鬼神，终练德而合雅颂，使千载之后，同声见知，此乃琴道深矣。"② 琴曲、琴歌基本上可以分为三种：描写自然景物和人们触景生情的（物境），诸如《高山流水》《平沙落雁》《潇湘水云》《碧涧流泉》《梅花三弄》等；描写现实生活中人们的各种悲欢离合境遇的（情境），诸如《阳关三叠》《龙翔操》《关山月》《渔樵问答》《大胡笳》《屈子问渡》等；描写人们喜怒哀乐之心理情结的（意境③），诸如《墨子悲丝》《忆故人》等。严澂《琴川汇谱序》写出了琴曲意象的多姿多彩："奏《洞天》而俨霓旌绛节之观；调《溪山》而生寂历幽人之想；抚《长清》而发风疏木劲之思；放《涂山》而觐玉帛冠裳之会；弄《潇湘》则天光云影，容与徘徊；游《梦蝶》则神化希微，出无入有。至若《高山》意到，郁嵂冈崇，《流水》情深，弥漫波逝，以斯言乐，奚让古人?"④ 无论内容如何，其共同的特点是通过琴声来表现出古人心灵与宇宙自然相通的意象与意境（这其中既包括对于自然景物的再现与描绘，给人回归山水天地的自在逍遥，也包括对于人生悲欢离合种种经历的刻画与表现，给人对人生与社会

---

① 明徽王朱厚爝《风宣玄品·鼓琴训论》中一段话说明了这点："凡鼓琴，必择净室高堂，或升层楼之上，或于林石之间，或登山巅，或游水湄，值二气高明之时，清风明月之夜，焚香净坐，心不外驰，气血和平，方可与神合灵，与道合妙。不遇知音则不弹也，如无知音，宁对清风明月，苍松怪石，颠猿老鹤而鼓耳，是为自得其乐也。然如是鼓琴，须要解意，知其意则有其趣，则有其乐。不知意趣，虽熟何益？徒多无补。先要人物风韵标格清楚，又要指法好，取声好，胸中要有德，口上要有髯，肚里要有墨，六者兼备，方无忝于琴道。如欲鼓琴，先须衣冠整肃，或鹤氅，或深衣，要如古人之仪表，方可雅称圣人之器。然后盥手焚香，方才就榻。"（《琴曲集成》第二册，中华书局1980年版，第13—14页）

② 刘籍：《琴议篇》，载《中国古代乐论选辑》，第249页。

③ 王昌龄的意境与我们今天所理解的审美意境有别，主要是指人的内在意识活动。

④ 严澂：《琴川汇谱序》，载《中国历代美学文库·明代卷中》，第114页。

的回味反思），最终实现对暂时性、表面性的现实生活的超越，获得一种大彻大悟后物我两忘的宁静心态。

其次，从形式上说，古琴的桐木丝弦及完全用手指操缦的特点，给予它的琴声一种回归自然的平实味道。一般人对此并不理解和喜欢，反而认为其音色较为单调乏味，甚至一曲都不能听到曲终，自然不能体味到其中变化无穷、余音绕梁的美妙韵味。清代祝凤喈在《与古斋琴谱·补义·按谱鼓曲奥义》中写道："琴曲音节疏、淡、平、静，不类凡乐丝声易于说耳，非熟聆日久，心领神会者，何能知其旨趣，……初觉索然，渐若平庸，久乃心得，趣味无穷。……迨乎精通奥妙，从欲适宜，匪独心手相应，境至弦指相忘，声晖相化，缥缥渺渺，不啻登仙然也。"① 他从操缦与聆听角度说明古琴艺术的审美特点：尽管其音色似乎不像其他乐器那样优美悦耳，然而其疏、淡、平、雅的特色正是使人心返朴归真的途径；如果只是图一时的感官快乐，不能耐心持久，那只会感觉索然平庸，很难心领神会，得其妙趣无穷；一旦静下心来，把握了操缦的奥妙，达到心手相应、弦指相忘、声晖相化的境界，就会真正体验到那种超然物外、恍若登仙的美妙境界。

由此可以看出，第一，古琴琴境的形成不是轻而易举的，如果不能理解琴道，没有修好琴德，很难达到高深美妙的琴境，所以说，琴道、琴德、琴境三者是相辅相成的。元代陈敏子在《琴律发微·制曲通论》中表达了这个看法："姑以琴之为曲，举其气象之大概，善之至者，莫如中和。体用弗违乎天，则未易言也。其次若冲澹、浑厚、正大、良易、豪毅、清越、明丽、缜栗、简洁、朴古、愤激、哀怨、峭直、奇拔，各具一体，能不逾于正乃善。若夫为艳媚、纤巧、噍烦、趋逼、琐杂、疏脱、惰慢、失伦者，徒堕其心志，君子所不愿闻也。"②

第二，正如上面陈敏子所说，古琴的琴境除了这种至高的形而上的意境外，同时也还有各种不同的具体表现。徐止瀛《溪山琴况》的二十四琴况中，既有和、远、古、逸、淡、雅这样较为抽象玄妙的琴境，也有丽、亮、洁、润、健、圆、坚、宏、细、轻、重、迟、速这类较为具体可感之

---

① 祝凤喈：《与古斋琴谱·补义·按谱鼓曲奥义》，载《中国古代乐论选辑》，第462—463页。
② 陈敏子：《琴律发微·制曲通论》，载《中国古代乐论选辑》，第264页。

境,这些不仅是操琴要求,同时也因之而达到一种审美的体验。所以,古琴琴境的达到既非轻而易举,也非高不可攀,关键在于能否体会琴道,能否保持琴德。此外,所谓琴境或者说是古琴艺术的审美意境,最重要的是内在之情与在外景物的真切结合,故是离不了"情"的,其感人,其净化,其深化,都缘"情"而生。乐史与琴史中"雍门周为孟尝君鼓琴"的经典故事,足以说明古琴艺术的感染力。大多数琴诗也是操琴或听琴之士因琴生情、感怀兴寄而写下的。如欧阳修《赠无为军李道士》所表现的听琴意境:"无为道士三尺琴,中有万古无穷音。音如石上泻流水,泻之不竭由源深。弹虽在指声在意,听不以耳而以心。心意既得形骸忘,不觉天地白日愁云阴。"① 常建与白居易可谓唐代最擅长写琴诗的,他们的琴诗往往是从听琴入境,在琴声中体味高深玄远的意味,达到物我两忘的意境。比如常建的《张山人弹琴》:"君去芳草绿,西峰弹玉琴。岂惟丘中赏,兼得清烦襟。朝从山口还,出岭闻清音。了然云霞气,照见天地心。玄鹤下澄空,翩翩舞松林。改弦扣商声,又听飞龙吟。稍觉此身妄,渐知仙事深。其将炼金鼎,永矣投吾簪。"白居易的《对琴待月》:"竹院新晴夜,松窗未卧时。共琴为老伴,与月有秋期。玉轸临风久,金波出雾迟。幽音待清景,唯是我心知。"

二、鼓琴:文人修身的过程

古琴之所以倍受古代文人士大夫喜好,除了其琴道、琴德、琴境为其所重外,更在于习琴操缦有助于修身养性,成君子之德,也就是说,鼓琴是被当作一种修身的过程看待的。刘向《说苑·修文》言:"乐之可密者,琴最宜焉,君子以其可修德,故近之。"② 鼓琴之所以有助于修身,可以从下面几个方面来分析。

(一)丰富的文化内涵

古琴不仅在琴制上凝聚了中国古人哲理性的思想,而且古琴的琴歌、琴曲创造也大多具有深刻的文化内涵,每一首琴歌、每一段琴曲均有其动人心弦、教化心灵的故事由来。如果说人类历史上有什么音乐流传最久,至今仍然令人能够体会其上古生命力之意蕴的话,当非古琴莫属。按各种

---

① 欧阳修:《赠无为军李道士》,载《欧阳文忠公文集》卷四。
② 刘向:《说苑·修文》,载《中国历代美学文库·秦汉卷》,第279—280页。

不同琴谱记载流传至今的各个历史时期的琴曲有三千余首，其内容丰富，意象广阔，凡象事、绘景、抒怀、寄情、写境，触物而心动者，皆可入缦成曲。按元代陈敏子《琴律发微·制曲通论》中的说法："汉晋以来，固有为乐府辞韵于弦者，然意在声为多，或写其境，或见其情，或象其事，所取非一，而皆寄之声。……且声在天地间，霄汉之籁，生嵒谷之响，雷霆之迅烈，涛浪之舂撞，万窍之阴号，三春之和应，与夫物之飞潜动植，人之喜怒哀乐，凡所以发而为声者，洪纤高下，变化无尽，琴皆有之。"① 进一步讲，就琴曲之创制讲，桓谭《新论》曰："琴有《伯夷》之操。夫遭遇异时，穷则独善其身，故谓之'操'。《伯夷》操以鸿雁之音。……《尧畅》达，则兼善天下，无不通畅，故谓之'畅'。"② 朱长文《琴史》中也记载上古琴曲的由来，尤其说明了为何琴曲多以"操""畅"来命题："古之琴曲和乐而作者，命之曰'畅'，达则兼济天下之谓也；忧愁而作者，命之曰'操'，穷则独善其身之谓也。"③ 可见琴曲是君子在不同境遇下的心情写照。从流传琴曲中"操"多于"畅"这点看，大多数琴曲均为古人身处逆境之作，故更易引发人们感慨，也更具有励志教化的作用。从先古帝王的《舜操》《禹操》《文王操》《微子操》《箕子操》《伯夷操》，到大诗人韩愈填辞的《拘幽操》《越裳操》《别鹤操》《残形操》《龟山操》《将归操》《履霜操》《岐山操》《猗兰操》《雉朝飞操》，到历代流传的《水仙操》《陬操》《获麟操》《古风操》《龙朔操》《龙翔操》《仙翁操》《遁世操》《醉翁操》《升仙操》《列女操》，等等，每一首琴曲都有一段感人肺腑的故事。正如唐代薛易简《琴诀》所言："故古之君子，皆因事而制，或怡情以自适，或讽谏以写心，或幽愤以传志，故能专精注神，感动神鬼。"④

除了琴曲外，琴歌也大多具有教化道德的作用。据《史记》载，孔子为了备王道，成六艺之教，曾将"诗三百"都创为琴歌："三百五篇孔子皆弦歌之，以求合韶武雅颂之音。礼乐自此可得而述，以备王道，成六艺。"⑤

---

① 陈敏子：《琴律发微·制曲通论》，载《中国古代乐论选辑》，第 264 页。
② 桓谭：《新论》，载《中国历代美学文库·秦汉卷》，第 318 页。
③ 朱长文：《琴史》卷一，载《琴史（外十种）》，第 3 页。
④ 薛易简：《琴诀》，载《中国历代美学文库·隋唐五代卷上》，第 364 页。
⑤ 司马迁：《史记·孔子世家》，中华书局 1982 年版，第 1936—1937 页。

中国传统文艺与美学思想历来倡导"文以载道""寓教于乐",古琴琴曲、琴歌的丰富内容及其所承载的深厚的文化内涵,使其成为古人陶冶性情、自我升华的最好的投向,也是以情感人、教化他人最好的老师。嵇康在《赠秀才入军诗其五》中吟颂道:"琴诗自乐,远游可珍。含道独往,弃智遗身。寂乎无累,何求于人?长寄灵岳,怡志养神。"唐代方干的《听段处士弹琴》也赞道:"几年调弄七条丝,元化分功十指知。泉迸幽音离石底,松含细韵在霜枝。窗中顾兔初圆夜,竹上寒蝉尽散时。唯有此时心更静,声声可作后人师。"正由于古琴琴曲、琴歌有如此丰富的内容和丰厚的内涵,故君子习琴之目绝不单单是掌握琴曲的指法、熟记琴曲的曲谱、能够娴熟地操缦,更重要的是对琴曲内容的理解,对其中所包含的先贤精神的体认,进一步由每首琴曲所营造出的高深意境,达到自我品位的提升与德行的锤炼。

(二) 含蓄的艺术特点

桓谭《新论》中说:"八音之中,惟丝最密,而琴为之首。琴之言禁也,君子守以自禁也。大声不震哗而流漫,细声不湮灭而不闻。"[1] 说出了古琴音质音色的特点,这种含蓄的艺术特点,与中国古人所崇尚的中庸和谐精神相符,故也是古琴艺术受到士大夫钟爱的原因之一。

1. 琴声含蓄而具音乐感召力

古琴琴声不大,具有非张扬、含蓄内敛的特点,因而适合于自赏,不适合于表演,因而自古以来古琴演奏往往被看作知音之间心与心的交流,伯牙、钟子期的故事成为千古美谈。唐人王昌龄的《咏琴诗》赞颂了古琴音色的魅力:"孤桐秘虚鸣,朴素传幽真。仿佛弦指外,遂见初古人。意远风雪苦,时来江山春。高宴未终曲,谁能辨经纶。"

古琴琴声的含蓄得益于其音质特点。所谓音质,指的是乐器所发出音响的物理效果。乐器的构造与演奏方式不同,其音质也不相同。在民乐弦乐器中,诸如琵琶、扬琴、古筝等发音铿锵响亮却延时较为短促,二胡等发音虽绵长婉转却不够清亮。相比之下,只有古琴的音质可以说是刚柔相济,清浊兼备,变化丰富,意趣盎然,虽含蓄却充满了表现力与感染力。古代文人士大夫钟爱古琴也正是看重它的声音古朴悠扬,音质绵长悠扬,

---

[1] 桓谭:《新论》,载《中国历代美学文库·秦汉卷》,第318页。

意蕴余味无穷,极具感召力的特点。王充《论衡·感虚篇》中说:"传书言:'瓠芭鼓瑟,渊鱼出听;师旷鼓琴,六马仰秣。'或言:'师旷鼓《清角》,一奏之,有玄鹤二八,自南方来,集于廊门之危;再奏之而列;三奏之,延颈而鸣,舒翼而舞,音中宫商之声,声吁于天。平公大悦,坐者皆喜。'"① 都是说明古琴强大的感染力,于自然可以令六马仰秣,玄鹤延颈,于人事可以观古人圣心,体先哲圣德,养今人之志。陈敏子《琴律发微》中也说:"夫琴,其法度旨趣尤邃密,圣人所嘉尚也。琴曲后世得与知者,肇于歌《南风》,千古之远,稍诵其诗,即有虞氏之心,一天地化育之心可见矣,矧当时日涵泳其德音者乎?"② 所以,正如朱长文《琴史》所言:"古之君子,不彻琴瑟者,非主于为己,而亦可以为人也。盖雅琴之音,以导养神气,调和情志,摅发幽愤,感动善心,而人之听之者亦皆然也。"③ 古琴古朴的声音(当时所用为丝弦,其所发出的声音不像今天的钢丝弦这样刚亮)、绵长的韵味,既有象物拟声的描绘(如流水),更有抒情写意的表现(如用吟、猱、绰、注等指法写意表情),更重要的是它贴近自然的声音,可以同时将操缦者与聆听之人引入一种化境,即使并非知音也同样容易为之感动:"而丝之器,莫贤于琴。是故听其声之和,则欣悦喜跃;听其声之悲,则蹙頞愁涕,此常人皆然,不待乎知音者也。若夫知音者,则可以默识群心,而预知来物,如师旷知楚师之败,钟期辨伯牙之志是也。"④

2. 韵味变化含天地人籁

明人高濂《遵生八笺·燕闲鉴赏笺》中谈到:"琴用五音,变法甚少,且罕联用他调,故音虽雅正,不宜于俗。然弹琴为三声,散声、按声、泛声是也。泛声应徽取音,不假按抑,得自然之声,法天之音,音之清者也。散声以律吕应于地,弦以律调次第,是法地之音,音之浊音也。按声抑扬于人,人声清浊兼有,故按声为人之音,清浊兼备者也。"⑤ 这段话表明了古琴琴音的艺术特点:一方面琴曲曲谱最基本的调只有宫、商、角、徵、羽五音,雅正不俗,但似乎缺少变化;另一方面,通过指法

---

① 王充:《论衡·感虚篇》,载《中国美学史资料选编》上,中华书局1980年版,第122页。
② 陈敏子:《琴律发微》,载《中国古代乐论选辑》,第264页。
③ 朱长文:《琴史》卷六,载《琴史(外十种)》,第64页。
④ 朱长文:《琴史》卷六,载《琴史(外十种)》,第64页。
⑤ 高濂:《遵生八笺》,甘肃文化出版社2004年版,第403页。

的变化，却可以演化出与天地之音相通、与人声相类的各种音色，生发出变化多端的音韵。

古琴有散音 7 个、泛音 91 个、按音 147 个。散音沉着浑厚，明净透彻；按音纯正实在，富于变化；泛音轻灵清越，玲珑剔透。散、按、泛三种音色的变化不仅在琴曲表现中担当着不同的情绪表达作用，引发出不同的审美效果，而且其创制也同样暗含着与天、地、人相同的哲理。《太古遗音·琴制尚象论》中说："上为天统，下为地统，中为人统。抑扬之际，上取泛声则轻清而属天，下取按声则重浊而为地，不加抑按则丝木之声均和而属人。"① 天、地、人三声可以说包蕴了宇宙自然的各种声音，早在先秦庄子那里就已经有这种区分："南郭子綦隐机而坐，仰天而嘘，嗒焉似丧其耦。颜成子游立侍乎前，曰：'何居乎？形固可使如槁木，而心固可使如死灰乎？今之隐机者，非昔之隐机者也？'子綦曰：'偃，不亦善乎而问之也！今者吾丧我，汝知之乎？女闻人籁而未闻地籁，女闻地籁而未闻天籁夫！'子游曰：'敢问其方。'子綦曰：'夫大块噫气，其名为风。是唯无作，作则万窍怒呺。而独不闻之翏翏乎？山林之畏佳，大木百围之窍穴，似鼻，似口，似耳，似枅，似圈，似臼，似洼者，似污者。激者、謞者、叱者、吸者、叫者、譹者、宎者、咬者，前者唱于，而随者唱喁。泠风则小和，飘风则大和，厉风济则众窍为虚。而独不见之调调之刁刁乎？'子游曰：'地籁则众窍是已，人籁则比竹是已，敢问天籁。'子綦曰：'夫天籁者，吹万不同，而使其自己也。咸其自取，怒者其谁邪？'"② 琴之散、按、泛三音，正如天、地、人三籁，可以描绘自然界变化无穷的诸多音响，而且还可以引发人的形而上的冥想，从而身心俱化。这也是先哲以此为修身养性之方式的原因之一。嵇康《琴赋》总结了士大夫之所以如此爱琴的原因，就是从这个角度说的："余少好音声，长而玩之，以为物有盛衰，而此无变，滋味有厌，而此不倦。可以导养神气，宣和情志，处穷独而不闷者，莫近于音声也。是故复之而不足，则吟咏以肆志；吟咏之不足，则寄言以广意。"③

---

① 《太古遗音·琴制尚象论》，载《琴曲集成》第一册，中华书局 1981 年版，第 20 页。
② 庄周：《庄子·齐物论》，载《中国历代美学文库·先秦卷下》，第 102 页。
③ 嵇康：《琴赋》，载《中国历代美学文库·魏晋南北朝卷上》，第 125 页。

(三) 修习过程枯燥而磨炼心志

首先,修琴需先修心、修德,没有心之悟、道之得,难以达到更高的境界。也就是说,在古代先哲那里,习琴操缦的主要目的是成君子之德,而不是学会一门艺术技巧。习琴只是手段和过程,修身养性才是目的。琴史上许多著名的典故都说明了这个道理,姑且举最为人们熟悉的孔子习琴的故事来看。《韩诗外传》(《史记》中也有同样记载)中说:"孔子学鼓琴于师襄子而不进,师襄子曰:'夫子可以进矣。'孔子曰:'丘已得其曲矣,未得其数也。'有间,曰:'夫子可以进矣。'曰:'丘已得其数矣,未得其意也。'有间,复曰:'夫子可以进矣。'曰:'丘已得其意矣,未得其人也。'有间,复曰:'夫子可以进矣。'曰:'丘已得其人矣,未得其类也。'有间,曰:'邈然远望,洋洋乎,翼翼乎,必作此乐也。黯然而黑,几然而长,以王天下,以朝诸侯者,其惟文王乎。'师襄子避席再拜曰:'善!师以为文王之操也。'故孔子持文王之声,知文王之为人。师襄子曰:'敢问何以知其文王之操也?'孔子曰:'然。夫仁者好韦,智者好弹,有殷憨之意者好丽。丘是以知文王之操也。'传曰:闻其末而达其本者,圣也。"① 孔子习琴由得其数到得其意,进而得其人、得其类的过程,就是古代贤哲修身悟道的过程。

其次,古琴易学而难精,非长年累月修炼,难以达到高的境界,也难以达成修身养性的目的。修炼过程较枯燥,不能急于求成,正是磨炼心性的好方法。《列子·汤问第五》中记载的师文向师襄习琴的故事很能说明问题:"匏巴鼓琴而鸟舞鱼跃,郑师文闻之,弃家从师襄游。柱指钧弦,三年不成章。师襄曰:'子可以归矣。'师文舍其琴,叹曰:'文非弦之不能钧,非章之不能成。文所存者不在弦,所志者不在声。内不得于心,外不应于器,故不敢发手而动弦。且小假之,以观其所。'无几何,复见师襄。师襄曰:'子之琴何如?'师文曰:'得之矣。请尝试之。'于是当春而叩商弦以召南吕,凉风忽至,草木成实。及秋而叩角弦,以激夹钟,温风徐回,草木发荣。当夏而叩羽弦以召黄钟,霜雪交下,川池暴冱。及冬而叩徵弦以激蕤宾,阳光炽烈,坚冰立散。将终,命宫而总四弦,则景风翔,庆云浮,甘露降,澧泉涌。师襄乃抚心高蹈曰:'微矣子之弹也!虽

---

① 韩婴:《韩诗外传卷五》,载《中国历代美学文库·秦汉卷》,第18—19页。

师旷之清角,邹衍之吹律,亡以加之。彼将挟琴执管而从子之后耳。'"① 师文为了达到那种春夏秋冬皆能令草木生辉、万象蓬勃、充满生机、出神入化的境界,经历了三年不成章的痛苦,更经历了掌握了技术之后磨炼心性的过程,因为其志所在乃内得于心,外应于器。还有一点应该强调,由于古人所言古琴艺术具有"难学易忘不中听"的特点,所以习琴一定要有日积月累、持之以恒的精神,不能只凭一时兴趣,而这一点正是其磨炼人的耐心与恒心的地方;否则不仅琴学不出来,人生中也难成大器。

最后,习琴操缦过程中需凝神静气,疏瀹五脏。为了成就高尚的琴德,体味至上的琴境,从而把握深奥的琴道,达成完善的人格,也为了使习琴与操缦的过程更臻于审美的境界,在这个过程中还必须遵从艺术与审美的规律。其中首先应该注意的是保持一个"涤除玄览"的审美心胸,也就是要扫除心中的凡尘琐事,凝神静气,情志专一,如此才能进入琴境。这一点也很受历代琴学家的重视。明代汪芝《西麓堂琴统·抚琴诀》曰:"鼓琴时,无问有人无人,常如对长者,掣琴在前,身须端直,安定神气,精心绝虑,情意专注,指不虚下,弦不错鸣。"② 明代《太古遗音·弹琴有十二欲》中也有:"神欲思闲,意欲思定,貌欲思恭,心欲思静。"③

强调习琴操缦时的虚静心态,有几个方面的原因。其一,是与艺术创作与审美规律相一致,这一点从老庄开始一直是中国古代美学非常强调的,这里不多赘言。其二,是因为古琴演奏技巧相对比较复杂,既要注意指法的准确、左右手的配合,又要注意演奏的力度、节奏,更重要的是要根据琴曲的主题,结合自身的体会,准确地表达情感。如果心存杂念,思虑重重,不能集中精神,往往连基本的指法也会出错,更何谈进入精妙的琴境,体悟高深的琴道。如薛易简《琴诀》曰:"鼓琴之士,志静气正,则听者易分;心乱神浊,则听者难辩矣。"④ 其三,是因为操琴的目的在于体味审美意境与修身养性,心绪烦乱、功名利禄恰恰是最大的妨碍,所以习琴操缦之人首先就要有意识地克服这一点。成玉磵《琴论》中讲到:"至于造微入玄,则心手俱忘,岂容计较。夫弹人不可苦意思,苦意思则

---

① 杨伯峻:《列子集释》,中华书局1958年版,第109—110页。
② 汪芝:《西麓堂琴统》,载《琴曲集成》第三册,中华书局1982年版,第57页。
③ 佚名:《太古遗音》,载《琴曲集成》第一册,第29页。
④ 薛易简:《琴诀》,载《中国历代美学文库·隋唐五代卷上》,第364页。

缠缚，唯自在无碍，则有妙趣。设若有苦意思，得者终不及自然冲融（容）尔。庄子云'机心存于胸中，则纯白不备。'故弹琴者至于忘机，乃能通神明也。"① 能够做到忘心机，就能够通神明。

（本文原载于唐中六主编《临邛琴粹》，四川人民出版社 2007 年版）

---

① 成玉䃋：《琴论》，载《中国古代乐论选辑》，第 220 页。

越南民间灶神信仰仪式初探

阮玉凤 林箜生

灶神信仰在越南历史悠久，相传是因东晋道教学者葛洪（284—364年）到越南采药炼丹而传入越南境内。随后灶神信仰在越南得到发展，并与越南崇拜火神和厨神的本土信仰相互融合，形成了具有自身特点的灶神信仰及其崇拜仪式。灶神在后来的发展演变中成为"一家之主"，被称为Ông Táo，意思是"灶爷"，说明人们对灶神亲密但又不失敬畏的态度，同时也表明灶神已成为百姓心中重要的精神要素和文化符号。近几年来，论述越南灶神信仰的研究成果主要有徐方宇的《汉族、越族民间灶神信仰之比较研究》（《东南亚研究》2006年第3期）和吴盛枝的《中越土地信仰崇拜之异同》（载农学冠、吴盛枝、罗文青主编：《中越民间文化的对话》，民族出版社2010年版），然而两位作者在论述信仰仪式时皆较为简略。故本文将重点论述越南灶神信仰崇拜仪式，以期较为完整地展现越南灶神信仰仪式的样貌及其对人们生活的影响。

每年年末，越南家家户户都会举行祭灶活动。因为百姓相信灶神升天是向玉皇大帝奏明人间善恶，以让玉帝定夺罪福，所以人们都会在腊月二十三送灶神上天，希望灶神可以"上天言好事，下界保平安"。这个节日，越南语称为Têht Ông Táo（灶神节）。在越南百姓的心目中，灶神占有很重要的地位，无论家庭贫富，安灶祭灶都是不可缺少的。祭灶仪式在越南各地有着许多相同点，由于历史演变与地域差异，祭灶仪式在越南北部、中部以及南部呈现出不同特点。

一、灶神信仰仪式的相同点

从相同点来说，每个家庭中，灶神的供案都摆在先祖供案旁边。在灶神的供案上摆着一个灵位和三顶纸质的帽子：一顶女帽子（意思是献予一位女灶神）与两顶男帽子（意思是献予两位男灶神）。除了帽子，供案还摆着三套纸质的服装以及三双纸质的靴子。此处需要注意的是，仪式中的帽子、服装、靴子都是三双,这是因为在越南广泛流传的灶神传说认为,灶神乃是由一位女灶神和两位男灶神共同构成的,这与中国灶神以男灶神为主的情况不尽相同。这也是越南各地区都普遍接受的关于灶神的传说。一女两男好似离卦卦象,正好是"火"的象征,这说明在越南,人们亦认为灶神与火神有着极其密切的联系。但不同的是,越南人并不知道中国的祝融、炎帝等火神,越南人信仰的火神并没有某个具体的名字。

越南灶神神像

资料来源:Henry Oger, "Technique du peuple Annamite", École Française d'Extrême-Orient (EFEO), Hanoi, 1909, p.288(《安南人的技术》,法国远东博古学院,河内1909年版,第288页)。

灶神供案

资料来源:作者拍摄于2015年。

根据越南民间风俗,在每年腊月二十三的灶神节当天,每户家庭会准备好祭灶的酒席。一个普通的酒席有如下菜肴:一碗大米、一小盘食盐、一斤熟猪肉、一碗汤、一盘炒青菜、一条鲤鱼(或是生的或已煎熟)、一盘糯米、一盘水果、一壶莲花茶、三杯白酒、一个柚子、一个槟榔、一些姜叶、一盆桃花、一盆菊花以及一笔纸钱。家主在准备好酒席后,便在灶神供桌燃香,并念诵一段祭文,内容大概为邀请灶神降临,表达家主的诚心、欢喜,并希望灶神接受祭品,同时也请求灶神升天多言好事少奏坏事,保护全家平安、万事顺利。祭文的主要内容如下:

南无阿弥陀佛!
南无阿弥陀佛!

南无阿弥陀佛!

我拜九方天、十方诸佛、诸佛十方。

我敬拜东厨司命灶府神君。

我们的信主是:×,居住在 A 省、B 县、C 村(乡)。

今日腊月二十三,我们的信主诚心献上尊神香花礼品、服装、靴子、帽子。烧一支心香,我们诚敬礼拜。我们请东厨司命灶府神君显灵,在供案前享受礼物。

我们跪下请尊神加恩,宽恕我们家去年的一切弊漏。请尊神福佑,保护我们全家男女老幼身体健康、安康兴盛、万事顺利。

我们礼物虽薄心地真诚,敬礼请求,期待尊神保护度持。

南无阿弥陀佛!

南无阿弥陀佛!

南无阿弥陀佛!①

灶神升天之后,一共在天庭停留七天,于腊月三十日,家家户户都简单地举行接灶仪式,迎接灶神返回家庭(若无三十日,则在二十九日接灶)。对于人们而言,灶是不可随意替换的,只有在人们接灶的时间里才可以把旧灶换成新灶。并且,旧的灶虽然破旧了,也不能随便将之扔掉,而要尊敬地把它摆在村里的古树(榕树)下面或者小庙里。

除此之外,老百姓还经常在忌日、节庆或朔望日祭灶。祭灶仪式按照家主的意愿而举行,祭品可以是素的,也可以是荤的。通常而言,朔望日、忌日多以素菜祭灶,祭品常有纸钱、槟榔、水果、清水、香火、鲜花;也有的家庭用荤菜来祭灶,祭品除了上述之外,主要有糯米、鸡肉、猪肉等。

二、灶神信仰仪式的区别

上述是越南祭灶仪式的相同点。由于地域的区别,所以也使得祭灶风俗在越南北部、中部以及南部不尽相同。

在越南北部(河内附近一带),人们普遍将灶神与土公放于同一位置。该地区百姓有一种流行的叫法说:"Tét Ông Công, Ông Táo",意思是在腊

---

① [越]阮国太:《越南传统祭祀仪式》,河内文化通信出版社2013年版,第18页。

越南民间灶神信仰仪式初探

月二十三日送灶神、土公升天。百姓将灶神与土公两位家神放于一处的原因主要有两个方面：一则由于家庭面积所限，二则是人们图方便之故。久而久之，人们便把灶神等同于土公，或者把灶神称为土公。这种相互混淆的称法一直延续至今，并且成了一种普遍的习惯。在20世纪初期，该现象还没有发生，那时每户家庭都摆着两个供案用来祭祀两位家神：灶神的供案上面画着两位男灶神与一位女灶神，并且在一个灵位上用汉文写着"灶神位"；土公的供案上面画着一位男神和一位女神，其灵位上面则写着"土公位"。由此说明，在20世纪初，越南北部的人们还认为灶神与土公是两位不同的家神。之所以将二者等同起来，或许还有一个原因，即腊月二十三日不仅是祭灶的日子，也是祭祀土公的时间，因此二者在发展过程中便逐渐融合起来了。

在越南北部，老百姓在送灶之后就将旧的纸制帽子、服装、靴子以及灵位烧掉，并换成新的摆在灶神的供案上面。在送灶这个仪式中，人们认为送灶升天除了香火之外还必须有一种"交通工具"，于是人们就用鲤鱼来作为这一"交通工具"。因此，每年腊月二十三日早晨，家家户户都会起早购买三条鲤鱼（或一条鲤鱼）。三条鲤鱼购买回来之后，放在一个盆子里，让它们自由游动。祭灶结束后人们将这些鲤鱼放回河湖之中。从此可见，该习俗也反映了灶神信仰已融合了道教、佛教中慈悲放生的观念。该习俗来源于老百姓相信鲤鱼是一种"灵鱼""神鱼"。"鲤鱼化龙"的传说中则描述了灶神骑着由鲤鱼变化而成的龙，升天向玉皇大帝奏明人间善恶的故事。百姓之所以用鲤鱼来送灶神升天，或许我们可以从这一角度进行理解："鲤"可以被认为是"理"的同音词，意思是指道理、合理；"鱼"则可认为是剩余的意思。即人们通过以鲤鱼来送灶神升天，希望能年年有余，生活稳定，不会遇到贫穷饥饿的情况。

越南中部民间祀灶风俗有所不同。在顺化市一带附近，民间并不把灶神等同于土公，而且认为灶神和土公是两位不同的家神。该地区的百姓认为灶神既是一位家神，也是这个男家主的度命神（本命神）。每家都摆着三位家神和度命神，它们的供桌在先祖供桌的前面或后面，叫作trang Ông（指男家神和度命神的供桌之意）。三位家神包括土公（其号称为"五方土公尊神"）、先师（其号称为"历代先师尊神"）以及灶神（其号称为"东厨司命灶府神君"），即土神、本业神与灶神。百姓认为这三位家神能保护全家人平安，使之安居乐业。若是女家主，就在trang Bà（指女度命

·229·

神的供桌之意）祭祀九天玄女、西宫王母本命主仙，并将之作为度命神。在越南中部一带，祭灶之后，百姓并不是用鲤鱼，而是用一只点燃的纸质的马及一套鞁送灶升天。该地区，人们不仅是在朔望日、忌日、节日祭灶，而且每晚都会在厨房里的供桌上点亮油灯，祭拜灶神。妇女每天都要按照灶神的禁忌劝文来保持厨房的安静与整洁。

在越南南部，祭灶习俗也有所不同。19世纪初，这里的祭灶风俗跟越南北部和中部相似，灶神包括两位男灶神和一位女灶神。不过，20世纪初之后，除了"两男一女"的灶神形象之外，该地区还流行一位新灶神——张天灶。张天灶的故事跟越族传统灶神故事有所不同，根据越南语版本的《灶君真经》曰："灶神姓张名单，字子郭，生辰八月三日。"① 民间也流传张天灶原来是一位中国宋朝的判官，负责判处罪人。张去世后，玉皇大帝怀念其功德，便将其封为一位监察人间罪福善恶的家神。张天灶有两位部下：洪力士和谢判官。此外，张天灶还有两位辅佐：左命神官（记载善行）与右命神官（记载恶行）。关于越南南部灶神的新形象，黄玉长和阮大福两位学者认为："由'两位男灶神和一位女灶神'到张天灶和两个部下的转变，是17世纪以来越南人和华侨在此地区共居生活和文化交流的结果。"② 如今，每户家庭的厨房里面都在火炉上面摆着一个灶神的小香案，供桌上面摆着一个神位，上面写着"定福灶神"，除此之外，还有一个香炉以及三杯清水。在越南南部，祭灶风俗比越南北部和中部简单许多，腊月二十三送灶上天，祭品只要一盘花生糖和黑芝麻糖（kho thèo lèo）、香、花、水果以及一套飞鹭、奔马形象的剪纸（cò bay, ngha chhy）。百姓认为用马和鹭作为灶神上天的工具，意思是灶神先骑马，然后骑鹭飞到天庭，祭灶之后就把纸马和纸鹭点燃。另外，在每个月初一、十五、三十，一般的节日或祭祀先祖的忌日，百姓都会给灶神上供香花、槟榔和清水。

总而言之，祀灶风俗已经成为越族传统文化的一部分，各个地区的灶神习俗由于历史演变和地域差异而各有特点，同时融合了佛教、道教中的相关元素，具有很深的民族文化特色，积累了深厚的集体情感。

---

① ［越］《灶君真经》，西贡，Imp. de l'Union 67，L. Mossard 1953年版，第1页。
② ［越］黄玉长、阮大福：《家神信仰特考》，胡志明市文化文艺出版社2013年版，第51页。

三、灶神信仰仪式的影响

通过上文论述，显而易见，越南灶神信仰及其仪式是极为盛行的，自然而然对人们的生活也产生了深刻影响。

第一，观之社会道德方面，灶神除了掌管饮食，还监察人间善恶。在越南人民心中，灶神是一位"驻家的判官"，是民间良知的代表。人们既敬畏灶神，又害怕受到惩罚，故对自我言行举止都极为谨慎，不敢妄为。人们认为对灶神表示尊敬的最好方式是保持自我的道德品格和家庭的和睦融洽。人们要获得福报，不仅需要向灶神恳切祈祷，更主要的还在于自身要保持内心祥和，多行善事。

第二，从心灵慰藉方面而言，灶神信仰及其仪式有利于人们获得一种平和心态，当遇到苦难时，精神有所依托。现实中，人们总会遇到不如意之事，此时，百姓皆会向灶神、土公、先祖虔诚进香求平安。假如家庭里有人出行、考试、生病、产妇临产等，家主便会在供案前面对各位家神进行礼拜以求平安。祭品通常很简单，如水果、槟榔、清水、香火等。百姓认为祭祀关键在于心诚，不用太拘泥于祭品精粗。此外，每户家庭中，厨房与红火的灶头乃是温暖、充足以及幸福的生活之象征。越南人很重视厨房的空间，关键原因在于他们认为该空间不仅仅是进餐之所，而且是可以和全家人一起分享关爱、保持家庭和睦之处。灶神信仰以及祭灶风俗为人们提供了一个精神空间，让人们的心灵有处安放，并对生活充满希望。

第三，灶神信仰及其仪式是一个重要的文化载体，有利于传统文化的继承与弘扬。祭灶活动已经成为越南民间最普遍的节庆之一，成为一种老百姓极为喜欢和重视的传统文化形式。腊月二十三，不仅每户家庭都会举行送灶仪式，而且在社会上也会举行大规模的送灶活动。2013 年腊月二十三日，在河内市家林县首次举行祭灶活动便是一个例子。150 个人身穿礼服，9 乘轿子。队伍里有八长陶器业村的长老、男人祭礼队、女人祭礼队、一支民间舞蹈乐队、一个陶瓷艺人队，以及 12 个全都装满各地物产的祭祀托盘。早晨 7 点半，祭祀队伍进行游街，并赴几个重要的历史文化遗址进香礼拜。之后，便会在越南文化艺术展览中心进行焚烧纸质鲤鱼仪式，并在八长陶器业村举行鲤鱼放生仪式，最后燃烧奏文以送灶神升天。这种活动很好地弘扬了灶神信仰，以灶神信仰为核心并涉及其他传统文化。这样，一方面强调了越南灶神信仰及其仪式的独特性；另一方面通过此活动可以提高人们的文化意识,从而更好地保护和传承传统文化。

2013 年腊月二十三日在越南河内市举行大规模的祭灶活动

资料来源:[越]英俊:《送灶神升天祭祀活动》,https://vnexpress.net/thoi-su/ruoc-ca-chep-vang-khong-lo-tien-ong-tao-2422670.html(越南快讯网)。

(本文原刊于《道学研究》2016 年第 1 期)

早期来华耶稣会士建立耶儒对话的尝试

——以罗明坚"十诫/祖传天主十诫"为例

王慧宇

伴随着地理大发现和新航海线路的开拓,16世纪天主教在某种程度上已不得不进入"对话时代":在欧洲,面临宗教改革的冲击,不得不与"基督新教"进行抵抗式"对话";在世界范围,面临地理大发现的"他者",不得不进行说服式"对话"。[①] 在此时代孕育而出的耶稣会,正在世界范围开展传递福音的工作。

作为首位正式获准入华传教的耶稣会士,罗明坚(Michele Ruggieri,1543—1607)进行了很多开创性的尝试。他不仅在形象上接受中国人意见,穿僧袍化为中国人、认真学习中国话、写作中文诗,还以书籍作为传教和中西方思想对话的工具。在文化传教过程中,罗明坚选择兼具宗教道德和日常伦理道德的"十诫"为"敲门砖",试图以共同的伦理道德基础为中介开展对话。"十诫"在作为宗教信条的同时亦兼具伦理规范,而这些伦理规范的普遍性与中国文化的包容性相遇,为士大夫接受"十诫"提供了更多的可能。经罗明坚的翻译,"十诫"中的伦理信条更以孝、亲、爱人等形式出现,恰恰与儒家核心德目一致。

一、作为中西方对话敲门砖的"十诫"

"十诫"起源于古希伯来。据《出谷记》的记载,梅瑟(Moses)奉天主差遣拯救希伯来人出埃及,过红海抵达西奈山,天主在火中降临,对

---

① 列奥纳多·斯威德勒、保罗·莫泽:《全球对话时代的宗教学》,朱晓红、沈亮译,四川人民出版社2014年版,第197—198页。

梅瑟颁布了"十诫",并将其内容刻在两块石板上。① 犹太教以及基督宗教各教派均以"十诫"为最高诫律。天主教重视"十诫"的权威,② 自奥古斯丁开始,"十诫"在教会给候洗者和信徒讲授教理时的地位愈发显著。到15世纪,信徒们开始习惯把"十诫"的规条写成有节奏的词句,以便背诵。而教会的教理书在讲解基督徒的伦理时,经常依照"十诫"的次序进行叙述。③

"十诫"虽由天主亲自颁布,但其中包含的世俗伦理规范兼具"普世价值"意味,成为基督宗教和其他宗教、文化沟通的突破口。如沙勿略(Francois Xavier,1506—1552)在印度传教时也曾译介过"十诫"。④ 正是基于"十诫"的种种特点,罗明坚来华伊始便着手"十诫"的翻译。"十诫"作为"教理书"⑤的重要组成之一,在传教过程中起重要作用,各时期传教士都对其进行完善。"十诫"的译介也成为明清之际在华传教士的一大"传统",如利玛窦(Matteo Ricci,1552—1610)、阳玛诺(Manuel Dias Junior,1574—1659)等人都有中文"十诫"或详解问世。⑥ 相较其他中文教理著作,"十诫"也有一定的"普遍性",其涉及的伦理道德亦是儒学关注的,是以晚明士大夫即便对天主教教理不甚了解,也可对"十诫"中各具体道德规范进行讨论。如万历首辅、东林党魁叶向高盛赞"十诫":⑦

---

① 在《申命记》5章6—21节,梅瑟重申"十诫"的重要性。区别在于强调守安息日的理由:《出谷记》中基于天主在创造天地万物之后第七日休息的事实,侧重天主创世之工;《申命记》基于天主将以色列人从埃及为奴之地拯救出来的事实,侧重于天主的救赎之工。

② 《天主教教理》第2052—2082条皆是关于"十诫"的教理,从"圣经中的十诫""教会圣传中的十诫""十诫统一性""十诫与自然律""十诫的约束力"等方面讲述(参 http://www.vatican.va/chinese/ccc_zh.htm,检索于2019年7月2日)。

③ 《天主教教理》第2065条。

④ "与他们一起历经过数十日的辛勤努力,终于把画十字的方法、向三位一体天主告白时的语言、使徒信经、天主的十诫、主祷文、天使祝词、圣母赞歌、告白的祷告等从拉丁文翻译为了泰米尔语。"(沙勿略:《圣弗朗西斯科·沙勿略全书简》,河野纯德译注,东京平凡社1985年版,第109—110页;转引自刘海玲《沙勿略远东传教活动的研究》,博士学位论文,浙江大学2015年,第24页。)

⑤ 详解见后文。

⑥ 参田海华《希伯来圣经之十诫研究》,人民出版社2012年版,第180—247页。

⑦ 孙尚扬指出,叶向高关心的是传统儒学最关注的道德善恶问题,承认天主教的灵魂不朽、天堂地狱之说可以发挥一定的道德功能,而将启示真理列为语怪之类(孙尚扬:《明末天主教与儒学的互动:一种思想史的视角》,宗教文化出版社2013年版,第124—129页)。

早期来华耶稣会士建立耶儒对话的尝试

公（杨廷筠）又出其《十诫初解》示余。余读之而有当于心曰：此即吾孔氏畏天命戒慎恐惧之正学，世人习焉不察，乃不意西人能发明之。东夷西夷，先圣后圣，其揆一也，岂不信哉！①

叶向高从杨廷筠所见的应为高一志（Alfonso Vagnone，1568—1640）所记取自利玛窦《圣经约录》中的"十诫"。② 叶向高之盛赞不免有恭维成分，但徐光启、杨廷筠等皈依士大夫作《十诫箴赞》《十诫初解》，确是出于真心认同。传教士带来的天文历法、火器技艺等固然是晚明士大夫关注的重点，但"十诫"作为外来宗教的核心教理信条，在入华伊始并未被中华传统排斥，甚至在某些方面能引起中士共鸣，确实值得我们关注。

二、罗明坚汉译"十诫"的基本情况

汉语学界对耶稣会士汉译"十诫"的考察并不充分，柯毅霖③、张西平④的相关研究中有所提及；黄一农简单对比罗明坚和高母羡（Juan Cobo，1546—1592）两人的"十诫"译本，以此说明耶稣会和道明会不同的传教策略⑤；田海华选取耶稣会士七个教理问答文献，着重对各译本脉络的梳理，呈现"十诫"汉译的历史，重点关注儒生天主教徒对耶稣会所译"十诫"的回应⑥。不同于历史脉络的梳理，本文重点集中在罗明坚所译"十诫"的三个文本，分析立足于《祖传天主十诫》文本的同时，参考《天主实录》和《天主圣教实录》中的相关论述，既将相关内容在罗明坚思想体系中整体性呈现，也通过早期传教士对两本"十诫"内容的"废、改、立、释"来聚焦核心问题，考察耶稣会以"十诫"为中介展开耶儒

---

① 叶向高：《苍霞余草（五）》，载《四库全书禁毁书丛刊》，北京出版社2000年版，第449页。
② 此序言附在《天主十诫解略》中，文中另标有"泰西王丰肃（高一志）叙"。《圣经约录》第一、三、四诫分别为"钦崇一天主万物之上""守瞻礼之日""孝敬父母"，其他诫命在语言上更加精炼（参利玛窦等著《圣经约录》，载钟鸣旦、杜鼎克主编《耶稣会罗马档案馆明清天主教文献》第一册，台北利氏学社2002年版，第87—116页）。
③ 柯毅霖：《晚明基督论》，王志成、思竹、汪建达译，四川人民出版社1999年版，第118页。
④ 张西平：《〈天主教要〉考》，《世界宗教研究》1999年第4期。
⑤ 黄一农：《两头蛇：明末清初的第一代天主教徒》，上海古籍出版社2006年版，第443—445页。
⑥ 田海华：《希伯来圣经之十诫研究》，第180—247页。

对话的尝试和所体现出的"适应策略"的创造性及其不足之处。

罗明坚的"十诫"作为《天主实录》的预备工作是其用汉语表述天主教思想的首次尝试。1583年2月,他于肇庆致耶稣会总会长的书信中汇报了相关情况①,列举当时已经撰写的书籍,其中名为《要理问答》(Catechismo)的文献就包含了"十诫"译文。今存世的罗明坚汉译"十诫"最早版本是附在《天主实录》(罗马耶稣会档案馆 Jap. Sin Ⅰ, 189)后的《祖传天主十诫》,②《天主实录》③ 和《天主圣教实录》④ 等书中也有收录。《祖传天主十诫》出版于1583年⑤,但翻译可能在1582年⑥。三版"十诫"对比如表1。

表1 三版"十诫"对比

序号	《祖传天主十诫》	《天主实录》	《天主圣教实录》
1	要诚心奉敬一位天主,不可祭拜别等神像	要诚心奉敬一位天主,不可祭拜别等神像	要诚心奉敬一天主,不可祭拜别等神像
2	勿呼请天主名字而虚发誓愿	戒呼请天主名字而虚发誓愿	毋呼天主名而发虚誓
3	当礼拜之日,禁止工夫,谒寺诵经,礼拜天主	当礼拜之日,禁止工夫,谒寺诵经,礼拜天主	当守瞻礼之日,禁止百工,诣天主堂诵经,瞻礼天主
4	当孝亲敬长	当爱亲敬长	当爱亲敬长
5	莫乱法杀人	戒乱法杀人	毋乱法杀人
6	莫行邪淫秽等事	诫行邪淫秽等事	毋行邪淫等事

---

① 利玛窦:《利玛窦书信集》下卷,罗渔译,光启出版社、辅仁大学出版社1986年版,第446—447页。
② 罗明坚:《天主实录》,载《耶稣会罗马档案馆明清天主教文献》第一册,第82—83页。
③ 罗明坚:《天主实录》,载《耶稣会罗马档案馆明清天主教文献》第一册,第67—76页。
④ 罗明坚:《天主圣教实录》,载吴相湘主编《天主教东传文献续编》第二册,台湾学生书局1966年版,第826—835页。
⑤ 柯毅霖:《晚明基督论》,第118页。
⑥ "1582年,在广州,罗神父曾把《天主十诫》译成华文,向我国人士乘机宣传,这取名《祖传天主十诫》的经文万历十一年(1583年)在肇庆出版。"(张奉箴:《利玛窦在中国》,台南闻道出版社1983年版,第7页)

续表

序号	《祖传天主十诫》	《天主实录》	《天主圣教实录》
7	戒偷盗诸情	戒人偷盗诸情	毋偷盗诸情
8	戒谗谤是非	戒谗谤是非	毋谗谤是非
9	戒恋慕他人妻子	诫恋慕他人妻子	毋恋慕他人妻子
10	莫冒贪非义财物	诫冒贪非义财物	毋冒贪非义财物

对比而言，《祖传天主十诫》的"勿""莫"两字，在《天主实录》中被替换为"戒"或"诫"，增加了文本"诫命"意味。而50年后，阳玛诺、费奇规（Gaspar Ferreira, 1571—1649）、孟儒望（João Monteiro, 1602—1648）修订《天主实录》为《天主圣教实录》时，又将"戒"与"诫"统一改回"勿"。《天主圣教实录》在解释"十诫"时，较《天主实录》语言更加简洁凝练，其中译名选择上摒弃佛道词汇，有些更以儒家术语、新译名替换。其中值得注意的是，原第一诫"要诚心奉敬一位天主"在《天主圣教实录》中删除了"位"字。究其原因，笔者认为罗明坚处并未介绍过"三位一体"思想，用"位"不存在误解；1615年左右高一志、庞迪我（Diego de Pantoja, 1571—1618）介绍"三位一体"①后，再用"一位"易有歧义，遂在修订中删去"位"字。

《祖传天主十诫》特别采用"祖传"二字，可能有几种理解：一是指天主亲自颁布给梅瑟，本身蕴含启示与传统两层含义；二是采用亲近中国思想的策略，选用汉语常用的"祖传"，主观上希望以中国人熟悉的表述呈现天主至理；三是指代代流传下来，强调权威性与可靠性。但无论基于何种考虑，罗明坚很快发现"祖传"一词的不妥之处，在《天主实录》中予以更正。抛开天主教思想体系中"祖传"一词使用是否妥当有待商榷，单就中文语境来讲，"祖传"一词也过于世俗，表述正统思想也稍有不妥。

《祖传天主十诫》内容简洁，除正文外另有一"跋语"："右诫十条系古时天主亲书降令普世遵守，顺者则魂升天堂受福，逆者则堕地狱加

---

① 何先月：《位与体：明末清初三位一体的汉语书写》，《汉语基督教学术论评》2017年第1期。

刑。"① 犹太教和基督宗教各教派对"十诫"有不同的划分②，罗明坚所译"十诫"是依照16世纪天主教会普遍采用的奥古斯丁的三七划分。③ 文本除第三诫"当礼拜之日，禁止工夫，谒寺诵经，礼拜天主"由于采用佛教词语为后继耶稣会士所摒弃，其余内容均被袭用。某种程度上说，罗明坚的"十诫"已成为"十诫"翻译的范本，不仅影响了明清之际的耶稣会士，与天主教思高本《圣经》也无太大差异。

　　罗明坚翻译"十诫"，主观上希望借此实现耶儒沟通，方便在华传教。考察"十诫"归为"教理书"还是"要理书"则相对复杂。④《祖传天主十诫》与名为《拜告》的祈祷词同附在《天主实录》后，《拜告》是包含《天主经》和《圣母经》的针对教徒的信仰祷词，因而"十诫"功用上也属此范畴。但在《天主实录》中介绍"十诫"的两章对非信徒的中士也适用，从中国情况和一般理性入手，再逐步引向"十诫"的核心宗教内容，如此"十诫"则兼具"要理书"成分。

---

　　① 罗明坚：《天主实录》，载《耶稣会罗马档案馆明清天主教文献》第一册，第82—83页。
　　② 路德宗亦采用三七之分，与希腊教父及东正教会和改革教会团分法不同（《天主教教理》第2066条）。另如斐洛的划分方式为五五之分，另有四六之分的方式（田海华：《希伯来圣经之十诫研究》，第102—103页）。
　　③ 天主教传统依据奥古斯丁在《讲道集》中对"十诫"进行的三七划分，指出前三条针对爱天主，后七条针对爱近人（《天主教教理》第2066、2067条）。
　　④ 教理书（catechism）一词俗称"教理问答"，因是以答案回复发问的人，或以提出问题引出答案的方式教导信仰，通常是为准备领洗、坚振及领圣体者的信仰培育。圣包洛梅（C. Borromeo, 1538—1584）受脱利腾大公会议（1545—1563）委托编写了司铎本《罗马要理问答》，分为信经、圣事、十诫、祈祷四部分。在中国，梵二会议前均采用《要理问答》译本。梵二以后，1970年主教团教义委员会编订了适应中国文化的《天主教的信仰》，后来许多简化本、普及本、改良本教理书均以《天主教的信仰》为基调，以适应各层次文化人群（参《天主教神学辞典》，http://www.chinacatholic.net/book/html/131/7520.html，检索于2019年7月4日）。此处讨论的是专指耶稣会士在传播天主教信仰初期，针对不同群体撰写的两种不同书籍。Catechismus（要理书）针对教外人士，用理性论说的方式向教外人士讲述与天主相关的问题；而 Doctrina christiana（教理书）针对信徒，为他们讲述天主教信仰上的重要教条，如 Credo（信经）、Sacramenti（七圣事）、Decalogue（十诫）等。但在实际中，两类著作并不完全分割，往往混杂在一起。实际上《天主实录》就是一本"要理书"和"教理书"的混合体，既有中士（教外人士）和西士（传教士）的对话来阐述基本信仰，又有圣水除罪、基本诫命等信徒需持守的教义（参 Gianni Criveller, "Matteo Ricci's Ascent to Beijing", in *Portrait of a Jesuit: Matteo Ricci*, Macao Ricci Institute, 2010, pp. 39–75）。

三、罗明坚"十诫"中的"适应策略"考察

在基督宗教中,"十诫"是天主与世俗子民签订的神圣契约,兼具"盟约"及"伦理教训"二义。这些伦理道德,是信徒们实践天主所立盟约的途径。"十诫"既是信仰上的"金科玉律",又是基督宗教文化统摄下城邦社会伦理行为的基本规范,成为西方法律的源流、基础之一。但在没有西方救恩史的中国如何介绍"十诫",对罗明坚是艰巨的考验。

为此,罗明坚彰显"十诫"的普适性,淡化"十诫"中神圣与世俗的区分,展示其中人伦之理,敬拜天主与孝亲忠君并无二致,是人们共同遵守的终极准则。按照脱利腾大公会议(Council of Trent,1545—1563)精神:梅瑟法(旧约)和基督法(新约)是构成神与人之间盟约的具体内容,"十诫"和基督法都是在普遍自然理性上建立的。① 在罗明坚看来,其中包含的大量自然理性因素在中国可被接受。操作上,罗明坚将"十诫"与儒家伦理紧密联系,采用亲儒的适应策略和理性推理的论述方式。《祖传天主十诫》中"孝""亲""非义"等概念本身兼顾一定儒家色彩。其中虽有部分佛教色彩的语词,但罗明坚还是在中性意义上使用此类词语,其"十诫"中的亲儒立场明显。② 在《天主实录》中,他对"十诫"的阐发更具策略性,用三章篇幅讨论"十诫"内容③,足见其重视。在"十诫"的展开路径、具体诫条阐述及传播策略上,罗明坚依耶稣会士对晚明中国的理解进行取舍。

(一)对世俗伦理基础及"自然律"的复归

罗明坚对汉语"十诫"的立论基础做了一定的转变,由西方天主自上而下颁布的神圣诫命推到人伦道德规范,转为由人伦日用经验推至天主启

---

① "The Ten Commandments", *The Catechism of the Council of Trent*, http://www.catholicapologetics.info/thechurch/catechism/TenCommandments.shtml(Retrieved 2018.4.19)。

② 对罗明坚"亲儒""亲佛"问题,学界存在争论,在《罗明坚〈中国地图集〉学术研讨会论文集》中,汤开建、古伟瀛等学者从不同角度讨论此问题(参姚京明、赫雨凡主编:《罗明坚〈中国地图集〉学术研讨会论文集》,澳门特别行政区政府文化局2014年版,第210—260页)。笔者认为罗明坚"亲儒"比较确定[参王慧宇《罗明坚的"亲儒"策略及对利玛窦的影响》,《广州大学学报》(社会科学版)2018年第9期]。

③ 分别为《天主十诫》《解释第一面碑文》《解释天主第二碑文中有七条事情》。

示,更强调"自然律"因素。其中虽提到天主颁布①,但其之所以存在则源于日常人伦经验的喻理推衍:

> 彼为帝王者,立之律令,治理万民,使之遵守,则国平治。若天主为普世之主,创立法度,颁行天下,使世人遵守,名曰十戒。②

罗明坚肯定世俗帝制王权的合法性,国治、天下平是由于律法得立万民遵,类推天主理应如此,也需创立法度"十戒"颁行天下。但在天主教中"十戒"的本质是人与神的契约、权威来自启示,而汉译"十戒"中世俗规范、人伦政治的合理性不言自明。如此,由"信"全知、全能、全善之天主进而遵循其诫命,在晚明变成了人伦道德向上推衍溯源寻找神圣依据的进程。实际上"十戒"也是随着历史的发展逐步被接纳,其本身也有"自然律"基础③,但随着宗教的发展、神学的完善,其世俗来源已大部分被掩盖。当耶稣会面对晚明思想环境时,对神的认同和救恩历史都不存在,最好的办法就是回溯本源,发掘其社会伦理本源。就此看,耶稣会士又与后世宗教社会学、宗教伦理学的做法有相近之处。

在完成"十戒"立论基础后,罗明坚必须采取与中学适应特别是亲儒的策略来让"十戒"在晚明获得合理依据。"诫",本义为告诫、警告。④"十戒"中之"诫",为规劝告诫之文。在译述"十戒"时,罗明坚采用类似天主本体论证明的理性推理路径,由依靠"自然理性"推理,变为了依靠"人伦道德认同"的推衍。此策略如能见成效,则必须是士大夫对以"十戒"作为根基的伦理道德有普遍认同,因而罗明坚选择了正统兼主流

---

① 罗明坚:《天主实录》,第 56 页。
② 罗明坚:《天主实录》,第 67—68 页。
③ "十诫乃属于天主的启示。十诫同时教导我们真实的人性。十诫说明基本的义务,因此,间接地,也说明了人性固有的基本权利。十诫含有『自然律』的一种优越的表达,从开始,天主就把自然律的规诫植根在人的心内。然后,天主只是提醒人而已,这便是十诫。"(《天主教教理》第 2070 条)
④ 如《说文》中"诫,敕也",《汉书》中"前车覆,后车诫"。"戒"有多个义项:有防备、警惕之意,如"戒备";有戒除(多指不良嗜好)之意,如"戒烟";有禁止做事情之意,如"开戒";有佛教戒律之意,如"受戒";还有与"诫"相通之意;等等。《论语》中孔子讲到的"戒",主要是指精神层面的戒备、警惕,如"君子有三戒"(参张丰乾《〈论语〉中的"戒""慎""畏"》,《古典研究》2016 年第 3/4 期)。

的儒家。在向中士阐述"要诚心敬奉一位天主"时,罗明坚从儒家"孝亲敬长"出发,指出:"世人皆知敬其亲长,然敬天主当胜于敬亲长之礼矣。何则?天主甚是尊大,胜于亲长,是以当诚敬也。"① 这里敬拜唯一的天主已与对"我是上主,你的天主"② 的个人及天地主宰的崇拜不同,变成了"孝敬"之情的扩展。如此第四诫"爱亲敬长"实际上变成了敬奉天主一诫的基础。罗明坚向儒家"孝亲"这一人伦靠拢,以此来阐释天主教人神关系,此操作恰恰是其意识到在晚明儒家伦理道德中孝亲是自明的,是最具理论与现实合理性的。第一诫"不可崇拜别等神像",则有意根据中国情况展开论述,其反对的"敬鬼神""信凶吉""择时辰""占卦术"及"拜佛像",亦被宋明儒学家们所反对。而敬祖等儒家价值认同的,或制神像等儒家不置可否的行为,罗明坚根本不去涉及。通过罗明坚的操作,天主教"十诫"中对唯一神崇拜的排他和绝对服从意味大大消减。

(二)道德规范上的"求全"与调适

在进行具体诫命、德性的表述时,罗明坚采用了"适用"中国情况进而"求全"改写西方内容的策略。其中最明显的是与晚明士人个人生活上的"纳妾"问题相关的"戒行邪淫等事"一诫。罗明坚并未回避纳妾问题,因为这与天主教教理教义上的"一夫一妻"婚配圣事存在明显的差异。但其论述却另辟蹊径,在道德是非外,发掘"一夫一妻"的益处:

> 天主知人好色,方作之男妇,使人一夫一妻,行情交感,生传子孙。人之多娶其妾者,有罪,何也?妻妾众多,必至争竞,或以庶而夺嫡者有之。③

纳妾之罪且不论道德上的评判,其最明显的是会带来嫡庶之争这一大弊。这一点上,经历靖难之役的士大夫深知其害。罗明坚的论述在修辞立意上的策略性显而易见,回避了和儒家道德命题的正面交锋,而从侧面略述纳妾之害。其论辩中展示了一种"自保求全"和"步步为营"的倾向,无

---

① 罗明坚:《天主实录》,第69页。
② 《申命记》5:6—10。
③ 罗明坚:《天主实录》,第74—75页。

论中士最后是否接受天主教的"一夫一妻"的教法,罗明坚展示的利弊是现实的、可接受的。即便说服失败,也不会遭致中士批评,因为他只是在"出谋划策",而非道德上的批评。纳妾问题确为晚明中士皈依的最大障碍之一,利玛窦、高一志等人费劲笔墨也未能在此问题上辩论出所以然。除李之藻、王征等少数信仰极度坚定者,大部分倾向天主教的中士也确难跨过这道门槛。虽然罗明坚的操作并未推进中西在纳妾问题的解决,最终达到说服中士接受天主教教理规范的目的,但从此"求全"可看出,罗明坚明白何种问题可以互通,何种问题应该回避,绝非部分后世学者判断的他对中国理解不深。

罗明坚明白发起对话是为了传播信仰,遂尽最大可能褒奖中国以获得友善的对话环境。如在讲述"诫乱法杀人"一诫时,罗明坚特别强调:"是以吾尝称中华乃礼义之邦,人无带刀佩剑,故无杀伤之由矣,其中亦有违诫之事。"① 而与明朝不同,当时欧洲的贵族配有刀剑在身。罗明坚字里行间都体现出对中华的倾慕,对中士的褒奖,他意欲表达其所传"十诫"是帮助中国人在道德修养层面"锦上添花"。

(三)"善恶报应"倾向及对晚明善书的迎合

罗明坚在《祖传天主十诫》跋语②中已奠定了一种"善恶报应"的倾向。在《天主实录》中,这一倾向更被多次强调,如:"人若能遵此诫,则升天堂受福,而与天主同乐矣;若违此诫,则堕地狱加刑,而与天主为仇矣。"③ "今欲为善,思升天庭之上,必须十诫正道。"④ 罗明坚的"十诫"正是在这种赏善罚恶和来世"报应"的基础上牢固其根基。

这种思想倾向在天主教思想中确有其根源,但并不显著,特别是面对"德福相悖"时,问题的表述也不像罗明坚那般直接;在教义层面,更多是强调效仿耶稣、坚守道德、承担苦难、等待最终审判,这对于人的救赎作用比较消极。但从古典时代晚期(Late Antiquity)到文艺复兴时期,对罪恶惩戒、道德恐吓的倾向有逐步加强的趋势,在阿奎那对"七宗罪"理论的完善中已见雏形。后来《神曲》对各种罪堕入相应"地狱"的描述、

---

① 罗明坚:《天主实录》,第74页。
② 罗明坚:《天主实录》,第82—83页。
③ 罗明坚:《天主实录》,第52页。
④ 罗明坚:《天主实录》,第67页。

对违反道德惩罚的直观呈现，使得这种赏善罚恶和"善恶报应"思想在16世纪的欧洲有了一定的基础。

在中国，魏晋后儒释道的善恶报应思想开始互鉴、互补的融合进程。三家报应思想的融合使善恶报应更加深入民心，直接促进了民间劝善书的流行。① 在晚明盛行的劝善运动中，此种"善恶报应"倾向也愈见明显。劝善运动主要通过"迁善改过""与人为善"来实现"善与人同"的社会理想。② 17世纪，由袁了凡、刘宗周等人发起的劝善运动，影响广泛。劝善运动主要包括善书和伦理团体，善书中最为流行的不外乎功过格和儒家道德实践书籍两大类，而功过格更是以因果报应为思想基础。

罗明坚的"十诫"与升天堕地紧密相关，为善有功、为恶有罚，直接明了。虽然耶稣会士也反对佛教宣扬的果报理论③，称其执着功利，但其在操作过程中也不自觉地渗透出天主教救赎观中的"报应"倾向。罗明坚奠定的"十诫"赏善罚恶思想倾向，也为后世耶稣会士所继承。④

罗明坚此种操作却有天主教教义作为基础，但其与晚明流行三教合一背景下的劝善运动思潮到底是偶然契合还是主动选择？在笔者看来，正是罗明坚在认识到晚明思想倾向后的一种主动迎合，较为有力的佐证是他返回欧洲后翻译了在晚明风靡一时，极具三教合一、果报特色和善书倾向的《明心宝鉴》。耶稣会士对宣扬报应的善书采取一种明弃暗取策略，即表面上严斥，实际写作上策略地迎合，高一志等人都有此类尝试，而最早关注到这一思想倾向的正是罗明坚。

四、罗明坚"十诫"翻译上的不足与搁置的问题

罗明坚"十诫"切实奠定了书籍传教的基础，完成了大量开创性工作，但此时其来华时间不长，对中国文化特别是儒家思想理解仍不够透彻，对部分译名的选择仍有欠妥之处。如第三诫中罗明坚所用"工夫"一

---

① 参邱明《善恶报应观视域下的三教融合》，硕士学位论文，山东大学2018年，第76—77页。

② 吴震：《明末清初劝善运动思想研究》，台北台大出版中心2009年版，第40—41页。

③ 参利玛窦《天主实义》第五篇"辩排轮回六道、戒杀生之谬说，而揭斋素正志"，后世耶稣会士也多就此问题展开辩难。

④ 如《天主教要》《圣经约录》中都有类似表述（参张西平《〈天主教要〉考》，《世界宗教研究》1999年第4期；利玛窦等著《圣经约录》，第87—116页）。

词恰恰引向了宋明儒学关切的重点。罗明坚本意是教导信徒要祈祷修身、禁止逐利之工作,而非儒家道德修养之"工夫"。后继传教士发现了此错误的严重后果,在17世纪重订的《天主圣教实录》中就将"禁止工夫"换成了中性的"禁止百工"。①

其中最大问题是罗明坚尚未注意到"十诫"中的"时间""历史"因素可能带来中国士人理解上的障碍。在《天主实录》介绍天主三次规诫时,罗明坚用公元计年的方式显示颁布"十诫"、耶稣降世的具体时间,而未注意中国历史远比创世、"十诫"颁布更久远。后继传教士开始注意到此点,特别是50余年后卫匡国(Martino Martini,1614—1661)将《中国上古史》介绍给欧洲,在欧洲引起百余年的争论。②

罗明坚在"十诫"中采用亲儒的适应策略应对中西方对话中面临的各种问题,但确有一些问题涉及文化的核心特质,如唯一神崇拜及弃绝偶像的第一条诫命。这一条诫命在中国就会演变成一个现实具体问题:如何看待儒家祭礼。此问题最终激化发展是导致明清之际天主教在华传播事业整体上失败的"中国礼仪之争",抛开各方具体论述,其最核心的问题就是儒家祭礼到底是否属于"偶像崇拜"。对"偶像崇拜"的全面禁止正是源于"十诫",保禄在阐释"偶像崇拜"时特指对所有受造物及立像的崇拜③,阿奎那的论述更为细致。今日天主教教理指出:"拜偶像不仅指其他宗教的虚假崇拜。拜偶像是把原非天主的一切,予以神化。拜偶像开始存在,就在当人把一个受造物当作天主来尊敬的时候。崇拜的受造物能够是邪神或魔鬼(譬如崇拜魔王),也能够是权势、娱乐、种族、祖先、国家、钱财等。"④

罗明坚"十诫"中用了"不可崇拜别等神像"一语讲述偶像崇拜问题,特别列出"敬鬼神""信凶吉""择时辰""占卦术""拜佛像"等宋明儒学亦反对的偶像崇拜或迷信现象,但对于祭祖却只字未提。后继传教士更有意对祭祖是否属于"偶像崇拜"问题进行忽略、搁置,其最好的佐

---

① 但罗明坚、利玛窦等人并未要求所有教友必须遵守所有瞻礼日。针对1633年道明会士对此提出的指责,傅汎际于1640年指出要求中国教友守瞻礼(参 Francisco Furtado, *Informatio Antiquissima*: *De Praxi Missionariorum*, Paris, Nicolaum Pépie, 1640, p. 3)。

② 吴莉苇:《明清传教士中国上古编年史研究探源》,《中国史研究》2004年第3期。

③ 《罗马书》1:23—25。

④ 《天主教教理》第2113条。

证就是他们直接删去"不可偶像崇拜",单说"钦崇一天主万有之上"。①在此明显感受到耶稣会士极其不希望就此问题挑起争论。而当"偶像崇拜"问题真正在耶儒对话中成为核心问题时,耶稣会士却难以力挽狂澜、实现调和。

五、结　语

罗明坚的创造性工作无疑开拓了明清之际耶稣会士重视"十诫"的传统。后续传教士基本都是在罗明坚译述"十诫"的框架下推进。耶稣会士也沿着罗明坚奠定的亲儒适应策略和对世俗伦理复归的道路不断前行,"十诫"中"自然律"倾向亦被不断彰显。在某种程度上说,罗明坚实际上是跨过文艺复兴和中世纪的历史,跨过阿奎那和奥古斯丁,回到保禄处,回到基督宗教从希伯来向外邦人传播的时期,以一种世俗伦理的共识和人们普遍对救恩的渴望去推进交流与沟通。虽然"十诫"本是天主教信仰的核心,译介实属当然,但罗明坚花如此笔墨,在《天主实录》中浓墨重彩地译述"十诫",其背后反映的更多是他本人对中国文化,特别是儒家思想理解后的认可。

(本文原刊于《哲学与文化》2019 年第 8 期)

---

① 在无名氏的《天主教要》、高一志的《教要解略》、苏如汉的《天主圣教约言》等书中均只写为"钦崇一天主万有之上"一句(参田海华《希伯来圣经之十诫研究》,第184 页)。

"律分五部"与中古佛教对戒律史的知识史建构

王 磊

一、"律分五部"说法的出现

"律分五部"是中国佛教文献中对早期佛教戒律史的一种认识,这种观点出现于东晋末南朝初期,之后直到唐宋,经历了一系列的变化。通过考察这一观点的出现与变化,我们可以清楚地了解到中古时期的僧人是如何建构早期戒律史的知识谱系的,同时这种谱系又是如何随着新观点的出现被不断重新建构的。

就目前的文献看,在戒律史的叙述中最早使用"律分五部"说法的是中国僧人,最早记录的文献《摩诃僧祇律私记》(以下简称《私记》)。[1]《私记》附在《摩诃僧祇律》的最后,作者不详,有学者认为是法显本人所撰。[2] 为讨论方便,先将全文钞录于下:

> 中天竺昔时,暂有恶王御世,诸沙门避之四奔,三藏比丘星离。恶王既死,更有善王,还请诸沙门还国供养。时巴连弗邑有五百僧,欲断事而无律师,又无律文,无所承案。即遣人到祇洹精舍,写得律本,于今传赏。法显于摩竭提国巴连弗邑阿育王塔南天王精舍,写得梵本还杨州。以晋义熙十二年岁在丙辰十一月,于斗场寺出之,至十

---

[1] 《大正藏》四分律的开始有一篇《四分律序》,在序中也有"五部"的说法。此序被认为是僧肇所作。如果此序为真,则最早将"五部"引入戒律史叙述的就不是《私记》而是僧肇了。但汤用彤已经对此序之真伪有过怀疑(《汉魏两晋南北朝佛教史》,上海书店影印商务印书馆1938年版,第303页)。僧佑《出三藏记集》讲《四分律》之译出时,引僧肇《长阿含序》及僧肇与刘逸民书,却丝毫未言及此序(中华书局1995年版,第118页)。唐代法藏《梵网经菩萨戒本疏》引《四分律序》之内容,也不见于今藏经中所收《四分律序》(《大正藏》第40册,第612页),可见此序必后世伪作无疑。

[2] 释印顺:《佛教史地论考》,载释印顺《印顺法师佛学著作全集》第9卷,中华书局2009年版,第84页。

"律分五部"与中古佛教对戒律史的知识史建构

四年二月末都讫。共禅师译梵本为秦焉,故记之。佛泥洹后,大迦叶集律藏为大师宗,具持八万法藏,大迦叶灭后,次尊者阿难亦具持八万法藏,次尊者末田地亦具持八万法藏。次尊者舍那婆斯亦具持八万法藏。次尊者优波崛多,世尊记无相佛,如降魔因缘中说,而亦能具持八万法藏。于是遂有五部名生。初昙摩崛多别为一部,次弥沙塞别为一部,次迦叶维复为一部,次萨婆多,萨婆多者,晋言说一切有,所以名一切有者,自上诸部义宗各异,萨婆多者,言过去未来现在中阴各自有性,故名一切有。于是五部并立,纷然竞起,各以自义为是。时阿育王言,我今何以测其是非? 于是问僧佛法断事云何。皆言法应从多。王言,若尔者,当行筹知何众多。于是行筹取本众筹者甚多。以众多故,故名摩诃僧祇。摩诃僧祇者,大众名也。①

从文字判断,这段私记可以分为两个部分。"故记之"之前,主要记录了法显在天竺巴连弗邑天王精舍得此律本梵文,后又在建康斗场寺同佛陀跋陀罗一起译梵为华的经过,并记录了翻译的起讫时间。这段文字,与汉末以来译经的后记文字结构基本相同。② 法显所译六卷《涅盘》,也有类似的后记。③ 这些出经记多是经文译出之后或抄写、校对之后所写,主要记录译经之时间、地点及参与者。《私记》的此段文字当也是《摩诃僧祇律》译出之后所写的后记,"故记之"当是后记结束所用之语言。这一部分有可能是该律翻译完成之后法显所写的后记。

按理说到"故记之",这篇后记就应该结束了。后面附录大段涉及"律分五部"的文字,可能是因为其中提到摩诃僧祇部。这段文字中的"五部并立",是"律分五部"在文献中的最早记录。但此段文字中却只列举了昙摩崛多、弥沙塞、伽叶维、萨婆多四部。虽然后面提到了摩诃僧祇部,但从其行文可知,并不是指一个单独的部派,而只是五部中得筹最多的大众部,至于具体指哪一部,却未明言。

在《私记》稍前,汉地僧人的著作中就已经出现了"五部"的说法。

---

① 《大正藏》第22册,第548页。
② 可参考僧佑《出三藏记集》卷七至卷十一诸出经记,如《正法华经记》(第304页)、《华严经记》(第326页)等。
③ 《出三藏记集》卷八,第316页。

佛陀跋陀罗于庐山译禅经，慧远为其写序，在序言中，慧远称：

> 如来泥曰未久，阿难传其共行弟子末田地，末田地传舍那婆斯。此三应真，咸乘至愿，冥契于昔，功在言外，经所不辩。必闻轨元匠，孱焉无差。其后有优波崛，弱而超悟，智绝世表，才高应寡，触理从简。八万法藏，所存唯要，五部之分，始自于此。①

下文他又言"自兹已来，感于事变，怀其旧典者，五部之学，并有其人。咸惧大法将颓，理深其慨，遂各述赞禅经，以隆盛业"，可见慧远的五部指的是禅法的五派。慧观为此经所作的序言中，也有类似的说法。② 他们序言中提到的"五部"是目前所见最早的。但细审禅经文本，我们只能看到从佛陀到优波崛的传法谱系，却没有五部之说。慧远和慧观的序中皆言及的五部，很可能是得自禅经的译者佛陀跋陀罗。有趣的是，和法显合译《僧祇律》的也是这位佛陀跋陀罗。法显在《私记》中提及的"五部"很可能也是得自佛陀跋陀罗。

《私记》之后，对"律分五部"作出更详细记录和描述的是僧佑。僧佑是南朝著名的律师，在其所著《出三藏记集》中记载了"律分五部"的说法。此书卷三有"新集律分为五部记录"一条记载，像《私记》一样，讲述了佛陀入灭之后伽叶等人传承律藏及优波掘多之后分为五部的故事。但具体分为哪五部，此条并未明言。③ 同卷又有"新集律来汉地四部记录"一条，记录了五部律藏传来汉地的四部。根据此条的记载，传来汉地的四部律分别是萨婆多部律即汉译《十诵律》，昙无德部律即汉译《四分律》，婆麤富罗部律即汉译《摩诃僧祇律》，弥沙塞部律即汉译《五分律》，加上未传来的即伽叶维部律，正好成五部之数。在介绍婆麤富罗律时，僧佑引述了《律后记》，而引述的内容与《私记》基本一致，僧佑提到的《律后记》当就是《私记》。他对摩诃僧祇部的解释，也与《私记》相同，称它是人数最多的一派，但他似乎已经意识到《私记》的五派缺了

---

① 慧远《达磨多罗禅经序》，载《大正藏》第15册，第300页。《出三藏记集》卷九亦收此序，题作"庐山出修行方便禅经统序"（第343—345页），此处所引，据之以校勘。
② 慧观《修行地不净观经序》，载《出三藏记集》卷九，第346—348页。
③ 《出三藏记集》卷三，第114—115页。

"律分五部"与中古佛教对戒律史的知识史建构

一派,故将犊子部作为摩诃僧祇部,以成"五部"之实。虽然在"律分五部"一条下,僧佑注明是引自《毗婆沙》,但《大毗婆沙论》中并没有看到类似的说法;从引述《私记》看,僧佑的"律分五部"与《私记》当有某种传承关系。

摩诃僧祇律,是大众部律,僧佑却认为是犊子部律。将犊子部作为五部之一,并不是僧佑自己的主张,而是有经论依据的。在《新集律分为五部记录》中,在叙述了五部分裂的事实之后,他最后提到:

> 《大集经》,佛记未来世当有此等律出世,与今事相应,立名不异也。又有《因缘经》说佛在世时,有一长者梦见一张白氎,忽然自为五段。①

僧佑引《大集经》和《因缘经》等印度传来的经典,以为己证。《因缘经》不知为何经。但在佛陀的因缘故事中,有讫栗枳王十梦的故事。说讫栗枳王夜得十梦,其中第九梦是梦一张白氎被十八人各执一端牵扯而不破。佛说这是预言之后佛法要破为十八部。② 这是一个关于部派分裂的故事,但故事原文说是十八部,僧佑大概为了应五部之数,改为五段。《大集经》就是现在藏经中所收的《大方等大集经》,昙无谶于北凉玄始九年(420)译出。③ 在该经卷二十二《声闻品》中,的确记录了一个佛教分裂的故事:

> 憍陈如!如来了知一切众生诸根利钝,亦知一切众生心性诸烦恼性,是名如来随应众生而为说法,随诸烦恼宣说对治,是故得名萨婆若智。
>
> 憍陈如!我涅盘后有诸弟子,受持如来十二部经,书写读诵,颠倒解义、颠倒宣说,以倒解说覆隐法藏,以覆法故名昙摩毱多。
>
> 憍陈如!我涅盘后我诸弟子,受持如来十二部经,读诵书写,而

---

① 《出三藏记集》卷三,第115页。
② 此因缘故事汉译,可见宋施护译《佛说给孤独长者女得度因缘经》(《大正藏》第2册),此故事还发现多个梵文本和藏文本,具体可参见藤田祥道《クリキン王の予知夢譚と大乗仏説論―〈大乗荘厳経論〉第I章第七偈の一考察》,《インド學チベット學研究》第2期。
③ 《出三藏记集》卷二,第52页。

复读诵书说外典,受有三世及以内外,破坏外道善解论义,说一切性悉得受戒,凡所问难悉能答对,是故名为萨婆帝婆。

憍陈如!我涅盘后我诸弟子,受持如来十二部经,书写读诵,说无有我及以受者,转诸烦恼犹如死尸,是故名为迦叶毗部。

憍陈如!我涅盘后我诸弟子,受持如来十二部经,读诵书写,不作地相、水火风相、虚空识相,是故名为弥沙塞部。

憍陈如!我涅盘后我诸弟子,受持如来十二部经,读诵书写,皆说有我不说空相,犹如小儿,是故名为婆嗟富罗。

憍陈如!我涅盘后我诸弟子,受持如来十二部经,读诵书写,广博遍览五部经书,是故名为摩诃僧祇。善男子!如是五部虽各别异,而皆不妨诸佛法界及大涅盘。①

将这里的五部与僧佑的五部相比较,可知二者的名称完全相同,而且僧佑在每部之下都有一段对该部特点的概括,这些概括的文字也与《大集经》完全一致,僧佑以犊子部为五部之一,当就是借自《大集经》。但是与僧佑将犊子部视为摩诃僧祇部不同,《大集经》将摩诃僧祇部独立于五部之外,而且称其通习五部,因此《大集经》实际分了六部。这一差别对之后"五部"说法的变化有很大的影响,后文会再述及。

除了僧佑明确提到的《大集经》,鸠摩罗什翻译的《佛藏经》中也有佛教分为五部的说法。该经卷二《往古品》:

舍利弗!大庄严佛正法流布,多诸天人所共供养。舍利弗!大庄严佛及大弟子灭度之后,渐多有人知沙门法,安隐快乐,出家学道,而不能知佛所演说甚深诸经无等空义,多为恶魔之所迷惑,时说法者心不决定,说不清净,说有我、人、众生、寿命,不说一切诸法空寂。其佛灭度百岁之后,诸弟子众,分为五部:一名普事、二名苦岸、三名萨和多、四名将去、五名跋难陀。②

可能是由于翻译的原因,此经中提到的五部,除了萨和多与之前提到的五

---

① 《大正藏》第13册,第159页。
② 《大正藏》第15册,第794页。

部中的萨婆多可以对应之外,其他四部皆不知所指,但共分五部却是相同的。可能正是译名的原因,鸠摩罗什的这个翻译并没有引起汉地僧人的注意,在历代关于"律分五部"的记载中,几乎没有引用此经者。

就以上的论述,我们可以判断"五部"的说法,确实是来自印度佛教。但是比较《大集经》《佛藏经》的记载可以发现,这两部经典都没有明确地提到律藏分为五部,而是讲述了佛陀入灭之后佛教整体的状况,可以看作一种佛教部派分裂的叙事。其实在印度佛教的传统中,部派的分裂和戒律的分派有密切的关系,如义净讲印度佛教的部派时,就是从律的角度讲的。① 因此将部派分裂与戒律的分派联系在一起就是很顺理成章的事情。而且这种部派分裂的叙事,会成为一种"元叙事",在各种不同的语境中被赋予新的意义。在本文中,"五部"开始是一种部派分裂的历史叙述,慧远、慧观和法显从佛陀跋陀罗那里知道这种叙述,然后各自融入自己的体系中,讲禅法则以之为禅法的分派,法显则将其引入戒律史的叙述中,形成"律分五部"的说法。

除了法显—僧佑这个关于"律分五部"的传承脉络,当时还有另一种"律分五部"的叙述值得我们注意。和僧佑同时的宝唱,辑录《经律异相》,在卷十六有"罗旬踰乞食难得佛为分律以为五部"的故事:

> 佛在时众僧被服,唯着纯真死人杂衣弊帛。自后起比丘罗旬踰,每行分卫,辄饥空还。佛知其宿行,使众僧分律为五部,服色亦五种。令其日随一部中行,遂制仪则。各举所长,名其服色。萨和多部,博通敏达,导以法化,应着皂袈裟。迦叶维部,精勤勇快,摄护众生,应着木兰袈裟。弥沙塞部,禅思入微,究畅玄幽,应着青袈裟。摩诃僧耆部,勤学众经,敷说义理,应着黄袈裟。自尔已后,便大得食。何以故?是罗旬踰,前世无德之所致也。阿难问佛言:罗旬踰前世无德,云何得作沙门?佛言:此罗旬踰宿世为贤者子,作人嫉妒,见沙门来分卫,辄逆闭门户,言大人不在,沙门复至余家。复牵余家,门户闭之。亦言大人不在。故今分卫不能得,适见他人布施饮

---

① 王邦维:《义净与〈南海寄归内法传〉——代校注前言》,载义净著,王邦维校注《南海寄归内法传校注》,中华书局1995年版,第65页。

食，欢喜行会，便复念言，我亦欲作沙门，故今穷困如是。①

这里不仅提到了律分五部，还进一步提到这五部僧因所用律不同，所着僧衣的颜色也不同。《经律异相》的这段记载注明是引自《遗教三昧经》，此经实是一部伪经，现已亡佚。② 不过现存藏经中的《舍利弗问经》及《大比丘三千威仪》中也有与《遗教三昧经》相同的说法。这两部经典，历来公认是译经，所以经中的说法也被认为是反映了印度佛教的实情。③ 但也有学者提出了异议。日本学者船山彻就认为，虽然这两部经都是翻译经典，但是经中关于僧衣五色的描述是中国僧人编辑加入的。④ 船山之所以这么认为，是因为在这两部经典中，僧衣五色的部分与前文不能很好地衔接，有明显拼接的痕迹。同时，《舍利弗问经》在讲到摩诃僧祇部时，有"以处本居中"一句，这明显是以五种方位来安排五部，同时配合五色僧衣，这些都是中国五行思想的体现，与佛教的教理不合。吉藏在所撰经疏中引真谛所言，否定了此说。⑤

僧衣五色说所述分部的因缘与僧佑等人所言也有不同。在这种叙述中，律分五部是因为罗旬踰比丘乞食不得，但这种说法实在有些牵强。这个故事的出现，实际是对罗旬踰比丘乞食因缘的借用与移植。《经律异相》在该条之前，还讲述了一个"罗旬踰乞食不得思惟结解食土般涅盘"的故事，根据最后的注释，该故事是取自《罗旬踰经》，在这个故事中说到，"时五部僧每出分卫，而罗旬踰所在之部，以空钵还"。创作僧衣五色故事的人，大概就是因为这里的"五部僧"，而将律分五部的叙事嫁接到这个

---

① 《大正藏》第53册，第85页。
② 在敦煌写本中，发现了此经的残卷，作《惟教三昧经》，相关研究可参见落合俊典：《初期譯経と毘羅三昧経》，载《七寺古逸経典研究叢書》第一卷，大東出版社1994年版。
③ 佐藤密雄：《原始佛教教团の研究》，山喜房佛书林1963年版；印顺法师也认为《摩诃僧祇律私记》是依据《舍利弗问经》提出"五部"说的（释印顺：《佛教史地考论》，载《印顺法师佛学论著全集》第九卷，第84页）。
④ 船山徹：《経典の偽作と編輯——〈遺教三昧経〉と〈舍利弗問経〉》，载《中國宗教文献研究》，臨川書店2007年版。在此文中，船山彻对传统的佛经分类提出了不同意见，在译经和疑伪之外，他提出还有一类，介于二者之间，即佛经确实是从印度译来，但经中的一些内容是在汉地经过编辑的，他称之为中国编辑经典。《舍利弗问经》和《大比丘三千威仪》就属于这种类型。
⑤ 吉藏：《金刚般若疏》，《大正藏》第33册，第97页。

故事中。①

不过，与僧佑的"律分五部"说一样，五色僧衣说的律分五部很可能也是借自《大集经》。因为在这个分类中，比较突出摩诃僧祇部的位置，如称该部僧人"勤学众经，敷说义理"，《舍利弗问经》更说其"处本居中"，这与《大集经》对摩诃僧祇部的定位是一致的。如此可见，在"律分五部"说法形成的过程中，《大集经》的作用显得非常的重要。

虽然也受到印度佛教经论的影响，但和僧佑的记载相比，僧衣五色说所反映的"律分五部"吸收了更多的中国文化元素。而且这个故事的被创造，也反映了在东晋南朝时期②，"律分五部"的说法已经为当时的僧团所熟习，并开始对这一说法进行新的创作。不过就后世的影响而言，僧佑的作用无疑是最大的。他结合《私记》《大集经》等经典，使"律分五部"的说法定型下来，在南朝以后僧人的经疏中，五部律或五部毗尼成为一种常见的说法，反复出现。③ 而僧佑《出三藏记集》的记载成为一种经典叙事，之后所有关于这个问题的讨论都是以他的叙述为基础的。

二、"律分五部"与西域佛教

前文已言及，"律分五部"的说法虽然是由中国僧人最早提出，但实受印度佛教之影响。不过这里的印度，范围可以更加精确，它主要指的是西北印度，也就是历史上的犍陀罗地区（Gandhāra）。根据文献的记载，这个地区确实通行五部律藏。唐代玄奘去印度取经，回来后口述了沿途之所见，成《大唐西域记》。该书对沿途各地的佛教状况也有介绍，在讲到乌仗那国时，他称此国僧人：

> 戒行清洁，特闲禁咒。律仪传训，有五部焉：一法密部，二化地

---

① 望月信亨有《五部律の衣色各別説と羅旬蹻經》一文（载望月信亨《佛教史の諸研究》，望月佛教研究所1937年版），从题目看，也是讨论僧衣五色说与《罗旬蹻经》的关系，但暂时无法看到全文，不知其观点如何。

② 《舍利弗问经》，藏经和经录注明是东晋失译，但船山分析了经中的一些词句，认为此经译出当在江南吴地，年代不早于法显。《大比丘三千威仪》，藏经和唐代经录标明是东汉安世高译，这一说法也已经被否定，平川彰认为此经之译出与鸠摩罗什译《十诵律》差不多同时，即410年左右（平川彰：《律藏の研究》，山喜房佛书林1960年版，第193—195页）。

③ 如《大般涅盘经集解》、法藏《华严经探玄记》、湛然《止观辅行传弘决》等著作中均多次出现这一说法。

部，三饮光部，四说一切有部，五大众部。①

法密部即法藏部，如果忽略僧祐将摩诃僧祇部律视为犊子部律的错误，此处所言乌仗那国所行五部律与僧祐所言之五部恰似合符。乌仗那国的地理位置，在今斯瓦特河（Swāt）上，包括现在的 Pangkora、Bijāwar、Swāt 与 Buna 四县。② 此地正是历史上犍陀罗之区域。玄奘在乌仗那北边的迦毕试国大乘寺院中，还遇到寺院的常住僧人萨婆多部僧阿离耶伐摩和弥沙塞部僧求那跋陀③，这也是这些部派在当地流行的证据。

较玄奘略晚的义净，亦去印度求法。其专注于律仪，从天竺归来途中，作《南海寄归内法传》，介绍印度根本说一切有部之律仪。在该书一开始，义净就否定了"律分五部"的说法：

> 诸部流派，生起不同，西国相承，大纲唯四。（原注：一、阿离耶莫诃僧祇尼迦耶，周云圣大众部，……二、阿离耶悉他陛攞尼迦耶，周云圣上座部，……三、阿离耶慕攞萨婆悉底婆拖尼迦耶，周云圣根本说一切有部，……四、阿离耶三密栗底尼迦耶，周云圣正量部，……然而部执所传，多有同异，且依现事，言其十八。分为五部，不闻于西国之耳。）④

义净明确地说印度的部派依律藏只分为大众、上座、根本说一切有、正量四部，根本没有五部的说法，这明显是对汉地"律分五部"说法的回应。至于汉地流行的几部律，《十诵》与根本说一切有部相近，而"有部所分三部之别，一法护、二化地、三迦摄卑，此并不行五天，唯乌长那国及龟兹、于阗杂有行者"⑤，和玄奘的记载一样，他也称这几部是流行于西域的。

考古发现也证实玄奘和义净的记载是可信的。在西北印度、中亚，也

---

① 玄奘、辩机原著，季羡林等校注：《大唐西域记校注》，中华书局2000年版，第270页。
② 玄奘、辩机原著，季羡林等校注：《大唐西域记校注》，第271页。
③ 慧立、彦悰著：《大慈恩寺三藏法师传》，孙毓棠、谢方点校，中华书局2000年版，第35页。
④ 义净著，王邦维校注：《南海寄归内法传校注》，第10—11页。
⑤ 义净著，王邦维校注：《南海寄归内法传校注》，第28页。

"律分五部"与中古佛教对戒律史的知识史建构

即历史上属于泛犍陀罗（Greater Gāndhāra）的地方，发现了很多佛教题铭，这些题铭大部分为佉卢文（Kharosthī），少量是以婆罗密字母拼写的混合梵文（Hybrid Sanskrit）。有部分题铭提及了部派名称，而这些部派无一例外都在上述的五部之内。根据冢本启祥辑录的印度碑铭资料，在西北印度地区发现的碑铭文献中，提到说一切有部的有 9 处，饮光部 6 处，法藏部 3 处，化地部 2 处，大众部 2 次，多闻部 1 次。① 多闻部是大众部发展到后期的一个支派，也可归入大众部内。这些题铭多是施主供养各部派的寺院。可见这些部派皆是扎根于当地。而且这些考古发现的题铭，年代在公元前后到公元 5 世纪之间，而玄奘和义净记录的是初唐也就是公元 7—8 世纪的情况，可见这五部并存在西域持续了多个世纪，反映了西域佛教在相当长时间内的一种常态。东晋南朝时期的西域佛教，当也是如此状况。

而且僧佑等人所依据的《大集经》，其形成也与西域有密切的关系。《大集经》是由很多分散的经典汇集而成，而这个汇集编纂的过程正是在西域完成的。② 且值得注意的是，《大集经》中很多分散的经典都能找到对应的异译或藏译，显示它们是在印度地区有流传的，但"五部"经文所在的《虚空目分》则既没有异译，也没有藏译，很可能就形成于西域地区。③ 其所言"五部"可能正好反映了西域地区的佛教状况。五部之分在西北印度地区确实存在，而且这几部的律典也多少都传到汉地。僧佑言五部中，除饮光部，其余四部传来汉地，④ 但饮光部虽无广律的传译，却有解脱戒本。⑤《大集经》所言犊子部虽然未曾在西域地区盛行，但根据有部《异部宗轮论》的记载，犊子部是第一个从有部分裂出来的部派。西域地区是有部的中心，有部是西域地区最大的佛教派别，将犊子部列入其中是不是承袭自有部对本派部派分裂的记载？而僧佑也正是受了《大集经》的影响，将摩诃僧祇部律误视作犊子部律。

---

① 参见冢本启祥：《インド仏教碑铭の研究》"北インド"部分，平乐寺书店 1996 年版，第 941—1018 页。
② 吕澂：《中国佛学源流略讲》，中华书局 1979 年版，第 41 页。
③ 松田慎也：《大集部》，载胜崎裕彦、下田正弘等编著《大乘经典解说事典》，北辰堂 1997 年版，第 171—174 页。
④ 虽然《僧祇律》的梵本是法显于中印度所得。
⑤ 费长房：《历代三宝纪》卷九，载《大正藏》第 49 册，第 87 页。

由此可见，律分五部的说法虽然是在汉地成形，但其反映了当时西域佛教的真实情形。僧佑因受到《大集经》的影响，将摩诃僧祇部误当作犊子部，建立了他自己的"律分五部"说。而他的这个说法，也成为之后僧人们讨论早期戒律史时普遍采用的一种知识史叙述。

三、隋唐"律分五部"说法之变化

僧佑的"律分五部"说出现之后，直到隋末唐初，都是僧团普遍接受的定说。与僧佑差不多同时的宝唱、较晚的慧皎，在各自的著作中都沿用了僧佑的说法。① 直到唐初，四分律相部宗祖师法砺在其《四分律疏》中，叙述律藏之传承史时，仍然完全沿用僧佑的说法。② 但僧佑的说法，有一个非常明显的错误，就是将大众部律误认为犊子部律。同时随着真谛《部执异论》及玄奘《异部宗轮论》的译出，"十八部"③ 的佛教部派分裂叙事开始被僧团广泛接受，与"五部"说发生了冲突，再加上唐初玄奘和义净亲身到过印度之后，发现在印度并不存在"律分五部"的说法，这种种因素，使人们看到僧佑时候形成的戒律史知识史叙述已经不能够圆满地解释新出现的材料，需要对其进行调整，新的"五部"说也就应运而生了。

十八部论的兴起，使"五部"说的权威地位受到挑战。事实上，十八部的说法很早就已经传来汉地，现在藏经中所收《十八部论》和《部执异论》皆注明是真谛所译，但《十八部论》从译语和文字判断，一般认为是鸠摩罗什所译。可见东晋末期，十八部的说法已经传来。梁代僧伽婆罗译《文殊师利问经》中讲述十八部派分裂，除了译名不大相同之外，和《十八部论》大致相似。④ 僧佑《出三藏记集》在"律分为五部"条之后，紧接着是"律分为十八部"一条，讲述佛灭二百年之后律分为十八部，证明僧佑知道十八部的说法，并试图调和五部说和十八部说。但僧佑的十八部，是以"五部"为基础，先有佛灭百年的五部之分，然后佛灭二

---

① 《名僧传抄》，载《卍续藏经》第一辑第二编乙第七套第一册；慧皎撰，汤用彤校注：《高僧传》卷十一，中华书局1992年版，第442—443页。
② 法砺：《四分律疏》卷一，载《卍续藏经》第一辑第65套第三册。
③ 在这一系统的分裂叙事中，有分十八部者，有分二十部者。为讨论方便，本文皆统称为十八部。
④ 《大正藏》第14册，第501页。

"律分五部"与中古佛教对戒律史的知识史建构

百年,再由五部分为十八部。这种十八部的说法在僧佑之前未见,在翻译的印度经论中也未见,当是僧佑自己的发明。僧佑的这种调和可能太过机械,与《十八部论》等文献的记载出入太大,只有法砺等极少数僧人在自己的著作中提及。①

到隋末唐初,真谛《部执异论》和玄奘《异部宗轮论》翻译之后,十八部论才真正为当时的僧团所熟知。当时的僧人又努力调和它们,希望将这两种学说熔为一炉。

一种简单的策略是宣称虽然部派分了十八部,但最盛行者唯此五部。吉藏就持这种观点。②但这种说法有一个无法调和的矛盾,即"五部"说称五部是一时俱起,而如果说五部是十八部中最盛行的五部,则不一定是俱起。对这个矛盾,吉藏也只能说是因为"见闻各异"。

更为圆满地糅合这两种学说的是道宣。道宣是唐初著名的律师,有多种关于戒律的著作。在这些著作中,他多次提及戒律传承中的"律分五部"。《续高僧传》"明律篇"的"论"中,道宣梳理了汉地的律藏传译史:

> 自律藏久分,初通东夏,则萨婆多部《十诵》一本,最广弘持。……其次传本,则昙无德部《四分》一律,……有宋文世,弥沙塞部五分一本,开译扬都。……迦叶遗部,解脱一本,梵叶久传,无人翻度。唯出戒本,在世流通。……婆麁罗部,律本未传,藏中见列《僧祇部》者,乃是根本大众所传,非是百载五宗生也。统叙五部支分,此方已获其四。若据摄本存末,则二部是其所宗,此方已获其一。③

我们将他的说法与僧佑的旧说相比较,可发现其中有非常明显的不同。显然,道宣已经发现僧佑将僧祇归为犊子的错误。但是他并没有因此放弃"律分五部"的说法,而是对其进行了修正。既然僧祇律非犊子部律,则"非是百载五宗生也",但犊子部律未传东夏,而僧佑认为未传汉地的迦叶

---

① 法砺:《四分律疏》卷一。
② 《大正藏》第45册,第65页。
③ 道宣撰:《续高僧传》卷十一,郭绍林点校,中华书局2014年版,第885页。

遗部，因有戒本，道宣认为也算是传来了，因此虽然将僧祇律排除，仍然是"五部支分，此方已获其四"。虽然僧佑将翻译的僧祇律弄错了，但他所言的五部却是不错的，犊子部律只是未曾传译。

而《僧祇律》，已经明确知道是大众部律。根据《部执异论》《异部宗轮论》，上座和大众之分，是佛教在佛陀入灭后的初次分裂，因此道宣称"若据摄末从本，则二部是其所宗，此方已获其一"。可见道宣为了将僧祇律也纳入律藏的传持系统中，将传统的"律分五部"与"十八部"的部派分裂史进行了糅合，形成了一种根本二部和支分五部的传持系统。在《四分律删繁补阙行事钞》中，他也采取同样的策略。在该书中他罗列了各部的律藏，旁加简短的注释。其首先列僧祇部律，称此律是根本部律，之后是昙无德部等五部律，并言此是据《大集经》。① 这与《续高僧传》的叙述是一致的。

《大集经》说五部分裂，但列举了六部之名。且言僧祇部通习五部之经文，有僧祇部凌驾诸部的意思。道宣虽言其采用了《大集经》之说，但从《续高僧传》的记载看，他只说僧祇是根本二部之一，而没有明确地表示僧祇部是五部的根本。但是道宣之后，就有僧人明确提出了僧祇部总领五部的说法。如志鸿《四分律搜玄录》称"总别有六，僧祇是总，以此部众僧，行解虚通不偏执，遍顺五见，以通行故，故云广博遍览五部经书，故知是总是根本部，余是五部者"②，这种说法明显是受到《大集经》的影响。

除了结合十八部说之外，当时还有另外一种新的说法。前文提及，义净亲身去过印度之后，了解到印度佛教的状况，对"律分五部"的说法提出批判，说印度盛行四种尼迦耶，而没有"律分五部"的说法。他的意见，也影响到之后的僧人。在敦煌文献中，发现一种《大乘廿二问》的文献，此文献在传世文献中不见著录，上个世纪初发现之后被收入《大正藏》古逸部，从名字可以知道这件作品是关于佛教的二十二个问答。这件作品目前发现了三个残卷——P.2690、P.2287、S.2674，三个皆不完全。P.2690首部完整，在第一问开始之前，有一小段文字对问答的双方和问

---

① 道宣：《四分律删繁补阙行事钞》，载《大正藏》第40册，第3页。
② 志鸿：《四分律搜玄录》，载《卍续藏经》第一辑第一编第95套。

"律分五部"与中古佛教对戒律史的知识史建构

答发生的背景做了交代,从这段文字我们知道该作品的作者是昙旷。① 在敦煌文献发现之前,我们完全不知道昙旷是谁,历代僧传中没有关于他的任何记载,藏经中也没有他的任何作品;但是在敦煌的写本中,发现了多种署名昙旷的著作。有学者已经利用这些资料对昙旷的生平做了深入的研究。② 他是8世纪下半期敦煌地区非常著名的一位僧人。他可能还直接参与了吐蕃佛教史上著名的事件——摩诃衍与莲花戒的论诤。《大乘廿二问》被认为很可能就是他对吐蕃赞普所提问题的回答。③

该种文献以问答的方式,对大乘佛教的很多问题进行解释。这最后一问就是关于佛法的部派:

> 第二十二问云:佛在世时众僧共行一法,乃佛灭后,分为四部不同。于四部中何是一法?
>
> 谨对:佛在世时,大师导世,真风广局,法雨段沾,共禀慈尊,别无师范。大土坏道,不二法门,小乘遵途,混一知见,并无异辙,咸禀通达。及至觉归真,邪魔孔炽,群生失脚,正法陵夷,遂使一味之法,分成诸见之宗;三藏微言,湮灭群迷之口。竞申别趣,各檀师资,互起憎嫌。更相党换,始分部执。盛开二十之名。终久流行,但闻四、五云。说所言四者,即是西域,各有三藏,盛行四宗。一上座部,二说有部,三大众部,四正量部。言五部者,即是东方,但就律宗有五部。一者萨婆多,即十诵律,汉地似行。二昙无德,即四分律,汉地盛行。三弥沙塞,即五分律,汉地少行。四摩诃僧祇,即僧祇律,汉地不用。五迦摄毗耶律,空传律各(名),但有戒本。东方五部从西域来,西域四部咸传本有。④

这里问的是佛入灭后佛法的分裂,但后面的回答事实上是在用律藏的分部来解释这个问题。这也印证了前文的说法,在中古时期,佛法或部派的分裂史与律藏的分部叙事是相通的,五部的说法来源于部派分裂,之后这种

---

① 《法国国家图书馆藏敦煌西域文献》第17册,上海古籍出版社2001年版,第255页。
② 上山大峻:《西明寺学僧昙旷と敦煌の佛教学》,载上山大峻《(增补)敦煌佛教の研究》,法藏馆2012年版;巴宙:《大乘二十二问之研究》,《中华佛学学报》1988年第2期。
③ 巴宙:《大乘二十二问之研究》。
④ 《大正藏》第85册,第1190页。

· 259 ·

叙事又作为一种分析框架重新回到部派分裂的叙事中。在昙旷的回答中，有僧佑的五部说，也有义净在《南海寄归内法传》中所言的四部说。他的回答，将僧佑之说与义净并列，但没有像道宣那样将两种不同的说法糅合为一，而是将二者视作流行于不同地区的两种分类体系。西域盛行上座、有部、大众、正量四宗，这正是义净所说天竺盛行的四种尼迦耶。而僧佑所言的律分五部，他也照样承袭，称是东方汉地所行。僧佑将僧祇律作为犊子部律的错误，在这里得到了修正，但是他并没有像道宣那样，将僧祇律剔出五部之列，而直接将摩诃僧祇也作为五部之一。在他这里，义净的四部说与僧佑的五部说并不矛盾，而是东西并行的两套系统。而这两套系统，又都是脱胎于十八部。

昙旷对义净新说的了解大概是在长安。在《百法明门论开宗义决》的序言中，昙旷自述了自己的学佛历程。根据他的描述，"余以冥昧，滥承传习。初在本乡，攻唯识、俱舍，后游京镐，专起信、金刚，虽不造幽微，而粗知卤莽。及旋河右，方事弘扬，当浇薄之时，属艰虞之代"①，浇薄之时、艰虞之代，显然指的是安史之乱，则安史之乱前昙旷有很长一段时间是在京师长安求学，而且他的一些著作署名时注明是西明寺沙门，在长安时他应该是住在西明寺。义净先天二年（713）卒于长安。昙旷来长安求学当稍晚于此时，虽然没有见到义净本人，但当时义净去世不久，在长安僧俗界的影响必定还盛。从《大乘廿二问》的回答看，他对义净的学说非常清楚。之后，他将这一观点带到了敦煌。在传世的文献中我们很少见到有文献征引义净之说，昙旷的例子也可以使我们从一个侧面了解义净学说的传播。

道宣和昙旷，可看作唐代新的佛教史叙述出现之后对僧佑五部说进行修正的两个代表。虽然十八部说和义净的四部说都直接来自印度，但汉地的僧人并没有因此就相信新说，彻底否定旧说，而是以僧佑的旧说为基础，再将新说穿插进来，重新建立一种新的关于戒律史的知识史叙述。当然，道宣的新说成为之后中国佛教的主流认识，昙旷的新说，和义净自己的译经一样，并没有得到发扬，之后的佛教史著作中，几乎没有见到类似的描述。而僧佑的旧说，在唐代也仍然有市场。敦煌发现的《毗尼心》，

---

① 《法国国家图书馆藏敦煌西域文献》第 4 册，上海古籍出版社 1995 年版，第 219 页。

在讲述戒律史时就仍然沿袭僧佑之说。① 博学如湛然，在其《止观辅行传弘决》《法华玄义释签》等著作中，也仍然沿用僧佑的旧说不改。②

四、结　语

上面梳理了"律分五部"作为一种早期戒律史知识是如何被建构出来，并在新的知识范型出现之后，又如何不断被重新建构的过程。了解六朝的译经史，可以使我们对"律分五部"的出现背景有更深的认识。从东晋末期到刘宋时期，是中国译经史上一个重要的时期，先是以鸠摩罗什为核心的长安，接着是以佛陀跋陀罗等人为核心的建康，这个时期有大量的佛教经典被译出。在中国佛教戒律史上发生重要作用的几部广律正是在这一时期被集中翻译过来，"律分五部"作为一种戒律史的知识也正是在这一时期被创造出来，一个很重要的作用是建立一个合适的知识系统，将这些广律纳入一个合理的框架中。而"五部"这个框架实际上也是来自印度佛教，这也说明当时译经史发达背后，是大量西域和印度僧人的入华，以及汉地的佛教与西域、印度佛教的密切联系。

之所以要自行建构一种戒律史的认识框架，是因为如何看待不同部派的戒律，是汉地佛教遇到的新问题。这个问题在印度佛教中并不存在。印度佛教的不同部派，某种意义上就是因戒律的差异而产生。在印度，不同的部派遵守不同的戒律，各自按照各自的戒律过宗教生活。就如义净在《南海寄归内法传》中所说："详观四部之差，律仪殊异，轻重悬隔，开制迢然。出家之侣，各依部执，无宜取他轻事，替己重条，用自开文，见嫌余制。若尔则部别之义不著，许遮之理莫分。"③ 而汉地佛教却没有部派，所以几种戒律同时传来之后，就需要重新建立一种秩序，来合理安排几种不同的戒律。

"律分五部"的说法与五师相承的叙述连接在一起，五分的戒律就是一母所生，地位并无轩轾。僧佑等人所引的《大集经》在讲述了五部之分之后，最后称"如是五部虽各别异，而皆不妨诸佛法界及大涅槃"。《大

---

①《大正藏》第85册，第659页。
②《止观辅行传弘决》，载《大正藏》第46册，第341页；《法华玄义释签》卷八，载《大正藏》第33册，第870页。
③ 义净著，王邦维校注：《南海寄归内法传校注》，第19页。

集经》所言并不是针对戒律，却成为汉地僧人对待诸种戒律的一贯态度。清代读体《毗尼止持会集》在讲五部分别时，称五部分别就"譬如一灯出千百灯，虽灯随物异，而光照无殊，至于破阇除冥，功用则一。是故五天诸国，随宗一律，各竞进业，皆获道果。东夏传来，四部俱行，精持戒轨，咸跻圣域"。① 而律师们在对戒律进行解释时，也经常是几部律互相引用。道宣的《四分律删繁补阙行事钞》中言："统明律藏，统实一文。但为机悟不同，致令诸计岳立，所以随其乐欲，成立己宗……若不镜览诸部，偏执一隅，涉事事则不周，校文文无可据。"②《行事钞》是希望指导僧人的戒律实践的，道宣所宗的是四分，他又强调"行事之时必须用诸部者，不可不用"，这代表了中国律师的一般看法。这种融会诸家的态度与上引义净的说法是针锋相对的，即与印度部派佛教的戒律观是根本不同的。在敦煌文献中，还发现了很多的律钞，这些律钞，就是将不同广律中内容相近的抄录在一起。③ 这种律钞的编纂也反映出会通诸部的戒律思想。

---

① 《中华大藏经》第 104 册，第 820 页。
② 《大正藏》第 40 册，第 2 页。
③ 敦煌的律钞，可参见土桥秀高：《敦煌出土律典〈略抄〉の研究》，载土桥秀高《戒律の研究》，永田文昌堂 1980 年版，第 669—733 页。

"师法""家法"辨

杨青华 杨 权

史籍在记述两汉的经学授受情况时，常出现"师法"与"家法"的概念。了解、掌握它们的内涵，对于正确认识两汉的经学史是相当重要的。然而对什么是师法、什么是家法，二者的关系如何，史籍并未给出清楚的回答，后出的注疏亦语焉不详，这就给后世的学者理解问题造成了困难或障碍。实际上，在皮锡瑞的《经学历史》、钱穆的《两汉经学今古文平议·两汉博士家法考》、马宗霍的《中国经学史》、沈文倬的《宗周礼乐文明考论》，以及朱维铮所编的《周予同经学史论著选集》、林庆彰编的《中国经学史论文选集》、姜广辉主编的《中国经学思想史》等著述中，对上述问题的讨论的确是比较含糊的，学者们不是因袭成说，便是言不中的。因此有必要对此问题做深入的研究，以辨明是非、竖立正见。

一、师法与家法的关系

师法与家法关系如何，一直是困扰经学史界的问题。对于这个问题，晚清的经学家皮锡瑞是这样认为的：

> 前汉重师法，后汉重家法。先有师法，而后能成一家之言。师法者，溯其源；家法者，衍其流也。师法家法所以分者，如《易》有施、孟、梁丘之学，是师法；施家有张、彭之学，孟有翟、孟、白之学，梁丘有士孙、邓、衡之学，是家法。家法从师法分出，而施、孟、梁丘之师法又从田王孙一师分出者也。……然师法别出家法，而家法又各分颛家。①

按皮氏之见，师法与家法是不同的概念，"师法者，溯其源；家法者，衍

---

① 〔清〕皮锡瑞：《经学历史》，中华书局2011年版，第91页。

其流",家法是师法衍生出来的,师法是源头,家法是分化。马宗霍的《中国经学史》袭用了皮氏的观点。日本学者本田成之在其《中国经学史》中,亦主张师法与家法是"大宗小宗的关系",他说:"虽传一师之法,然弟子甚多,各发挥其个性,而立一家之学,那就成为一种家法。"①皮锡瑞等人之说粗看似有道理,细析则有问题。汉初承秦制,诸子百家均设博士,以通古今而备顾问。汉武帝罢黜百家,独尊儒术,在文、景立《书》《诗》《春秋》三经博士的基础上增置《易》《礼》,合称五经博士,为专授儒家经术的学官。博士始置时每经只一人,后来人数渐有增加。武帝时五经博士计七家,即《诗》齐、鲁、韩三家,《书》《礼》《易》《春秋》各一家。宣帝时五经博士计十二家,即齐、鲁、韩《诗》,欧阳、大小夏侯《尚书》,施、孟、梁丘《易》,后《礼》,公羊、穀梁《春秋》。元帝时曾一度把京房《易》立于学官,不久因京房犯罪而废之。王莽当权,经学博士曾由五经扩大至六经(加《乐》经),每经五家,共三十家,新增的经学博士多是古文系统的。东汉建立后,光武帝复宣、元旧制。章帝时为了"扶进微学,尊广道艺"②,把五经博士增为十四家,分别是:《易》四——施、孟、梁丘、京氏,《尚书》三——欧阳、大小夏侯氏,《诗》三——鲁、齐、韩氏,《礼》二——大小戴氏,《春秋》二——严、颜氏。自此五经博士制度定型,人数再无增损。为了保证文献传承的可靠性、学术观点的纯正性与经学学派的独特性,汉朝规定太学在师生授受之间,必须恪守各自的学术立场与理论法度,一家学说与另一家学说彼此不能混淆,这叫作"守师法"。不守师法,固然不能担任博士;就算已为博士,也会被逐出太学。对这一点皮锡瑞是有清楚认识的,他曾在《经学历史·经学昌明时代》中说:"汉人最重师法。师之所传,弟之所受,一字毋敢出入"③。了解了这个背景,问题就来了:既然"最重师法",走样的经说怎可能获得朝廷承认而被立于太学?既然"一字毋敢出入",师法如何分化得出家法而再成一家之言?因此,皮氏"师法者,溯其源;家法者,衍其流"之说值得深究。

对师法与家法的关系,还有学者有其他看法。沈文倬先生在《宗周礼

---

① [日] 本田成之著:《中国经学史》,孙俍工译,上海书店出版社2001年版,第148页。
② 《后汉书》,中华书局1965年版,第138页。
③ [清] 皮锡瑞:《经学历史》,第46页。

乐文明考论》一书中提出，立于官学与否是师法与家法的分别所在，被立于官学者就是师法，未被立于官学者就是家法。① 但他的这一见解与文献记载存在冲突。《后汉书·儒林传》载，东汉曾"立五经博士，各以家法教授"②，这分明是说官学的情况，可见沈氏之论不实。蒋国保在《汉儒之"师法"、"家法"考》一文中提出："'师法'指本门诸师的经说，'家法'特指亲炙老师的经说。西汉儒者只讲'师法'，东汉儒者主要讲'家法'。"③ 这是独创之见，可惜缺乏文献材料支撑，有臆想的嫌疑。

我们还是应当回到两汉的历史实际中去，通过对文献资料的勾稽辨析，来找到问题的正确答案。

让我们先来考察师法。在司马迁的《史记》中并没有师法的概念。这是因为在《史记》成书的时代，即汉武帝在位时期，朝廷虽已将若干儒家经典立于太学，但是当时官学还处在初创阶段，经学各派的地位尚未完全确立。后来，随着学术的进步、理论的发展，在一经内部出现了诸派并存的情况，于是作为学派区分标志的师法就产生了。④ 所以在班固的《汉书》中，出现了《史记》所没有的"师法"一词。《汉书·魏相传》载：

> 相明《易经》，**有师法**，好观汉故事及便宜章奏。⑤

《汉书·张禹传》载：

> 及禹壮，至长安学，从沛郡施雠受《易》，琅邪王阳、胶东庸生问《论语》，既皆明习，有徒众，举为郡文学。甘露中，诸儒荐禹，

---

① 详见沈文倬：《宗周礼乐文明考论》，浙江大学出版社1999年版，第466页。笔者按：《后汉书·儒林传》明确说："于是立五经博士，各以家法教授，《易》有施、孟、梁丘、京氏，《尚书》欧阳、大小夏侯，《诗》齐、鲁、韩，《礼》大小戴，《春秋》严、颜，凡十四博士，太常差次总领焉"，此处"家法"即为官学所立十四门博士，故沈说值得商榷。
② 《后汉书》，第2545页。
③ 蒋国保：《汉儒之"师法"、"家法"考》，《中山大学学报》（哲学社会科学版）2011年第3期，第141页。
④ 钱穆在《两汉经学今古文平议》驳斥廖平认为"家法"起于先秦的说法，认为"家法"问题起源于西汉宣帝之世。章句之学兴起当在昭、宣以后。考之钱穆《两汉经学今古文平议》全书，其将"师法"与"家法"混同（详见钱穆《两汉经学今古文平议》，商务印书馆2015年版，第4、224页）。
⑤ 《汉书》，中华书局1962年版，第3137页。

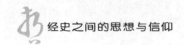

> 有诏太子太傅萧望之问，禹对《易》及《论语》大义，望之善焉，奏禹经学精习，**有师法**，可试事。①

《汉书·翼奉传》载：

> 上以奉为中郎，召问奉："来者以善日邪时，孰与邪日善时？"奉对曰："**师法**用辰不用日。"②

上述材料记载的均为西汉的史实，这说明在西汉后期，经学领域已出现师法的概念。

王充的《论衡》在讨论东汉的经学情况时，亦曾多次提及师法。《论衡·谢短篇》载：

> 夫总问儒生以古今之义，儒生不能知。别各以其经事问之，又不能晓，斯则坐守信**师法**，不颇博览之咎也。③

《论衡·效力篇》载：

> 诸生能传百万言，不能览古今，守信**师法**，虽辞说多，终不为博。④

在后世的一些记载东汉历史的著述中，也出现了师法的概念。例如范晔《后汉书·卓茂传》载：

> 卓茂字子康，南阳宛人也。父祖皆至郡守。茂，元帝时学于长安，事博士江生，习《诗》《礼》及历算，究极**师法**，称为通儒。⑤

---

① 《汉书》，第3347页。
② 《汉书》，第3170页。
③ 黄晖撰：《论衡校释》，中华书局1990年版，第567页。
④ 黄晖撰：《论衡校释》，第580页。
⑤ 《后汉书》，第869页。

范晔《后汉书·鲁丕传》载：

> 臣闻说经者，传先师之言，非从己出，不得相让；相让则道不明，若规矩权衡之不可枉也。难者必明其据，说者务立其义，浮华无用之言不陈于前，故精思不劳而道术愈章。法异者，各令自说**师法**，博观其义。览诗人之旨意，察《雅》《颂》之终始，明舜、禹、皋陶之相戒。①

范晔《后汉书·吴良传》载：

> 又治《尚书》，学通**师法**。（《东观记》曰："良习《大夏侯尚书》。"）②

《东观汉纪·显宗孝明皇帝纪》载：

> 以上为皇太子，治《尚书》，备**师法**，兼通四经，略举大义，博观群书，以助术学，无所不照。③

以上诸书所记均为东汉的史实，可见在两汉的经学授受中均有师法的概念。

让我们再来考察家法。

在《史记》与《汉书》这两部有关西汉历史的重要史籍中，均没有出现家法的概念；在西汉时人的著述中，也未见出现过"家法"这个字眼。这就意味着，在西汉的经学领域并没有家法的概念，这个词语是后出的。

东汉的局面则不同。稽查史籍，在东汉学者的口中，曾多次出现"家法"这个词语。灵帝时曾举孝廉的应劭在《风俗通义·十反·太尉沛国刘矩》中说：

---

① 《后汉书》，第884页。
② 《后汉书》，第943页。
③ 〔东汉〕刘珍等撰，吴树平校注：《东观汉记校注》，中州古籍出版社1987年版，第55页。

> 叔矩则其孝敬，则粥身苦思，率礼无违矣；则其友于，则褒兄委荣，尽其哀情矣；则其学艺，则**家法**洽览，诲人不倦矣；则其政事，则施于已试，靡有阙遗矣。①

文中的"艺"，显然是指"六艺"。不过"六艺"有两种含意，一是指《易》《书》《诗》《礼》《乐》《春秋》六经，二是指官学所要求学生掌握的礼、乐、射、御、书、数六种能力，因此这段话中所提及的家法是不是一定是经学概念，尚存在疑问。但无论如何，下面所引的这三则文字，其经学指向是相当明确的。袁宏《后汉纪·孝顺皇帝纪》载：

> 雄上言曰："……请自今孝廉年不满四十，不得察举。皆先诣公府，诸生试**家法**，文吏课笺奏，副之端门，练其虚实，以观异能，以美风俗。有不承科令者，正其罪法。"②

范晔《后汉书·左雄传》载：

> 雄又上言："……请自今孝廉年不满四十，不得察举，皆先诣公府，诸生试**家法**，文吏课笺奏，副之端门，练其虚实，以观异能，以美风俗。有不承科令者，正其罪法。若有茂才异行，自可不拘年齿。"帝从之。③

范晔《后汉书·徐防传》载：

> （防）上疏曰："……其后诸家分析，各有异说。汉承乱秦，经典废绝，本文略存，或无章句。收拾缺遗，建立明经，博征儒术，开置太学。孔圣既远，微旨将绝，故立博士十有四家，设甲乙之科，以勉劝学者，所以示人好恶，改敝就善者也。伏见太学试博士弟子，皆

---

① 〔东汉〕应劭撰，王利器校注：《风俗通义校注》，中华书局1981年版，第223页。
② 〔东晋〕袁宏撰，张烈点校：《后汉纪》，中华书局2002年版，第353页。
③ 《后汉书》，第2020页。这段文字，与袁宏《后汉纪·孝顺皇帝纪》完全一致，当抄自袁。

以意说，不修**家法**，私相容隐，开生奸路。……"诏书下公卿，皆从防言。①

上文所记之"家法"一语均出自东汉人之口。左雄是顺帝永建年间的尚书，后迁尚书令，其奏章作于顺帝时期；徐防和帝时为司隶校尉、大司农、司空，其疏作于永元十四年（102）至十六年（104）间。这反映出，在经学领域，家法的概念至晚在东汉中后期已流行。

上述材料说明，西汉只言师法不言家法，东汉既言师法亦言家法。王婕女士在《汉代经学教育师法与家法辨析》一文中指出："……到东汉中期，师法一直被用来描述当时经学教育的状况，家法的说法明显要晚。"②这种说法是符合历史实际的。

那么这是不是意味着，在经学领域，东汉在西汉的师法之外，派生出了一种叫"家法"的新事物呢？——皮锡瑞等人正是这么认为的。非也。东汉所说的家法，实为西汉所说的师法的异称。请看下述材料：

于是立五经博士，各以**家法**教授，《易》有施、孟、梁丘、京氏，《尚书》欧阳、大小夏侯，《诗》齐、鲁、韩，《礼》大小戴，《春秋》严、颜，凡十四博士，太常差次总领焉。③

这是《后汉书·儒林传》开篇的总论，文中先说"立五经博士，各以家法教授"，接着记述五经十四家博士的名称，讲的是东汉初年的博士定制。上文已提到，东汉的五经十四家博士制是在西汉宣帝时的五经十二家博士制的基础上增益而成的，二者差别并不大：《诗》《尚书》两经完全一样，《易》在施氏、孟氏与梁丘氏的基础上增加了京氏，《礼》由后仓分化成大小戴，《春秋》则由公羊、穀梁氏演变为严、颜氏（均从公羊化出）。因此，讨论东汉初的博士制度，在很大程度上也等于是讨论西汉末的博士制度。上文已论证，西汉在经学领域只有师法的概念而没有家法的概念，因此《后汉书·儒林传》所说的"家法"实际上就是西汉的师法！读者

---

① 《后汉书》，第 1500—1501 页。
② 王婕：《汉代经学教育师法与家法辨析》，《兰州教育学院学报》2013 年第 12 期，第 4 页。
③ 《后汉书》，第 2545 页。

请细思：东汉《尚书》欧阳氏的家法与西汉《尚书》欧阳氏的师法，难道不是一回事么？东汉《易》梁丘氏的家法与西汉《易》梁丘氏的师法，难道不是一回事么？

其实在古代史家中，并不乏把家法理解为师法之例。请看以下材料：

> 汉武帝建元五年，初置五经博士。宣、成之世，五经**家法**稍增，经置博士一人，至东京凡十四人。①

西汉经学授受只说师法而不说家法，可是梁沈约《宋书·百官志》却说"宣、成之世，五经家法稍增"，这分明是以东汉出现的家法一词来指代西汉的师法。

《后汉书·蔡伦传》载："刘珍及博士良史诣东观，各雠校汉**家法**。"②北宋刘攽注对这句话是这样解释的："案诸儒各谓其师说为**家法**。"③ 按照他的理解，家法就是师法，即"师说"。

赵伯雄先生曾在其《春秋学史》中指出："师法、家法二者，其实并无不同，只不过是称谓的习惯有异罢了。"④"师法亦称家法，这是一个概念，只是因为时代不同，说法有异。"⑤ 这是颇中肯綮之论。

在辨析清楚家法与师法的关系之后，紧接着要讨论的问题是，东汉为什么会出现家法与师法两词混用的情况呢？或者说，东汉为什么会用家法一词来指代师法呢？

笔者所想到的原因有两个方面。第一个方面，是经学阐释体系的分化。在五经博士初立的西汉前期，一经只有一名博士，因此在人们的心目中，《书经》博士便是《书经》博士，《诗经》博士便是《诗经》博士，并没有多少多少"家"的概念。但后来由于学术的发展与理论的变化，各经的阐释体系逐渐丰富起来，最终出现了分化。东汉徐防就曾指出过当时

---

① 《宋书》，中华书局1974年版，第1228页。
② 《后汉书》，第2513页。
③ 此为王先谦《后汉书集解》所引。详见〔清〕王先谦撰《后汉书集解》，中华书局1984年版，第880页。
④ 赵伯雄：《春秋学史》，山东教育出版社2014年版，第194页。
⑤ 赵伯雄：《春秋学史》，第193页。

经学领域"诸家分析,各有异说"①的情况,范晔《后汉书·郑玄传》曾评论说:

> ……及东京,学者亦各名家。而守文之徒,滞固所禀,异端纷纭,互相诡激,遂令经有数家,家有数说,章句多者或乃百余万言,学徒劳而少功,后生疑而莫正。郑玄括囊大典,网罗众家,删裁繁诬,刊改漏失,自是学者略知所归。……及传授生徒,并专以郑氏**家法**云。②

"诸家分析,各有异说""学者亦各名家""遂令经有数家,家有数说"等语,正说明了经学阐释体系的分化。汉代经学从总体上来说是处在逐步发展与不断变化中的,解经文字在开始时并没有定于一尊,因此在官方学术中五经博士的数量才会呈扩大的趋势,最初是五人,然后为七家、十二家,最后定型为十四家。五经博士人数的增加,说明了朝廷对分化的承认(当然标准是很严格的)。而博士增设之后,便形成了一经数家的局面,这种局面不免强化了"家"的概念,从而导致了"家法"一词的产生与流行。

第二个方面,是年代久远导致"先师"淡化。两汉的师法实际上都是某学派的先师之说。先师为何人,这在西汉尤其是西汉初立五经博士之时是很清楚的。然而两汉的历史久长,从公元前206年开始,到公元220年结束,前后共持续了四百二十六年(连新莽在内)。在这漫长的历史长河中,被立于太学的先师学说固然为一代代博士与博士弟子所传承,但是先师本人却会因时代久远而在人们的心目中淡化(就像我们族谱中的先祖),于是"某师之说"(师法)便会被表述为"某家之说"(家法)。东汉师法与家法的混用,正反映了这种情况。

综上所述,在关于汉代的经学叙述中,家法就是师法。以是之故,下文的讨论将把师法与家法表述为师法(家法)。

---

① 《后汉书》,第1500页。
② 《后汉书》,第1212—1213页。

二、何谓师法(家法)?

上文只讨论了关系,而没有解释什么是师法(家法)。什么是师法(家法)呢?学者们的看法各有不同。一种颇具代表性的观点认为,师法(家法)就是章句。钱穆在《两汉经学今古文平议》一书中说:"直捷言之,则'家法'即'章句'也。"① 戴君仁先生在《经疏的衍成》一文中认为,"家法、师法、章句当是一物之异称"②。林庆彰先生也在《两汉章句重探》一文中表达了相同的意见。③ 这些学者之所以持此观点,大概是受了范晔《后汉书》的误导。《后汉书·左雄传》载:

> 雄又上言:"……请自今孝廉年不满四十,不得察举。皆先诣公府,诸生试**家法**,文吏课笺奏,副之端门,练其虚实,以观异能,以美风俗。有不承科令者,正其罪法。若有茂才异行,自可不拘年齿。"④

而《后汉书·顺帝纪》在记载采纳了左雄建议的顺帝的举措时,是这么表述的:

> 辛卯,初令郡国举孝廉,限年四十以上,诸生通**章句**,文吏能笺奏,乃得应选;其有茂才异行,若颜渊、子奇,不拘年齿。⑤

上文以"章句"置换了左雄奏疏中的"家法"。这等于向读者暗示,家法就是章句。《后汉书·杨厚传》又载:

> 自是朝廷灾异,多以访之。统作《**家法章句**》及《内谶》二卷解说。⑥

---

① 钱穆:《两汉经学今古文平议》,商务印书馆2015年版,第223页。
② 戴君仁:《经疏的衍成》,(台北)《孔孟学报》1970年第19期。
③ 详见林庆彰编《中国经学史论文选集》,台北文史哲出版社1972年版,第278页。
④ 《后汉书》,第2020页。
⑤ 《后汉书》,第261页。
⑥ 《后汉书》,第1047页。

《家法章句》这样的著述,也向人提示了师法(家法)与章句的密切关系。从而让学者以为师法(家法)即是章句。

师法(家法)即是章句,这种说法对不对呢?纵观两汉的经学史,自西汉宣、元开始,下及整个东汉,章句之学的确非常兴盛。其标志是在经典阐释领域涌现了一批具影响的章句作品,例如《诗》学领域有韩婴的《诗章句》,《尚书》学领域有张无敌的《尚书章句》、欧阳高的《尚书欧阳章句》三十一卷、夏侯胜的《尚书大夏侯章句》二十九卷、夏侯建的《尚书小夏侯章句》二十九卷,《易》学领域有施雠的《易施氏章句》二篇、孟喜的《易孟氏章句》二篇、梁丘贺的《易梁丘氏章句》二篇、京房的《京房易章句》,《春秋》学领域有尹更始的《春秋章句》、《春秋公羊章句》三十八篇、《春秋穀梁章句》三十三篇,等等。当时不仅经师醉心于章句撰写,甚至连皇帝都亲自制作章句。《东观汉纪·显宗孝明皇帝纪》载:"孝明皇帝尤垂意于经学,即位,删定拟议,稽合图谶……,亲自制作五行章句。"① 博士弟子们在太学中大多也是以研习章句的方式来理解、接受师长的旨趣的。不过,虽然师法(家法)与章句具有密切的关系,但是我们还是不能把师法(家法)简单地等同于章句。为什么呢?理由有两点:第一,被立于太学的博士,并非每家都有章句,比如齐《诗》、鲁《诗》、大戴《礼》、小戴《礼》便没有,难道我们可以据以得出结论,说没有章句的各家便没有师法(家法)么?——需知《后汉书·儒林传》说得很清楚,朝廷所立的诸家博士,是"各以家法教授"的!第二,在汉代,不仅官学有章句,非官学亦有章句。两汉被立于太学的都是今文经,但是当时以私学形式流传的,还有属于古文经学系统的作品,如《高氏易章句》《左传章句》。甚至不在五经范围的典籍,也有以章句形式授受的,张禹的《论语章句》、王逸的《楚辞章句》、赵岐的《孟子章句》便是例子。这些章句虽然也代表特定的阐释体系,但是显然不能与官方学术意义上的师法(家法)画等号。因此,章句并不是师法(家法)本身,而只是师法(家法)的表达形式之一。两汉的解经之作见诸载籍者名目繁多,有"传""内传""外传""传论""故""解故""解诂""解""解说""说""说义""记""章句""注""笺""释""条例""训""训旨""同异""异义""训诂""微""通""通论""难""赞""问""学"

---

① 〔东汉〕刘珍等撰、吴树平校注:《东观汉记校注》,第59页。

"删""略"等，这些体裁其实像章句一般，都可以成为师法（家法）的表达形式。

还有一种观点认为师法（家法）即是师说，以皮锡瑞为代表。皮氏在《经学历史》中说："汉人最重师法，师之所传，弟之所受，一字毋敢出入，背师说即不用。"① 从此语来看，在皮氏的心目中，师法等于师说。他的讲法正确不正确呢？这要看对"说"的理解。如果他所讲的"说"是文体学意义的，即上文所说的"解说"或"说义"，那就是不正确的，因为这也是把表达形式当成了传授内容，就像上文所讨论到的章句。但如果他所讲的"说"是指一般意义上的"学说"，那就是正确的。事实上，在古代史家与注家的心目中，的确是常把师法（家法）看作师说的。例如《汉书·董仲舒传》载，"今陛下幸加惠，留听于承学之臣"，而颜师古解释说："言转承**师说**而学之，盖谦辞也。"② 颜氏所言之"师说"无疑就是师法。《后汉书·蔡伦传》载："刘珍及博士良史诣东观，各雠校汉家法。"刘攽注曰："案诸儒各谓其师说为**家法**。"③ 这分明也是以师法（家法）为师说。汉代之后，有不少六朝的学者在讨论本朝的经学时，亦用"师说"来指代"师法"。例如《三国志·魏书·高贵乡公髦传》载："峻对曰：'臣奉遵**师说**，未喻大义，至于折中，裁之圣思。'"④ 又《三国志·吴书·士燮传》载："《春秋左氏传》尤简练精微，吾数以咨问传中诸疑，皆有师说，意思甚密。"⑤《晋书·庾峻传》载："高贵乡公幸太学，问《尚书》义于峻，峻援引师说，发明经旨，申畅疑滞，对答详悉，迁秘书丞。"⑥《梁书·许懋传》载："许懋字昭哲，高阳新城人，……懋少孤，性至孝，居父忧，执丧过礼。笃志好学，为州党所称。十四入太学，受《毛诗》，且领师说，晚而覆讲。"⑦《魏书·刘献之传》载："《五经》大义虽有师说，而海内诸生多有疑滞，咸决于献之。"⑧ 师法所以被称为

---

① 〔清〕皮锡瑞：《经学历史》，第46页。
② 《汉书》，第2514—2515页。
③ 《后汉书》，第2513页。刘攽之说为王先谦《后汉书集解》所引。详见〔清〕王先谦撰：《后汉书集解》，第880页。
④ 《三国志》，中华书局1971年版，第137页。
⑤ 《三国志》，第1191页。
⑥ 《晋书》，中华书局1974年版，1392页。
⑦ 《梁书》，中华书局1973年版，第575页。
⑧ 《魏书》，中华书局1974年版，第1850页。

"师说",是因为它们最初是以口耳相传的方式授受的。不过在官学系统中,为了保证理论体系的严密性与准确性,从汉代开始,它们便逐渐被本派的后学著诸竹帛了。

不过,把师法(家法)说成师说,只是采用了一个意义接近或相同的概念去指代另一个,而对师法(家法)是什么并没有给出定义。要解决师法(家法)是什么的问题,还必须从文献资料入手来进行分析。《汉书·儒林传》载:

> 无故善修章句,为广陵太傅,守小夏侯说文。恭增**师法**至百万言。①

《汉书·翼奉传》载:

> 上以奉为中郎,召问奉:"来者以善日邪时,孰与邪日善时?"奉对曰:"**师法**,用辰不用日。"②

《汉书·五行志》载:

> 上以问黄门侍郎扬雄、李寻,寻对曰:"《洪范》所谓鼓妖者也。**师法**以为人君不聪,为众所惑,空名得进,则有声无形,不知所从生。"③

第一则材料说广陵太傅张无故恪守《尚书》学宗师夏侯建的"说文"(即师法),但以"修章句"的方式对其内容作了扩充,篇幅至百万言。这说明师法(家法)是五经博士所守的一家之言,它具有一定的理论规模,既可以口耳相传(所谓"说文"),也可以形诸文字而成为文本。第二则材料与第三则材料记载的都是臣下答皇上的情况,翼奉与李寻在回答皇帝提问时,均采用了自家的师法来立论,这说明在涉及许多具体的经学问题

---

① 《汉书》,第 3605 页。
② 《汉书》,第 3170 页。
③ 《汉书》,第 1429 页。

时，经师们的认识并不一致。实际上，面对同一部经典，不同经学派别的立场、视角往往是有很大差别的。比如传《春秋》者主要有左氏、公羊、穀梁三家，它们观点不一、风格各异，郑玄《六艺论》说："《左氏》善于礼，《公羊》善于谶，《穀梁》善于经。"① 施氏《易》、孟氏《易》、梁丘《易》、京氏《易》的情况同样如此。观点、风格不同导致看法、结论不同，看法、结论不同导致了师法（家法）不同。

根据上述讨论，我们可以对师法（家法）概念给出如下定义：师法（家法）是某一学派的经学宗师针对某部经典建立起来并为其后学严格遵从的独特的阐释体系。

（本文原刊于《现代哲学》2017年第6期）

---

① 〔东晋〕范宁集解，〔唐〕杨士勋疏，夏先培整理：《春秋穀梁传注疏》，北京大学出版社2000年版，第3页。

理学生死论辩中的性、形与气

——以朱熹对张载"水冰"比喻的批评为中心

张清江

在注重道德经验和伦理秩序的儒家主流传统中,生死问题并非需要优先处理的核心议题。孔子回答子路"未知生,焉知死"(《论语·先进》)的说法,向来被视为儒家不愿讨论生死的重要证据。不过,面对佛教流布对人心社会秩序带来的挑战,宋代的理学家们也力图在生死这一论题上有所建树,以期为其所倡导的价值秩序提供更为坚实和整全的理论根基。在这一背景下,朱熹一反传统儒者对"子路问鬼神、生死"的批评,认为这两个问题"皆切问也"①,即是理学家这种努力的最直接表现。

水与冰的意象,很早便被用来解释和讨论生死。②理学家张载更是反复使用这一比喻,不仅用来说明人的生死,更用来说明宇宙本体"太虚"与万物之间的关系。这说明,张载对于生死的讨论,乃是放在其宇宙论的整体架构中进行的。不过,这一意象却受到程朱学派的严厉批评,后者认为

---

① 朱熹:《四书章句集注》,中华书局1983年版,第125页。
② 比如,王充《论衡·论死》提到:"气之生人,犹水之为冰也。水凝为冰,气凝为人;冰释为水,人死复神。其名为神也,犹冰释更名水也。"对王充鬼神生死观的讨论,参阅大兴:《人死称鬼神——王充的鬼神观》,《鹅湖学志》第46期,2011年6月,第49—94页。水冰凝释也是汉唐文人表达生死常用的意象,相关材料和讨论,可参入矢义高:《生と死——水と冰の喻えをめぐって》,载入矢义高著《求道と悦楽——中國の禪と詩》,東京岩波書店1983年版,第171—192页。

张载对于生死的解释掺入了佛教"轮回"的要素。①从思想史的角度来说，这种批评颇值得留意，因为它表明理学内部对于如何解释和看待生死，以至如何贯通天道与性命，存在不同意见。那么，张载如何运用"水冰"比喻来说明人的生死？程朱的批评背后又蕴含着怎样的义理和思想基础？透过理学家围绕"水冰"之喻展开的论辩和发挥，不仅有助于理解他们如何确立儒家的生死态度，以回应佛教生死论说在理论和实践上的冲击，也可以更好地理解理学系统内部不同形态之间的差异。

问题由张载的比喻引发，但争论却由后来的批评所凸显。因而，下文的论述，先从朱熹对张载的批评说起，展现这一批评关注的焦点所在，引出其赖以论证的经典和义理依据，继而结合张载思想的整体架构，呈现争论背后的核心问题，从而说明他们对性、形、气等观念要素的不同理解和运用，以及由之带来的义理系统的不同面貌。需要说明的是，这样展现的目的，不是要论证哪种说法更符合儒学正统，而是想透过他们的差异，更好地理解儒学传统中的深层思想问题。

一、"水冰"与"反原"

1172 年，朱熹内弟程洵（字允夫）写信与朱子论学，提到张载《正蒙·诚明》② 有关"水冰"的说法：

> 张子曰："天性在人，犹水性之在冰，凝释虽异，其为物一也。"观张子之意，似谓水凝而为冰，一凝一释，而水之性未尝动；气聚而为人，一聚一散，而人之性未尝动。此所以以冰喻人，以水性喻天性

---

① 日本学者对此问题多有关注，比如，大岛晃在分析张载"气的思想"时，就这一比喻所包含的"性"与"造化"的问题做了初步分析（小野泽精一、福永光司、山井涌编：《气的思想：中国自然观与人的观念的发展》，李庆译，上海人民出版社 2014 年版，第 383—390 页）；土田健次郎讨论"道学的生死观"，对张载的这个比喻及程朱的批评也有分析（土田健次郎：《道学之形成》，朱刚译，上海古籍出版社 2010 年版，第 294—310 页）。国内学者在讨论张载思想时也多会提到这点，但相对来说缺少较深入的展开。这些研究为理解张载与程朱在生死问题上的差异提供了很好的基础，在此基础上，我们可以更深入地分析这种差异背后的相关问题，比如朱熹是如何借由对性、气等观念要素的不同解释去处理这一问题的，毕竟，张载的比喻及其背后的思考理路，同样有着坚实的经典依据，而非凭空杜撰。

② 本文所引《正蒙》，见张载著，章锡琛点校《张载集》，中华书局 1978 年版。

理学生死论辩中的性、形与气

也。然极其说,恐未免流于释氏,兄长以为何?①

按程洵的说法,张载以水性类比人的天性,水凝为冰,犹如人秉天地之性而生,等到人死气散,又好像冰重新融化为水一样。在这个过程中,水之为水的本性没有发生变化,只是其存在形态有水和冰的差异。由此可见,这个比喻关涉人的生死与性理之间的关系。程洵以为,这个比喻如果推到极端,难免会陷入佛教的窠臼。朱熹在答书中认同程洵的判断,说"程子以为横渠之言诚有过者,正谓此等发尔"②。当然,这封信本身并没有详细说明"水冰"比喻跟佛教之间的关联,但对张载这一说法的批评,反复出现在朱熹与弟子的讨论中:

> 问:"横渠说:'天性在人,犹水性之在冰,凝释虽异,为理一也。'又言:'未尝无之谓体,体之谓性。'先生皆以其言为近释氏。冰水之喻,有还元反本之病,云近释氏则可。'未尝无之谓体,体之谓性',盖谓性之为体本虚,而理未尝不实,若与释氏不同。"曰:"他意不是如此,亦谓死而不亡耳。"③

此条为陈文蔚所记,内容涉及张载"水冰"比喻和"体、性"的相关说法。体、性概念跟对"水冰"的理解密切相关,具体可稍后再说。这里从问者关于"水冰"的断言方式可以看出,认为此喻"近释氏"已是朱门内部的共识,原因是其"有还元反本之病"。所谓"还元反本",指的是张载解释万物生化之理时提到"形聚成物、形溃反原"(《正蒙·乾称》)的"反原"。如所周知,张载以"太虚即气"为基本命题建构理学的天道性命之说,以"气"的聚散屈伸解释一切事物的生成变化,"气不能不聚而为万物,万物不能不散而为太虚"(《正蒙·太和》),人的生死自然也是气之变化的结果。从气的聚散论说万物生死,本是中国思想的老传统,并不稀奇;但跟汉唐自然主义气化论不同的是,张载将气的运作与超越的

---

① 朱熹:《答程允夫》(文集卷四十一),载朱杰人、严佐之、刘永翔主编《朱子全书》第22册,上海古籍出版社、安徽教育出版社2002年版,第1886页。
② 朱熹:《答程允夫》,载《朱子全书》第22册,第1886页。
③ 朱熹:《朱子语类》卷九十九,黎靖德编,王星贤点校,中华书局1986年版,第2536页。

天道相结合，使之成为贯通天道性命的基本概念。在这一义理架构下，人的生死不仅包含形体魂魄的生灭，还有超越之"天性"的归宿问题。①张载使用水、冰的比喻，正是要说明天性在生死变化中的位置，即天性不会因气散和形体的溃灭而随之消失，而是会返回到"太虚"的本体之中。对此，他也常用另一个"海沤"的比喻来加以说明：

> 海水凝则冰，浮则沤，然冰之才，沤之性，其存其亡，海不得而与焉。推是足以究死生之说。（《正蒙·动物》）

在这里，海是本体的"太虚"，其中组成的冰、沤虽有存亡生灭，但"太虚"本身并不会有什么变化。正是在这个意义上，张载说"聚亦吾体，散亦吾体，知死之不亡者，可与言性矣"（《正蒙·太和》），"性"与"体"都是在与"太虚"的关联中被理解和存在，形身的溃灭并不意味着性体的消亡，与"太虚"本体相通的性体是"死而不亡"的。就此而言，张载以水冰和海沤的比喻，试图说明生死变化中性与形的差异，这跟王充《论衡》以及汉唐文人对这一意象的用法已经有了根本的不同。

但在朱熹看来，"形溃反原"和"死而不亡"的说法，会陷入佛教"轮回"之说的窠臼，原因在于，它们都意味着人死之后会有某种东西存留下来，并继续参与到造化的生生不息之中去。先来看"形溃反原"，朱熹这样说：

> 横渠说"形溃反原"，以为人生得此个物事，既死，此个物事却复归大原去，又别从里面抽出来生人。如一块黄泥，既把来做个弹子了，却依前归一块里面去，又做个弹子出来。伊川便说是"不必以既屈之气为方伸之气"。若以圣人"精气为物，游魂为变"之语观之，则伊川之说为是。盖人死则气散；其生也，又是从大原里面发出来。②

朱熹以黄泥为喻指出，横渠所说的"形溃反原"意味着人死时的"既屈

---

① 张载的人性论有"天地之性"与"气质之性"的区分，但"气质之性"多与修养功夫论相关。本文讨论生死，所涉及的主要是与宇宙本体相联的天地之性，或称"天性"。
② 朱熹：《朱子语类》卷一百二十六，第3032页。

理学生死论辩中的性、形与气

之气"复归到宇宙大原之中，而宇宙的生生造化又从这大原中产生，这又导致"已屈之气""复为方伸之气"，在朱熹看来，这跟佛教所说的"神识不灭""因果轮回"并没有本质的不同。事实上，这段对于横渠"反原"的评论，正是接着"禅家言性倾此于彼之说"而发。朱熹在多处反复提到的程子的批评，着眼于气的屈伸往来与自然生化之理的关系，"不必以既屈之气为方伸之气"对应的是自然的"生生之理"，程子曾用"鼻息"的具体意象加以解释。①因而，对朱熹来说，横渠"说聚散屈伸处，其弊却是大轮回。盖释氏是个个各自轮回，横渠是一发和了，依旧一大轮回"②。朱熹用的比喻是否恰当，有讨论的余地，但无论如何，它表明了朱熹心目中所理解的"形溃反原"之意涵。后文会指出，这种理解并不符合张载思想的本意，但有着朱熹自己义理上的依据和考虑。

众所周知，朱熹排拒佛教甚严，对佛教观念的渗透极为敏感。因而，儒门内部有"佞佛"可能的观点，无论是程门弟子如谢良佐，还是陆九渊，都是朱熹怀疑和挞伐的重要对象。张载作为理学先驱，其对天道性命的阐发很受朱熹推重，但这丝毫不妨碍朱熹对其思想中佛教因素的忌惮。因而，朱熹对"反原"的说法极为敏感，任何有这种倾向的说法都受到他的批评。例如，他在《中庸或问》中评判各家解释鬼神章的说法时说到：

> 吕氏推本张子之说，尤为详备，但改本有"所屈者不亡"一句，乃形溃反原之意，张子他书亦有是说，而程子数辩其非，《东见录》中所谓"不必以既屈之气，复为方伸之气"者，其类可考也。谢氏说则善矣，但归根之云，似亦微有反原之累耳。③

"所屈者不亡""归根"等说法，都有"反原"的嫌疑，因而都需要警惕，这都跟朱熹将之与佛教轮回观念挂搭在一起有关。至此，我们可以先稍微总结一下朱熹在"形溃反原"问题上对张载的批评：张载以气之聚散屈伸解释万物的生死变化，"形聚成物，形溃反原"就如同"水凝成冰，冰融

---

① 程颢、程颐：《二程集》，王孝鱼点校，中华书局 2004 年版，第 148、163、165—167 页；陈荣捷：《近思录详注集评》，华东师范大学出版社 2007 年版，第 24 页。亦参朱熹《答林德久》（所示疑义）（1195 年），载《朱子全书》第 23 册，第 2943—2944 页。
② 朱熹：《朱子语类》卷九十九，第 2537 页。
③ 朱熹：《中庸或问》，载《朱子全书》第 6 册，第 578 页。

为水"一样；但对朱熹来说，"反原"的说法会让已散之气重新进入宇宙大原的生化进程之中，这意味着死后的存续和转生，因而，这种凝释的循环往复有"轮回"的嫌疑，不符合儒家所讲的"生生之理"。不过，以上所引朱熹对"反原"的批判，大都集中在"已屈之气"会否"复伸"上，涉及的主要是形和气的问题。但如前所述，张载的"水冰"比喻更着重说的，是与宇宙本体相通、"死而不亡"的"吾体"和"天性"。按照朱熹"性即理"的说法，天理同样是不生不灭、长存不亡的，前引陈文蔚所记《语类》中有关"体、性"的提问，即是针对此点而发。那么，如果就"性"而言，"死而不亡"的说法是否能够成立？

二、"死而不亡"与"知觉做性"

这个问题的关键，端在于"死而不亡"的主体，是否真的是与天道相贯通的超越性体。如果是，那"理"当然没有生灭，"性固无生死"，这点朱熹不会否认。但是，对朱熹来说，"死而不亡"不是儒家讨论"性"的方式，而是佛教误认"精神知觉"为性的结果。《朱子语类》记述说：

> 尝见先生答"死而不亡"说，其间数句："大率禅学只是于自己精神魂魄上，认取一个有知觉之物，把持玩弄，至死不肯放舍。"①

认为佛学以人的精神知觉做性，其所说的"性"其实只是儒家所说的"心"，这是朱熹分别儒释时常提到的说法。这里提到朱熹答"死而不亡"的说法，指的是他在1174年间与连崧（字嵩卿）、廖德明（字子晦）等人讨论性与生死的几封书信。连崧提出"天地之性即我之性，岂有死而遽亡之理"，朱熹的答书要求区分这个说法是"以天地为主耶，以我为主耶"，如果是"以天地为主"，那"天地之性"自然不会消亡，但这个"性"并非某个人的私有之性，因而也就没有"人物彼此之间、死生古今之别"。②换句话说，按朱熹的意思，对天地之性是不用谈生死的，生死存亡只是对人和物而言。而人乃是由形气魂魄共同构成，人死气散，形体溃灭，这是大家都承认的共识。因而，要说"死而不亡"，就只能是魂神的

---

① 朱熹：《朱子语类》卷一百一十八，第2862页。
② 朱熹：《答连嵩卿》（文集卷四十一），载《朱子全书》第22册，第1853页。

那个部分。而这种"死而不亡",即意味着承认个人在死后仍然有"知觉之物"存续转生。正因如此,朱熹一听到别人谈论"死而不亡"和"性无死生",就怀疑别人错把"精神知觉做'性'字看"。① 在朱熹看来,这是佛教不愿坦然接受个体死亡的讲法,试图让个人的"神识"以某种方式存留下去,不仅是自私的表现,更重要的是,它跟儒家所讲的生生之理有着根本冲突,会让天地阴阳"无所施其造化"。②

同年写给廖德明的信中,朱熹更加详细地讨论了这个问题。相比连崧问题的简洁,廖德明相当详细地论述了他认为"性"之所以"死而不亡"的原因:

> 德明平日鄙见,未免以我为主。盖天地人物,统体只是一性。生有此性,死岂遽亡之?夫水有所激与所碍则成沤,正如二机阖辟不已,妙合而成人物。夫水固水也,沤亦不得不谓之水,特其形则沤,灭则还复是本水也。人物之生,虽一形具一性,及气散而灭,还复统体是一而已,岂复分别是人是物之性?……窃谓人虽死无知觉,知觉之原仍在。此以诚感,彼以类应,若谓尽无知觉之原,只是一片太虚寂,则似断灭无复实然之理,亦恐未安。③

在这里,廖德明的观点跟连崧一样,都认为人性与天地之性本质为一,并不会因为人死而随之消亡。值得注意的是,廖德明这里同样以水沤作为比喻,来说明人性与天地之性之间的关系。这一说法是否直接来自张载水冰或海沤的比喻,我们无法妄下断言,因为文本中并没有提及,但它们所表达的意思是完全一致的。廖德明这里提到,水由于外在环境的激发而可能成为水沤,但这只不过是"形"的变化,并不意味着其本性的改变,同样,人物虽然外形各异,但等到人死气散,仍会回归天地之性的统一体中,这分明就是横渠"形溃反原"的说法。在廖德明看来,如果人死意味着形性统归于无,那祭祀时的"感应"就非"实然之理",这有"虚寂"和"断灭"的嫌疑,而这同样与儒家所讲的"造化"相冲突。针对这两

---

① 朱熹:《答程允夫》,载《朱子全书》第22册,第1867页。
② 朱熹:《答连嵩卿》,载《朱子全书》第22册,第1854页。
③ 朱熹:《答廖子晦》(文集卷四十五),载《朱子全书》第22册,第2080—2081页。

点，朱熹以明确的说法加以回应：

> 盖贤者之见所以不能无失者，正坐以我为主、以觉为性尔。夫性者，理而已矣。乾坤变化，万物受命，虽所禀之在我，然其理则非有我之所得私也。所谓"反身而诚"，盖谓尽其所得乎己之理，则知天下万物之理初不外此，非谓尽得我之知觉，则众人之知觉皆是此物也。性只是理，不可以聚散言。其聚而生、散而死者，气而已矣。所谓精神魂魄有知有觉者，皆气之所为也。故聚则有，散则无。若理则初不为聚散而有无也。但有是理，则有是气。苟气聚乎此，则其理亦命乎此耳，不得以水沤比也。
>
> 鬼神便是精神魂魄。程子所谓"天地之功用、造化之迹"，张子所谓"二气之良能"，皆非性之谓也。故祭祀之礼，以类而感，以类而应。若性则又岂有类之可言耶？然气之已散者，既化而无有矣，其根于理而日生者，则固浩然而无穷也。故上蔡谓"我之精神，即祖考之精神"，盖谓此也。
>
> ……且乾坤造化，如大洪炉，人物生生，无少休息，是乃所谓实然之理，不忧其断灭也。今乃以一片大虚寂目之，而反认人物已死之知觉，谓之实然之理，岂不误哉？
>
> 又圣贤所谓归全安死者，亦曰无失其所受乎天之理，则可以无愧而死耳。非以为实有一物可奉持而归之，然后吾之不断不灭者得以晏然安处乎冥漠之中也。……①

这封回信内容很长，这里只能摘节选录，但它对于理解朱熹如何批评以"死而不亡"来谈论"性"非常重要。相比《答连嵩卿》一书着重从否定的层面批评"以觉为性"，朱熹在答廖德明的信中更详细地从正面说明了"性"的意涵及其与气之间的关系。朱熹首先指出，廖德明说法的根本问题，在于"以我为主、以觉为性"，这跟他批评佛教的"私意之尤"意义相同。在朱子看来，性即理，不可以聚散言，能聚散的只是气，因而，人的精神魂魄知觉，皆是形下之气屈伸作用的结果；但理超越于气的作用之上，是气之"所以然"，没有聚散有无可言，因而不能用水沤来比喻性

---

① 朱熹：《答廖子晦》，载《朱子全书》第22册，第2081—2082页。

(理)与气之间的关系。对于廖德明所提祭祀问题,朱熹用谢良佐"我之精神,即祖考之精神"来解释祭祀感通的依据,认为感通的对象并非如廖德明所认为的那样,是已死之人所存留的"知觉之原",而是"根于理而日生"的相通之气,这种生生不断的乾坤造化才是"实然之理"。①事实上,在朱熹看来,这种通过"生生"不断产生的新气,才可以称得上是"长存不灭之气魄"。②这里特别值得注意的是,无论廖德明(张载)还是朱熹,都坚持儒家的"生生"之说而反对"断灭"等观点,只是两者对于宇宙"造化"的表达形式及"断灭"的理解,存在不同意见。存在这种差异的根本原因,是他们对于性、理、气等构造宇宙生化秩序的基本概念及相互关系存在分歧。对此,我们后面会再详细说明。

由这两封书信可以看出,对朱熹来说,"死而不亡"基本等同于佛教的"神识不灭",因而,它跟"形溃反原"一样,都是"近释氏"的表达。无怪乎陈文蔚怀疑"体之谓性"的说法"与释氏不同"时,朱熹仅以"亦谓死而不亡"作答。当然,"形溃反原"和"死而不亡"并非两个可以截然分开的表达,而是存在着紧密关联,"反原"正是"死而不亡"的表现和保证。但也正因如此,朱熹会怀疑这里所表达的,并非超越之"性"。确实,在朱熹的概念中,"性"跟"精神知觉"是层次、性质完全不同的两个概念,一为形而上的超越本体,一为形而下的气的作用,"儒者以理为不生不灭,释氏以神识为不生不灭"③,这是儒佛之间的根本界分,绝对不容混淆。因而,在朱熹那里,"形溃反原"和"死而不亡"都表达着人死之后"精神知觉"("气")的存续和流转,它们并非儒家讨论"性"和"气"的正确方式,而是错把"知觉做性"带来的结果,本质上违背儒家的"生生"造化之说,会为佛教的轮回和转生观念留下空间。其实,朱熹并不反对说"性"("理")本身的"不生不灭",但却无法接受张载以"未尝无""无无"(《正蒙·太和》)对"体、性"的界说。朱熹不会否认,张载是高举理学旗帜、反对佛老的先行者,也不会怀疑其义理

---

① 朱熹:《答程允夫》:"死者去而不来,其不变者只是理,非有一物常在而不变也。"(《朱子全书》第22册,第1879页)

② 朱熹:《答李尧卿》(文集卷五十七):"所示鬼神之说甚精……但所云非实有长存不灭之气魄者,亦须知未始不长存耳。"(《朱子全书》第23册,第2697页)亦参同卷《答陈安卿》,载《朱子全书》第23册,第2745页。

③ 朱熹:《朱子语类》卷一百二十六,第3016页。

系统的儒家底色，但却始终对其所说"形溃反原"和"性"的"死而不亡"心存芥蒂，这背后的原因值得玩味。如果换个问题来说，朱熹为什么始终会怀疑张载所说的"死而不亡"的"性"，只不过是"精神知觉"？张载又为何要以"未尝无"和"死而不亡"来界说体与性？对这些问题的回答，恐怕必须回到他们解释性气关系的不同义理框架以及试图解决的问题中去。

三、在"性"与"气"之间

看来，朱熹批评张载"水冰"之说"近释氏"的主要原因，是怀疑"形溃反原"和"死而不亡"的东西，并非儒家意义上的"天地之性"，而是佛教所认的"精神知觉"，是已经消散之"气"的重新聚集。朱熹之所以有这样的担忧，源于他对张载性气论述的理解，以及基于自身义理架构对之的评定。如前所述，对朱熹来说，性即理，理作为现实存在之物的"所以然"，是事物具体形态之上的"条理"（"所以然之故"）与"规范"（"所当然之则"）。这样一个超越形下具体之物的形上之理，虽然具现于由气所组成的事事物物之中，但它跟气之间也有着逻辑上的严格区分。[①]朱熹强调理与气之间的"一体浑成"（"理在气中"），以保证超越之理可以落实在具体事物之中，但同时一定要严格区分理气、道器和性形，因为如果太强调理气的"一体浑成"而忽略两者间的界分，很容易将"理"拉低到形而下的层次，削弱其超越性和规范性，进而混淆天理本身与其流行所呈现出的"作用"。因而朱熹说，人物之生，禀受天地之理而有"性"，禀受形下之气而有"形"，"其性其形虽不外乎一身，然其道器之间分际甚明，不可乱也"。[②]对朱熹来说，面对佛教的义理系统，尤其需要强调理与气、本体与作用之间的这种区分。因为佛教的根本错误之一，便是错将"知觉作用"看为"性"，[③]将形而下的气之作用当作形而上的本体本身，由此才会只重视心灵知觉的妙用而不顾性理的超越依据，进而发展出一整

---

① 朱熹对理气之间关系的"合言""分言"，学者已多有精密分疏，比如，参钱穆《朱子论理气》，载钱穆《朱子新学案》第一册，九州岛出版社2011年版，第255—283页。
② 朱熹：《答黄道夫》（文集卷五十八），载《朱子全书》第23册，第2755—2756页。
③ 参杨儒宾《理学论辩中的"作用是性"说》，载杨儒宾《儒家身体观》第七章，台北"中央研究院"文哲研究所1996年版，第293页以下。

套错误的功夫修养论。①

因而,在朱熹的理气架构下,气的运作虽都包含着理,并且最终由理所规范,但"理"本身则必须是超越气的形上本体,跟生灭聚散的"气"有着根本区别。在这一理解下,张载以"太虚即气。"的说法来呈现宇宙本体与万物之间的关系,便被朱熹理解为将"道体"混同于形而下之气。《朱子语类》卷九十九记录了很多这样的批评:

> 如以太虚太和为道体,却只是说得形而下者,皆是"发而皆中节谓之和"处。
>
> 《正蒙》说道体处,如"太和"、"太虚"、"虚空"云者,止是说气。说聚散处,其流乃是个大轮回。
>
> 问:"横渠云:'太虚即气。'太虚何所指?"曰:"他亦指理,但说的不分晓。"
>
> 又问:"横渠云"'太虚即气',乃是指理为虚,似非形而下。"曰:"纵指理为虚,亦如何夹气作一处?"②

这里的说法清楚表明,在朱熹看来,"太虚"的说法本来是要指称"理"和"道体",但张载的实际论说却有偏差,只是说"气""形而下者",因而朱熹说他"说的不分晓"。其实,横渠以"清、虚、一、大"等说法论说天道,早就被程颢批评为"乃以器言而非道也"③,意即是说张载混淆了形上形下和道器,朱熹的批评接续了二程的说法而展开。这里所引的最后一条说法表明,朱熹之所以认为"太虚即气"的说法"不分晓",乃是因为它"夹气作一处"。换言之,这里的关键,恐怕在于朱熹对"即"字所表达"太虚"与"气"之间关系的理解。朱熹继承程颐"性即理"的著名说法,这里的"即"字表示"性"与"理"之间关系的对等。以这种用法落实到"太虚即气"的"即"字上,"太虚"自然就会具有形下的

---

① 朱熹:《朱子语类》卷一百二十六,第3021页:"知觉之理,是性所以当如此者,释氏不知。他但知知觉,没这理,故孝也得,不孝也得。"第3022页:"吾儒所养者是仁义礼智,他所养者只是视听言动。"
② 朱熹:《朱子语类》卷九十九,第2532、2533、2534、2538页。
③ 程颢、程颐:《二程集》卷十一,第118页。

意涵，但"太虚"本身则是指称道体的说法，是形而上天道的表达。这样来说，将太虚与气相联，以"即气"的说法来表达，似乎确实会混淆本体与现象、形上与形下之间的界线。按朱熹的义理架构，"气"一定代表着形而下者，如果气散后会回到太虚之中，那必定意味着太虚不是超越形下世界的纯然本体，而是跟"气"混杂在一起的东西，因而，它绝不会是朱熹意义上的"性"或"理"。在这个意义上，朱熹当然有理由认为，张载所说"形溃反原"和"死而不亡"的东西，并非真正的"性"或"体"，不过是气屈伸往来作用所产生的"精神知觉"。而认为精神的不灭和转生，恰恰是佛教生死观的核心主张。这恐怕是程朱对《正蒙》宇宙论极为不满的主要原因，跟他们推崇《西铭》"仁体"的态度截然不同。

然而，问题在于，中文语境中"即"的意涵并不这样简单。牟宗三先生早已经指出，"太虚即气"的"即"字是圆融之"即"，不离之"即"，"通一无二"之"即"，而非等同之"即"，亦非谓词之"即"。换言之，说"太虚即气"，并不是说太虚就等同于气，而是同时包含着"不即"的"不等义"与"即"的"圆融义"。①这样使用的"即"是一种体用意义上的矛盾统一，是一种"立体的差异之统一"②。如果"即"表达的是太虚与气之间"不一不异"的体用关系，那张载所说的"反原"就不像朱熹所认为的那样只是形下之"气"的变动，而更可能是指"天性"与"天道"之间本体上的贯通。这个意义上的"死而不亡"，在张载那里指的当然还是"义理之性"，而非物质性的形下之气。③因而，朱熹对张载"水冰"说法的批评，更多地是建立在他自己对于性（理）和气之间关系的分疏上，以及出于对佛教观念的过度警惕和排斥。但事实上，张载以"水冰"的说法比喻太虚和万物之间的关系，以"未尝无"界说"体"，以"即"字联结太虚与气之间的关系，同样是要从"造化"角度批评佛教"不识造化""不知天道"，进而确立儒家的生生之理。④

---

① 牟宗三：《心体与性体》第一册，上海古籍出版社 1999 年版，第 393 页。
② 参杨儒宾《检证气学》，《汉学研究》2007 年第 1 期，第 272—273 页。杨儒宾教授在多篇文章中反复强调了"即"字用法在体用论框架中的诡谲与重要。
③ 清人陆陇其论到《程允夫问张子天性在人》这封书信时评论说，"愚按：张子冰水之喻，似指义理之性言，不指气言，然朱子亦谓其过，不知何故。"（陆陇其：《读朱随笔》卷二，影印文渊阁四库全书第 725 册，台北商务印书馆 1986 年版，第 508 页）
④ 《横渠易说》，载《张载集》，中华书局 1978 年版，第 206 页。

理学生死论辩中的性、形与气

佛教"不识造化"的主要表现，是认为山河大地为"幻妄"，它以"缘起性空"作为观念根基，认为事物是因缘和合而生，因而没有"自性"。要在根本上反驳这种观点，需要从本体论上确立事物真实的自性，并说明事物生灭变化的真实性。在这点上，理学家着重发挥《易经》的"生生"之理，以对抗佛教的"缘生"之说，这在程朱和张载那里都是如此，并无不同。①但是，对张载来说，要确立事物之性在本体论上的真实性，除了要有一个真实、超越的本体作为保证之外，这个本体与万物的生化却不能完全分开，而是必须承认天道"即体即用"，始终呈现在万物的流行之中。在他看来，佛教正是将物与虚（性）、有与无分开相待，认为"物与虚不相资，形自形，性自性，形性、天人不相待而有"，才会陷入"天人二本"，看不到"本天道为用，反以人见之小因缘天地。明有不尽，则诬世界乾坤为幻化"。（《正蒙·太和》）换言之，在张载眼里，佛教之所以看世界为虚妄，正是没有认识到具体之物所包含的本体之性，没看到本体同时也是"天道为用"。因而，他一定要凸显"太虚"的"即体即用""即性即气"。《正蒙》所说"由太虚，有天之名；由气化，有道之名；合虚与气，有性之名"（《正蒙·太和》）正是这种体用关系的完整表达，"虚"是本体的向度，"气"则是其发用的向度。由此来理解张载为什么要用含义歧多的"即"字来界定太虚与气之间的关系，那是因为在他那里，性与气之间"不一不异"的关系，只有"即"字才能精准表达。在这种关系中，"水凝为冰，冰释为水"和"聚亦吾体，散亦吾体"所传达的天性的通贯，借由天道的真实、永恒而成为万物真实性的保证。同时，天道本身是"未尝无"的，不能认为"有生于无"（在张载看来，这是道家的错误观点），因而，作为"虚气相合"的"性"自然也不会消亡，"死而不亡"表达的是天性的本体论向度。在这个意义上说，张载是用一种不同于朱熹的性气架构去面对佛道的宇宙论和生死观。

可见，在理学的共同场域中，朱熹和张载均以性、形、气等基本概念建构儒家宇宙论的义理系统，他们反对佛教以现实世界为虚幻的说法，反对轮回因果的观念，并都试图以《易经》的"生生"之说为中心建构儒家的天道秩序。在这一基本指向上，朱熹和张载之间并无差异；但是，在

---

① "气化"与"缘生"之间的差异，参蒋义斌《宋儒与佛教》，台北东大图书股份有限公司1997年版，第121—152页。

如何组合这些观念要素以达到这一目的上，他们之间存在很大不同。张载以即体即用的架构安排性与气之间的关系，让气的运作带有天道的真实性，并以本体的永恒性反对佛教的寂灭之说。由此，水冰凝释作为形气的聚散并不影响本性与天道之间的本体关联，天性本身的"未尝无"足以保证其"死而不亡"。但朱熹不能接受这种说法，是因为他用"然"和"所以然"来区分理气，"性"作为形而上的概念表达，与形而下的气之间有着逻辑上的严格区分，这样才能保证性体的超越性和规范性。①因而，朱熹严厉反对将气的运作当成本体之性的观点，以致任何以气论性的表达都受到他的质疑。他在这个意义上认为水冰凝释的过程"有甚造化""有迹"②，丝毫不让人感到奇怪。

有趣的是，前述朱熹写给廖德明的长篇回信中，明确反对有所谓"死而不亡"之"性"的说法，更反对以"水沤"比喻性气。按朱熹的观念，人死气散，这消散是完全的散尽，不会继续存留天地之间；祭祀中气的感应，是"根于理而日生"的"新生之气"，在朱熹看来，这是儒家生生之理的正确表达。但朱熹这一苦心孤诣的解释，似乎并没有让廖德明信服。陈淳（字安卿）1191年写给朱熹的信中提到，看到朱熹说有"长存不灭之气魄"时，廖德明仍然认为，"长存不灭乃以天地间公共之气体言之"，而非在朱熹反复引用的谢上蔡"祖考精神，即自家精神"的意义上来理解。③这种"公共之气体"正如大海一样，是水沤聚散的本体，而不是朱熹强调的"新生之气"，因而，廖德明对生死性理的理解，并没有放弃其原有观念。这至少可以说明，在廖德明的看法中，朱熹的义理架构并不见得是儒家天道性命之理的最好解释，尤其是在生死和祭祀的问题上。这恐怕并非仅是因为廖德明的固执。这里的关键问题在于，虽然朱熹从"知觉做性"的角度批评了"反原"的说法，以气的散尽解释死亡，但并没有清楚说明人禀受天地之理而有的"性"在死亡之时的归宿，"性无生灭"本身并不能自明地呈现其在生死之际的状态。从儒家以生死为常事而不愿

---

① 杨儒宾在《〈易经〉与理学的分派》一文中详细区分了周张"夹带气化流行"的体用论论述，与程朱彻底划分形上形下的"所以然的性理观"（杨儒宾著：《从〈五经〉到〈新五经〉》，台大出版中心2013年版，第288—305页）。

② 朱熹：《朱子语类》卷九十九，第2536页。

③ 朱熹：《答李尧卿》，载《朱子全书》第23册，第2697页；《答陈安卿》，载《朱子全书》第23册，第2745页。

多言的角度来说，这固然问题不大；但如果想要达到超脱生死的态度，那对天性在死后形态的清晰认知就非常重要。正因如此，当晚明的理学家们集中表达生死关切借以了究生死之时，便无法固守朱熹的论说架构，而是需要更多地借鉴张载"体性不亡"的说法，以心与太虚的契合、修身可以使生命汇入道体而达致永恒不朽，作为儒家超脱生死的重要法门。① 在这一点上，朱熹的说法实际上为民间信仰和其他宗教（包括明清之际西方的"灵魂论"）的发挥留下了空间，以致理学有关生死和鬼神的观念在落实到社会空间之中时会有很多实际的调整和融合。

四、结　语

由上分析可以看出，无论张载还是朱熹，他们对于生死的解释，都是放在天道流行的宇宙论框架之中，性、形、气等都是他们具有的基本观念要素，这是理学论述的共同场域。但由于对这些观念内涵及其关系的理解差异，张载和朱熹发展出了不同的义理形态。这其中最主要的分歧，在于对性气关系的界定。朱熹以形上形下严格区分性气，以确保形上之理的超越性与规范性，由此他对张载"太虚即气"所表达的道体形态颇有微辞，认为这种表达混淆了道器和形性。在朱熹这种义理架构下，水冰比喻所使用的"形溃反原"和"死而不亡"等说法，都被认为是在表达形而下之气在死后的存留与延续，本质上跟佛教的神识不灭与灵魂转生没有区别。但在张载"即体即用"的义理框架下，性气之间"不一不异"的体用关系才能保证天道流行的真实性和永恒性，进而反对佛教虚妄和寂灭的世界观。水冰的具体意象放在"体、性"的关联下，表达的是与本体相通之天性在生死之间的实存与永恒。就此而言，他们都试图确立儒家的"生生"之理，但对于宇宙生化流行过程中"气"的地位与形态，抱持着不同的理解。

因而，张载使用水冰凝释这一具体意象所表达的生死论述，在朱熹的概念框架中无法被接受，虽然他们指向的目标以及要达到的效果并无不同，这背后的根本原因，是他们对于性（理）、形、气等观念的理解差异。

---

① 典型的如周汝登、高攀龙等人，对晚明理学家生死关切的细致分析，参吕妙芬《儒释交融的圣人观：从晚明儒家圣人与菩萨形象相似处及对生死议题的关注谈起》，《"中央研究院"近代史研究所集刊》第32期，1999年12月，第165—207页。

观念史的研究者认为，哲学思想的发展，常常来自对一些"单元－观念"的不同组合运用。①理学思想中的性、理、形、气等观念，大致属于这类"单元－观念"，通过赋予它们不同的意涵和组合方式，理学家们构建起了内涵有所差异的思想系统。在这个意义上，要了解他们的不同，就不仅要注重既成思想体系的逻辑区别，更要说明他们如何对"单元－观念"进行不同的组合、运用，进而构建起相应的义理系统。本文即试图在这个意义上梳理朱熹与张载在生死问题上的论述，讨论他们如何在不同的性气关系架构中安顿儒家的价值信仰。当然，这只是相当初步的探讨，对于许多概念并未做深入解释，尤其像张载的太虚、气等概念及两者间的关系问题，向来是研究者争论的焦点。本文无意介入这些争论，只是想透过呈现两位儒学史上重要的思想家对性、形、气等观念要素之间关联方式的不同理解，凸显他们面对问题的方式及带来的思想形态上的差别。至于这种生死论说留下的问题，尤其是后来成为官方正统的程朱理学在这一论题上留下的空间，及其在具体社会时空中与其他观念系统的碰撞和互动，则仍需要另外做更深入、细致的探讨。

（本文原刊于《中国哲学史》2018年第2期，略有改动）

---

① 诺夫乔伊：《存在巨链》"导论"，张传有、高秉江译，江西教育出版社2002年版，第1—5页。

孟子"父子之间不责善"的古典学阐释

周春健

《孟子·离娄上》第十八章,有一段公孙丑与孟子之间的问答,讨论的是"君子之不教子"的问题,原文如下:

> 公孙丑曰:"君子之不教子,何也?"
> 孟子曰:"势不行也。教者必以正;以正不行,继之以怒。继之以怒,则反夷矣。'夫子教我以正,夫子未出于正也。'则是父子相夷也。父子相夷,则恶矣。古者易子而教之,父子之间不责善。责善则离,离则不祥莫大焉。"

从孟子的论证逻辑看,因"责善则离,离则不祥莫大焉",故而"父子之间不责善";若父教子,因"势"之要求,难免会"责善",故而需要"易子而教之";"易子而教"的方案古已有之,可以避免"父子相夷而恶",正可印证公孙丑所谓"君子之不教子"。

如此,本章所讨论的,实际是父子之间的相处之道问题。父子一伦,在儒家传统伦常关系("五伦")中居于最基础的地位。因此,基于《孟子》本章讨论父子相处之道,不唯有助于把握孟子之思想脉络,厘清"父子之间不责善"这一观念在后世的思想史嬗变,对于世间诸人之切身躬行,亦或有所启发。

一、释"责善"

孟子的逻辑起点在于"责善",故而首先有必要弄清楚"责善"之义涵。

于"责"字,东汉赵岐《孟子章句》并无直接解说,宋人孙奭释为

"责让"①。据《说文》,"责"之本义为"求也"②。此"求",可以"引申为诛责、责任"③,可见语气较重,不仅是一般的"责备"。正如明人蔡清所云:"'责'字重,有'必欲其如此,不如此则责之'之意。"④ 清人王夫之亦将"责"与"迪"字对举,以为:"'责'字重。君子未尝不迪子以善,但不责耳。责则有危言相惊,甚则加以夏楚。子之于父,亦极言而无婉词。"⑤

于"善"字,从字源义上说,清人段玉裁《说文解字注》云:"善,吉也。从誩羊。此与'义''美'同意。……《羊部》曰:'美'与'善'同意。按,羊,祥也。故此三字从羊。"⑥ 但"责善"中的"善",并非仅指普通意义上的"吉""祥"或"好"。宋人晁公武以为:"不为不义,即善也。"⑦ 则所为之"善",当以合乎"义"为标准。宋人张栻则从"善"之属性上说,以为:"善也者,根于天性者也。"⑧ 此处所谓"天性",当从父子血缘关系出发而论,也就是孟子所谓"圣人有忧之,使契为司徒,教以人伦"中首先提到的"父子有亲"⑨。"父子有亲"乃属人之"天性",不可更易。

至于"责善",明人李东阳释为"督责使必要为善"⑩,一"必"字,即包含浓重的"强制"意味,而非一般的要求。明人张居正径释为"强其所难而互相责望"⑪,则不唯"强制",而且蕴含所提要求为对方"强烈反感"之意。近人陈大齐以为:

所谓责善,按照孟子所说,即是希望对方乃至要求对方:远离一

---

① 李学勤主编:《十三经注疏·孟子注疏》卷第七下,北京大学出版社1999年版,第206页。
② 〔东汉〕许慎:《说文解字》卷六下,中华书局1963年版,第130页。
③ 〔清〕段玉裁注:《说文解字注》六篇下《贝部》,上海古籍出版社1988年版,第281页。
④ 〔明〕蔡清:《四书蒙引》卷十二,文渊阁四库全书本。
⑤ 〔清〕王夫之:《四书笺解》卷八,清光绪刻本。
⑥ 〔清〕段玉裁注:《说文解字注》三篇上《誩部》,第102页。
⑦ 〔南宋〕晁公武撰;孙猛校证:《郡斋读书志校证》上册第三卷"孝经类",上海古籍出版社2011年版,第127页。
⑧ 〔南宋〕张栻:《癸巳孟子说》卷四,文渊阁四库全书本。
⑨ 《孟子·滕文公上》(5·4)。
⑩ 〔明〕李东阳:《怀麓堂集》卷九十五《文续稿五》,文渊阁四库全书本。
⑪ 〔明〕张居正:《四书集注阐微直解·孟子》卷二十,清八旗经正书院刻本。

切邪恶，而唯仁义是亲。故所谓责善，意即不赞成其所为而要求其改善。①

这里，陈大齐乃是将"责"释为"不赞成并要求对方改正"，而将"善"释为"亲近仁义"，与前述晁公武、张栻之说并无二致。

正因为"父子有亲""父慈子孝"为世间不移之"天性"，故父子之间若存在如此严厉强制的"责善"，势必会带来父子情感上的"隔阂"（采杨伯峻译文②）。父子之间产生"隔阂"与疏离，于家庭关系自然"不祥"，这便是孟子所谓"责善则离，离则不祥莫大焉"。

二、"不责善"与"不谏不教"

在孟子看来，"父子之间不责善"当为"古者易子而教"的缘由与依据。那么，父子之间的"不责善"与"教"之间到底存在怎样的关联？究竟该如何看待这种"不责善"？

从"父子有亲"的"天性"角度，宋人陈埴认为："父子之间不责善，乃天理如此，非私意也。"③ 所谓"天理"，亦即父子之间的血缘亲情，不容因"责善"而致疏离。

然而"不责善"，并非指父亲对于儿子全然不顾，只是不去严厉地"责善"罢了。南宋陆游即以为："盖不责善，非不示于善也，不责其必从耳。"④ 若父于子不但"示以善"，且"责其必从"，就属于"责善"，就很可能导致"离"的严重后果了，故不可取。宋人吕祖谦亦以为："父子之间不责善，非置之不问也，盖自常有滋长涵养良心底气象。"⑤ 也就是说，父之于子，还是允许有"教"的行为存在。

北宋司马光则不这样看，他是北宋"疑孟派"的代表人物，在其所著《疑孟》中提出："孟子云'父子之间不责善'，'不责善'是不谏不教也，而可乎？"⑥ 司马光径将孟子所谓"不责善"理解为"不谏不教"，则对于

---

① 陈大齐：《孟子待解录》，华东师范大学出版社2012年版，第63页。
② 杨伯峻：《孟子译注》（上），中华书局1960年版，第179页。
③ 〔南宋〕陈埴：《木钟集》卷一，文渊阁四库全书本。
④ 〔南宋〕陆游：《老学庵笔记》卷八，明津逮秘书本。
⑤ 〔南宋〕吕祖谦：《丽泽论说集录》卷第七，文渊阁四库全书本。
⑥ 〔北宋〕司马光：《温国文正公文集》卷第七十三，《四部丛刊》景宋绍兴本。

父子双方来说，皆未尽到义务——父对于子的"不教"和子对于父的"不谏"。

对此，"尊孟派"的代表人物余允文针锋相对，曾有专门辨说：

> 孟子曰"古者易子而教之"，非谓其不教也。又曰"父子之间不责善"，父为不义则"争"之，非"责善"之谓也。《传》云："爱子，教之以义方。"岂自教也哉？胡不以吾夫子观之：鲤趋而过庭，孔子告之不学《诗》无以言，不学礼无以立。鲤退而学《诗》与礼，非孔子自以《诗》礼训之也。陈亢喜曰："问一得三，闻《诗》，闻礼，又闻君子之远其子。"孟子之言，正与孔子不约而同，其亦有所受而言之乎？①

在余允文看来，在"易子而教"的问题上，自孔子至于孟子，乃一脉而相承。易子而教，非谓"不教"，而是如孔子对待其子孔鲤一般，"不自教"而已。至于《孝经》所谓"父有争子，则身不陷于不义"之"争"，乃属"谏争"，与"责善"并非同义。故而，余氏认为在孟子的观念中，于父而言并非"不教"，于子而言并非"不谏"，司马光之论断有误。

三、"责善"与"父有争子"

如前所述，孟子所谓"父子之间不责善"，与《孝经》之"父有争子，则身不陷于不义"，乍看起来似乎矛盾——既"不责善"，何来"争子"？司马光便是这样看待的。问题的关键在于，对"争"字该如何理解。

唐明皇李隆基为《孝经》作注，将《谏诤章》中的"争臣""争友""争子"之"争"，释为"谏也"②，宋邢昺之《疏》进一步释为"谏争"③。"谏争"之语气较诸"责善"，明显弱了许多。尤其用于父子之间，谏当为"微谏"，朱子《读余隐之尊孟辨》即云：

---

① 〔南宋〕余允文：《尊孟辨》卷上，清守山阁丛书本。
② 李学勤主编：《十三经注疏·孝经注疏》，北京大学出版社1999年版，第48页。
③ 李学勤主编：《十三经注疏·孝经注疏》，第49页。

孟子"父子之间不责善"的古典学阐释

> 子虽不可以不争于父,观《内则》《论语》之言,则其谏也以微。隐之说已尽,更发此意尤佳。①

"则其谏也以微",其意正同于孔子所谓"事父母几谏"②。"几谏",按照朱子的解释:"几,微也。微谏,所谓'父母有过,下气怡色,柔声以谏'也。"③而司马光乃将"争"理解为"责善",故而才有"不责善是不谏不教"之说,显然没有注意到二词语气上的明显差别。

王安石对"争"与"责善"作了明确区分,称:

> 父有争子,何也?所谓争者,非责善也,当不义则争之而已矣。父之于子也如何?曰,当不义,则亦戒之而已矣。④

可见在王安石观念中,子之"争"父与父之"戒"子相对,语气及态度上,均不若"责善"严厉与强烈,也不会带来"疏离"的严重后果。在这点上,朱子是赞同王安石的,因此才引用其语,作为"父子之间不责善"一节的注脚。

不过对于"争"字,的确还有别的解法。明人吕维祺撰《孝经大全》,于《谏争章第十五》"故当不义,则子不可以不争于父,臣不可以不争于君。故当不义则争之,从父之令,又焉得为孝乎"经文之下,引明人冯梦龙之说云:

> 争者,争也。如争者之必求其胜,非但以一言塞责而已。君父一体,子不可不争于父,犹臣不可不争于君。故当父不义,为子者直争之,必不可从父之令。⑤

如此,则以"争"字非"微谏"之义,而指"争胜",加之"必求其胜"

---

① 〔南宋〕朱熹:《晦庵先生朱文公文集(伍)》卷七十三,载朱杰人等主编《朱子全书》第24册,上海古籍出版社、安徽教育出版社2002年版,第3515页。
② 《论语·里仁》(4·18)。
③ 〔南宋〕朱熹:《四书章句集注·论语集注》卷二,中华书局1983年版,第73页。
④ 〔南宋〕朱熹:《四书章句集注·孟子集注》卷七引,中华书局1983年版,第284页。
⑤ 〔明〕吕维祺:《孝经大全》卷十,清康熙刻本。

·297·

"必不从父",则俨然同"责善"之义无二。

需要注意,吕氏乃以"安石黜《孝经》,近儒以为其罪浮于李斯"①,而于"争"字作如是解,以驳安石"争者非责善"之说,然与《孝经》本义未必相符。

冯梦龙、吕维祺释"争"为"争胜",与《孟子》《孝经》文义均有差距,反倒与《荀子》十分接近。《荀子·子道篇》有云:

> 入孝出弟,人之小行也;上顺下笃,人之中行也;从道不从君,从义不从父,人之大行也。……明于从不从之义,而能致恭敬、忠信、端悫以慎行之,则可谓大孝矣。

又云:

> 孔子曰:"……父有争子,不行无礼;士有争友,不为不义。故子从父,奚子孝?臣从君,奚臣贞?审其所以从之之谓孝,之谓贞也。"

虽然荀子也讲子对于父的"恭敬、忠信、端悫"——这是孝道的基本前提,但在"义"的面前,荀子主张子是可以与父"抗争"的,甚至可以"不从"。这一语境中的"争",语气便较重了,与"几谏"明显不同,而接近于"争胜"乃至"责善"。因为若是"几谏",则当如《论语》中所说,子于父母,"见志不从,又敬不违,劳而不怨"②,明明主张"不违",显然不是"不从"。

孟子之"父子之间不责善"、荀子之"父有争子",在子对父的态度问题上,有着"从"与"不从"的歧异。孟子因要维护"父子有亲"的"天性",主张"不责善",以避免"责善则离";荀子则要维护"道、义"对于"孝、弟"的优先地位,主张"从义不从父",主张子对于父的"抗争"。

孟、荀为什么会出现这一理解上的差异?恐怕与二人的人性论主张有

---

① 〔明〕吕维祺:《孝经大全》卷十。
② 《论语·里仁》(4·18)。

别相关。孟子主张"性善",认为人人皆有"所不学而能""所不虑而知"的"良能""良知"①,人人皆有"恻隐之心""羞恶之心""辞让之心""是非之心"的"仁、义、礼、智"四端②。因此,对于子而言,父哪怕偶有过失,也未必通过"责善"的激烈方式,而是通过委婉方式,亦可触发并唤起父母的"良知良能",从而反省并匡正过失。荀子主张"人之性恶"③,并不以为人性本来有诸多善端,即便有"善",也是"其善者伪也"④。在他看来:"今人之性,固无礼义,故强学而求有之也;性不知礼义,故思虑而求知之也。"⑤ 而之所以可以通过"强学而求有之""思虑而求知之",是因为"涂之人也,皆有可以知仁义法正之质,皆有可以能仁义法正之具"⑥。也就是说,人人具有辨知的能力。因此,当父有过,子是可以通过强烈的态度、凌厉的言辞"争论"于父、"争胜"于父的,即以强辞辩论的方式,达到使父知过改过的目的。

四、子父责善,孝与不孝

在《孝经》的论说体系中,"父有争子"是不可谓不孝的,反倒是无原则地"从父之令,又焉得为孝乎"⑦。不过在《孟子》文本中,并没有提到"争子"的问题,却对"子父责善"与"不孝"之关联有所辨说。《离娄下》载有一段公都子与孟子之间的对话:

> 公都子曰:"匡章,通国皆称不孝焉,夫子与之游,又从而礼貌之,敢问何也?"
> 孟子曰:"世俗所谓不孝者五:惰其四支,不顾父母之养,一不

---

① 《孟子·尽心上》(13·15)。
② 《孟子·公孙丑上》(3·6)。
③ 关于荀子之人性论,近年来学界多所聚讼,譬如周炽成先生主张荀子"性朴论",反对通常所说的"性恶论"。然其前提是以《性恶篇》《子道篇》诸篇为荀卿弟子所作,非出于其本人之手,并以《性恶篇》"大概是西汉中后期的作品"。不过,不管《性恶篇》《子道篇》之著作权归属为谁,从"人性恶"到"父有争子"的逻辑关联是可以成立的。唯一不同的是,会带来"性恶论"所有权归属于荀子本人还是荀子后学的差别(参周炽成《儒家性朴论:以孔子、荀子、董仲舒为中心》,《社会科学》2014年第10期)。
④ 《荀子·性恶篇》。
⑤ 《荀子·性恶篇》。
⑥ 《荀子·性恶篇》。
⑦ 《孝经·谏诤章第十五》。

孝也；博弈好饮酒，不顾父母之养，二不孝也；好货财，私妻子，不顾父母之养，三不孝也；从耳目之欲，以为父母戮，四不孝也；好勇斗很，以危父母，五不孝也。章子有一于是乎？夫章子，子父责善而不相遇也。责善，朋友之道也；父子责善，贼恩之大者。夫章子，岂不欲有夫妻子母之属哉？为得罪于父，不得近，出妻屏子，终身不养焉。其设心以为不若是，是则罪之大者，是则章子而已矣。"（8·30）

从字面意思看，孟子认为世俗所谓"五不孝"，匡章未曾"有一于是"，章子行为的性质属于"子父责善"，章子的错误乃在于，将"朋友之道"用于"父子"之间，因而导致了父子"不相遇"的后果。那么，孟子到底是否认为匡章的行为就是"孝"呢？历来有三种不同意见。

第一种意见认为，虽然孟子认定匡章之"责父之善"并不属"五不孝"，但不意味着孟子即以匡章所为为"孝"；孟子依然认定章子"责善"为"不孝"，只是还未至于"可绝之地"，故而"怜之"才与之交往。《朱子语类》载：

"孟子之于匡章，盖怜之耳，非取其孝也。故杨氏以为匡章不孝，'孟子非取之也，特哀其志而不与之绝耳'。据章之所为，因责善于父母而不相遇，虽是父不是，己是，然便至如此荡业，'出妻屏子，终身不养'，则岂得为孝？故孟子言'父子责善，贼恩之大者'，此便是责之以不孝也。但其不孝之罪，未至于可绝之地尔。然当时人则遂以为不孝而绝之，故孟子举世之不孝者五以晓人。若如此五者，则诚在所绝尔。后世因孟子不绝之，则又欲尽雪匡子之不孝而以为孝，此皆不公不正、倚于一偏也。必若孟子之所处，然后可以见圣贤至公至仁之心矣。"或云："看得匡章想是个拗强底人，观其意属于陈仲子，则可见其为人耳。"先生甚然之，曰："两个都是此样人，故说得合。"味道云："舜不告而娶，盖不欲废人之大伦，以怼父母耳。如匡章，则其怼也甚矣。"（广）①

---

① 〔南宋〕朱熹：《朱子语类》卷五十七，载《朱子全书》第15册，第1849页。

在朱子看来，孟子非但不以为章子对于父亲之"责善"属"孝"，反而对其"不孝"有所责备——所云"父子责善，贼恩之大者"即是。孟子之"与之游，又从而礼貌之"，一方面在于章子之"不孝"较之"五不孝"尚属轻微，另一方面在于章子后来有悔过之举，孟子怜之哀之，并且有"欲渐摩诱化，使之改过迁善"① 之用意，可见孟子之良苦用心。

第二种意见认为，既然孟子未曾以章子之行为属"五不孝"，而只认定章子的行为属于"子父责善"，那么就说明孟子以章子为"孝"了。这在逻辑上似乎有些牵强，因为不以为属"不孝"，未必等同于以之为"孝"，"不孝"与"孝"之间还有一个中间层次——说不上"孝"，又不至于"不孝"。须知，要认定属"孝"，是有情感及行为上的条件限定的。这也正是朱子所批评的"后世因孟子不绝之，则又欲尽雪匡子之不孝而以为孝，此皆不公不正、倚于一偏也"。

于是有了第三种意见，即认为孟子以章子之责善"尚非不孝"（不同于认定章子之责善即属"孝"），近人陈大齐还提出了孟子所以"不视章子为不孝"的两点推测：

> 为子者不当责善于父，以免贼恩，若竟不慎而误蹈，卒至为父所不容，是否即此便成不孝之子？察孟子所说，责善虽属不当，尚非不孝……
>
> 匡章责善于父，为父所不容，全国的人皆斥其为不孝，而孟子竟与之交游，且礼貌不衰，公都子怀疑而问其故。孟子答称：社会上一般所斥为不孝的，共有五事，在列举其内容以后，作断语云："章子有一于是乎？"谓于此五条不孝的罪中，匡章未犯任何一条。孟子此语岂不明白表示：匡章之为人尚未可称为不孝，而以舆论所评为过于苛刻！下文又云："为得罪于父……其设心以为不若是，是则罪之大者。"虽认匡章的责善为得罪，继称其出妻屏子，以图减轻其罪，又颇透露宽恕之意。
>
> 子责父善以致伤恩，何故尚可不视为不孝，孟子未有所明言。试为推测，可有二故。其一，责善在本质上原属好事，是人人分内所应为，人人互相责善，道德始能维持；人人容忍恶行，社会无法安宁。

---

① 〔元〕陈天祥：《四书辨疑》卷十二，文渊阁四库全书本。

> 责善的本质虽好，但其适用则有宜有不宜。不宜适用而适用，自属不当，不过虽足为罪，其罪究属不大。故为子而责善于父，仅属不当，未足斥为不孝。其二，匡章亦如常人，非不欲安享家庭团聚之乐，只因得罪于父，不得不"出妻屏子，终身不养焉"，牺牲毕生的幸福，以赎一时的得罪。悔过自苦，情颇殷切，原心略迹，非无可恕。故匡章虽得罪于父，尚未可因此便斥其为不孝。孟子之宽恕匡章而未以为不孝，究因何故，不可得知。姑作两种假设，以助说明。①

在陈大齐看来，孟子以章子责善仅属"不当"，还达不到"不孝"的程度，况且章子后来有悔过行为，值得宽恕。其实从立意上来讲，这与朱子之以章子为"不孝"而轻微可谅之说，殊途同归。区别在于，子父责善之现象，在人世间父子当中极为寻常，而为子者对于"不孝"之"罪名"，通常于道德上极为在意并以之为耻。以"责善"为"不孝"，于为子者之精神压力便甚巨大；以"责善""尚非不孝"，则可在一定程度上减轻为子者的"负罪感"，并有助于缓和父子之间的家庭关系。

五、父子"之间"与"不责善"的界限

孟子所下的论断是"父子之间不责善"，那么，这里的"之间"，是父子双向，还是仅就其中一方而言？"不责善"，是针对天下父子普遍情形之"通论"，还是基于特殊状况的"有为之论"？孟子之论，是仅对上古特定时代有效，还是适用于悠悠万世？

其一，双向还是单向？

前节所引王安石之语，乃以《孝经》中的"父有争子"来解"父子之间不责善"。在他看来，父子之间当"不义"之时，应当做到"在子则争""在父则戒"，因而父子之间的责任是双向的。宋人辅广深赞王安石之说，云：

> 王氏最得孟子之正意。责善，谓责之使必为善也。责之使必为善，则便有使之捐其所能、强其所劣之意，故必至于相伤。至其所为，或背理而害义，则岂可坐视而不管？故在子则当争，在父则亦当

---

① 陈大齐：《孟子待解录》，第65—66页。

戒，切之也。①

"双向"的另外一层意思是，"不但为子者不当责善于父，为父者亦不当责善于子"②，这是从父子之间"不责善"的角度来讲的。陈大齐云：

> 为子者不当责善于父，故在孟子言论中，未见有谏父的指示，亦未见有争子的赞许。为父者亦不当责善于子，而子又不可放任不教，故孟子主张易子而教，俾教与恩得以两全。③

宋人晁说之则将父子关系与君臣关系并提，认为：

> "君之视臣如土芥，则臣视君如国人"，此为君而言也，非为臣者所以责君。"父子之间不责善"，此为父而言也，非为子者所以责父。④

照此说来，君臣、父子之间，就只有君对臣"视"、父对子"责"的单向活动了，而不可倒置。这一解说的用意，或在于强调君臣、父子之间的等级与尊严不容僭越，与"君虽不仁，臣不可以不忠；父虽不慈，子不可以不孝"⑤ 的观念，似一脉而相承。

其二，"通论"还是"有为之论"？

明人金瑶不太认同父子相处过程中"责善则离"情形的存在，而且认为当年周公之挞其子伯禽，乃属"责"之变，亦不符合"父子之间不责善"之论，因此认定"不责善"乃孟子"有为而发"，不属"通论"。金氏称：

> 孟子谓"父子之间不责善"，此言难认。直至于"责善则离"，然后始觉得责善不好处。然自"责善"以至"离"，中间情节相去尚

---

① 〔南宋〕赵顺孙：《四书纂疏·孟子纂疏》卷七，文渊阁四库全书本。
② 陈大齐：《孟子待解录》，第63页。
③ 陈大齐：《孟子待解录》，第64—65页。
④ 〔北宋〕晁说之：《晁氏客语》，文渊阁四库全书本。
⑤ 〔南宋〕方寔孙：《淙山读周易》卷一，文渊阁四库全书本。

远。人固有一责而遂善者,何尝离?有再三责而后善者,亦未尝离。至于离,必是子不受责,或反激而与我抗,然后始有离。安得要其极之如是,而遂先闭其入善之门,谓"父子之间不责善"?周公尝挞伯禽矣,挞又责之变。易子而教,此是集众子弟以便一人之教,不得以是而证父不责子善。孟子此章多是有为而发,有为之言,难以常义论。①

也就是说,金瑶认为世人日常生活中通常的情形当是"父责子善",孟子所谓"父子之间不责善",仅就"子不受责,或反激而与我抗"的特殊情形而言,属于有条件限定的"有为之言"。

明人毕木亦认为,孟子所谓"父子之间不责善",并非针对世间寻常父子,乃特指"父之愎谏、子之非类"的情形。毕氏云:

父子之间不责善,子舆氏盖激于父之愎谏、子之非类者言之,非通论也。以责善,固至情之不容已者也,中才之养,几谏之事,亦何莫非善用其责善者?况家庭隐愿,疏者不肯言,贱者不敢言。至父若子,而犹以不责善为解,则过何由闻?而善何由迁哉?②

所谓"愎谏",意指刚愎自用,不听劝谏;所谓"非类",意指志趣不投,难于沟通。"父之愎谏、子之非类",意味着父子在性情及行为上皆有失当之处。在毕木看来,如此性行,则即便"责善",也未必能被接纳,故此孟子才提出"父子之间不责善"。

其三,仅指"三代"还是包含后世?

清人盛大士以为,孟子所言"父子之间不责善","此为三代之时言之,非为后世言之也"③。意即这一命题其实有一个时代的限定,并非统包后世。缘由在于,后世与夏、商、周三代相比,历史情势发生了变化,失去了"父子之间不责善"的条件:

---

① 〔明〕金瑶:《金栗斋文集》卷十一,明万历刻本。
② 〔明〕毕木:《黄发翁全集》卷三,清嘉庆刻本。
③ 〔清〕盛大士:《朴学斋笔记》卷一,民国嘉业堂丛书本。

孟子"父子之间不责善"的古典学阐释

《学记》"家有塾，党有庠，术有序，国有学"，《郑注》云："古之仕焉而已者，归教于闾里，朝夕坐于门，门侧之堂谓之塾。"《孔疏》云："百里之内二十五家为闾，同共一巷，巷首有门，门边有塾。民朝夕出入，就教于塾。"《白虎通》云："古之教民，百里皆有师。里中之老有道德者，为里右师，其次为左师，教里中子弟以道艺、孝弟、仁义也。"由是而升之于庠，升之于序，升之于学，而又简不肖以绌恶。则不待为父者之督责而易子以教者，早严其董戒矣。

后世师之教弟，不过在章句之末，科名羔雁之资，无复以立身持己、孝弟仁义相为谆劝者。师道不尊，师范不立，师之视弟，无异于朋友。虽有荡检踰闲，绝未尝纠绳其阙失。为父者又纵其所欲，而托于"不责善"之说，其为害孰甚焉！即使"责善则离，离则不祥"，亦以尽为父者之心而有所不惜矣。子之于父，尚当几谏，且三谏而不听，则号泣而随之，乃为父而不以善责其子，是即不能字厥子也。

战国时，学校不修，遂至父子责善。然如匡章者，责善于父，父不能纳谏，而反见逐耳。若章之身有不善，父责之而不能改，乃怒而逐之，则孟子断弗与之游矣。①

在盛大士看来，夏、商、周三代之教学体制（"塾、庠、序、学"）及教学内容（"道艺、孝弟、仁义"），在很大程度上保证了子弟在学校教育中，即很好地完成了德行诸科的教化。子弟之立身处世，不必再由"为父者之督责而易子以教"，亦即父子之间有条件做到"不责善"。至于后世，师弟之间关系大变（"师之视弟，无异于朋友，未尝纠绳其阙失"），师长教授内容大变（"不过在章句之末，科名羔雁之资，无复以立身持己、孝弟仁义相为谆劝者"），以致出现了"师道不尊，师范不立"的严重后果。因三代以后至于战国之"学校不修"，而带来了父子相处之道根本性的变化，由"不待为父者之督责而易子以教"，一变而为子责于父、父责于子，"父子责善"的现象逐渐普遍。

简言之，盛氏认为，"父子之间不责善"只存在于夏、商、周三代特定的历史情势中，并不包含后世。

---

① 〔清〕盛大士：《朴学斋笔记》卷一。

六、"父子之间"与"朋友之间"

《离娄下》公都子与孟子之间的问答,讨论的是匡章对待其父孝与不孝的问题。在这段问答中,孟子划定了一个"责善"的适用人群之范围,他认为:

> 夫章子,子父责善而不相遇也。责善,朋友之道也;父子责善,贼恩之大者。①

在孟子看来,"责善"不适用于"父子之间",却适用于"朋友之间"。责善是朋友相处之道,"父子行之,则害天性之恩"②。陈大齐亦强调了"责善"适用人群之分别:

> 责善就其本身而言,原属一件好事,不是一件坏事,因为责善之为用,正是道德上的砥砺。能互相砥砺,定能益进于善。但责善虽是好事,却不宜施于父子之间,因为责善容易伤害感情而引起摩擦。常人有明知某事之为恶而不惮于为,有不知其为恶而乐于为,他人若指责其不当,定会招致其人的憎恶。又或有人虽知某事之当为,而不愿排除阻碍、努力以赴,他人若指责其怠忽,亦会使其人感到不快。受责的人若不甘示弱,或且反唇相稽,以引致双方的冲突,如孟子所说的"相夷"。③

问题是,为何父子之间担心并竭力避免这种因"责善"带来的"伤害感情而引起摩擦",朋友之间却不害怕?——须知,只要是"责善",伤害感情就是必然的,无论对于父子还是朋友。这便需要考察父子一伦与朋友一伦在交结性质上的差别。

东汉赵岐认为:"父子主恩,离则不祥莫大焉。"宋人孙奭疏云:"父

---

① 《孟子·离娄下》(8·30)。
② 〔南宋〕朱熹:《四书章句集注·孟子集注》卷八,中华书局1983年版,第299页。
③ 陈大齐:《孟子待解录》,第64页。

子之恩，则父慈子孝，是为父子之恩也。"① 这里的"父子主恩"，其义便同于孟子所说本于血缘天性的"父子有亲"。宋人罗璧亦曾言："父子，情之至亲。"②

朋友一伦则与此不同，宋人胡宏强调对于"父子""朋友"，要"明其职分"：

> 天地之间，人各有职。父子，以慈孝为职者也；朋友，以责善为职者也。故孟子谓"父子不责善"，以明其分。如曰中也养不中，才也养不才，有中和覆育变化之道，如雨露滋益草木之功。其效至使子弟于父兄，忻忻爱慕而乐生焉。此与朋友察言观行、切磋琢磨之义，相去远矣！夫岂必面诤犯颜、见于声色，然后为善哉？③

胡宏以为，父子之间即当讲"慈孝"，朋友之间即当讲"责善"；父子相处即当"忻忻爱慕而乐生焉"，朋友相处则需"察言观行、切磋琢磨"。而父子惧"离"朋友不惧"绝"，恰恰缘于二伦在结交点上有本质差别。明人胡广引元代新安陈栎之语云：

> 父子间所以不责善，而惟朋友当责善者，盖朋友以义合，责善而不从，则交可绝；父子以天合，责善而不相遇，则贼恩而将至于离故也。④

朋友、父子，一以"义"合，一以"天"合。所谓"父子以天合"，其义正同前文所言"父子主恩"。陈大齐也说：

> 朋友，相结以义不以恩，故不患贼恩。朋友忠告善导，不可则止，故亦无惧于离。父子则不然，具有血统关系，无法断绝，朝夕相处，甘苦与共，唯有亲爱和睦，始能安度岁月，一旦父子相夷，便成

---

① 李学勤主编：《十三经注疏·孟子注疏》卷第七下，第205页。
② 〔南宋〕罗璧：《识遗》卷四，文渊阁四库全书本。
③ 〔南宋〕胡宏：《五峰集》卷五《责善》，文渊阁四库全书本。
④ 〔明〕胡广：《四书大全·孟子集注大全》卷八，文渊阁四库全书本。

家庭最大的不幸。①

可见，有无"血统关系"是父子、朋友之间最大的差别，也是在相处过程中是否"责善"、惧不惧"离"最关键的因素。② 正基于此，元人朱公迁将孟子"父子不责善"之意向外推展，以为《论语·子路》乡党直者之"父子相隐"、《孟子·尽心上》天子大舜之"窃负而逃"③，与"父子不责善"一样，皆"主乎恩爱而言之"，并称："父子相隐，即孟子论大舜之心为可见。君子不亲教子，即孔子之于伯鱼为可见。"④

有学者以为，除去"父子"，五伦中的"兄弟"之间，亦不可"责善"。清人刘宝楠云：

> 孟子言父子"不责善"，"责善，朋友之道也。父子责善，贼恩之大者"。合夫子此语观之，是兄弟亦不可责善，当时讽谕之于道，乃得宜也。⑤

明人郭青螺甚则认为，不唯父子、兄弟，包含君臣、夫妇、朋友在内的整个五伦，都不可"责善"，而应保持"一团和气"：

> 事父母几谏，事君讽谏，兄弟和乐，妻子好合，父子相隐不责善，朋友忠告必善道，即子弟不中不才，犹曰养而不弃，乃知古人于君臣、父子、兄弟、夫妇、朋友之间，只是一团和气，真心流贯，绝无严毅责望之意。⑥

需要注意，郭氏之论，并非与"责善，朋友之道"的论说相矛盾。孟子乃

---

① 陈大齐：《孟子待解录》，第64页。
② 强调"血统"，乃是基于父子与朋友之间的对待而言。另有一种特殊情形，父亲既有亲生子，又有养子，现实中往往会对亲生子严厉而对养子有所顾忌，但二者皆属"家庭关系"前提下的父子关系，皆不可"责善"，只是教育过程中方式有别。
③ 至于"窃负而逃"所带来的家庭伦理与政治生活的矛盾问题，可参刘伟《论政治生活的有限性——以孟子"窃负而逃"为核心的考察》，《现代哲学》2014年第5期。
④〔元〕朱公迁：《四书通旨》卷五，文渊阁四库全书本。
⑤〔清〕刘宝楠：《论语正义》卷十六《子路第十三》，中华书局1990年版，第549页。
⑥〔明〕张萱：《西园闻见录》卷十四，民国哈佛燕京学社印本。

是将"朋友之道"放在与"父子之道"对举的语境中说,并强调"责善"致父子相离伤恩,于朋友则不会有此后果。郭氏此处,则从人与人之间当讲和气角度立论,强调和善相处,并非混淆了天伦(父子、兄弟)与人伦(君臣、夫妇、朋友)的差别。

七、"父子之法"与"师弟之法"

公孙丑在《孟子》本章所提出的"君子之不教子"的命题,实际包含了两重关系:一为"父子",一为"师弟"。只不过通常的经验是,既为父子关系,便不可再充任师弟关系,因为若既是父子又是师弟,便会带来"父子相夷"的"恶果"。这一点,也为孟子所认同,正是他提出"父子之间不责善"的重要依据。

孟子认为,君子之所以不教子,是因为父子之间只应当维护无间的血缘亲情,只应当保持纯粹的"家庭关系",而不可掺入另外一种身份的"社会关系"——师弟关系便属于一种社会关系。① 父亲若又以师长的身份教授子弟,父亲对于子弟的要求便不再相同,子弟看待父亲的态度,也与纯粹的父子关系有了很大差别。对于父亲来讲,"教者必以正,以正不行,继之以怒。继之以怒,则反夷矣"。对于子弟来讲,面对作为父亲的师长,亦会在某些时刻心中不服,从而申张这样的理由:"夫子教我以正,夫子未出于正也。"(杨伯峻译为:"您拿正理正道教我,您的所作所为却不出于正理正道。")结果自然会导致"父子相夷"。"夷"字之义有二说,按赵岐,一训"伤也","父子相责怒,则伤义矣";一训"夷狄","父子反自相非,若夷狄也"②。无论哪种训释,皆指父亲教子会伤害疏离父子感情,故而一旦"父子相夷,则恶矣",这也正是孟子所说的"势不行也"之所指。

可见,父子与师弟两种身份很难叠加在一起,原因在于"父子之法"与"师弟之法"各有规则,不可易位。宋人张九成云:

> 余读此章,乃知父子自有父子之法,师弟子自有师弟子之法。父

---

① 参陈坚《"父父子子"——论儒家的纯粹父子关系》,《山东大学学报》(哲学社会科学版)2010年第1期。
② 李学勤主编:《十三经注疏·孟子注疏》卷第七下,第205页。

> 子以恩为主，师弟子以责善为主。易位而处，在父子则伤恩，在师弟子则伤义。此天理之自然，不可以私智乱之也。然能言则学，唯能食，则尚右手。六年教之数与方名，七年教之男女之别，八年学让，九年学数日，十年学书计，十三年学乐、学诵诗、学舞勺。成童时学象，学射御。二十时学礼、学舞大夏。三十时博学无方，孙友视志。四十时出谋发虑，道合则从，不合则去。自怀抱时，教固已行矣，乃云"不教子"，何也？盖教之者，父母之心；而所以教之者，则在傅姆与师耳。
>
> 呜呼！过庭之问，义方之教，圣贤亦岂得恝然无心哉？善教者必以正，师弟子以责善为正，父子以恩为正。教者必以正，师之正在责善，善或不勉，在师当继之以怒，继之以怒则谓之义。父子之正在恩，不在责善，倘或责善，则谓之不正。善或不勉，而继之以怒，继之以怒则谓之伤恩。夫教者必以正，父以恩为正，今而责善，是出于不正。盖父怒其子，则伤于慈；子违其父，则伤于孝。父子相伤在天性，岂不为大恶乎？惟师以责善为正，以正不行，师怒弟子，或榎楚以收其威，或鸣鼓以声其罪，则谓之义。夫在师谓之义，在父谓之不慈。父子、师弟子不可易位如此，古者所以易子而教之也。①

按张氏之说，父子之法在"恩"，师弟之法在"责善"；父子之法在"慈"，师弟之法在"义"。二者绝对不可易位，若易位而处，在父子伤"恩"，在师弟伤"义"。正因如此，古来才会"易子而教"，以教导之事付诸师长。明人焦竑称："父子是绝不得的，故养恩于父子之际，而以责善付之师友，仁义便并行而不悖。"②

清人焦循亦认为，父子之间因"恩"而不可责善，然师弟之间因"教"而应当责善："孟子云，父子之间不责善，古者易子而教之，然则师弟之间不可不责善矣。父子无可离之道，而师则进以礼、退以义，责善可也。责善而不听，则去可也。"③

---

① 〔南宋〕张九成：《孟子传》卷十六，《四部丛刊三编》景宋本。
② 〔明〕焦竑：《焦氏四书讲录》卷十一，载《续修四库全书》第162册，上海古籍出版社2002年版，第282页。
③ 〔清〕焦循：《雕菰集》卷十四《书》，清道光岭南节署刻本。

八、"事亲"与"事君"

在"五伦"中,与"父子"一伦形成特殊对应关系的,是"君臣"一伦。《论语》中就曾记载一则齐景公与孔子之间的对话:

> 齐景公问政于孔子。孔子对曰:"君君,臣臣,父父,子子。"公曰:"善哉!信如君不君,臣不臣,父不父,子不子,虽有粟,吾得而食诸?"①

这里,孔子即将君臣关系与父子关系对举,陈说君臣父子关系妥善安顿在政事推行过程中的极端重要。之所以称"君臣、父子"间有特殊的对应关系,一方面,此乃"人道之大经,政事之根本"②,人伦与政事有密切关联;另一方面,由《孝经·士章第五》"资于事父以事君,而敬同"可知,君臣关系可由父子关系推导而出,一定意义上说,君臣犹父子。

问题是,既然孟子讲"父子之间不责善",那么君臣之间究竟该如何对待"责善"呢?

如同前文所讲,"朋友以义合,父子以天合",君臣与父子相较,亦有各自不同的交接标准。《孟子》文本中,至少有二处明确提及:

> 圣人有忧之,使契为司徒,教以人伦——父子有亲,君臣有义,夫妇有别,长幼有叙,朋友有信。(《滕文公上》5·4)
> 仁之于父子也,义之于君臣也,礼之于宾主也,知之于贤者也,圣人之于天道也,命也,有性焉,君子不谓命也。(《尽心下》14·24)

在孟子看来,君臣讲"义",父子则讲"亲",讲"仁"。这里的"仁",与"亲"几乎同义,即所谓"仁之实,事亲是也"③。然而这里的"义",

---

① 《论语·颜渊》(12·11)。
② 〔南宋〕朱熹:《四书章句集注·论语集注》卷六,中华书局1983年版,第136页。
③ 《孟子·离娄上》(7·27)。

却不同于与"仁之实,事亲是也"对举的"义之实,从兄是也"① 中的"义"。这体现了《孟子》文本中"义"之含义的多元性。"从兄"之"义",讲究顺从;君臣之"义",讲究的却是不仅不能"顺",甚至还可以强烈地"责善"。陈大齐称:

> 事君的义与事亲的仁相反,就顺而言,不要顺;就责善而言,要责善。不但要作温和的责善,且要作强烈的责善,亦即不仅要如朋友一般劝导其改过迁善,若有可能,要强迫其悔过自新。②

理解这点,需要弄懂孟子所阐说的"事君之道"。在陈大齐看来,孟子所说的臣对君的"恭""敬",其义正是"责善":

> 孟子论事君之道,固未尝将"责善"二字连用,但尝于上下二语中,在上一语内用"责"字,在下一语内用"善"字,合而言之,其义实等于"责善"二字的连用。《离娄上篇》云:"责难于君谓之恭,陈善闭邪谓之敬,吾君不能谓之贼。"前二语所说是人臣所应为的,末一语所说是人臣所不应为的。
>
> 人臣所应为的是恭与敬。恭,要求其君做不易做的事情;敬,向君称扬善事而贬斥邪事。行善事如逆水行舟,较难;做邪事如顺流而下,较易。故所云"责难",意即劝其为善而阻其为恶,因而事君的"恭敬"实与"责善"同义。人臣所不应为的,是贼。"吾君不能谓之贼",即是《公孙丑上篇》的"谓其君不能者,贼其君者也"。所云"不能",依据其上下文所说,谓有仁义礼智四端而不能扩而充之。"吾君不能"意即吾君未有居仁由义的能力,其辞好像为君预留脱罪的余地,其实则贼害其君,使其不思努力迁善。故"吾君不能"即是不责善,不责善即是人臣所不应为。③

也就是说,在孟子看来,"事亲"不可责善,而"事君"应当责善。《离

---

① 《孟子·离娄上》(7·27)。
② 陈大齐:《孟子待解录》,第66页。
③ 陈大齐:《孟子待解录》,第66—67页。

娄下》所谓"君有过则谏"之"谏",其义亦近于"责善",而不同于"事父母几谏"的"微谏"。臣对于君的"责善",可以是略为温和的,也可以是极为严厉的,君若不听,臣可以选择"去之",亦可以选择"放之",甚而至于可以选择"易位"。①

"事亲"与"事君",一般来讲,乃分别就父子关系和君臣关系而言,二者身份未有重合。然而历史上还有一种特殊情形——二人既是父子关系,同时又是君臣关系,双重身份叠合。这主要是指皇帝与皇储之间,有时也包括握有实权的太上皇与皇帝之间。"父子之间不责善"的伦理约束,在他们中间亦发挥重要作用。譬如乾隆皇帝即曾亲撰《慎建储贰论》,感慨皇太子的简拔教育之难,云:

> 夫建储立嫡,三代以下无不遵行。朕读书稽古,岂于此名正言顺之事轻议其非?昔我圣祖仁皇帝,曾以嫡立理密亲王为皇太子,并特选正人辅导。如汤斌、徐元梦,皆系公正大臣,非不尽心匡弼,乃竟为宵小诱惑,不能恪共子职,终致废斥,后遂不复册立。夫以尧、舜之圣,而有丹朱、商均之子,可见气禀不齐,即圣君而兼严父,日以敬天法祖,勤政爱民,面命耳提,尚难期其迁善改过。孟子所谓"父子之间不责善",盖实有见于此,何况一二辅翊之臣,安能格其非心、变化气质乎?是则继体象贤,惟赖天心眷佑,笃生哲嗣及嗣子之能承受与否耳。②

理密亲王,乃指康熙帝之次子允礽。允礽刚满周岁时就被册立为皇太子。后因康熙帝的骄纵溺爱,加之当时朝中党争纷乱,致使允礽到后来性情乖戾暴躁,甚而至于被康熙斥为"不法祖德,不遵朕训"③,后终被废斥。而太子之所以被废斥,一个很重要的原因是来自康熙帝作为"父"又作为"君"的双重身份的窘境——为父,因"父子之间不责善",对太子便不可过于苛责;为君,出于江山社稷大业之考虑,又不可不对太子在处理政

---

① 《万章下》:"君有过则谏,反复之而不听,则去。"(10·9)《万章上》:"太甲颠覆汤之典刑,伊尹放之于桐。"(9·6)《万章下》:"君有大过则谏,反复之而不听,则易位。"(10·9)
② 〔清〕庆桂:《国朝宫史续编》卷十一,清嘉庆十一年内府钞本。
③ 清《皇朝文献通考》卷二四二《帝系考四》,文渊阁四库全书本。

事上提出严厉要求。因"为君""为父"身份的重合,"为君"身份上的严厉要求("责善"),自然同时会以"为父"的身份传达给太子,而这种"责善"一旦超越一定限度,便会导致"父子相夷""责善则离"。鉴于此,康熙父子之间的矛盾冲突,太子允礽的被废斥,便是情理之中的事了。当然,乾隆此处举圣人尧、舜之子丹朱、商均皆不肖为例,似乎为了掩盖康熙父子之间激烈的"矛盾",而将允礽之被废,归为天生之"气禀不齐",则略略带有一种为先王"避讳"的味道了。

历史上另外一对因"责善"而引起严重冲突的君臣父子,是南宋的孝宗与光宗。光宗即位(1190年)之前,其身体及精神状况尚属正常;但在即位之后,健康状况却逐渐糟糕起来,甚至严重到"噤不知人,但张口呓言"① 的精神分裂状态。而这一状况的出现,直接来源于孝宗退位之后(太上皇,父亲),出于其政治更改构想的需要,严格要求光宗(皇帝,儿子)履行"一月四朝"②(指一月中四次定期觐见太上皇)之礼,并在此场合严厉要求甚至当面斥责,这便类似于父子"责善"了。带来的后果是,孝宗对光宗极其不满,光宗对孝宗则视若仇敌。余英时先生曾对孝宗、光宗父子的交恶有细密考察,并"很负责地指出,光宗的精神失序主要是孝宗的压力逼出来的","光宗即位后两三年,在'一月四朝'中所听到的训诲,大致都可划归'责善'的范畴之内"。又言:"自即位以来'一月四朝',早已成为光宗定期接受太上皇'责善'的苦难时刻,这是他精神崩溃的根源所在。"③ 孟子所谓"责善则离",此可谓典型一例。

九、"君子不教子"与"君子远其子"

《论语·季氏》有一则孔子弟子陈亢与孔子之子伯鱼的对话,里面记述了孔子就学习内容对伯鱼的教导:

> 陈亢问于伯鱼曰:"子亦有异闻乎?"对曰:"未也。尝独立,鲤趋而过庭,曰:'学《诗》乎?'对曰:'未也。''不学《诗》,无以

---

① 〔南宋〕阙名:《朝野遗纪》,载〔明〕陆楫《古今说海》卷八十八《说略四》,文渊阁四库全书本。
② 〔元〕脱脱:《宋史·陈亮传》载陈亮"廷对"之语,中华书局1977年版,第12942页。
③ 余英时:《朱熹的历史世界:宋代士大夫政治文化的研究》(下),生活·读书·新知三联书店2004年版,第779、781、784页。

孟子"父子之间不责善"的古典学阐释

言。'鲤退而学《诗》。他日，又独立，鲤趋而过庭，曰：'学礼乎？'对曰：'未也。''不学礼，无以立。'鲤退而学礼。闻斯二者。"陈亢退而喜曰："问一得三：闻《诗》，闻礼，又闻君子之远其子也。"（16·13）

陈亢之所以以"子亦有异闻乎"发问，表明他头脑中有先入为主的成见，以为父（孔子）对于子（伯鱼）一定有所偏袒，正如朱子所言："亢以私意窥圣人，疑必阴厚其子。"①而当听到伯鱼的回答，知其并未受到特殊照顾后，陈亢得出结论是——"君子之远其子"，这便有进一步讨论的必要了。

其一，孔子是否"不教子"？如何教？为何不教？

照孟子所言，"君子之不教子"，"古者易子而教"，似以为古之人皆然，包括孔子在内，无有例外。孙奭《孟子注疏》亦云："孟子又言古之时，人皆更易其子而教之者，以其父子之间不相责让其善也。"②然如前文（本文第二节）所言，固然"父子之间不责善"，但父之于子并非"不谏不教"，并非"置之不问"，而是允许"教"的行为发生。那么，究竟该如何看待孔子之于伯鱼之"教"？

宋人杨时与弟子间曾有一场问答：

问："父子之间不责善，固是，至于不教子，不亦过乎？"曰："不教，不亲教也。虽不责善，岂不欲其为善？然必亲教之，其势必至于责善，故孔子所以远其子也。"曰："使之学《诗》学礼，非教乎？"曰："此亦非强教之也。如学《诗》学礼必欲其学有所至，则非孔子所以待其子，故告之。学则不可不告，及其不学，亦无如之何。"③

在杨时看来，孔子（父）对于伯鱼（子）并非不教，只不过这种"教"属于"不亲教"，即使过问其学习情况，亦属于"非强教"，不会导致

---

① 〔南宋〕朱熹：《四书章句集注·论语集注》卷八，第173页。
② 李学勤主编：《十三经注疏·孟子注疏》卷第七下，第206页。
③ 〔北宋〕杨时：《龟山集》卷十三《语录四》，文渊阁四库全书本。

"责善"的严重后果。父之于子,"学则不可不告",表明父子之间"教"的必要。

宋人真德秀亦肯定孔子对于伯鱼之"教":

> 此章言父子不责善,子之谏父已见前"几谏"等章,父之不教子独见于此。然则子有未善,一付之师友而父不问焉,可乎?曰:父未尝不教子也。鲤趋而过庭,孔子告之以学《诗》学礼,此非教而何?特不深责以善耳。①

真氏以为,孔子于伯鱼并非未教,并非"一付之师友而父不问",问《诗》问礼便是"教",只是这种"教"未"深责以善",与"不强教"意同。

明人方弘静则以为孔子之于伯鱼之教,属于"不屑之教其为教":

> 文王之事王季,朝者日三。曾皙每食,参必在侧。孝子晨昏左右,盖其常也,而过庭之训,仅闻《诗》礼,若以为远其子者。孟母三迁其舍,无所不用其教矣,乃孟子则曰"父子之间不责善",若以为不教其子者。周公之于伯禽,每见必挞,而桥梓之喻,必俟得之太公焉,此皆所可疑者。盖尝绎之,伯鱼之才,独有闻《诗》礼耳,性与天道,子思宜与闻矣而尚少,是以得之曾子也。不教其子,必有不屑教者,无至于不祥而离焉。是以俟其化也,中也养不中,才也养不才,不屑之教其为教也,深矣夫!岂其弃之云尔也。②

孔子对于伯鱼,并非不教,而所教止于"《诗》礼",不教"性与天道",原因在于伯鱼之"不肖",孔子"不屑教"。但这种"不屑教"并非放任"弃之",亦属一种"教",且不会至于"不祥而离"。"不屑之教"高深,表面"不屑",实则"俟其化",是一种"养"。

其二,情感"疏远"还是"接遇有礼"?

"陈亢问于伯鱼"章,南朝梁皇侃的解释是:

---

① 〔南宋〕真德秀:《西山读书记》卷十一《父子》,文渊阁四库全书本。
② 〔明〕方弘静:《千一录》卷二十六,明万历刻本。

伯鱼是孔子之子，一生之中唯知闻二事，即是君子不独亲子，故相疏远，是陈亢今得闻君子远于其子也。①

朱子作《集注》，亦引宋人尹焞之语云：

孔子之教其子，无异于门人，故陈亢以为远其子。②

二家之注，皆以为孔子之教子，与门人无异，则于父子身份来讲，存在情感上的"疏远"。元人陈栎以为不然，云：

夫子固不私其子，亦何尝远其子？当其可而教之，教子与教门人一耳。兴《诗》立礼，《诗》礼雅言，与此之闻《诗》闻礼，平日教门人如此，教子亦不过如此。陋哉！亢之见也。③

陈氏认为从教学角度讲，孔子"当其可而教之"，门人与子无异，因此不存在父子情感上"疏远"伯鱼的问题，并以为陈亢之问鄙陋。

司马光则以为这里的"远"，不可理解为情感上的"疏远"，而应当从父子相处的"礼制"上去考察，在他看来：

远者，非疏远之谓也。谓其进见有时，接遇有礼，不朝夕嘻嘻相亵狎也。④

清人刘宝楠赞同此说，并从古代礼制上找到依据：

古者命士以上，父子皆异宫，所以别嫌疑、厚尊敬也。一过庭须臾之顷，而学《诗》学礼，教以义方，所谓"家人有严君"者，是之谓"远"。《白虎通·五行篇》云"君子远子近孙"，此其义也。⑤

---

① 〔南朝梁〕皇侃：《论语义疏》卷八，知不足斋丛书本。
② 〔南宋〕朱熹：《四书章句集注·论语集注》卷八，第174页。
③ 〔明〕胡广：《四书大全·论语集注大全》卷十六，文渊阁四库全书本。
④ 〔北宋〕司马光：《家范》卷三，明天启六年刻本。
⑤ 〔清〕刘宝楠：《论语正义》卷十九《季氏第十六》，第669页。

"接遇有礼","别嫌疑、厚尊敬",这是从礼制上父子身份有别的角度讲,与血缘亲情角度的"父子有亲",不是同一视角。

其三,"不责善"与"爱之能勿劳"是否相左?

有学者注意到了"父子之间不责善"与《论语·宪问》"爱之,能勿劳乎?忠焉,能勿诲乎"(14·7)之间可能的矛盾。清人沈起元称:

> "父子之间不责善",是孟子特发,似与孔子"爱之能勿劳"意相左。然按之古圣贤,父子之间,却是如此。尧舜有子不肖,尧舜亦无如何,虽不授以天下,未尝不子之。夫子之于伯鱼,亦曰"各言其子"也。盖"欲其善"者,父子之情;"不责善"者,全父子之性。至父母有过,谏必曰"几",岂可直谏?此种道理,非孟子不能言。以善养人,汤、文之事也。"养"字有涵育浸灌之意,与"服人"者悬殊。"善"亦非如服人者,以煦煦之仁、孑孑之义为善,其深仁厚泽,自有以入人深而使之心服耳。①

在这里,沈起元实际并没有解决"不责善"与"爱之能勿劳"的矛盾之处,他只是从尧、舜、孔子等古圣贤父子之间皆是如此,来证明"父子之间不责善"的现实合理性。然而,"不责善"与"爱之能勿劳"若意义真正相左,则"劳"之解释当包含"责"之意味。朱子注此章,引苏轼之语云:

> 爱而勿劳,禽犊之爱也;忠而勿诲,妇寺之忠也。爱而知劳之,则其为爱也深矣;忠而知诲之,则其为忠也大矣。②

元人胡炳文《四书通》顺承朱子之意而来,解"劳"与"诲",即释为"责":

> 劳之诲之,是以成人责之也,爱之深、忠之大也。逸居无教,是

---

① 〔清〕沈起元:《敬亭诗文·文稿》卷六,清乾隆刻增修本。
② 〔南宋〕朱熹:《四书章句集注·论语集注》卷七,第150页。

以近于禽兽者待之也,忠爱何在焉?①

若如此解,则"不责善"与"爱之能勿劳"确乎存在矛盾之处。然而唐前古注,比如东汉高诱,却往往释"劳"为"忧",二者意义就不一定是相左的了。刘宝楠《论语正义》云:

> 王说足以发明此《注》之义。然"劳来"与"规诲"意似重,窃疑"劳"当训"忧"。《淮南·精神训》:"竭力而劳万民。"《泛论训》:"以劳天下之民。",高诱注并云:"劳,忧也。"又《里仁篇》"劳而不怨",即"忧而不怨"。忧者,勤思之也,正此处确诂。②

若照高诱、刘宝楠之说,释"劳"为"忧",则"爱之能勿劳",恰恰是父之忧子、父之爱子,属"欲其善",并非"责善",语意上便不相左。

十、"不教子"与"势不行也"

在公孙丑与孟子的对话中,孟子将"势不行也"解释为"君子之不教子"的原因。从字义上说,"势"为"情势",历来解说并无多大差异,但"情势"之具体涵义到底该如何理解?"君子不教子"的原因究竟包含哪些方面?

首先,从主体身份来讲,父母与师长有所分工,不可混淆。这正是前文(本文第七节)所提到的"父子之法"与"师弟之法"各有规则,不可易位。"盖教之者,父母之心;而所以教之者,则在傅姆与师耳",父母若替代傅姆与师行"所以教之"之职,则难免会导致"以正不行,继之以怒"终而"父子相夷"的恶果。

其次,从维护"父子有亲"的"教之本"的角度讲,父不宜教子。宋人张栻云:

> 所谓教者,亦教之以善而已矣。善也者,根于天性者也。然则父子之有亲,岂非教之之本乎?今也欲教之以善,而反使至于父子之间

---

① 〔元〕胡炳文:《四书通·论语通》卷七,文渊阁四库全书本。
② 〔清〕刘宝楠:《论语正义》卷十七《宪问第十四》,第560页。

> 或继以怒，则非惟无益，乃有伤也。何者？告之而从，则其可也；不幸而有不能从，则将曰："夫子教我以正，而夫子未尝出于正。"为人子而萌是心，则不亦反伤其天性乎？是以"君子之不教子"。虽曰"不责善"也，然而养其父子之天性，使之亲爱之心存焉，是乃教之之本也。不然，责善之不得，而天性之或伤，尚何教之有？①

张栻以为，若父教子，情势的要求可能会导致反伤父子"天性"的行为，有违"教之之本"，教亦无存，故而"君子不教子"。赵岐解"君子之不教子"章之章指时言："父子至亲，相责离恩；易子而教，相成以仁，教之义也。"② 正是从维护父子天性的"教之本"的立意而言。

再次，"不教子"非就圣贤教子言，乃就"不肖子"言。前文谈及"不责善"的界限曾言（本文第五节），"不责善"乃孟子"有为而发"，不属"通论"。清人阎若璩认为，子为"不肖子"，亦属"君子不教子"之"势"：

> 古人文字简，须读者会其意所指，如君子之不教子，子谓不肖子也。犹《左传》叔向曰"肸又无子"，子谓贤子也。不然，当日杨食我见存。观孟子直承曰"势不行也"，则知丑所问，原非为周公之于伯禽、孔子之于伯鱼一辈子言矣。③

也就是说，孟子所谓"古者易子而教之"，是排除了一些情形而言的。若就周公之于伯禽、孔子之于伯鱼来说，则未必严格受"君子之不教子"之限。

另外，班固《白虎通义》论"父不教子"称：

> 父所以不自教子何？为渫渎也。又授之道，当极说阴阳夫妇变化之事，不可父子相教也。④

---

① 〔南宋〕张栻：《癸巳孟子说》卷四。
② 〔清〕焦循：《孟子正义》卷十五，中华书局1987年版，第524页。
③ 〔清〕阎若璩：《四书释地·又续》卷上，文渊阁四库全书本。
④ 〔清〕陈立：《白虎通疏证》卷六，中华书局1994年版，第257页。

颜之推《颜氏家训·教子篇》亦有类似表述：

> 父子之严，不可以狎；骨肉之爱，不可以简。简则慈孝不接，狎则怠慢生焉。由命士以上，父子异宫，此不狎之道也；抑搔痒痛，悬衾箧枕，此不简之教也。或问曰："陈亢喜闻君子之远其子，何谓也？"对曰："有是也。盖君子之不亲教其子也，《诗》有讽刺之辞，《礼》有嫌疑之诫，《书》有悖乱之事，《春秋》有邪僻之讥，《易》有备物之象，皆非父子之可通言，故不亲授耳。"①

此二处，皆从教学内容不宜父子之间授受讲，与孟子立意盖有区别。从《颜氏家训》的论证逻辑看，称"父子之严，不可以狎"，其意表明：君子所以"不亲教其子"，目的是维护父之威严，严格父子之间的等级关系。而这，又可以从《礼记》《孝经》等典籍中找到其理论根据，譬如"父子异宫"，便出自《礼记》②。

十一、"善于责善"与"易子而教"

在面对"教"时，父子相处究竟该如何做？如何才能做到"父子之间不责善"，从而维护自然之"天性"，不致"责善则离"？诸多学者均提出了自己的方案。

明人薛应旂试图透过字面，理解"不责善"之真正义涵：

> 父子、兄弟之间不责善，然中也养不中，才也养不才，有过则几谏，有祸则相戒，此善于责善者也。③

薛氏观念中，所谓"不责善"，不可拘泥理解，"不责善"并非置之不问。于子而言，对于父"有过则几谏"；于父子、兄弟而言，彼此"有祸则相戒"。这样既不伤天性，又促进提高。这也恰符合孟子"中也养不中，才

---

① 王利器：《颜氏家训集解》卷第一，中华书局1993年版，第18页。
② 《礼记·内则》："由命士以上，父子皆异宫。"《礼记·曲礼上》："父子不同席。"《孝经·圣治章第九》："孝莫大于严父，严父莫大于配天。"又参汪文学《中国古代父子疏离、祖孙亲近现象初探》，《孔子研究》2001年第4期。
③ 〔明〕薛应旂：《薛子庸语》卷四，明隆庆刻本。

也养不才"的教育理念，所谓"贤父兄"之可贵，亦正在此。① 如此做去，才是真正的"善于责善者也"。

明人张自烈认为，父子之间不可泛言"教"，更当强调"养"：

> 某意朋友责善，虽忠告，不废善道。子诤父，必务几谏，宜如舜之烝乂厎豫，非一诤可以喻亲于道。子之不徒诤父与父之不徒教子，皆可例推。况教子弟必进求诸养，泛言教，则专执义方绳之，无贤父兄涵育成就意。后世惑于其说，未有不父子相夷者也。生平去取类如此，虽与执事小异，理不可苟同耳。②

"教"与"养"的区别在于，讲"教"讲"诤"，往往以某些生硬的规范道理（即"义方"）衡量之，便会在一定程度上失去温度，淡化亲情；讲"养"，则有"涵育浸灌"之意，润物无声，可以在家庭中营就"烝乂厎豫"（孝德美厚，以致欢乐）之氛围。前文所引清人沈起元所谓"以善养人""与服人者悬殊"（本文第九节），强调父子相处中"养人"与"服人"的区别，立意与张自烈正相通。

如前所述，"易子而教"古来似乎为一通例，而且还可找到礼制上的某些规定。比如西汉刘向《说苑·建本》中即称："子年七岁以上，父为之择明师、选良友，勿使见恶，少渐之以善，使之早化。"不过在明人葛寅亮看来，仅有"易子而教"远远不够，"易子而教"仅是"父教"之辅弼：

> 管东溟曰：父子相夷之说，孟子盖痛惩子之责善于父而言，父亦与有责耳。曾子，圣门之大贤也，耘瓜去根，被父一杖而毙，孔子不拒点而拒参。栾书，亦晋名卿也，其子钺述战功以对君，一日而掩三大夫于朝，遂肘责之。君子以为善教，亦概谓之责善乎？《传》曰："爱子教之以义方，弗纳于邪。"古之为人父者类然也。易子而教，不过弼父教之所不及耳。父非瞽、鲧，子非舜、禹，而概言"父子之间

---

① 《孟子·离娄下》（8·7）。
② 〔明〕张自烈：《芑山诗文集》卷一《与古人书一》，清初刻本。

不责善"，亦不可以训后。①

这其实是对"父子之间不责善"所划定的另一种"界限"（参看本文第五节）。管东溟（明人管志道）、葛寅亮以为，所谓"父子之间不责善"仅属单向，意指子不可责善于父，父却可以责善于子。曾子、栾书之强责于子，非但不受指责，反被誉为"善教"。在他们看来，父子相处中，"父教"（或宽或严）依然为主导，"易子而教"不过是辅弼手段。"父子之间不责善"之说，不可通用于历世所有父子。

十二、孟子"遗意"与"言外之意"

从解释学理论上讲，经典原文有字面义，有原义，而字面义与原义未必吻合。这就需要透过字面，理析出原义，挖掘出字面背后隐藏的"遗意"或"言外之意"。当然，这一推导要以符合原文逻辑为前提。

宋人张九成曾强调"父子之法"与"师弟之法"的差别，主张二者身份不可叠加，以避免"责善则离"，从而引出"易子而教"之论（参本文第七节）。但他同时也指出，孟子所谓"不责善""易子而教"，并非等同于"父不教子"，只是教法别有讲究：

> 然而父虽不以教为正，亦安可不谨哉？呜呼！风声所传，气习所尚，其亦可畏也。李敬业乃勣之子，柳珹乃宗元之子，而李固，邰之子也，陈群，亦寔之孙也，王祥之后有导，魏徵之后有謩，是虽不以教为意，而言动之间，教固已行矣。此又孟子之遗意，余故表而出之。②

"言动之间，教固已行"，实则揭示出父之于子"身教"的重要。父子之间，不宜有"责善"之教，然而父亲本身亦当谨严，"风声所传，气习所尚，其亦可畏"，身正以为范，是家庭关系中对于父亲的要求。真德秀亦认为："君子之教，以身不以言，……岂必谆谆然命之而后谓之教邪？"③

---

① 〔明〕葛寅亮：《四书湖南讲·孟子湖南讲》卷二，明崇祯刻本。
② 〔南宋〕张九成：《孟子传》卷十六。
③ 〔南宋〕真德秀：《西山读书记》卷十一。

这是对父子之"教"作出的通达解释。此为孟子之"遗意"。

明人李东阳并不认为"父子责善"不是出于好意,只是要注意把握"责"之分寸,不可"过于激切"。父子之间,依然需要有"谏"有"戒",此为孟子"言外之意":

> 责善本是好意,其弊乃做出不祥的事来。古人所以不亲教子,务要交换相教,正为此也。然所谓不责善者也,不是全然不管,如路人一般。父之于子,当不义则从容训戒;子之于父,当不义则从容谏诤,只是不可过于激切耳。此又是孟子言外之意。①

不过,此"言外之意"是否符合孟子本意,亦值得检讨。至少在《孟子》文本中,确实找不到关于"子谏父"的相关表述(参本文第三节)。曾振宇先生更认为,孟子的孝论,对孔子思想既有发展,又有偏离。孔、曾思想中均倡导"以正致谏",孟子则强调子于父的"顺从":

> "父子之间不责善"这一标新立异的命题由于过于强调"顺亲"、"事亲",过于彰显父子人伦亲情而漠视社会法律制度,孟子孝论在家庭伦理层面上已经削弱了孔子、曾子与子思的孝道精神。换言之,在儒家孝论发生与演变的逻辑性进程中,孟子"父子之间不责善"这一命题并不表现为哲学与伦理学意义上的进步。②

然而,若是注意到孟子"父子之间不责善"这一命题的提出,与其"性善论"有密切关联,其隐含的意义实际包括父子"教、戒"双向责任、父亲"身教""以善养人"等侧面,而且此语属有特定界限的"有为之论",那么这一命题或许并非"不表现为哲学与伦理学意义上的进步"。这一命题,不仅具有儒家伦理形上学的意义,而且在现实世界中可以在一定程度上维护"父子有亲"伦常的实行。

---

① 〔明〕李东阳:《怀麓堂集》卷九十五《文续稿五》,文渊阁四库全书本。
② 曾振宇:《孟子孝论对孔子思想的发展与偏离——从"以正致谏"到"父子不责善"》,《史学月刊》2007 年第 11 期。

十三、"权变"与"例外"

准确地说,这里所谓"权变",也属孟子之"遗意"或"言外之意";这里所谓"例外",则突破了孟子"父子之间不责善"的家庭伦理界限。

新安陈栎认为,遇子不贤,父不可墨守"君子之不教子"之成规,亦当"自教":

> 父之于子,正身率之,以责善望师友,固也。然遇不贤之子,不得已,亦当自教戒之。若惧伤恩而全不教戒,及其不肖,徒诿曰其子之贤不肖,皆天也。此所谓"慈而败子"矣。盖子之言,经也;此所云,权也。权以济经,非反乎经也。①

陈栎所言,一定程度上突破了"父子有亲"的伦理前提。在他看来,若遇子不贤,从其成人考虑,即使伤恩,亦不可不自教戒,否则便是"慈而败子"。而这一做法,属于特殊条件下的"权变",非但不会"反经",反而可以"济经"。

明人蔡清《四书蒙引》则认为《孟子》本章之意,存在双重"经权":

> 《蒙引》此章为常人之父子言,若父子俱贤,则不须易而教。是不易者,其经;而易者,其权也。据王氏《注》及辅氏、陈氏之说,则子不肖,虽不可责善,亦须戒之。是不责善而易以教者亦经,而戒之者又权也。是皆补孟子言外意也。②

第一重"经权"在于,所谓"易子而教",实际是出于不得已的权变——父子俱贤,不必易子而教(经);常人之父子通常不可能父子俱贤,故须易子而教(权)。第二重"经权"在于,所谓"父子之间不责善"亦非"不教",通常的情形是为避免"责善则离"而"易子而教"(经);而若遇子不肖,则"亦须戒之"(权)。此"经权"之意,亦为孟子"言外之

---

① 〔明〕胡广:《四书大全·孟子集注大全》卷七。
② 〔清〕陆陇其:《四书讲义困勉录》卷三十,文渊阁四库全书本。

意"。

清人陆陇其接下来评价蔡清之论曰：

> 此章，《大全》《存疑》皆概言父子，唯《蒙引》则主"常人之父子"说，看来《蒙引》似优。盖周公亦尝挞伯禽，则知父子贤圣者，亦不必不亲教也。①

这里提到了"周公之挞伯禽"，以此证父子贤圣者，亦可亲教子。周公挞其子伯禽，《礼记·文王世子篇》有载：

> 成王幼，不能莅阼。周公相，践阼而治。抗世子法于伯禽，欲令成王之知父子、君臣、长幼之道也。成王有过，则挞伯禽，所以示成王世子之道也。

从"父子之间不责善"说，周公之挞伯禽可谓"权变"之例，理由是——通常情况下，"挞"的行为极端严厉，远远超过一般的"责善"了；但伯禽并非"不肖子"，照理不该承受如此严厉之"挞"。周公之所以挞伯禽，乃是出于教育年幼成王的用意，以这样的变通行为，"示成王世子之道"。

但清人袁翼恰恰也是依据"父子之间不责善"，认为《文王世子篇》之记述不实：

> 甚哉！《文王世子篇》之附会也。……且父子之间不责善，公虽圣父，不可挞无罪之子。伯禽贤子，必能仰体公所以挞之之心。万一成王疑公之不敢挞己，而假伯禽以辱之，芒刺在背，夺公之位，公又将不受命耶夫？武王惓惓于公之教其子，卒以不克自全，而开君臣之隙，则公之罪深矣。是以古之相臣受托孤之命，不必自教其君，择贤保傅以辅导左右，而以一身维持其间，然后可以远嫌疑而成王德。若汉儒所言，是霍光、张居正之所为，而岂周公之道哉？②

---

① 〔清〕陆陇其：《四书讲义困勉录》卷三十。
② 〔清〕袁翼：《邃怀堂全集·文集》卷一，清光绪十四年袁镇嵩刻本。

袁翼的根据是，"父子之间不责善"虽可讲权变，但父之责子，当针对"不肖子"而言。伯禽贤子，不应被挞。而且周公无法通过挞其子伯禽来达到教育成王的目的，反倒会引发成王之猜忌，导致君臣隔阂。在他看来，《文王世子篇》乃汉人之伪造，所言父子相处之道，并非"周公之道"。

至于春秋时期卫国石碏杀掉亲子石厚之"大义灭亲"，唐代李璀密告其父李怀光叛乱之"英勇举报"，则突破了孟子"父子之间不责善"的家庭伦理范围，而进入社会公共事务领域，则需另当别论了。清人孙奇逢亦云：

> 或曰，古人于君臣、朋友之交，到相离时固是不得已，然犹之可也。惟父子则无绝道，当防其端，慎其微。至如石碏、李璀之事，则又当别论耳。①

十四、简短的结语

在《离娄上》，面对公孙丑提出的作为共识的"君子之不教子"问题，孟子给出了一个合乎逻辑的回答，这一论证逻辑的前提，是其人性论。在孟子看来，君子之不教子，客观上缘于父子特定关系相处过程中"势"的不允可；从伦理学依据上讲，则缘于父子主恩，"父子之间不责善"，"责善则离"，而这些主张与其性善论有着密切关联。在孟子那里，"不责善"有着一定界限，并非针对世间一切父子泛言，可能仅是针对夏、商、周三代的"有为之论"。孟子特意区分父子与朋友、父子与师弟、事亲与事君的不同，各有规则，不可移易。所谓"易子而教"，并非"不谏不教"，未必导致"疏远其子"，父子有亲、父子天合的伦常观念，依然发挥了最重要的作用。有学者认为，父子相处过程中，有过则谏，有祸相戒，才是"深于责善"。《孟子》文本字面之外，应当包含有"遗意"及"言外之意"。孟子不但强调父子之"教"，更强调"涵育浸灌"之"养"；并非主张"不教"，而是注重为父者之"身教"；亦非完全主张"易子而教"，遇子不贤，亦会"亲教"。这也是孟子"经权"思想在父子

---

① 〔清〕孙奇逢：《四书近指》卷十七，文渊阁四库全书本。

相处过程中的体现。

经典文本之字面义与原义之间,存在相当的张力。我们需要认真通过研读经典文本本身以及历代注疏,并通过严密的逻辑论证,同时考之史实,在经典文义理解上,才可能更接近于逻辑与历史的统一。

(本文原载于江畅主编《文化发展论丛》2017年第1卷,社会科学文献出版社2017年版)